Bertrand Perz | Christian Rabl

KZ Melk und Projekt „Quarz"

Geschichte und Gedenken

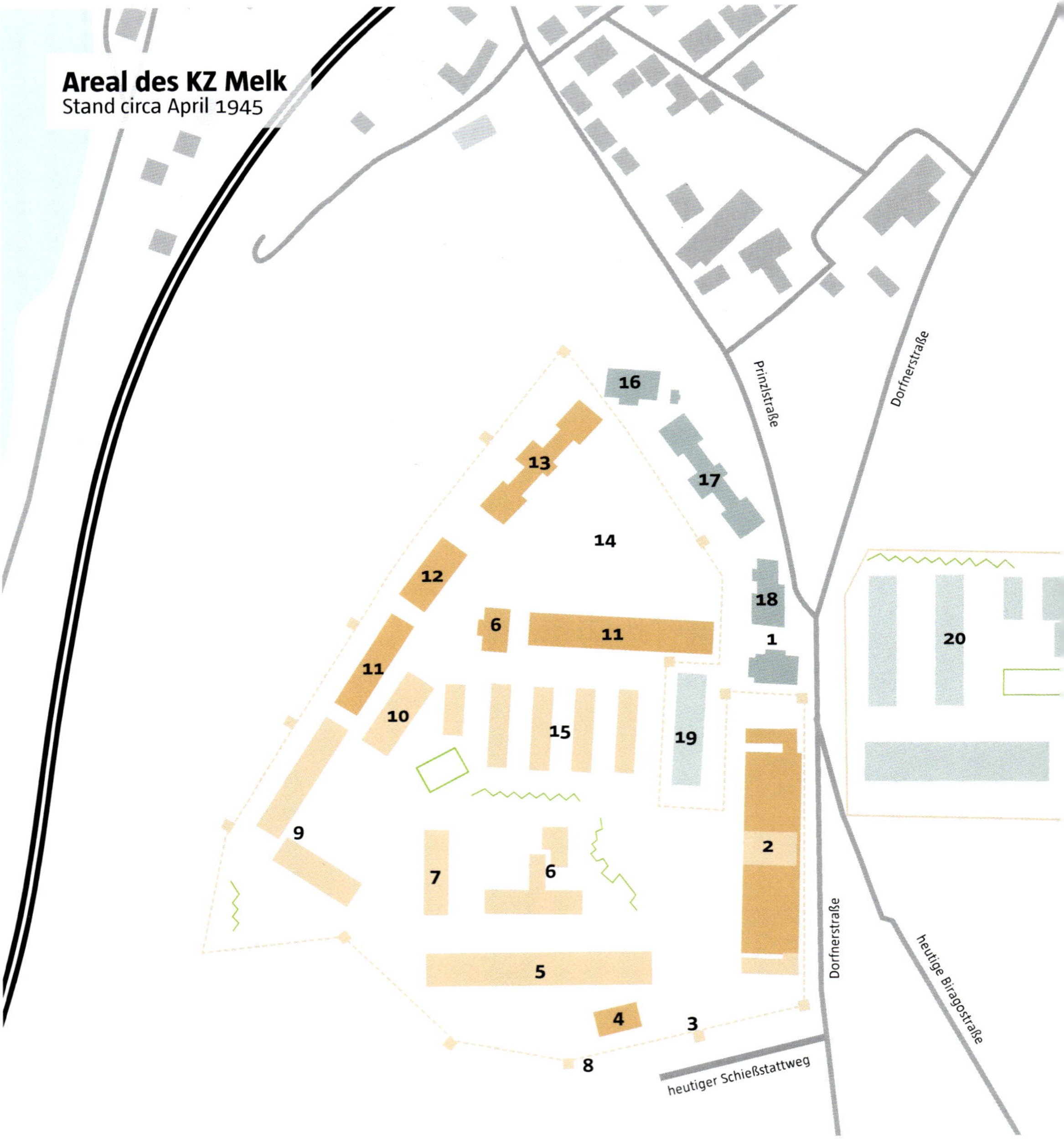

Abb. 1: Lageplan: Areal des KZ Melk, Stand circa April 1945. Grafik: Markus Hechenberger, Quelle: KZ-Gedenkstätte Mauthausen | Mauthausen Memorial.

1 Lagereingang zum KZ Melk

2 Objekt 10 (Häftlingsküche und -unterkünfte)

3 heute Standort der Außenlager-Stele

4 Krematorium (heute Melk Memorial)

5 Materialmagazin, später Häftlingsblocks

6 Waschräume, Duschen, WCs und Desinfektion

7 Häftlingsblock

8 Stacheldrahtzaun um das Häftlingslager mit 15 hölzernen Wachtürmen

9 große und kleine Krankenrevierbaracke

10 Leichenhalle

11 Werkstätten (z. B. Schmiede, Tischlerei und Schusterei)

12 Häftlingsblock für jüdische Häftlinge („Judenblock")

13 Objekt 3 (Häftlingsblocks)

14 Appellplatz

15 zusätzlich errichtete Häftlingsblocks

16 Offiziersquartiere, Dienstwohnungen der SS-Lagerleitung und der Offiziere der Luftwaffe

17 Wohn- und Mannschaftsgebäude für Männer der Lager-SS mit niederen Diensträngen

18 Krankenabteilung für Lager-SS und Wachmannschaften sowie Quartiere für Unteroffiziere

19 SS-Wirtschaftsgebäude mit Küche und Kantine für SS und Wachmannschaften

20 SS-Bereich – Werkstätten, Garagen, Unterkünfte sowie Freizeitgestaltung

Häftlingslager, Bausubstanz erhalten

Häftlingslager, nicht erhalten

Lagerbewachung, SS-Bereich, Bausubstanz erhalten

Lagerbewachung, SS-Bereich, nicht erhalten

Straße, Weg

Schiene

Splittergräben und Löschteiche

N

Bertrand Perz | Christian Rabl

KZ Melk und Projekt „Quarz"

Geschichte und Gedenken

nap new academic press

Zitiervorschlag: Bertrand Perz/Christian Rabl: KZ Melk und Projekt „Quarz“. Geschichte und Gedenken. Wien 2025, [Seite].

Herausgeber
KZ-Gedenkstätte Mauthausen | Mauthausen Memorial

Lektorat und Redaktion
Katharina Kniefacz

Grafisches Konzept des Covers
Peter Sachartschenko

Titelbild
Zusammengesetzte Panoramafotografien des ehemaligen KZ-Areals in Melk, 1947. Foto: Hilda Lepetit, Quelle: Zeitgeschichte Museum Ebensee.

Satz
Peter Sachartschenko

Bibliografische Information der Deutschen Nationalbibliothek
Die Deutsche Nationalbibliothek verzeichnet diese Publikation in der Deutschen Nationalbibliografie; detaillierte bibliografische Daten sind im Internet über http://dnb.de abrufbar.

www.newacademicpress.at

new academic press OG | Feldgasse 21/2, 1080 Wien, Österreich | office@newacademicpress.at

ISBN: 978-3-7003-2329-7

Druck
PrimeRate, Budapest

Inhalt

Vorwort . . . 11

Bertrand Perz

1. Das Außenlager Melk im System der nationalsozialistischen Konzentrationslager . . . 13

2. Die Rüstungsfirmen . . . 16
2.1. Die Steyr-Daimler-Puch AG . . . 16
2.2. Die Flugmotorenwerke Ostmark . . . 20

3. Der alliierte Luftkrieg und die unterirdische Verlagerung der Rüstungsindustrie . . . 23

4. Die Entscheidung für eine unterirdische Fabrik bei Melk: das Projekt „Quarz" . . . 26

5. Der „Jägerstab" und der SS-Sonderstab Kammler: KZ-Häftlinge für den Stollenbau . . . 32

6. Der Bau der Stollenanlage „Quarz" in Roggendorf bei Melk . . . 36
6.1. Der SS-Führungsstab B9 . . . 36
6.2. Die Steuerung des Stollenprojektes durch die Quarz GmbH . . . 37
6.3. Die Planung durch das Wiener Ingenieurbüro Fiebinger . . . 40
6.4. Die Bergbau-, Bau- und Installationsfirmen . . . 45

7. Das KZ Melk: Ein Außenlager des KZ Mauthausen für den Stollenbau . . . 47
7.1. Die Einrichtung eines Konzentrationslagers in der Birago-Kaserne Melk . . . 47
7.2. Die SS-Lagerleitung und die Wachmannschaften aus der Luftwaffe . . . 49
7.3. Die Häftlinge . . . 53
7.4. Lebensbedingungen im Lager . . . 62
7.5. Der Luftangriff auf das Konzentrationslager am 8. Juli 1944 . . . 69
7.6. Die Zwangsarbeit für den Stollenbau . . . 71
7.7. Fluchtversuche . . . 78
7.8. Erschöpfung, Krankheit und Tod . . . 83
7.9. Die Ermordung politischer Gefangener aus der Slowakei . . . 96

8. Die Einstellung des Stollenbaus und die Auflösung des KZ Melk . . . 97
8.1. Die kurzzeitige Nutzung von Teilen der Stollenanlage „Quarz" . . . 97
8.2. Die Räumung des Lagers . . . 100

Christian Rabl

9. Das Ringen um das ehemalige Krematorium als Gedenkort 105
9.1. Aneignungen des Ortes: Die ersten Gedenkzeichen in Melk 110
9.2. Die räumliche Trennung von Kasernenareal und Krematorium 113
9.3. Eine Gedenkstätte für Melk: Der NÖ Landtagsbeschluss vom März 1950 116
9.4. *„... dieses grauenhafte Mahnmal fremder Zwangsherrschaft"* 119
9.5. *„Ein Schimpf für ihr Andenken"*: Erneute französische Kritik 123

10. Die Widmung des ehemaligen Krematoriums als „öffentliches Denkmal" 127
10.1. Der Ministerratsbeschluss vom 12. Jänner 1962 127
10.2. Die Einweihung des „öffentlichen Denkmals" am 13. März 1963 128

11. *„Dem Fremdenverkehr abträglich"*: Zur Unsichtbarmachung der Gedenkstätte Melk 136

12. Zeichen und Traditionen des Gedenkens in Melk 140
12.1. Individuelles und nationales Gedenken im ehemaligen Krematorium 141
12.2. Nationales Gedenken im Gedenkstättengarten 145
12.3. Gedenkfeiern und Pilgerreisen über die Jahrzehnte 150
12.4. Kollektiv und individuell: Die Sichtbarmachung der Opfernamen 151
12.5. Markierungen und Interventionen in der kontaminierten Landschaft 154
12.6. Leerstellen der Melker Gedenklandschaft 157

13. Gebäudeaufsicht und Pflege 159
13.1. Theresia Rohrhofer: Betreuung *„in selbstloser Weise"* 159
13.2. Josef Horalek: Der *„Vertrauensmann"* des KZ-Verbands 161
13.3. Helmut und Berta Blak: *„... die Tätigkeit immer sehr menschlich gehalten"* 162
13.4. Infrastruktur und Gebäudezustand 164

14. Zur Vermittlung der KZ-Geschichte in Melk 167
14.1. Erste Kommentierungen im ehemaligen Krematorium 170
14.2. Wissenschaftliche Auseinandersetzung mit KZ und Stollen 172
14.3. Die KZ-Gedenkstätte Melk wird zum Lernort 173
14.4. Eine Dauerausstellung, allen Widerständen zum Trotz 176
14.5. Die Frage der gedenkstättenpädagogischen Vermittlung 181
14.6. Künstlerisch-kulturelle Zugänge zur Melker Lagergeschichte 183

15. Zur Nachnutzung des ehemaligen KZ-Areals 186

16. Die Stollenanlage Roggendorf nach 1945 194
16.1. Mutprobe, „Dark Tourism" und neonazistische Umtriebe 196
16.2. Die Frage von Denkmalschutz und künftiger Nutzung 197

Bertrand Perz | Christian Rabl

Zusammenfassung und Ausblick 199
Bertrand Perz: Die Geschichte des KZ Melk und des Projekts „Quarz" 1944–1945 199
Christian Rabl: Die Nachgeschichte des KZ Melk und des Projekts „Quarz" 1945 bis heute . . . 202

Bibliografie und Quellen 214
Archiv-Ressourcen. 214
Private Sammlungen 215
Printmedien 216
Online-Ressourcen 216
Audiovisuelle Medien 219
Erinnerungsliteratur 219
Literatur 220

Register 225
Abbildungsverzeichnis 225
Tabellenverzeichnis 228
Verzeichnis der Grafiken 228
Abkürzungsverzeichnis 229
Personenverzeichnis 231

Vorwort

Die Publikation der ersten umfassenden Studie über die Geschichte des Konzentrationslagers Melk liegt nun schon einige Jahrzehnte zurück, seit 2014 liegt eine überarbeitete Fassung vor.[1] Anlässlich der Eröffnung der kleinen historischen Ausstellung im ehemaligen Krematorium des Außenlagers Melk wurde 1992 eine Kurzdarstellung der Geschichte des KZ Melk publiziert, die nun schon längere Zeit vergriffen ist.[2] Eines der zentralen Anliegen der vorliegenden Studie ist es, wieder eine kompakte Darstellung der Geschehnisse, die sich mit dem Konzentrationslager Melk und der Stollenanlage „Quarz" in Roggendorf verbinden, bereitzustellen. Der erste Teil des Buches ist somit eine Kurzfassung der umfassenden Publikation von Bertrand Perz über das Projekt „Quarz". Auf einen ausführlichen Anmerkungsapparat wurde verzichtet, soweit es sich nicht um Originalzitate oder um neuere Studien und Forschungsergebnisse handelt. Wer sich intensiver mit der Thematik auseinandersetzen möchte, findet am Anfang der einzelnen Kapitel in den Fußnoten jeweils Verweise auf die im Studienverlag Innsbruck 2014 erschienene Langfassung.

Ein weiteres zentrales Anliegen dieser Publikation ist die Darstellung der bisher kaum bekannten Nachgeschichte des Lagers, die nun bereits einen Zeitraum von 80 Jahren umfasst. Im zweiten Teil des vorliegenden Buches erzählt Christian Rabl die Entwicklung von 1945 bis zur Gegenwart. Die Darstellung basiert auf seinen systematischen Forschungen zur Nachgeschichte, die er im Rahmen des Forschungsprojekts *Umkämpftes Erinnern: Die Geschichte der KZ-Gedenkstätte Melk* von 2020 bis 2021 für den Verein MERK*würdig*. Zeithistorisches Zentrum durchgeführt hat. Dieses Projekt konnte dank der großzügigen finanziellen Unterstützung des Zukunftsfonds der Republik Österreich, des Nationalfonds der Republik Österreich für Opfer des Nationalsozialismus sowie der Abteilung Wissenschaft und Forschung des Landes Niederösterreich umgesetzt werden.

Für das Zustandekommen dieser Publikation haben die Autoren vielen Personen und Institutionen zu danken. Für den ersten Teil des Buches sei zunächst auf den Dank von Bertrand Perz in der Langfassung verwiesen. Für die vorliegende Fassung ist neben dem Co-Autor Christian Rabl vor allem Christina Kandler zu danken, die über ihre Masterarbeit[3] hinaus ihre statistischen Analysen

1 Bertrand Perz: Das Projekt „Quarz". Der Bau einer unterirdischen Fabrik durch Häftlinge des KZ Melk für die Steyr-Daimler-Puch AG 1944–1945. Innsbruck 2014 (überarbeitete Neuauflage des Buches Projekt Quarz. Steyr-Daimler-Puch und das Konzentrationslager Melk. Wien 1991).

2 Bertrand Perz (mit einem Beitrag von Gottfried Fliedl): Konzentrationslager Melk. Begleitbroschüre zur ständigen Ausstellung in der Gedenkstätte des ehemaligen Konzentrationslagers Melk. Wien 1992.

3 Christina Kandler: Überlebenschancen. Eine Analyse der Häftlingsgesellschaft des Konzentrationslagers Melk anhand personenbezogener Daten aus SS-Dokumenten. Masterarbeit, Universität Wien 2021.

über das Häftlingskollektiv im KZ Melk mit dem Autor abgestimmt hat. Bernhard Mühleder sei für private Fotografien der Stollenanlage „Quarz" und Nicolas Piquée-Audrain für die Abdruckgenehmigung der Zeichnungen von Daniel Piquée-Audrain gedankt.

Für den zweiten Teil war die inhaltliche Unterstützung durch zahlreiche einschlägige Expert*innen und engagierte Personen aus dem Großraum Melk sowie Vertreter*innen internationaler Häftlingsverbände von entscheidender Bedeutung. Für viele wertvolle Hinweise und die freundliche Bereitstellung von Quellen- und Fotomaterial geht der Dank an Hans Bruckner (Katholisches Bildungswerk, Radlberg), Guy Dockendorf (Präsident des Comité International de Mauthausen, Luxemburg), Stefan Eminger (Niederösterreichisches Landesarchiv), Gerhard Floßmann (Historiker, Loosdorf), Anton Harrer (ehemaliger Kustos des Melker Stadtarchivs), Alexander Hauer und Melanie Grubner (beide Zeithistorisches Zentrum Melk), Nina Höllinger und Wolfgang Quatember (beide Zeitgeschichte Museum Ebensee), Patrice Lafaurie und Caroline Ulmann (beide Amicale de Mauthausen, Paris), Dietmar Pfarr (Zeitzeuge, St. Pölten), Peter Rabl (Fotograf, Pöchlarn), Elisabeth Schmid (Zeitzeugin, Melk), Gunter Wolfsberger (Pädagoge, Melk) sowie den Co-Autor Bertrand Perz (Institut für Zeitgeschichte, Universität Wien).

Gemeinsam danken wir der KZ-Gedenkstätte Mauthausen für die Möglichkeit, diese Studie in den Schriften der Gedenkstätte zu publizieren. Für Hinweise und Unterstützung geht unser Dank an die Mitarbeiter*innen der Gedenkstätte, insbesondere an Ute Bauer-Wassmann, Wolfgang Fehrerberger, Elisa Frei, Florian Guschl, Gregor Holzinger, Ralf Lechner, Stephan Matyus und Doris Warlitsch. Für das sorgfältige Lektorat danken wir ganz herzlich Katharina Kniefacz, für die Publikation Peter Sachartschenko und dem Verlag new academic press.

Bertrand Perz/Christian Rabl Wien/Melk, Februar 2025

Bertrand Perz

1. Das Außenlager Melk im System der nationalsozialistischen Konzentrationslager

Zwischen dem 21. April 1944 und dem 15. April 1945 bestand in der Pionierkaserne des Städtchens Melk an der Donau ein Außenlager des KZ Mauthausen. Mit über 14.000 männlichen Personen aus circa 30 Ländern, die als Häftlinge im Lauf dieses Jahres von Mauthausen aus ins Außenlager Melk überstellt wurden, war es das – gemessen an der Zahl der Häftlinge – viertgrößte KZ auf österreichischem Boden, in der Dimension nur übertroffen von Mauthausen, Gusen und Ebensee.

Das Außenlager-System des im Sommer 1938 eingerichteten KZ-Stammlagers Mauthausen – sieht man vom Sonderfall des schon 1940 eingerichteten Zweiglagers Gusen ab – entstand ab 1941, um Häftlinge für bestimmte Arbeitsvorhaben direkt vor Ort unterzubringen. Generell unterschied sich die Entwicklung im Lagersystem Mauthausen-Gusen in diesem Punkt nicht von der Gesamtentwicklung des KZ-Systems.[4] Waren die ersten noch kleinen Außenlager mit einigen hundert Häftlingen für Zwangsarbeit im Straßenbau eingerichtet worden, so entstanden 1942 und 1943 Außenlager vor dem Hintergrund des Funktionswandels der Konzentrationslager mit der Schwerpunktverlagerung auf Zwangsarbeit für die Kriegswirtschaft an Standorten der Grundstoff- und Rüstungsindustrie. KZ-Häftlinge wurden sowohl beim Aufbau von Industriebetrieben als auch in der Produktion eingesetzt.

Neben dem Rüstungskonzern Steyr-Daimler-Puch AG und den Reichswerken Hermann Göring mit ihrer neuerrichteten Hütte Linz und den angeschlossenen Eisenwerken Oberdonau waren es überwiegend Betriebe der rasch expandierenden und in das noch als „luftsicher" geltende Österreich verlagerten Flugzeug-, aber auch der Raketenindustrie, die sehr früh Häftlinge für Bau und Produktion einsetzten.

Ab Herbst 1943 wurden Außenlager in Zusammenhang mit dem Bau großer unterirdischer Anlagen eingerichtet, in denen die Schlüsselindustrien der Kriegswirtschaft vor alliierten Luftangriffen, die im Sommer 1943 auch österreichisches Gebiet erreicht hatten, geschützt untergebracht werden sollten. Das erste derartige Projekt auf österreichischem Gebiet war ein

---

4 Generell zur Entwicklung des KZ-Systems vgl. Nikolaus Wachsmann: KL. Die Geschichte der nationalsozialistischen Konzentrationslager. München 2016; zur Entwicklung von Außenlagern vgl. Marc Buggeln: Das System der KZ-Außenlager: Krieg, Sklavenarbeit und Massengewalt (Friedrich Ebert Stiftung. Gesprächskreis Geschichte, Heft 95). Bonn 2012.

Stollenbauvorhaben in Ebensee im Salzkammergut (Projekt „Zement"), geplant für den Schutz des Forschungszentrums zur Entwicklung von Raketen unter Wernher von Braun, das von Peenemünde nach Ebensee verlegt werden sollte.[5] Im Jänner 1944 wurde entschieden, in St. Georgen an der Gusen für die Flugzeugfirma Messerschmitt (Projekt „Esche II", später „Bergkristall") eine unterirdische Fabrik zu errichten.[6] Im April 1944 folgte dann mit der Stollenanlage „Quarz" in Roggendorf bei Melk für die Rüstungsfirmen Steyr-Daimler-Puch und Flugmotorenwerke Ostmark das dritte unterirdische Großbauvorhaben mit KZ-Häftlingen auf österreichischem Gebiet. Alle drei Vorhaben unterstanden fortan dem sogenannten SS-Sonderstab Kammler[7], über den die KZ-Zwangsarbeit für die Bauvorhaben organisiert wurde. Insgesamt war dieser Sonderstab für circa zwei Dutzend unterirdischer Bauvorhaben im gesamten Reichsgebiet zuständig. Die Lager in Ebensee und Melk zeichneten sich dadurch aus, dass sie jeweils die Größe von mehr als 10.000 Häftlingen erreichten. In das bereits bestehende KZ Gusen wurden zusätzlich tausende Häftlinge überstellt und für den Stollenbau ein eigener Lagerabschnitt in Gusen (Gusen II) eingerichtet.[8]

Neben diesen Großprojekten verrichteten Häftlinge des KZ Mauthausen Zwangsarbeit bei unterirdischen Produktionsanlagen in Redl-Zipf (für die Raketenproduktion), in Peggau und Aflenz bei Leibnitz (beide für die Steyr-Daimler-Puch AG), in der Seegrotte Mödling-Hinterbrühl (für die Ernst Heinkel Flugzeugwerke AG) und beim SS-eigenen Stollenbau „Kellerbau" in Gusen. Untertagekommandos mit KZ-Häftlingen gab es auch für die Flugzeugindustrie in Wien-Floridsdorf, Schwechat und Grein. Überdies erweiterten KZ-Häftlinge Luftschutzstollen in Linz. Im Herbst 1944 arbeitete fast die Hälfte aller Gefangenen des Lagersystems Mauthausen-Gusen für Zwecke der unterirdischen Verlagerung.

Nachdem das am 21. April 1944 eröffnete Lager Melk in einer späten Phase des Krieges eingerichtet worden war, war seine Bestandsdauer gemessen an vielen anderen Außenlagern mit knapp zwölf Monaten kurz. Mit einer Todesrate von circa 30 Prozent innerhalb eines Jahres zählte Melk aber zu den Außenlagern mit den geringsten Überlebenschancen im gesamten Lagersystem von Mauthausen-Gusen. Vergleichbare Todesraten kennzeichneten die Lager bei den meisten Kammler-Projekten. Dennoch war die Funktion von Außenlagern wie Melk nicht direkt die Vernichtung von Menschen. Für den schnellen Ausbau einer unterirdischen Anlage zur Fortführung des Krieges auch unter den Bedingungen des Luftkrieges wurde der massenhafte Tod von Häftlingen nicht nur von der SS bereitwillig in Kauf genommen. Firmen, die ihre Produktion

5 Vgl. Florian Freund: Arbeitslager Zement. Das Konzentrationslager Ebensee und die Raketenrüstung. Wien 1989.

6 Vgl. Bertrand Perz: KZ-Zwangsarbeit für eine rationelle Rüstungsproduktion im Luftkrieg. Neue Dokumente zur Genese der unterirdischen Flugzeugfabrik „Esche II" („Bergkristall") der Messerschmitt GmbH Regensburg in St. Georgen an der Gusen. In: coMMents, Jahrgang 1 (2022), Heft 1, S. 20–54. DOI: https://www.doi.org/10.57820/mm.comments.2022.02.

7 Vgl. dazu Kapitel 5 in diesem Band.

8 Vgl. Reinhard Hanausch/Bernhard Lübbers/Roman Smolorz/Mark Spoerer (Hg.): Überleben durch Kunst. Zwangsarbeit im Konzentrationslager Gusen für das Messerschmittwerk Regensburg. Regensburg 2012; Christian Dürr/Gregor Holzinger/Stephanie Kaiser/Ralf Lechner (Hg.): Konzentrationslager Gusen 1939–1945. Eine Dokumentation. Wien 2024, S. 42 bzw. 69–71.

unter Tage fortführen wollten, setzten sich aktiv für die Zwangsarbeit von KZ-Häftlingen beim Bau der unterirdischen Stollenanlagen ein. Deren Lebens- und Arbeitsbedingungen wurden ausschließlich unter der Perspektive der schnellen Realisierung dieser Großbauvorhaben gesehen. Die daraus resultierenden unmenschlichen Existenzbedingungen waren ebenso wie die brutale Behandlung durch das Lagerpersonal in Melk der Grund für den Tod von fast 5.000 Menschen innerhalb dieser zwölf Lagermonate – mehr als die damalige Gesamtbevölkerung von Melk mit circa 4.600 Personen.

2. Die Rüstungsfirmen

2.1. Die Steyr-Daimler-Puch AG

Für die Geschichte des Außenlagers Melk spielen zwei Rüstungsfirmen eine zentrale Rolle, an erster Stelle die Steyr-Daimler-Puch AG (SDPAG). Die Firma war 1934 aus der Fusionierung der Fahrzeug- und Waffenfabriken Steyr-Werke und Austro-Daimler-Puch entstanden. Nach dem „Anschluss" 1938 gelang es den Reichswerken Hermann Göring durch massiven politischen Druck, diese wichtige im Besitz des Creditanstalt-Bankvereins befindliche Firma – der größte Waffen-, Kraftfahrzeug- und Fahrradproduzent Österreichs – dem Konzernverband anzugliedern.[9] Im Zuge der Redimensionierung der Reichswerke wurde die SDPAG allerdings Ende 1942 wieder eine selbstständige Aktiengesellschaft, die Mehrheit an dem Unternehmen hielt in der Folgezeit die reichseigene Bank der deutschen Luftfahrt.[10]

Auf Wunsch von Reichsmarschall Hermann Göring wurde das Vorstandsmitglied der Alpine-Montan Dr. Georg Meindl, der dort als Statthalter der NSDAP fungiert hatte, zum neuen Generaldirektor der SDPAG bestellt. Meindl, Parteimitglied, SS-Mitglied und Träger des Titels „Wehrwirtschaftsführer", sollte in den folgenden Jahren bei der Expansion des Konzerns eine entscheidende Rolle spielen. Neben seinem Posten als Generaldirektor bei der SDPAG bekleidete er zahlreiche Funktionen in Rüstungskommissionen und als Aufsichtsrat bei Banken und Industrieunternehmen. In der „Ostmark" war ohne Meindl auf wirtschaftlichem Gebiet kaum etwas zu machen. Er verfügte über ausgezeichnete Beziehungen zur NS-Führung, vor allem zu Göring, zu dem er auch langjährige private Verbindungen pflegte, und zum Chef des SS-Führungshauptamtes Hans Jüttner, sowie zu Spitzenvertretern der deutschen Wirtschaft.[11]

Mit der Übernahme der SDPAG durch die Reichswerke und der aktiven Expansionspolitik des SDPAG-Vorstandes kam es zu einer enormen Vergrößerung dieses Unternehmens. Innerhalb weniger Jahre wuchs die SDPAG, finanziert von der Wehrmacht, zu einem der großen deutschen Rüstungskonzerne, der in fast allen Sparten der Herstellung von Kriegsgerät tätig war. Zu den traditionellen Sparten wie Gewehr- und Kraftfahrzeugproduktion kamen zwischen 1938 und 1943 mehrere neue hinzu. So entstand in Steyr ein Flugmotorenmontagewerk, in Graz-Thondorf ein komplettes Werk zur Erzeugung von Flugmotorenteilen, Panzergetrieben und Kurbelwellen sowie im niederösterreichischen St. Valentin eine Panzerfabrik, das sogenannte „Nibelungen-

9 Zur Entwicklung der Firma vgl. Perz: Projekt „Quarz", S. 43–52.

10 Zur Ausgliederung aus den Reichswerken vgl. Perz: Projekt „Quarz", S. 109–112.

11 Zur Biografie von Meindl vgl. Bertrand Perz: Politisches Management im Wirtschaftskonzern. Georg Meindl und die Rolle des Staatskonzerns Steyr-Daimler-Puch bei der Verwirklichung der NS-Wirtschaftsziele in Österreich. In: Hermann Kaienburg (Hg.): Konzentrationslager und deutsche Wirtschaft 1939–1945. Opladen 1996, S. 95–112.

STEYR

Werkruf

Werkszeitung der
Steyr-Daimler-Puch Aktiengesellschaft

Der Führer am Steyr-Stand

der Internationalen Automobil- und Motorrad-Ausstellung
im Gespräch mit unserem Betriebsführer Dr. G. Meindl.

2. Jahrgang. Februar-März 1939 Folge 2.

Abb. 2: Cover der Werkszeitung der SDPAG *Werkruf*, Februar/März 1939: Präsentation der Erzeugnisse der Wälzlagerfabrik auf der Internationalen Automobil- und Motorradausstellung Berlin 1939 (v. r. n. l.: Joseph Goebbels, Erhard Milch, Georg Meindl, Hermann Göring und Adolf Hitler). Quelle: ÖNB.

werk", das bis 1944 neben Krupp zum größten Panzerproduzenten des Deutschen Reiches expandieren sollte. Auch die Kugel- und Wälzlagerfabrikation, die in Steyr schon seit den 1920er-Jahren etabliert war, erreichte mit dem Bau eines großen modernen Werkes in Steyr-Münichholz eine völlig neue Dimension in der Produktpalette der SDPAG. In nur drei Jahren stieg die SDPAG damit zum drittgrößten Kugel- und Wälzlagerproduzenten des Deutschen Reiches auf. Auch die Gewehrproduktion für die Gesamtversorgung der Wehrmacht erhielt nach Kriegsbeginn einen neuen Stellenwert. Im Zuge der Besetzung Polens und der Aufteilung der Kriegsbeute konnte die SDPAG die beiden großen polnischen staatlichen Gewehrfabriken in Warschau und Radom unter ihre kommissarische Verwaltung bringen und sich somit zu einem der wichtigen Gewehrlieferanten der Wehrmacht entwickeln.[12]

Die Expansion der SDPAG lässt sich eindrücklich am jährlichen Umsatz ablesen, der von 57 Millionen Reichsmark (RM) im Jahr 1938 auf 456 Millionen RM 1944 anstieg. Auch die Entwicklung der Zahl der Beschäftigten macht den Umfang der Expansion in diesen Jahren deutlich: 1937 beschäftigte der Konzern circa 7.000 Personen, 1944 waren es circa 50.000, von denen fast die Hälfte Zwangsarbeiter*innen aus vielen Ländern Europas waren.[13]

Aufgrund des dynamischen Wachstums herrschte bei der SDPAG trotz der umfangreichen Heranziehung ausländischer Arbeiter*innen ein ständiger Personalmangel – vor allem ein Mangel an Facharbeitskräften – der sich im zweiten Halbjahr 1941, als die Inbetriebnahme neuerrichteter Fertigungszweige und verstärkte Einberufungen zur Wehrmacht zeitlich zusammenfielen, weiter verschärfte. Als erste Rüstungsfirma im österreichischen Raum ging die SDPAG daran, männliche KZ-Häftlinge bei Bau und Produktion einzusetzen. Anfang 1942 gelang es Generaldirektor Meindl mit Unterstützung des Höheren SS- und Polizeiführers Ernst Kaltenbrunner, dafür in Steyr-Münichholz ein eigenes KZ-Außenlager zu bekommen. Die Häftlinge wurden vom KZ Mauthausen zur Verfügung gestellt.[14]

Die enge Kooperation zwischen Steyr-Management und SS blieb auch in der Folgezeit aufrecht. Mit der SS bzw. deren eigener Firma Deutsche Erd- und Steinwerke GmbH (DESt) schloss die SDPAG im Frühjahr 1943 einen Vertrag über die Verlegung von Teilen der militärischen Gewehrproduktion (sogenannte Karabiner) aus Steyr zum seit 1940 bestehenden KZ Gusen.[15] Die Karabiner waren zum Großteil für die SS bestimmt, weshalb diese an der Gewehrproduktion großes Interesse zeigte.

12 Zur kriegsbedingten Expansion der SDPAG vgl. Perz: Projekt „Quarz", S. 52–106.

13 Zahlen zur Umsatz- und Beschäftigungsentwicklung vgl. Perz: Projekt „Quarz", S. 556.

14 Zur Einrichtung dieses ersten KZ-Außenlagers bei der SDPAG vgl. Perz: Projekt „Quarz", S. 95–103; Bertrand Perz: Steyr-Münichholz, ein Konzentrationslager der Steyr-Daimler-Puch A.G. Zur Genese der Zwangsarbeit in der Rüstungsindustrie. In: Dokumentationsarchiv des österreichischen Widerstandes (Hg.): Jahrbuch 1989. Wien 1989, S. 52–61.

15 Vgl. Perz: Projekt „Quarz", S. 106–109; Dürr/Holzinger/Kaiser/Lechner: Konzentrationslager Gusen, S. 154. Zum SS-Unternehmen DESt vgl. Hermann Kaienburg: Die Wirtschaft der SS. Berlin 2003, S. 603–770.

Abb. 3: Werbeanzeige für Steyr-Lkw Typ 1500 A, Version „Mannschaftswagen".
Quelle: Compass, Industrie und Handel; Deutsches Reich: Ostmark 76/1943.

Die tausenden KZ-Häftlinge wurden nicht als Beschäftigte der Firma gezählt, ebenso wenig wie die jüdischen Zwangsarbeiter*innen aus den Ghettos in Warschau und Radom in den kommissarisch übernommenen polnischen Gewehrfabriken.

Die enorme Expansion der SDPAG wäre ohne den Einsatz der ausländischen Zwangsarbeiter*innen und KZ-Häftlinge nicht möglich gewesen. In den letzten beiden Kriegsjahren sollte sich durch die unterirdische Verlagerung der Rüstungsindustrie der Einsatz von KZ-Häftlingen für die Interessen der SDPAG noch intensivieren. Die Firma nutzte 1944 und 1945 die Zwangsarbeit von Häftlingen von insgesamt sieben Außenlagern des KZ Mauthausen.[16]

2.2. Die Flugmotorenwerke Ostmark

Die zweite Rüstungsfirma, die für die Genese des Projekts „Quarz" und die Einrichtung des Außenlagers in Melk eine wichtige Rolle spielte, waren die Flugmotorenwerke Ostmark (FO).[17] Die FO waren ein 1941 gestartetes Prestigeprojekt des Reichsluftfahrtministeriums (RLM). In Wiener Neudorf, zu dieser Zeit Teil von Groß-Wien, sollte das größte und modernste Flugmotorenwerk des Deutschen Reiches errichtet werden, mit Zweigwerken in Brünn/Brno und Marburg/Maribor (dieses Werk zur Herstellung von Propellern wurde später ausgegliedert). Anfänglich sollte die Flugzeug- und Motorenwerke AG Junkers den Aufbau der FO übernehmen, nachdem aber aus technischen Gründen die Entscheidung zugunsten der Produktion eines Daimler-Benz-Flugmotors getroffen wurde, übertrug man die Leitung dem Lizenzgeber Daimler-Benz. Mit dem Bau dieses Großwerkes, in dem im Endausbau bis zu 1.200 Flugmotoren monatlich produziert werden sollten, verband die NS-Führung die Hoffnung, dem Wettrennen mit der alliierten Flugzeugproduktion etwas entgegenzusetzen.

Das Daimler-Benz-Management war aber wegen kriegsbedingter Probleme beim Bau dieses gigantischen Flugmotorenwerkes auch nach zweijähriger Aufbauzeit nicht in der Lage, mit der Produktion zu beginnen. Im RLM, das zunehmend nervös wurde, begann man deshalb, nach Alternativen zu suchen. SDPAG-Generaldirektor Meindl nützte die Entwicklung und schlug Göring eine Holding unter seiner Leitung vor, in der alle Luftrüstungsbetriebe der Ostmark integriert werden sollten. Damit hätte Meindl aus der SDPAG einen riesigen Luftrüstungskonzern gemacht.

Göring lehnte das zwar als zu weitgehend ab, setzte Meindl aber als kommissarischen Leiter der FO ein. Offensichtlich traute Göring seinem langjährigen Bekannten Meindl eher zu, im Interesse der nationalsozialistischen Rüstungspolitik zu handeln, als den Daimler-Benz-Managern, die das ursprüngliche Firmenkonzept der Anwendung neuartigster Produktionstechnologien

16 Chronologisch die Lager Steyr, Gusen, Leibnitz/Aflenz, Melk, Peggau, St. Valentin, Ebensee.

17 Zur Gründung und Entwicklung der Flugmotorenwerke Ostmark vgl. Perz: Projekt „Quarz", S. 121–146.

Abb. 4: Generaldirektor Meindl als kommissarischer Leiter der Flugmotorenwerke Ostmark in Wiener Neudorf mit einer Besucherdelegation in einer der großen Werkshallen, circa 1943. Fotograf*in: unbekannt, Quelle: Sammlung Perz (aus dem Besitz von Dr. Hans Tichy, Wien).

auch dann noch zu verwirklichen trachteten, als nur mehr die schnelle Auslieferung der ersten Motoren gefragt war.

Die Übernahme der FO führte nicht nur zu einem längeren Konflikt mit Daimler-Benz, sondern vermutlich auf Betreiben von Daimler-Benz auch zu massiven Vorwürfen von Rüstungsminister Albert Speer, der Meindl Vorhaltungen wegen *„krummer Wege"* bei der Übernahme der FO machte und sich gegen die Bildung eines *„ostmärkischen Industrieblocks"*[18] aussprach. Meindl behielt dennoch seinen kommissarischen Leitungsposten bei den FO.

Eines der großen Probleme der FO, die Arbeitskräfteknappheit, löste Meindl durch seine guten Beziehungen zur SS in wenigen Wochen nach demselben Muster, das er schon bei der SDPAG verfolgt hatte: durch Einsatz von KZ-Häftlingen. In einem Brief an Reichsführer-SS Heinrich Himmler bat Meindl für die FO um Einrichtung eines KZ-Außenlagers mit 2.000 Häftlingen, von denen die Hälfte Metallfacharbeiter sein sollten. Als Gegenleistung sicherte er Himmler zu, weiterhin die Belange der Waffen-SS bei der SDPAG zu berücksichtigen. Meindls Wunsch wurde umgehend

18 Chronik der Dienststellen des Amtsbereichs Speer, Band 7, 4.6.1943, BArch R3/1777.

erfüllt. Zwischen Meindls Brief und der Einrichtung des KZ-Außenlagers Wiener Neudorf lagen genau zwei Wochen.[19] Dennoch gelang es auch Meindl nicht, die Produktion im geplanten Umfang in Wiener Neudorf zum Laufen zu bringen, auch wenn noch längere Zeit an der Fabrik weitergebaut wurde. Die Zeit bis Kriegsende war vor allem durch luftkriegsbedingte Produktionsverlagerungen an andere Orte geprägt.[20]

19 Zur Geschichte des Außenlagers in Wiener Neudorf vgl. Bertrand Perz: Wiener Neudorf. In: Wolfgang Benz/Barbara Distel (Hg.): Der Ort des Terrors. Geschichte der nationalsozialistischen Konzentrationslager, Band 4: Flossenbürg, Mauthausen, Ravensbrück. München 2006, S. 461–465.

20 Zur Verlagerung der FO-Produktion vgl. Perz: Projekt „Quarz", S. 193–198.

3. Der alliierte Luftkrieg und die unterirdische Verlagerung der Rüstungsindustrie

Die ungehinderte Vergrößerung des Steyr-Konzerns fand ebenso wie die Fertigstellung der Flugmotorenwerke Ostmark mit den immer intensiver werdenden Luftangriffen der Alliierten, die ab Sommer 1943 von Nordafrika aus auch das Gebiet Österreichs erreichten, ein Ende.[21]

Der organisatorische Zusammenschluss der britischen und US-amerikanischen Luftkriegsführung zur „Combined Bomber Offensive" auf der Konferenz von Casablanca im Jänner 1943 hatte eine neue Phase des alliierten strategischen Luftkriegs gegen Deutschland und seine Verbündeten eingeleitet. Gemeinsam entwickelte man bis April 1943 eine Rangliste der anzugreifenden Ziele. An erster Stelle standen die deutschen Produzenten von Jagdflugzeugen, da diese den alliierten Bomberverbänden große Verluste zufügten und die Zerstörung der Flugzeugindustrie damit eine der zentralen Voraussetzungen für die Bombardierung weiterer strategischer Ziele war. Zum anderen wurden die Produktionsstätten von Wälzlagern, von denen die Flugzeugfirmen wie keine andere Rüstungsbranche abhängig waren, als Angriffsziele ausgewählt. Auf der Zielliste der Alliierten stand überdies die in ihrer Anfangsphase stehende Raketenproduktion weit oben, die allerdings einen sehr viel kleineren Umfang als die Flugzeugindustrie hatte.

Im Frühsommer 1943 begann die alliierte „High Priority Campaign" gegen diese ausgewählten Industrieziele. Die für die Kriegsproduktion relevanten Ministerien reagierten auf die alliierte Offensive zunächst mit der Anordnung einer oberirdischen Verlagerung. Große industrielle Einheiten sollten in kleinere über das Land verstreute Produktionsstätten aufgeteilt oder zu Standorten verlegt werden, die sich noch außerhalb der Reichweite alliierter Flugzeuge befanden. Diese Dezentralisierung sollte sich angesichts der Intensivierung der alliierten Luftangriffe bald als unzureichend herausstellen. Auch war eine aufgesplitterte Fertigung mit der Aufrechterhaltung einer rationellen Produktionsweise nur schwer vereinbar.

In dieser für die deutsche Kriegsführung dramatischen Situation setzte sich bei den deutschen Verantwortlichen für die Rüstungsproduktion die Überzeugung durch, dass nur eine bombensichere Unterbringung der wichtigsten Rüstungsbetriebe eine drohende Lahmlegung der gesamten Kriegswirtschaft verhindern könne. Allerdings stellte die angestrebte Verlegung ganzer Industriebranchen unter Tage eine enorme Herausforderung dar, das betraf die Suche nach geeigneten Schutzräumen ebenso wie die Frage vorhandener Baukapazitäten und verfügbarer Arbeitskräfte für die Adaptierung oder die Neuerrichtung unterirdischer Fabriken. Das Reichsluftfahrtministerium startete im September 1943, koordiniert von einem eigens etablierten

21 Zum strategischen Luftkrieg der Alliierten und zur unterirdischen Verlagerung der deutschen Rüstungsindustrie vgl. Perz: Projekt „Quarz", S. 147–160.

Sonderstab „Höhlenbau", eine intensive Recherche nach unterirdischen Räumlichkeiten. An der Suche beteiligten sich auch das Reichsministerium für Rüstung und Kriegsproduktion (RMfRuK), das Reichswirtschaftsministerium und die SS. Die Ergebnisse waren ernüchternd. Die meisten vorhandenen unterirdischen Räumlichkeiten erwiesen sich für eine rationelle Rüstungsproduktion aus klimatischen, verkehrstechnischen Gründen oder solchen der Zugänglichkeit und der Raumgröße und -strukturen als nicht geeignet. Diskutiert wurde daher im Herbst 1943 der Bau von komplett neuen unterirdischen Fabriken: einerseits schachbrettartig angelegte Stollenanlagen mit mehreren 10.000 Quadratmetern, andererseits von der Organisation Todt (OT) entworfene kuppelförmige Großbunkeranlagen mit bis zu zehn Stockwerken und Flächen von bis zu mehreren 100.000 Quadratmetern.

Generelle Entscheidungen zugunsten einer der beiden Varianten fielen bis Anfang 1944 keine, realisiert wurde zunächst aber der mit wesentlich geringerem Materialverbrauch mögliche Bau neuer großer Stollenanlagen. Als Vorbild dafür fungierte der im August 1943 gestartete Ausbau einer im Kern schon bestehenden Stollenanlage bei Nordhausen im Harzgebirge zu einer riesigen unterirdischen Raketenfabrik und der parallel dazu im oberösterreichischen Ebensee im Herbst 1943 begonnene Stollenneubau für die Verlagerung des bis dahin in Peenemünde befindlichen Raketenforschungszentrums von Wernher von Braun.[22]

Auf Basis eines Abkommens zwischen Minister Speer und Reichsführer-SS Himmler stellte letzterer tausende männliche KZ-Häftlinge zur Verfügung, wodurch eines der größte Probleme der Untertageverlagerung aus Sicht der NS-Führung – die Frage der Arbeitskräfte für den Stollenbau – gelöst und zusätzlich die strengste Geheimhaltung gewahrt schien.[23] Die unter Hans Kammler,[24] dem Chef der für das Bauwesen der SS verantwortlichen Amtsgruppe C im Wirtschaftsverwaltungshauptamt der SS (SS-WVHA), ohne Rücksicht auf das Leben der KZ-Zwangsarbeiter vorangetriebene Projekt in Nordhausen wurde zum Maßstab für künftige derartige Projekte, so auch für den Bau einer unterirdischen Fabrik bei Melk unter dem Tarnnamen „Quarz".

Entscheidend für den Bau der Stollenanlage „Quarz" war die prekäre Situation der deutschen Kugel- und Wälzlagerindustrie im Luftkrieg, die sich aus ihrer Schlüsselfunktion für die Rüstungsindustrie und ihrer Auswahl als besonderes Angriffsziel durch die Alliierten ergab. Zwei Großangriffe auf das deutsche Zentrum der Kugel- und Wälzlagerindustrie Schweinfurt im zweiten Halbjahr 1943 hatten über die strategischen Ziele der Alliierten keine Fragen offengelassen.[25]

---

22 Vgl. Johannes Erichsen/Bernhard M. Hoppe (Hg.): Peenemünde. Mythos und Geschichte der Rakete 1923–1989. Berlin 2004.

23 Vgl. Freund: Arbeitslager Zement, S. 52; Michael Neufeld: Die Rakete und das Reich. Wernher von Braun, Peenemünde und der Beginn des Raketenzeitalters. Berlin 1997, S. 238–257; Jens-Christian Wagner: Produktion des Todes. Das KZ Mittelbau-Dora. Göttingen 2015, S. 72–86.

24 Vgl. Rainer Fröbe: Hans Kammler – Technokrat der Vernichtung. In: Ronald Smelser/Enrico Syring (Hg.): Die SS. Elite unter dem Totenkopf. 30 Lebensläufe. Paderborn/München/Wien u.a. 2000, S. 305–319.

25 Vgl. Friedhelm Golücke: Schweinfurt und der strategische Luftkrieg 1943. Der Angriff der US Air Force vom 14. Oktober 1943 gegen die Schweinfurter Kugellagerindustrie. Paderborn 1980.

Rüstungsminister Albert Speer reagierte nur wenige Tage nach dem zweiten schweren Angriff auf Schweinfurt mit der Einsetzung eines Generalkommissars für die Wälzlagerindustrie, den Vorstandsvorsitzenden der Bergmann Elektrizitätswerke AG Berlin, Philip Keßler.[26] Keßler, der schon mehrmals mit Sonderaufgaben in Krisensituationen betraut worden war, etwa mit der Produktion von Abwurfbehältern zur Versorgung der deutschen Wehrmacht in Stalingrad aus der Luft, sollte, ausgestattet mit umfassenden Vollmachten, in den folgenden Monaten unter dem Schlagwort „Kugellager-Schnellaktion" den Kollaps der deutschen Kriegswirtschaft abwenden helfen. Die erste Maßnahme des Generalkommissars war die Einsetzung eines Wiederaufbaustabes für die schwer beschädigten Betriebe in Schweinfurt mit dem Ziel, größere Produktionseinbußen zu vermeiden. Der zweite Schritt war die beschleunigte Dezentralisierung der Wälzlagerindustrie, die sich beim Dienstantritt Keßlers noch in ihren Anfängen befand. Die vieldiskutierte Idee einer „unterirdischen Verlagerung" wurde auch von Keßler rasch aufgegriffen. Am 7. Jänner 1944 gab Speer auf Vorschlag Keßlers den Befehl, die weitere Expansion und Verlagerung der Wälzlagerindustrie unterirdisch vorzunehmen. Das ehrgeizige Programm sah vor, unter der Erde Produktionskapazitäten im Umfang des gesamten Produktionsvolumens von Mitte 1943, also noch vor Beginn der alliierten Luftangriffe, zu schaffen, bei gleichzeitiger Beibehaltung einer oberirdischen Produktion. Zentral dafür waren drei unterirdische Bauprojekte für die großen Schweinfurter Firmen Vereinigte Kugellagerfabriken AG und FAG Kugelfischer[27] sowie für die Steyr-Daimler-Puch AG.

26 Zur „Schnellaktion Kugellager" vgl. Perz: Projekt „Quarz", S. 170–173.

27 FAG war die Abkürzung aus den drei Anfangsbuchstaben von Fischer's Automatische Gussstahlkugelfabrik, später auch von Fischers Aktien Gesellschaft.

4. Die Entscheidung für eine unterirdische Fabrik bei Melk: das Projekt „Quarz"

Die SDPAG war im Herbst 1943 vor die Aufgabe gestellt, für drei unmittelbar gefährdete Produktionsbetriebe – die Flugmotorenwerke in Steyr und Graz (einschließlich der Panzerteilefertigung) sowie das Wälzlagerwerk in Steyr-Münichholz – rasch Schutzmaßnahmen ergreifen zu müssen.[28] Die umfangreichsten Verlagerungsplanungen, mit denen sich die SDPAG im Herbst 1943 beschäftigte, bezogen sich auf das Wälzlagerwerk in Steyr-Münichholz, dessen Bedeutung nach den Angriffen auf Schweinfurt für die Versorgung der deutschen Rüstungsindustrie wesentlich gestiegen war. In Erwartung eines baldigen Angriffs plante die SDPAG ab Mitte November 1943 gemeinsam mit Generalkommissar Philip Keßler und dem Rüstungsministerium die systematische Verlagerung des Wälzlagerwerkes. Keßler, der dem Werk Mitte Dezember 1943 einen Besuch abstattete, um die eingeleiteten Maßnahmen zu inspizieren, ordnete an, dass die Hälfte des für 1944 geplanten Produktionsvolumens der SDPAG von 15 Millionen Lagern an Verlagerungsorten hergestellt werden müsse. In einer ersten Etappe sollten in das Zweigwerk Letten bei Steyr jene Teile der Fertigung ausgelagert werden, die im Falle eines Luftangriffes die Gesamtproduktion am stärksten gefährden würden.

In einer zweiten Etappe sollte ein beträchtlicher Teil der Werkzeugmaschinen unterirdisch und damit geschützt untergebracht werden. Die Suche nach geeigneten Räumen gestaltete sich jedoch äußerst schwierig. Die ersten Überlegungen gingen dahin, die Wälzlagerproduktion gemeinsam mit Teilen der Fertigung des Flugmotorenteilewerkes Graz-Thondorf in eine groß auszubauende Stollenanlage in der Steiermark zu verlagern. Für die Verlegung der Herstellung von Kurbelwellen und Getriebezahnrädern hatte man südlich von Graz im unterirdischen „Römersteinbruch" Aflenz an der Sulm bei Leibnitz noch Ende 1943 geeignete Stollen ausfindig gemacht, die nun unter dem Tarnnamen „Salm" für die Verlagerung des Werkes Graz-Thondorf ausgebaut werden sollten. Ab Anfang Februar 1944 wurden für diesen Zweck ein eigenes Außenlager des KZ Mauthausen eingerichtet und über 900 Häftlinge nach Aflenz überstellt.[29] Das Vorhaben eines Großprojektes in Aflenz zerschlug sich aber bald, da der steirische Gauleiter Sigfried Uiberreither sich gegen eine zusätzliche Verlagerung des Wälzlagerwerkes in die Steiermark erfolgreich wehrte, vermutlich um die in der Steiermark ansässigen Betriebsstätten vorrangig zu schützen.

28 Zu den Verlagerungsaktivitäten der SDPAG und den Entscheidungsabläufen für einen Stollenbau bei Melk vgl. Perz: Projekt „Quarz", S. 175–192.

29 Vgl. Bertrand Perz: Das Außenlager Graz-Leibnitz des KZ Mauthausen in Aflenz an der Sulm für die Steyr-Daimler-Puch AG. In: Helmut Kandl/Johanna Kandl: Wächterhaus. In Erinnerung an die Ermordeten und Toten in Aflenz bei Leibnitz, einem KZ-Außenlager von Mauthausen. Graz 2009 [ohne Seitenangabe].

Auch die erwogene Alternative eines Neubaus eines Stollensystems in einem Hügel in unmittelbarer Nähe zum Wälzlagerwerk in Steyr-Münichholz – für eine Verlagerung produktionstechnisch ideal – musste nach geologischen Untersuchungen aufgegeben werden, weil ungünstige Gesteinsverhältnisse den Bau enorm verteuert hätten. Da sich die für das Wälzlagerwerk geplanten Verlagerungsvarianten totgelaufen hatten, wollte Generaldirektor Meindl bei Keßler erreichen, eine im oberösterreichischen Raum bereits geplante oder im Bau befindliche große Stollenanlage wie in Ebensee[30] oder St. Georgen an der Gusen zugewiesen zu bekommen, die die Verlagerung mehrerer Produktionssparten der SDPAG ermöglicht hätten. In beiden Fällen konnte sich Meindl nicht durchsetzen, Ebensee blieb weiter der Raketenforschung vorbehalten, das Projekt in St. Georgen an der Gusen der Regensburger Flugzeugfirma Messerschmitt.[31]

Das besondere Interesse Meindls an einer großen unterirdischen Anlage erklärt sich vor allem aus der sich dadurch ergebenden Möglichkeit, mehrere gefährdete Produktionssparten in einem zentralen Objekt unterzubringen unter Beibehaltung einer rationellen Produktionsweise, die überdies auch weniger Personal benötigte als eine Aufsplitterung von Betriebseinheiten. Neben dem Wälzlagerwerk musste Meindl vor allen Dingen auch eine Lösung für die Flugmotorenwerke Ostmark in Wiener Neudorf finden. Aber auch für das Flugmotorenwerk in Steyr, das sich nach den langen Anlaufschwierigkeiten Ende 1943 langsam dem angestrebten Produktionsniveau näherte,[32] musste ein Verlagerungsort gefunden werden. Überdies musste mittelfristig auch ein Schutz des für die deutsche Panzerproduktion immer bedeutenderen Nibelungenwerkes in St. Valentin gefunden werden.[33]

Noch im Jänner 1944 entstand bei der SDPAG der Plan, in der Nähe von Melk eine komplett neue Stollenanlage zu errichten. Diese Überlegungen wurden Generalkommissar Keßler bei einer Besprechung Ende Jänner in Schweinfurt durch den Direktor des Wälzlagerwerkes der SDPAG, Karl Rossner, erstmals bekanntgegeben. Keßler blieb aber weiterhin skeptisch bezüglich eines von der SDPAG favorisierten Großprojektes gemeinsam mit der FO, wenn er auch grundsätzlich die Dringlichkeit der unterirdischen Verlagerung der SDPAG anerkannte:

„Herr Kessler [sic!] *würde die Eingliederung der Steyr-Wälzlager in ein Großprojekt des Gesamtunternehmens und FO gutheißen, meinte aber, daß Stollenprojekte zu lange Bauzeit in Anspruch*

30 Vgl. Freund: Arbeitslager Zement, S. 61–78.
31 Vgl. Perz: KZ-Zwangsarbeit, S. 31–33.
32 Die SDPAG produzierte monatlich circa 160 DB-605 Motoren und nahm zusätzlich den Umbau und die Reparatur von Flugmotoren vor. Das Programm sah die Neuproduktion von 200 Motoren monatlich vor, war allerdings mehrmals stark herabgesetzt worden.
33 Das Nibelungenwerk erzeugte mit 3.073 Panzern der Type IV im Jahr 1943 44 Prozent dieses Typs (11 Prozent der gesamten deutschen Panzerproduktion) und war somit eine der größten Panzerfabriken des Deutschen Reiches. Wegen der Vordringlichkeit der Sicherung der Flugzeugindustrie kam es beim Nibelungenwerk allerdings bis Herbst 1944 zu keinen besonderen Verlagerungsmaßnahmen. Das Nibelungenwerk blieb erstaunlicherweise trotz seiner Wichtigkeit für die deutsche Rüstungsproduktion bis Oktober 1944 von Luftangriffen verschont.

nehmen und er deshalb gleichzeitig prüfen läßt, ob er eine Höhle für uns vorschlagen kann. Jedenfalls erwartet er einen Vorschlag des Herrn Generaldirektors bezüglich des Großprojektes."[34]

Meindl kam dieser Aufforderung unmittelbar nach und unterbreitete Keßler bereits am 4. Februar 1944 ein weitgehend ausgearbeitetes Projekt:

„Wie Ihnen Herr Dir. Rossner am 29.1.44 in Schweinfurt mitteilte, war ich [...] gezwungen, das Stollenprojekt beim Wälzlagerwerk zurückzustellen. Ich habe mich deshalb entschlossen, die Untertage-Fertigung für das Wälzlagerwerk in ein Großprojekt der von mir geleiteten Unternehmungen einzuplanen. Dieses gemeinsame Großprojekt ‚Quarz' ist demnach für Wälzlager, Flu[g]mo[toren] Steyr, F.O. Wiener Neudorf, sowie für das Nibelungenwerk vorgesehen. Das Terrain befindet sich ca. 80 km von Steyr entfernt, in der Richtung Wien. Für die Wälzlagerfertigung habe ich die zuerst anfallenden 10.000 m2 in Aussicht genommen.
Dieses gemeinsame Projekt ist baumäßig sicher leichter durchzuziehen, als verschiedene einzelne Projekte und bietet bautechnisch, einrichtungs- und führungsmäßig zahlreiche Vorteile."[35]

Die Stollenanlage des Projektes „Quarz" sollte bei der kleinen, zwischen Melk und Loosdorf gelegenen Ortschaft Roggendorf in den Wachberg gegraben werden, einem aus Quarzsandstein bestehenden bewaldeten etwa drei Kilometer langen Hügelzug, der sich vom östlichen Stadtrand Melks in südöstlicher Richtung fast bis Loosdorf zieht und seine Umgebung um etwa 60 Meter überragt. Für einen Stollenbau schien er geologisch besonders geeignet. Entdeckt wurde dieser Bauplatz vermutlich wegen der dort historisch schon lange zuvor in den Sandstein getriebenen privaten Keller von Bauernhäusern. Für diesen Standort sprach aber vor allem auch die für ein derartiges Großprojekt wichtige gute und zentrale Verkehrslage. Die Bahnstrecke Wien–Linz führte nördlich am Wachberg vorbei und erlaubte einen direkten kurzen Gleisanschluss von Loosdorf in die unterirdische Fabrik. Auch ein Starkstromanschluss war in der Nähe vorhanden und der Wasserbedarf für die künftige Fabrik durch die Pielach und die nicht allzu weit entfernte Donau gedeckt. Dazu kam eine ideale Tarnung aus der Luft, weil südlich des Wachberges schon Anfang der 1940er-Jahre für den Bau der Reichsautobahn eine Trasse freigelegt worden war. Durch diese seit 1942 stillgelegte Autobahn-Baustelle, so die Überlegung in den Planungen der Stollenanlage, würde eine neue Baustelle am Ort weniger auffallen.

Generalkommissar Keßler hatte indes nicht nur seine zögernde Haltung bezüglich einer unterirdischen Verlagerung des Wälzlagerwerkes Steyr-Münichholz aufgegeben, vielmehr drängte er nun von sich aus – unter dem Eindruck der wachsenden Probleme in der Wälzlagerproduktion und im Bewusstsein, dass neuerliche Luftangriffe auf die Wälzlagerindustrie nicht lange auf sich warten lassen würden – auf rasches Handeln der SDPAG. So kreuzte sich der Brief Meindls an Keßler, in welchem er das Projekt Quarz präsentierte, mit einem Fernschreiben Keßlers an die

---

34 Bericht Dir. Rossner für den Generaldirektor vom 31.1.1944 über die Besprechung in Schweinfurt vom 29.1.1944, Sammlung Bertrand Perz, Wien/ehemaliges Archiv der Steyr-Daimler-Puch AG (fortan: Sammlung Perz/ASDP), Mappe: Unter Tag – Quarz.

35 Schreiben Meindl an Keßler vom 4.2.1944, Sammlung Perz/ASDP, Mappe: Unter Tag – Quarz.

SDPAG mit der Bitte um rascheste Information über das in der Schweinfurter Besprechung vom 29. Jänner 1944 angedeutete Großprojekt.

Bereits am 10. Februar übermittelte die SDPAG Keßler die ersten genauen Angaben über die für das Wälzlagerwerk im Projekt „Quarz" benötigte Produktionsfläche und die zur Errichtung dieses Projektteils benötigten Baukontingente mit der Bitte, er möge das Projekt beim Reichsluftfahrtministerium unterstützen, wo man es wegen der vorgesehenen überwiegenden Belegung mit Produktionssparten für die Luftwaffenfertigung beim zuständigen Sonderstab Höhlenbau eingereicht habe.

Nur kurze Zeit später bot sich für Meindl die Möglichkeit, diese Gesamtlösung für sein Industrieimperium Staatsekretär und Generalluftzeugmeister im RLM, Erhard Milch, und Staatsrat Walter Schieber, dem Chef des Rüstungslieferungsamt im RMfRuK, persönlich zu präsentieren. Diese hatten mit einem gemeinsamen Stab des RLM und RMfRuK eine Inspektionsreise zu den großen Flugzeugwerken des Reiches angetreten. Das Projekt „Quarz", erklärte Meindl den am 21. Februar 1944 in den Flugmotorenwerken Ostmark in Wiener Neudorf weilenden Besuchern, *„ist unmittelbar bei Melk. Wir würden 150.000 m2 insgesamt hineinbringen. Der erste Ausbau wäre 65.000 m2. Zusammen mit Steyr haben wir 650.000 m2, sodaß also 10 % verlagert werden könnten. [...] Wir würden mit regelrechten Bohrmaschinen arbeiten können, sodaß wir täglich mit 10 m Vortrieb rechnen können. Den ganzen Sand könnten wir wahrscheinlich in die Donau bringen, sodaß keinerlei Lagerung entstände, was für die Luftaufklärung außerordentlich wichtig wäre. Es würden nämlich pro Tag einige 1000 cbm werden. [...] Das Unternehmen wird in Abschnitten von 6.000 m2 baufertig, sodaß wir nicht bis zum Ende warten brauchten. Wir schätzen, daß wir die ersten 6000 m2 in 6 bis 7 Monaten beziehen können. [...] Die bergbaumäßige Planung ist schon fertig, die maschinelle müßte erst noch genau gemacht werden."*[36]

Knapp zwei Wochen nach der Einrichtung des Konzentrationslagers in Aflenz bei Leibnitz für die Verlagerung des SDP-Werkes Graz-Thondorf hatte Meindl auch für Melk schon eine Lösung für das zu erwartende Arbeitskräfteproblem parat. Er schlug vor, das Konzentrationslager beim Hauptwerk der Flugmotorenwerke Ostmark in Wiener Neudorf zur Baustelle nach Melk zu übersiedeln: *„Wir würden auch in der Lage sein, von hier Barackenlager zu erstellen, auch KZ-Lager, die wir hier freimachen, sodaß der Anlauf gesichert ist und nicht von allem Anfang an neu aufgebaut werden müßte."*[37]

Wie sehr Meindl die KZ-Häftlinge bereits als „seine" Arbeitskräfte betrachtete, zeigt sich daran, dass er eigenständig über die SS hinweg den Einsatz der in seinem Einflussbereich arbeitenden KZ-Häftlinge plante.

Der Besuch von Schieber und Milch verlief in Bezug auf das Projekt „Quarz" offensichtlich erfolgreich. Meindl bestellte unmittelbar nach dem Besuch zur Durchführung des Projektes

36 Stenographischer Bericht der Besprechungen während des Unternehmens „Hamburg" vom 20. bis 23.2.1944, BArch, RL 3/33.

37 Ebd.

„Quarz" einen Leitungsstab unter seinem Vorsitz und wies alle Werke seines Konzerns an, *„hinsichtlich Verfügungsstellung von Arbeitskräften, Geräten, Einrichtungsaggregaten, Anlagen für Werkseinrichtungen, etc. weitestgehende Unterstützung zu geben."*[38] Der Leitungsstab wies schon annähernd jene personelle Zusammensetzung auf, die später in der eigens für die Durchführung des Stollenbaues in Melk gegründeten Tochterfirma der SDPAG, der Quarz GmbH, zu finden war. Neben Vorstandsmitgliedern und leitenden Angestellten der SDPAG und der FO war auch der für die Planung zuständige Diplomingenieur Karl Fiebinger vertreten.

Die militärischen Ereignisse sollten die endgültige Genehmigung dieses Großbauvorhabens beschleunigen. Nach einer zweimonatigen Pause starteten die Alliierten am 20. Februar 1944, technisch wesentlich aufgerüstet, unter dem Namen „Big Week" eine Angriffsserie in bisher nicht gekanntem Ausmaß gegen die deutsche Flugzeug- und Wälzlagerindustrie. Innerhalb von nur fünf Tagen wurden unter anderem 23 Flugzeugzellenwerke und drei Flugmotorenfabriken bombardiert. Als Folge der Zerstörungen ging die gesamte deutsche Flugzeugproduktion um 18 Prozent zurück.[39] Nur zwei Tage nach dem Besuch aus Berlin erfolgten im Rahmen der „Big Week" am 23. und 24. Februar 1944 drei schwere Luftangriffe auf den Hauptproduktionsstandort der SDPAG in Steyr. Obwohl der Angriff dem Wälzlagerwerk galt, wurde vor allem das Flugmotorenwerk im Hauptwerk Steyr schwer getroffen. Auch die anderen im Hauptwerk untergebrachten Produktionssparten wurden zum Teil schwer in Mitleidenschaft gezogen. Im circa drei Kilometer entfernten Wälzlagerwerk in Steyr-Münichholz waren allerdings nur geringe Schäden zu verzeichnen. Die Flugmotorenprüfstände neben dem Wälzlagerwerk blieben überhaupt unbeschädigt. Durch die Zerstörung des Energiesystems im Hauptwerk fiel die Stromversorgung jedoch auch für das Wälzlagerwerk zwei Wochen lang aus.

Trotz der nur geringen Beschädigungen im Wälzlagerwerk zeigte sich Keßler angesichts der großen Zerstörungen, die die konzentrierten Luftangriffe an den anderen Standorten der Wälzlagerindustrie bewirkt hatten, über die Zukunft des SDPAG-Wälzlagerwerkes äußerst besorgt. Wie dramatisch sich die Situation in der Wälzlagerindustrie durch die alliierten Angriffe aus Sicht Keßlers zuspitzte, macht sein Bericht der Ereignisse an Rüstungsminister Speer deutlich:

„In Cannstatt erreichte mich die Nachricht vom Angriff auf dieses Werk [Steyr, Anm. d. Verf.] *vom Mittwoch den 23. Februar. Mit Flugzeug begab ich mich mit meinen Mitarbeitern nach Steyr und traf am 24. Februar abend an Ort und Stelle ein, wo wir die Auswirkungen des großen Fliegerangriffs vom gleichen Tag auf das Hauptwerk Steyr, welches noch brannte, übersehen konnten. Das Wälzlagerwerk war auch bei diesem Angriff zum zweiten Male getroffen worden. Die Ortsbesichtigung ergab, daß die Einrichtungen der Schleiferei und der Käfigfertigung leichter beschädigt, darüber hinaus stärkere Zerstörungen an Verwaltungsgebäuden, an Dächern und Fenstern eingetreten waren. Die Trafostation und das Fernheizwerk waren zerstört bzw.*

38 Verfügung Meindl (als Generaldirektor der SDP und als Geschäftsführer der FO) vom 21.2.1944, Sammlung Perz/ASDP, Mappe: Unter Tag – Quarz.

39 Vgl. James Holland: Big Week. The Biggest Air Battle of World War II. London 2018.

beschädigt. Mit den Maßnahmen der ,Kugellagerschnellaktion' werden die Stromversorgung und die Heizung, ebenso die Schäden an Bauten und Fertigungseinrichtungen in Kürze soweit wieder beseitigt sein, daß Vollbetrieb bald aufgenommen werden kann. [...] In Steyr erreichte mich die Nachricht von drei neuen schweren Angriffen auf Schweinfurt [...]. Wie weit es uns möglich sein wird, diese großen feindlichen Einwirkungen auf Cannstatt, Steyr und Schweinfurt nach den vorausgegangenen Schäden auf Erkner, Elberfeld und in den besetzten Gebieten unter Aufbietung aller Kräfte einigermaßen für die Rüstungsbedarfdeckung auszugleichen, wird zur Zeit von der von mir eingesetzten Engpaßkommission erarbeitet. Das ist eine ungeheuer schwierige Aufgabe geworden."[40]

Unter dem Eindruck dieser Angriffe drängte Keßler Rüstungsminister Speer zu einer noch stärkeren Forcierung der Verlagerung in geschützte Räume und betonte die Wichtigkeit des Bauvorhabens „Quarz":

„Wenn man bedenkt, daß die deutsche Wälzlagerfertigung innerhalb von fünf Tagen sieben Großangriffe auf die wichtigsten und größten Werke gehabt hat, muß die Ihnen vor einiger Zeit von mir vorgeschlagene Untertageverlagerung derartiger Werke den absoluten Vorrang der Dringlichkeit genießen, wenn nicht die wichtigsten Rüstungsprogramme in einschneidenster Weise gefährdet werden sollen. Ich habe daher Steyr veranlaßt, das Großprojekt ,Quarz' gerade wegen der dort besonders gefährdeten Lage der Wälzlagerfertigung mit allen Mitteln voranzutreiben, da dort in Melk die Voraussetzungen sehr günstig sind."[41]

Fast zeitgleich mit Keßlers Vorstoß bei Speer erteilte das RLM die Genehmigung für das Projekt „Quarz" und Meindl befahl, *„da Quarz genehmigt, höchsten Soforteinsatz"*[42] bei den Bauvorbereitungen. Die Genehmigung für das Projekt „Quarz" fiel fast auf den Tag mit der Konstituierung des interministeriellen „Jägerstabes" zusammen, der nun alle Kompetenzen über die einzelnen Verlagerungsvorhaben an sich zog.

---

40 Schreiben Keßler an Speer vom 26.2.1944, betr. „Kugellagerschnellaktion", BArch R3/1586.

41 Ebd.

42 Fernschreiben Dr. Tichy, Generalsekretär der FO, an Prokurist Dr. Runkel, Wälzlagerwerk Steyr, vom 29.2.1944, Sammlung Perz/ASDP, Ordner: Verlagerung Loosdorf (Quarz).

5. Der „Jägerstab" und der SS-Sonderstab Kammler: KZ-Häftlinge für den Stollenbau

Noch während der „Big Week" zentralisierte das Rüstungsministerium unter der Leitung von Albert Speer die Verantwortlichkeiten bezüglich der unterirdischen Verlagerung im eigenen Haus – ein Teil der Machtverschiebung vom Reichsluftfahrtministerium zum Rüstungsministerium, die sich schon über längere Zeit abgezeichnet hatte.[43] In dem am 21. Februar 1944 etablierten „Arbeitsstab für die unterirdische Verlagerung" im Rüstungsministerium sollten fortan alle bisher an der unterirdischen Verlagerung beteiligten Institutionen, so auch das RLM und die SS, vertreten sein. Schon wenige Tage später legte dieser Arbeitsstab eine Liste der ersten Welle jener unterirdischen Projekte vor, die vordringlich verwirklicht werden sollten. Viele dieser Projekte waren zu diesem Zeitpunkt bereits begonnen worden.

Auf übergeordneter Ebene wurde die bereits vorhandene Kooperation zwischen RMfRuK und RLM am 1. März 1944 durch die Schaffung eines interministeriellen Krisenstabes formalisiert, der unter dem Namen „Jägerstab" firmierte – ein Bezug auf die Jagdflugzeugproduktion.[44] Der „Jägerstab" erhielt weitreichende Vollmachten zur Sicherung und Produktionssteigerung der Flugzeugindustrie. Zu seinen wichtigsten Aufgaben zählten die Organisation und Beschleunigung der unterirdischen Verlagerung und damit der forcierte Bau entsprechender Anlagen.

Um das gravierende Problem der Arbeitskräfte zu lösen, sah der „Jägerstab" von Anfang an vor, dass bei den großen geplanten Untertagebauvorhaben nach dem Modell der von Hans Kammler organisierten Verlagerung der Raketenfertigung KZ-Häftlinge eingesetzt werden sollten. Industrie wie Rüstungsbehörden bekamen bei der Verlegung der Raketenproduktion vorgeführt, dass die mit äußerster Brutalität durch die SS gegenüber den KZ-Häftlingen unter der Leitung Kammlers vorangetriebenen Bauvorhaben schnell vorankamen. Kammler, ein *„Technokrat der Vernichtung"*[45], wie ihn sein Biograf Rainer Fröbe bezeichnet, hatte zugesagt, bis Jahresende 1943 in Nordhausen eine funktionsfähige unterirdische Raketenfabrik zu errichten. Diesem Ziel wurde alles untergeordnet, Anwendung von brutaler Gewalt zur Erzwingung der Arbeitsleistung führte sehr rasch zum massenhaften Tod von Häftlingen. Dies hinderte Minister Speer nicht daran, Kammler dafür zu loben, dass er eine Fabrik errichtet habe, die *„ihresgleichen*

---

43 Generell zur Übernahme der Flugzeugrüstung durch das RMfRuK vgl. Lutz Budraß: Flugzeugindustrie und Luftrüstung in Deutschland 1918–1945. Düsseldorf 1998, S. 865–872; Adam Tooze: Ökonomie der Zerstörung. Die Geschichte der Wirtschaft im Nationalsozialismus. München 2008, S. 716–726.

44 Zur Gründung des „Jägerstabes" und zum SS-Sonderstab Kammler vgl. Perz: Projekt „Quarz", S. 165–170; Wagner: Produktion des Todes, S. 86–103.

45 Vgl. Fröbe: Hans Kammler, 305–319.

in Europa kein annäherndes Beispiel hat und darüber hinaus selbst für amerikanische Begriffe unübertroffen dasteht"[46].

Der rücksichtslose Einsatz von KZ-Häftlingen galt nach diesem Vorbild auch schon Anfang 1944 bei weiteren Bauvorhaben als Lösung für den großen Arbeitskräftebedarf, so beim Bau einer unterirdischen Fabrik für die Flugzeugfirma Messerschmitt in St. Georgen an der Gusen, die im Jänner 1944 beschlossen wurde.[47] Als Hauptverantwortlicher für die Luftrüstung wandte sich Göring im Februar 1944 persönlich an den Reichsführer-SS Himmler, „*eine möglichst große Anzahl KZ-Sträflinge*" als Arbeitskräfte für den Bau von unterirdischen Fabrikräumen zur Verfügung zu stellen, „*da die bisherige Erfahrung diese Arbeitskräfte als sehr brauchbar herausgestellt*" habe. Himmler, der sich einen stärkeren Einfluss auf die Kriegswirtschaft versprach, versicherte Göring umgehend, dass die SS sich „*mit allen nur möglichen Kräften an der Verlegung der Industrie unter die Erde*"[48] beteiligen werde. Für den Wiederaufbau und das Verlagerungsprogramm der Flugzeugindustrie rechnete Himmler mit einer Erhöhung der in der Luftrüstung schon eingesetzten Zahl von 36.000 Häftlingen auf 190.000.

Vor diesem Hintergrund traf der „Jägerstab" noch im März 1944 die Entscheidung über 20 Großbauvorhaben, die wegen des Einsatzes von KZ-Häftlingen zur Durchführung der SS bzw. Hans Kammler übertragen werden sollten, der im „Jägerstab" selbst vertreten war.[49] Der eigens dafür eingerichtete SS-Sonderstab Kammler gliederte diese Bauvorhaben in der Folge in A- und B-Projekte, wobei A den Ausbau bereits vorhandener großer unterirdischer Räume (wie Höhlen, Tunnel, Bergwerke) und B die Errichtung neuer Stollenanlagen bezeichnete. Die B-Vorhaben waren mit unterirdischen Flächen von mindestens je 40.000 bis über 70.000 Quadratmeter Produktionsfläche geplant. Alle Kammler übertragenen Projekte bekamen Bezeichnungen für das Bauvorhaben in Form einer Nummer (also Ax oder Bx) und Decknamen, wobei die B-Vorhaben meist mit Namen von Mineralien bezeichnet wurden. Das Prinzip wurde aber nicht durchgehend eingehalten.

Auf österreichischem Gebiet waren zunächst keine A-Vorhaben geplant,[50] das Stollenprojekt in St. Georgen an der Gusen für Messerschmitt wurde, wie der schon seit Herbst 1943 Kammler unterstehende Bau der Stollenanlage in Ebensee für die Raketenforschung in die Liste der B-Projekte aufgenommen, als drittes Bauvorhaben übertrug der „Jägerstab" das Melker Stollenprojekt Kammler, es wurde fortan als Projekt B9 „Quarz" geführt.

Um die Arbeitskräfte zu den Bauvorhaben zu bringen, ließ Kammler bei seinen Bauprojekten KZ-Außenlager einrichten, so nicht schon Lager in der Nähe vorhanden waren wie im Fall Gusen.

---

46 Ebd., S. 312.

47 Vgl. Perz: KZ-Zwangsarbeit.

48 Schreiben Göring an Himmler, 14.2.1944 bzw. Himmler an Göring, 18.2.1944, Nürnberger Dokument 1584 PS, Staatsarchiv Nürnberg.

49 Vgl. Perz: Projekt „Quarz", S. 165–170.

50 Erst in der Endphase des Krieges kamen auch A-Projekte auf österreichischem Gebiet dazu. Zu den diversen Kammler-Projekten vgl. Wagner: Produktion des Todes, S. 94–103; Stefan Hördler: Ordnung und Inferno. Das KZ-System im letzten Kriegsjahr. Göttingen 2015, S. 251–257.

Auch die Anlage in Melk sollte durch einen eigens installierten SS-Führungsstab und – wie schon Meindl vorgeschlagen hatte – unter Einsatz von geschätzten 7.000 KZ-Häftlingen als Arbeitskräfte errichtet werden. Noch im März begannen die Bauvorbereitungen in Melk.

In seiner ersten Sitzung fasste der „Jägerstab" den Beschluss, alle Fragen über die provisorische Zwischenverlagerung des SDPAG-Konzerns und der FO bis zur Fertigstellung von „Quarz" auf einer Inspektionsreise zu diesen Werken zu klären. Endgültig festgelegt werden sollte auch die künftige Belegung der Stollenanlage „Quarz". Das Ergebnis dieser Reise, bei der die wichtigsten Vertreter des „Jägerstabs" einschließlich Kammler am 9. März Wiener Neudorf und Steyr besuchten, war die endgültige Bestätigung des Projektes „Quarz". Kammler besichtigte überdies erstmals den Standort der künftigen Stollenanlage bei Melk.[51] Die einzigen Bedenken kamen direkt von Adolf Hitler, der wegen der Nähe des Projektes zur Stadt Melk Sorgen um Luftangriffe auf das ihm wichtige barocke Benediktinerstift äußerte. Kammler verwies auf die genügend große Distanz von drei Kilometern zwischen Stift und Baustelle.[52]

Was die Frage der Belegung der zukünftigen unterirdischen Fabrik bei Melk betraf, wurde entschieden, die ersten fertiggestellten 30.000 Quadratmeter – also doppelt so viele wie ursprünglich vorgesehen – mit der Wälzlagerfertigung der SDP zu belegen. Der restliche Teil der mit 60.000–75.000 Quadratmeter Fläche projektierten Stollenanlage „Quarz" sollte, so wie von Meindl angestrebt, für die Flugmotorenwerke Ostmark und das Flugmotorenwerk Steyr reserviert werden.[53]

---

51 Bis zur Fertigstellung der Stollenanlage sollten wesentliche Teile der Wälzlagerproduktion provisorisch in die Keller der Aktienbrauerei in Linz verlegt werden.

52 Schreiben Kammler an RFSS, Persönlicher Stab, Brandt, betr. Bauvorhaben „Quarz"-B9 vom 19.4.1944, United States Holocaust Memorial Museum (fortan USHMM,) RG-10.228*02, Museum Small Collection, Samuel and Irene Goudsmit Collection, Series 2: Jägerstab. Folder 5.

53 Vgl. Perz: Projekt „Quarz", S. 191 f.

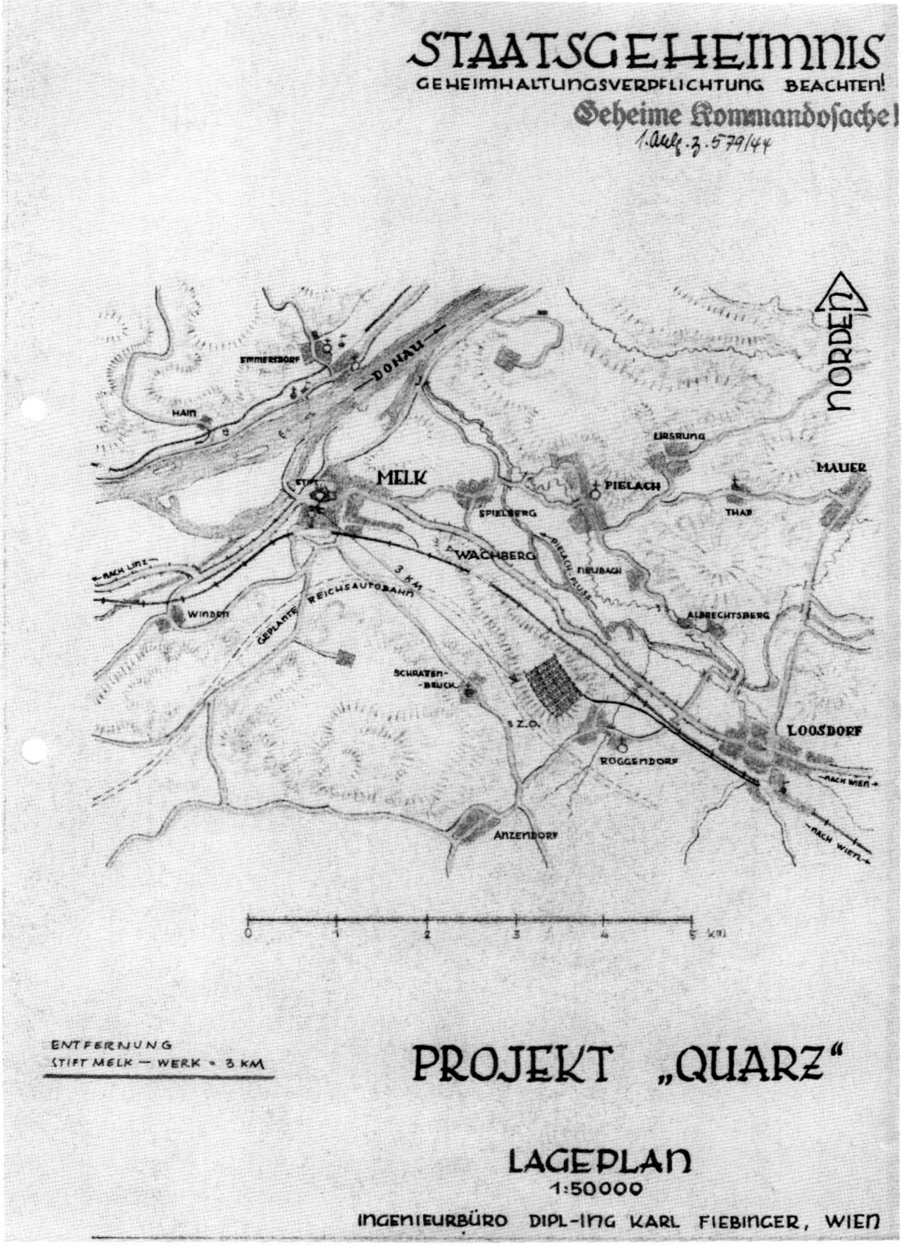

Abb. 5: Lageplan Projekt „Quarz", erstellt vom Ingenieurbüro Karl Fiebinger, der Hitler die Distanz der Stollenanlage vom Stift demonstrieren sollte.
Quelle: USHMM, Samuel and Irene Goudsmit Collection.

6. Der Bau der Stollenanlage „Quarz“ in Roggendorf bei Melk

6.1. Der SS-Führungsstab B9

Die Tatsache, dass die SS als Arbeitskräfte Häftlinge zur Verfügung stellte, bedeutete in der Folge keineswegs, dass die SS die völlige Kontrolle über diese Bauvorhaben erhielt. Kammlers Kompetenzen sollten sich im Wesentlichen auf jene einer Verleihagentur für KZ-Arbeitskräfte beschränken, da weder die beteiligten Ministerien noch die Industrie bereit waren, ihre Zuständigkeiten zur Gänze der SS zu übertragen.

Die SS hatte aber auch nicht genügend Fachleute zur Verfügung, die es ihr ermöglicht hätten, ein Bauvorhaben mit einem Bauvolumen von über 50 Millionen RM allein zu managen. Die Wahrnehmung der Bauherrschaft durch den Sonderstab Kammler erfolgte über die Etablierung örtlicher kleiner SS-Führungsstäbe, die nur aus wenigen Personen bestanden. Der Führungsstab B9[54], der sich im Gasthof Amasser in Loosdorf einquartierte, bestand aus einem halben Dutzend Personen und wurde vom Wiener Architekten SS-Obersturmführer Hermann Schultze geleitet. Sein Stellvertreter war SS-Obersturmführer Ernst Hemicker, ein Bauunternehmer aus Lüdenscheid.[55] Vorgesetzt war dem Führungsstab die SS-Sonderinspektion IV im 1. Wiener Gemeindebezirk, die zur Betreuung der verschiedenen im süddeutschen und österreichischen Raum liegenden Bauvorhaben des Sonderstabes Kammler eingerichtet worden war. Leiter der SS-Sonderinspektion IV in Wien war der mit Bauvorhaben der SS schon lange verbundene SS-Hauptsturmführer Volkmar Grosch, der selbst maßgeblich in Verhandlungen um das Projekt „Quarz“ eingeschaltet war.

Die SS war beim Projekt „Quarz“ letztlich darauf angewiesen, den zuvor von Generaldirektor Meindl eingesetzten Leitungsstab, der bald darauf in eine eigene Tochterfirma der SDPAG, die Quarz GmbH, umgewandelt wurde, bei der Planung, Bauleitung und Bauausführung gewähren zu lassen. Der SS-Führungsstab beschränkte sich auf die Überwachung des Baufortschritts, die Kontrolle der korrekten Bauausführung nach den genehmigten Plänen und die ordnungsgemäße Abrechnung der Baukosten mit dem Deutschen Reich. Im Falle von Schwierigkeiten bei der Versorgung der Baustelle mit Maschinen, Baustoffen und Arbeitskräften schaltete sich auch die SS-Sonderinspektion IV ein, um bei übergeordneten Behörden Abhilfe zu schaffen.

Der Führungsstab griff auch ein, wenn die Bauleitung einen Mangel an KZ-Häftlingen meldete. Obwohl der Arbeitseinsatz von KZ-Häftlingen für die Baustelle prinzipiell über den SS-Sonderstab Kammler geregelt war, hatte dieser unmittelbar mit der Abwicklung des Arbeitseinsatzes der Häftlinge nichts zu tun. Dieser oblag der SS-Lagerführung des in Melk eingerichteten

54 Zum Führungsstab vgl. Perz: Projekt „Quarz“, S. 215–218.
55 Zur Biografie von Hemicker vgl. Lorenz Hemicker: Mein Großvater, der Täter. Eine Spurensuche. Berlin 2025.

Außenlagers, die an die Firma Quarz und die Baufirmen Häftlinge gegen ein Entgelt „vermietete". Die Lagerführung unterstand aber nicht dem Führungsstab, sondern der Kommandantur des KZ Mauthausen und damit nur indirekt auch Kammler als Leiter der Amtsgruppe C (Bauwesen) im SS-WVHA.

Die Berliner Zentrale des SS-Sonderstabes Kammler gab über die Sonderinspektion und den Führungsstab Weisungen bezüglich der Fertigstellungstermine und erhielt ihrerseits laufend Berichte über den Baufortschritt. Doch nicht einmal die eigentliche Aufgabe des Führungsstabes, die Kontrolle der ordnungsgemäßen Durchführung des Bauvorhabens, konnte wegen der geringen Personaldecke zur Gänze wahrgenommen werden. Letztlich konnten die Führungsstäbe die planenden Ingenieurbüros nur dazu auffordern, *„ihre ganz besondere Pflicht der Einhaltung der anerkannten Regeln der Baukunst und Aufstellung der Planungen im Sinne der Sparmaßnahmen und Kriegsbauweise"*[56] wahrzunehmen.

6.2. Die Steuerung des Stollenprojektes durch die Quarz GmbH

Der von Generaldirektor Meindl bereits Ende Februar 1944 eingesetzte Leitungsstab zur Forcierung des Bauvorhabens „Quarz" wurde nicht zuletzt aus Tarnungsgründen am 23. März 1944 zu einer selbstständigen Tochterfirma der SDPAG, der sogenannten Quarz GmbH, umgebildet und erhielt somit eine eigene Rechtsform.[57] Alle Rückschlüsse auf den Zweck des Bauvorhabens und die SDPAG sollten somit verunmöglicht werden. Die Firma Quarz leitete und organisierte das gesamte Bauvorhaben und hatte die örtliche Bauaufsicht über. Auch die Anforderung der zivilen Arbeitskräfte und der insgesamt für das Stollenprojekt vorgesehenen 7.000 KZ-Häftlinge wurde von einer eigenen Arbeitseinsatzabteilung der Firma Quarz durchgeführt, wobei auch die Verrechnung der Gelder, die die SS aus dem Verleih der Häftlinge an die Baufirmen einnahm, durchgeführt wurde. Darüber hinaus führte die Firma gemeinsam mit dem Ingenieurbüro Fiebinger auch die Planungen für den Ausbau des KZ Melk durch und organisierte die notwendigen Einrichtungsgegenstände für das Konzentrationslager.

Ihre Aktivitäten setzte die Tarnfirma in enger Verbindung mit der SDPAG-Konzernführung. Sie richtete ihr Hauptbüro in der Generaldirektion der SDPAG auf dem Wiener Schwarzenbergplatz ein. An der Baustelle selbst waren zwei Bauleiter tätig.[58] Zu Geschäftsführern wurden die

---

56 Schreiben SS-Sonderinspektion IV an die SS-Führungsstäbe B7, B8, B9, Zement und Ingenieurbüro Dipl.-Ing. Fiebinger vom 12.9.1944 betr. baupolizeiliche Überprüfung der Baumaßnahmen, Sammlung Perz/ASDP, Ordner: Verlagerung Loosdorf (Quarz).

57 Zur Quarz GmbH vgl. Perz: Projekt Quarz, S. 219–221 bzw. 224–228.

58 Bis Juli 1944 war ein Bauleiter Meißner alleine verantwortlich. Wegen der großen Schwierigkeiten auf der Baustelle wurde ein Münchner Architekt namens Szauer Anfang Juli als zweiter Bauleiter mit spezieller Verantwortung für den Vortrieb und die Auskleidung der Stollen von Meindl eingesetzt. Bauleiter Meißner blieb für alle übrigen Arbeiten zuständig. Protokoll Hauptbesprechung Quarz vom 1.7.1944, Sammlung Perz/ASDP, Ordner: Verlagerung

Q U A R Z - Gesellschaft
m mit beschränkter Haftung

Wien, den 6.5.1944

Geheim

N i e d e r s c h r i f t

über die am 5.5.1944 im Quarz-Büro Wien stattgefundene
Hauptbesprechung.

Anwesend:	Herr Generaldirektor Dr.Meindl (zeitw.)	
	Herr Direktor	Hacker
	Herr Direktor	Etz
	Herr Dipl.Ing.	Pawek
	Herr Dipl.Ing.	Mehlo
	Herr Ing.	Dietrich
	Herr	Haselkuss
	Herr Dr.	Wendl
	Herr Dr.	Runkel
	Herr Bauleiter	Meissner
vom SS-Führungsstab:	Obersturmführer Schultze	
	Regierungsbaurat Schwartz	
v.Gr.D.Schachtbau:	Herr Direktor	Siewers
v.Büro Fiebinger:	Herr Dipl.Ing.	Larwin
	Herr Dipl.Ing.	Proksch
v.Gauwirtschaftskammer	Herr Dipl.Ing.	Nasinsky

<u>Ergebnis:</u> <u>Zu veranlassen:</u>

<u>Bericht von der Baustelle:</u>

Arbeiterstand: 575 zivile Arbeiter,davon 6o-7o Bergleute,
1200 KZ-Häftlinge

<u>insgesamt .... 1775</u>

Arbeitseinsatz ab 6.5. in 3 Schichten beim Stollenbau.

Herr Meisner berichtet, dass auf Grund der Vereinbarung mit den Firmen, mit der Beendigung der Baustelleneinrichtung am 31.5.und somit mit dem Beginn des Volleinsatzes mit 1.6. zu rechnen ist.

Abb. 6, 7: Teil der Niederschrift der Baubesprechung bei der Firma Quarz vom 6. Mai 1944 unter zeitweiser Anwesenheit von Generaldirektor Meindl.
Quelle: Sammlung Perz/ASDP.

Ergebnis:

Voraussetzung hiefür ist, dass die Firmen die für die Instandsetzung ihres Gerätes und Ergänzung der Gleisanlagen erforderlichen Kontingente erhalten und dass aus Wr.Neudorf die zugesagten Mengen an Schienen und Oberbaumaterial angeliefert werden. Dieses Oberbaumaterial stellt zum grössten Teil die Firma Überland.

Zum Abbruch der Baustelle Wr.Neudorf benötigt die Firma täglich 75 Kz-Häftlinge und 4 Waggons. Die ihr seit 2 Tagen zur Verfügung stehenden 4o Kz-Häftlinge reichen nicht aus.

Der Fuhrpark ist um 15 LKW verstärkt worden. Beschaffenheit der Wagen ist ausgezeichnet. Schwierigkeiten könnten nur deshalb entstehen, weil für die Wagen Otto-Treibstoff erforderlich ist.

Kz-Lager Melk ist weiterhin im Ausbau. Über den derzeitigen Einsatz von 12oo Häftlingen hinaus, sind bis 9.5. 6oo Häftlinge zugesagt und der Rest auf 7ooo Mann bis 5.6.l.J.

Zu den vorhandenen 2oo Mann Wachmannschaft werden weitere 25o Mann erforderlich.

Mit dem Kz-Lager Mauthausen ist der Abschluß des Vertrages vordringlich.

An Hand der Verhandlungsschrift über die Besprechung an der Baustelle vom 3.5. werden mit Dir.Siewers die Fertigstellungstermine nochmals besprochen. Er gibt dazu an, dass die festgelegten Termine und zwar: Stollen 3,4,5 bis Querstollen II (35oom2) besenrein am 1.9., die gleichen Stollen im Vollausbau bis 15.1o. und die Stollen 6,7,8,9,1o im Vollausbau bis Ende des Jahres, auch bei händischem Besitz eingehalten werden können. Beim Einsatz von Maschinen kann mit einer wesentlichen Beschleunigung gerechnet werden.

Voraussetzung für jede Terminfestlegung ist jedoch, dass keine Schwierigkeiten durch geologische Verhältnisse (Wassereinbruch, harte Bänke, Granitriegel etc) entstehen.

Regierungsbaurat Schwartz verweist darauf, dass bei einer Probebohrung in der Gegend der Reichsautobahn Grundwasser auf Quote 229 vorgefunden wurde. Dies läßt befürchten, dass der Stollenvortrieb zur Gänze oder zumindest teilweise in

Zu veranlassen:

Dir.Etz wird veranlassen, dass die Häftlinge durch die Bauleitung Wr.Neudorf beigestellt werden.

Auf Weisung Dir.Etz hat Dr. Runkel bereits eine Abschrift des Vertrages nach Wien übermittelt.
Der Vertrag Quarz-Mauthausen wird auf derselben Grundlage wie Steyr abgeschlossen.

Dir.Siewers wird gebeten, gemeinsam mit Hr.Mehlo einen Arbeitsplan aufzustellen, nach welchem soweit als lich vor dem 1.Sept. der Einbau von Rohrleitungen und Kabel gewährleistet wird.

Dir.Hacker verlangt von der Groß-Deutschen-Schachtbau einen Terminplan mit Angabe des wöchentlichen Arbeitsfortschrittes.

dem Steyr-Management bzw. der Leitung der FO angehörenden Direktoren und ehemaligen Sekretäre Meindls, Walter Hitzinger (technischer Direktor) und Herbert Etz (kaufmännischer Direktor), bestellt. Den Aufsichtsrat bildeten die SDPAG-Vorstandsdirektoren Georg Meindl, Oskar Hacker und Richard Ryznar. Die Angestellten der Quarz GmbH waren durchwegs vormalige Angestellte der SDPAG oder der FO. Rechtlich gesehen leitete die Firma treuhändisch für das Deutsche Reich den Untertagebau bei Melk, praktisch gesehen konnte die SDPAG damit ihr Vorrecht auf Nutzung dieser reichseigenen Stollenanlage wahren.

Alle wesentlichen Entscheidungen für die Durchführung des Stollenbaus wurden im Wiener Büro der Firma Quarz getroffen, wo sich wöchentlich – samstags um 9 Uhr vormittags – die am Bau beteiligten Firmen-, SS- und Behördenvertreter zu Besprechungen zusammenfanden.[59] Neben Vertretern der SDPAG und FO waren der SS-Führungsstab, das Planungsbüro Fiebinger und die Gauwirtschaftskammer regelmäßige Teilnehmer an den Sitzungen. Von der Firma Quarz wurden alle wichtigen Entscheidungen nur nach Rücksprache mit dem SDPAG-Vorstand getroffen. Vorstandsdirektor Oskar Hacker nahm an fast allen Sitzungen der Firma Quarz teil.

6.3. Die Planung durch das Wiener Ingenieurbüro Fiebinger

Mit der Planung der gesamten Stollenanlage war schon im Zuge der Installierung eines Leitungsstabes durch Generaldirektor Meindl im Februar 1944 das Ingenieurbüro Fiebinger beauftragt worden.[60] Der auf Stahlbetonbau und Statik spezialisierte Karl Fiebinger, in den 1930er-Jahren Assistent an der Technischen Hochschule Wien, hatte im April 1939 ein auf Industriebauten spezialisiertes Büro für Bauwesen gegründet, das schnell expandierte. Das Büro Fiebinger war bei vielen Großbauvorhaben der Rüstungsindustrie, die nach 1938 in Österreich verwirklicht wurden, planerisch tätig, aber auch bei Rüstungsbauvorhaben im „Altreich" und in den besetzten Gebieten. Zum Teil hatte das Büro Fiebinger dabei auch die Bauaufsicht inne. Fiebinger, der exzellente Beziehungen zu Rüstungsindustrie, zu den beteiligten Ministerien wie auch zur SS hatte, nahm im österreichischen Raum eine Art Monopolstellung beim Ausbau unterirdischer Anlagen mit

---

Loosdorf (Quarz); Steyr-Daimler-AG. First Detailed Interrogation Report, 28.12.1945, S. 32, National Archives and Records Administration (fortan NARA), RG 165 Entry 179 Box 376, USDIC/DE1.

59 Vgl. Perz: Projekt „Quarz", S. 221–224. Die Protokolle der Hauptbesprechungen sind für den Zeitraum von März bis August 1944 erhalten geblieben. Protokolle Hauptbesprechungen Quarz, Sammlung Perz/ASDP, Ordner: Verlagerung Loosdorf (Quarz).

60 Zu Fiebinger vgl. Perz: Projekt Quarz, S. 221–224; Florian Freund/Bertrand Perz: Das KZ in der Serbenhalle. Zur Kriegsindustrie in Wiener Neustadt. Wien 1988, S. 43; Perz: KZ-Zwangsarbeit, S. 27–31 bzw. 44–45; Wolfgang Quatember: Karl Fiebinger (1913–2014) – Bauingenieur im Auftrag der SS. In: Betrifft Widerstand (2019), Heft 133, S. 14–19 (online unter: https://memorial-ebensee.at/content/stories/Medien/Zeitschriftenarchiv/pdf_bw133.pdf); Bertrand Perz: Unsichtbare NS-Architektur. Unterirdische Rüstungsfabriken auf österreichischem Gebiet. In: Österreichische Zeitschrift für Kunst und Denkmalpflege, 61. Jahrgang (2007), Heft 1 (Erbe verweigert. Österreich und NS-Architektur. Tagungsband), S. 58–67; Ingenieur- und Architektenvertrag mit Karl Fiebinger betr. die Planung für das Bauvorhaben Quarz, Sammlung Perz/ASDP, Ordner: Verlagerung Loosdorf (Quarz).

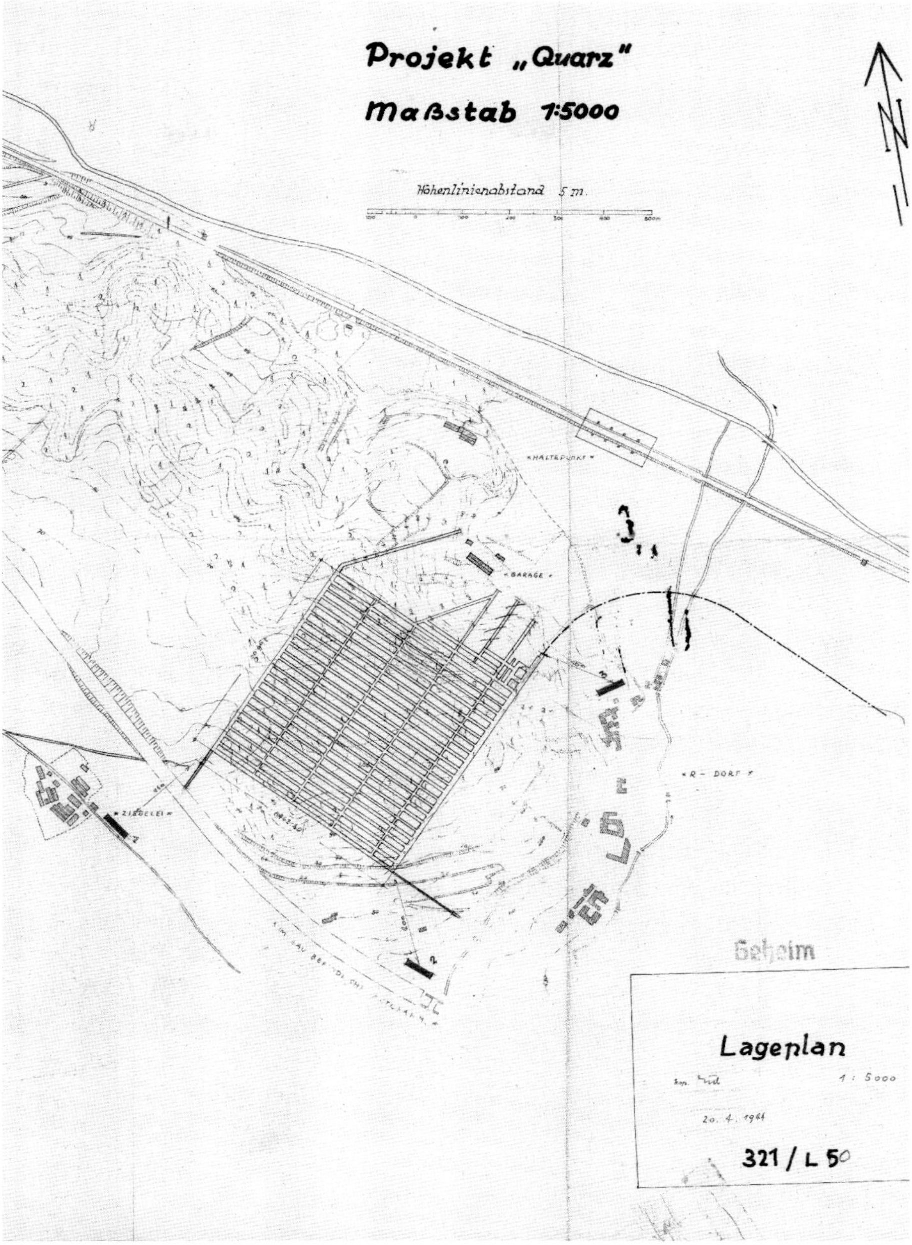

Abb. 8: Ausschnitt aus einem originalen Lageplan der Stollenanlage „Quarz" vom 20. April 1944. Im oberen Bereich sind die Bahnsteige für den Häftlingstransport eingezeichnet.
Plan: Ingenieurbüro Karl Fiebinger, Quelle: Sammlung Perz/ASDP.

KZ-Häftlingen ein. Sein Büro plante die großen Stollenanlagen des SS-Sonderstabes Kammler in Ebensee, St. Georgen an der Gusen – wo er auch die Bauleitung wahrnahm – und in Melk. In der Endphase des Krieges war sein Büro auch mit dem Bau eines letzten großen „Führerbunkers" in der Nähe von Gotha in Thüringen befasst.

Die Projektierung der unterirdischen Fabriken stand unter enormem Zeitdruck, da zwischen Beauftragung und Baubeginn in der Regel nicht mehr als vier bis acht Wochen lagen und viele Detailplanungen parallel zum Ausbau erfolgen mussten. Die geologischen Bedingungen waren äußerst unterschiedlich. Während in Ebensee die Stollenanlage in Kalkstein getrieben wurde und Fiebinger für die Auskleidung zum Teil mit Fertigbetonteilen arbeitete, wurden die in Sandstein vorgetriebenen Stollen in Melk im Schalungsverfahren ausbetoniert.

Die von Fiebinger geplanten Bauwerke wie bei Melk waren nicht einfache Luftschutzstollen, wie sie an vielen Orten in Österreich während des Krieges als Zufluchtsort für Anwohner*innen errichtet wurden. Es waren vielmehr aufwendig geplante, weitgehend autarke Fabriksbauten, die denselben Rationalisierungsgrad der Fertigung ermöglichen sollten wie über Tage. Architektonisch musste hier weitgehend Neuland beschritten werden. Die Planung erfolgte in enger Kooperation sowohl mit Geologen[61] und Bergbaufirmen, die wiederum über eine eigene „Zentralstelle für bergbauliche Sonderaufgaben" in Berlin koordiniert wurden, sowie den Rüstungsfirmen, deren Produktionen später in die Stollen einziehen sollten.

So waren eine spezifische Anordnung der Stollen zueinander sowie eine genaue Abstimmung von Produktionsabläufen und Stollenprofilen notwendig. Überdies mussten alle für die je nach spezifischer Produktion notwendigen Ressourcen wie Energie und in der Kugellagerproduktion vor allem für Schleifvorgänge große Mengen an Wasser, herangeführt oder auch in Kanälen abgeführt werden. Eine durchgehende Starkstromversorgung für die Werkzeugmaschinen war ebenso notwendig wie eine Notstromversorgung. Für die Anlage „Quarz" wurde die über den Stolleneingängen gelegene Trafostation als massiver Betonbunker ausgeführt.

Die unterirdischen Fabriken verlangten eine komplexe Bewetterung, da eine Rüstungsproduktion unter Tage ganz andere Ansprüche hinsichtlich Feuchtigkeit und Frischluft stellte als ein üblicher Luftschutzstollen. Die Stollen mussten zudem so gebaut sein, dass tausende Arbeitskräfte reibungslos ihre Arbeitsplätze erreichen und bei Schichtwechsel wieder verlassen konnten. Von zentraler Bedeutung war die Anlieferung von Rohprodukten und der Abtransport von fertigen Rüstungsgütern, weshalb Fiebinger die Anlage „Quarz" mit einem unterirdischen Bahnhof ausstattete, der ein Be- und Entladen geschützt vor Luftangriffen ermöglichen sollte. Als komplette unterirdische Fabrik konzipiert, sollte in der Stollenanlage auch die Direktion Platz finden, einschließlich der Verwaltung mit Büros, Telefonanlage, Fernsprechanschluss und Fernschreibern.

---

61 Für Melk war der Geologe Ladislaus Rabcewicz von der Technischen Hochschule Wien tätig. Vgl. Bertrand Perz: Die „Neue Österreichische Tunnelbaumethode" und ihre weniger bekannten Bezüge zum Nationalsozialismus. In: Wolfgang L. Reiter/Juliane Mikoletzky/Herbert Matis/Mitchell G. Ash (Hg.): Wissenschaft, Technologie und industrielle Entwicklung in Zentraleuropa im Kalten Krieg. Wien 2017, S. 245–264.

Abb. 9: Verbunkerte Transformatorstation der Firma AEG für die Stollenanlage „Quarz", Nachkriegsaufnahme.
Fotograf*in: unbekannt, Quelle: DÖW.

Die zukünftige unterirdische Fabrik sollte 2.300 Werkzeugmaschinen Platz bieten, 6.500 Arbeiter*innen und 700 Angestellte sollten dort künftig ihrer Beschäftigung nachgehen.[62] Die Stollen waren in einem fast quadratischen Raster angelegt. Sechs circa 470 Meter lange parallele, alphabetisch bezeichnete Tunnel sollten von der Nordseite des Wachberges in südwestlicher Richtung bis zum anderen Ende des Hügels verlaufen und so das Grundgerüst der Anlage bilden. Der Tunnel A war mit einer Breite von über neun Metern und einer Höhe von acht Metern als unterirdischer Bahnhof gedacht, in den die Transportzüge, über ein Anschlussgleis vom Bahnhof Loosdorf kommend, zweigleisig einfahren, vor Luftangriffen geschützt be- und entladen werden sowie wieder ausfahren konnten.

Die Tunnel B bis F, im Abstand von jeweils 100 Metern parallel zum Fahrstollen geführt (nur der Abstand zwischen Tunnel A und B betrug 50 Meter), wiesen mit sechs Metern eine etwas geringere Breite auf. Außer durch den Fahrstollen war die Anlage auch durch einen gemeinsamen Ausgang der Stollen C und D und einen extra Ausgang des Stollen F zu betreten, sodass sie auf

62 Protokoll Hauptbesprechung Quarz vom 18.3.1944, Sammlung Perz/ASDP, Ordner: Verlagerung Loosdorf (Quarz); Protokoll über die am 8.9.1944 abgehaltene Sitzung des Aufsichtsrates der SDPAG, Imperial War Museum, London/Duxford (fortan IWM), FD 787/46.

Abb. 10: Hauptstollen A auf Höhe Querstollen 11, vorgesehen als Bahnhof der unterirdischen Fabrik, Zustand 1988. Am Stollenende ist der noch nicht abgebaute Sandsteinkern sichtbar.
Foto: Michael Wrobel, Quelle: Sammlung Perz.

der Nordseite drei Zugänge aufwies. Auf der Südseite sollten ebenfalls zwei Zugänge geschaffen werden. Im rechten Winkel zu den sechs Haupttunneln verlaufend waren 23 (später 25) numerisch bezeichnete Produktionsstollen mit jeweils einer Länge von 462 Metern vorgesehen, die die eigentliche Fabrik aufnehmen sollten. Die Maschinen sollten in diesen Stollen so aufgestellt werden, dass der in den Werken übliche Arbeitsfluss weitgehend beibehalten werden konnte.

In den sechs Haupttunneln, die den Zugang und den Verkehr zwischen den einzelnen Werksgruppen (Wälzlager, Flugmotoren) und innerhalb dieser Gruppen ermöglichen sollten, waren Zwischendecken vorgesehen. Die Obergeschoße waren für Speisesäle und Garderoben der Fabriksbelegschaft gedacht. Auf der Grundebene sollten die Stollen bis zur halben Breite mit den Stiegenaufgängen zu den Obergeschoßen, Waschräumen, WCs und Garderoben verbaut werden. In diesen Stollen sollten auch die Abteilungen Kontrolle, Werkzeugausgabe, Lohnverrechnung, die gesamte Arbeitsvorbereitung, Meisterkanzleien etc. untergebracht werden.[63] Grundgedanke der Konzeption der Stollenanlage war, eine komplette Fertigung vom angelieferten Rohstoff bis zum fertigen Produkt unterirdisch zu ermöglichen und so ein Höchstmaß an Schutz vor Luftangriffen zu bieten.

Fiebingers Büro trat als Gesamtplaner auf und kümmerte sich auch um die Schaffung der Infrastruktur für das unterirdische Bauvorhaben wie Straßen, Bahnanschluss und Gleisanlagen, Kanäle und Wasserversorgung, Bauarbeiterlager in Anzendorf und Merkendorf sowie Lager für die Fabriksarbeiter*innen und die Angestelltensiedlung in Loosdorf. Auch die Pläne für den Umbau der Kaserne in Melk zu einem Konzentrationslager erstellte Fiebingers Büro.[64]

6.4. Die Bergbau-, Bau- und Installationsfirmen

Anfänglich war geplant, den Bau der Stollenanlagen ausschließlich mit Baufirmen durchzuführen.[65] Um einen fachgerechten bergmännischen Vortrieb zu gewährleisten, wurde aber rasch entschieden, Bergbaufirmen als sogenannte „Patenfirmen" einzubinden, was zu einer Umorganisation beim Bauvorhaben „Quarz" führte. Den bis dahin mit dem Ausbruch der Stollen beauftragten Baufirmen wurde dieser Auftrag wieder entzogen. Anfang April 1944 gab ein Vertreter des Planungsbüros Fiebinger bekannt, dass *„auf Grund einer Besprechung in Berlin mit den Reichswerken Hermann Göring diese einen eigenen Apparat einsetzen werden, um die Durchführung des Stollenbaues zu forcieren. Diese Arbeiten werden von einer Tochtergesellschaft in Durchführung kommen, welche 300 Kompressoren und 300 Abbauhämmer mitbringen wird."*[66] Die nun mit allen bergmännischen Arbeiten betraute „Patenfirma" für das Projekt „Quarz" war die Großdeutsche Schachtbau- und Tiefbohr GmbH (kurz: Schachtbau), eine Tochterfirma der Reichswerke AG für Erzbergbau und Eisenhütten „Hermann Göring", mit Sitz in Mühlheim an der Ruhr.

Die Baufirmen waren aber weiterhin mit der Auskleidung der Stollen mit Stahlbeton und der Einrichtung der Stollenanlage, sowie der Herstellung der für die künftige unterirdische Fabrik nötigen Infrastruktur wie Kanalisation, Straßen, Außengebäude und Unterkünfte beauftragt. Unter den beim Stollenbau beschäftigten Firmen finden sich viele, die auch in der Bauwirtschaft der Nachkriegszeit in der Bundesrepublik Deutschland und in Österreich eine wichtige Rolle spielten.

---

63 Angaben zur Planung der Stollen: diverse Protokolle der Hauptbesprechungen der Firma Quarz, Sammlung Perz/ASDP, Ordner: Verlagerung Loosdorf (Quarz); Schreiben Meindl an Roehnert vom 31.5.1944 betr. Projekt Quarz, IWM, FD 784/46 Steyr Korrespondenz.

64 Vgl. dazu Kapitel 7.1 in diesem Band.

65 Zu den am Bau beteiligten Firmen vgl. Perz: Projekt Quarz, S. 232–236.

66 Protokoll Hauptbesprechung Quarz vom 8.4.1944, Sammlung Perz/ASDP, Ordner: Verlagerung Loosdorf (Quarz).

Neben deutschen Baufirmen wie Philipp Holzmann AG und Überland Hoch-, Tief und Straßenbau waren eine Reihe österreichischer Baufirmen tätig: Czernilofsky, Himmelstoss & Sittner, Hofman & Maculan, Lang & Menhofer, Latzel & Kutscha, Mayreder, Kraus & Co, Bau AG Negrelli, Rella, Stigler & Rous, STUAG sowie Wayss & Freytag-Meinong. Firmen wie AEG, Brown-Boveri und Siemens & Halske übernahmen Elektro-, Fernmelde und Telefoninstallationen, Reder & Riemer sowie die Gebrüder Andrä Kanal- und Wasserleitungsbauten, R.O. Meyer aus Hamburg plante und lieferte Belüftungsanlagen, die Wiener Firma Quester lieferte Baumaterial, das Amstettner Sägewerk St. und A. Hopferwieser das Holz für die Abstützung der Stollen beim Vortrieb.[67] Neben den genannten Unternehmen war eine große Zahl kleinerer Baufirmen und Handwerksbetriebe, zum Teil aus dem Raum Melk und Loosdorf, wie etwa die Firma Franz Sdraule, beschäftigt.[68]

Die Bergbau-, Bau- und Installationsfirmen stellten kleine Gruppen von Ingenieuren und Technikern, Mineuren, Bergleuten und generell von Facharbeitern, aber auch eine größere Zahl von ausländischen Zwangsarbeiter*innen. So waren etwa Mitte August 1944 neben 4.720 KZ-Häftlingen auch 1.330 zivile Arbeitskräfte an der Stollenbaustelle tätig.[69] In den Baustellenbüros war auch weibliches Büropersonal beschäftigt, vielfach direkt aus der Region stammend.

---

67 Bei der Firma Hopferwieser in Amstetten, der Vorgängerin der heute weltweit tätigen Holzbaufirma Umdasch, war ein eigenes Arbeitskommando von Häftlingen des KZ Melk eingerichtet, die täglich mit dem Zug von Melk nach Amstetten gebracht wurden. Zum Arbeitskommando bei der Firma Hopferwieser vgl. auch Gerhard Ziskovsky: Der Nationalsozialismus in Bezirk und Stadt Amstetten, Teil 2, Band 5. St. Pölten 2021, S. 340–343, DOI: https://www.doi.org/10.52035/noil.2021.gz.amstetten.09.

68 Zu den Häftlingskommandos bei der Baufirma Sdraule vgl. Abbé Jean Varnoux: Clartés dans la nuit. La Résistance de l'Esprit. Journal d'un prêtre déporté. Neuvic-Entier 1995.

69 Protokoll Hauptbesprechung Quarz vom 12.8.1944, Sammlung Perz/ASDP, Ordner: Verlagerung Loosdorf (Quarz). Einzelne dieser Zwangsarbeiter*innen haben sich im Zuge der Entschädigungsinitiativen um das Jahr 2000 an den Versöhnungsfonds gewandt. Vgl. Hermann Rafetseder: NS-Zwangsarbeits-Schicksale. Erkenntnisse zu Erscheinungsformen der Oppression und zum NS-Lagersystem aus der Arbeit des Österreichischen Versöhnungsfonds: eine Dokumentation. Bremen 2014.

7. Das KZ Melk: Ein Außenlager des KZ Mauthausen für den Stollenbau

7.1. Die Einrichtung eines Konzentrationslagers in der Birago-Kaserne Melk

Nachdem der Bau der Stollenanlage in Roggendorf beschlossen und ab 20. März 1944 gestartet wurde, machten sich die Vertreter der SDPAG und der SS unter großem Zeitdruck auf die Suche nach einem geeigneten Standort für ein Konzentrationslager.[70] Aus naheliegenden Gründen wurde überlegt, ein Barackenlager direkt beim künftigen Stolleneingang auf dem Gelände zwischen dem Wachberg bei Roggendorf und der nur wenige hundert Meter daran vorbeiführenden Bahnlinie Linz-Wien einzurichten. Ein neues Lager für 7.000 Häftlinge sowie Unterkünfte für Lagerleitung und Wachmannschaften zu errichten, hätte jedoch viel Zeit und erhebliche materielle Ressourcen benötigt, auch wenn man Baracken von den Flugmotorenwerken Ostmark übernehmen wollte. Auf der Suche nach geeigneten bereits vorhandenen großen Gebäudekomplexen schien die 1913 errichtete große „Birago"-Pionierkaserne in Melk geeignet, die seit 1938 von der deutschen Wehrmacht genutzt wurde und die auch Platz für Erweiterungsbauten bot.[71] Franz Ziereis, der Lagerkommandant des KZ Mauthausen, setzte sich persönlich für die Freimachung der Kaserne ein. Am 1. April 1944 gab die Wehrmacht die Kaserne für die Einrichtung eines KZ-Außenlagers frei. Für Mitte April war die Belegung mit bis zu 500 Häftlingen vorgesehen, die sich aber bis 21. April verzögern sollte, weil Ziereis, um jede Fluchtmöglichkeit zu unterbinden, auf eine komplette Einzäunung des Lagergeländes mit Stacheldraht vor Ankunft der ersten Häftlinge bestand. Der Zaun wurde von Handwerkern aus Melk errichtet.

Die Kaserne wurde in zwei Teile geteilt: in das Häftlingslager, welches mit Stacheldraht und später mit Wachtürmen umgeben wurde, und einen kleineren Teil, in dem die SS-Lagerleitung und die Wachmannschaften untergebracht wurden.[72]

Die ersten Häftlinge, die am 21. April 1944 in Melk eintrafen, wurden in der an der Dorfnerstraße gelegenen großen Garage der Kaserne, dem zweigeschossigen sogenannten Objekt 10 untergebracht.[73] Im Erdgeschoß wurde die Küche für die Häftlinge eingerichtet. In den

---

70 Zur Transformation der Kaserne in ein Konzentrationslager vgl. Perz: Projekt Quarz, S. 245–254.

71 Karl Freiherr von Birago (1792–1845) war ein österreichischer Militäringenieur. Die Kaserne war von dem bekannten Wiener Architektenduo Siegfried Theiss und Hans Jaksch entworfen worden. Vgl. zur Geschichte der Kaserne Felix Höbarth: 100 Jahre Melker Pioniere 1913–2013. Geschichte und Geschichten. Melk 2014.

72 Zur Topografie des Lagers und zur Nutzung der einzelnen Gebäude der Kaserne für das KZ vgl. Jean Varnoux: Monographie du kommando de travail de Melk (Basse-Autriche). Camp de concentration de Mauthausen. Limoges 1991.

73 In den zeitgenössischen Quellen findet sich auch die Schreibweise „Objekt X".

Abb. 11: Birago-Kaserne, 1947; im Vordergrund der ehemalige Appellplatz, das linke Kasernengebäude diente als Häftlingsunterkunft, die beiden rechten Gebäude der SS-Lagerleitung und den Wachmannschaften.
Foto: Hilda Lepetit, Quelle: Zeitgeschichte Museum Ebensee.

Abb. 12: Objekt 10, die große Garage der Kaserne, diente als erste Häftlingsunterkunft und als Häftlingsküche; fotografiert von der Straßenseite, 1947.
Foto: Hilda Lepetit, Quelle: Zeitgeschichte Museum Ebensee.

Dokumenten der SS firmierte das Außenlager fortan als „Arbeitslager Quarz" oder „Außenkommando Quarz".[74]

Mehrere hundert Häftlinge mussten nach Eröffnung des Außenlagers bis in den Sommer zu den bestehenden Gebäuden zusätzlich Baracken errichten, um Platz für die vorgesehene Belegstärke von 7.000 Häftlingen zu schaffen. Wie in allen Konzentrationslagern waren die als Blocks bezeichneten Unterkünfte durchnummeriert, insgesamt wurden 18 Blocks eingerichtet.

Neben den Häftlingsunterkünften wurden für den Lagerbetrieb notwendige Einrichtungen wie Küche, Lagerräume, Werkstätten sowie eine Krankenabteilung, das sogenannte „Revier", geschaffen. Wegen der hohen Zahl der Häftlinge, die die vormalige Kasernenbelegung mit Soldaten bei weitem übertraf, mussten auch eine komplett neue Wasserversorgung und ein Abwasserkanal errichtet werden. Wegen der steigenden Todeszahlen begann man überdies im Herbst 1944 am südlichen Rand des Kasernengeländes mit der Errichtung eines Krematoriums mit einem Verbrennungsofen der Berliner Ofenbaufirma Kori, das im Dezember seinen Betrieb aufnahm.[75] Damit entfiel der aufwendige Transport der Leichen zur Verbrennung in die Lagerkrematorien von Mauthausen und Gusen, der durch den immer stärkeren kriegsbedingten Mangel an Fahrzeugen und Treibstoffen bei steigenden Todeszahlen für die SS zum logistischen Problem wurde.

Diese umfangreichen Ausbauten erklären sich aber nicht zuletzt aus der Absicht der SDPAG, nach Fertigstellung der Stollenanlage Häftlinge auch in der Produktion einzusetzen.

7.2. Die SS-Lagerleitung und die Wachmannschaften aus der Luftwaffe

Das KZ Melk unterstand wie fast alle Außenlager im österreichischen Raum der Kommandantur des KZ Mauthausen. Alle organisatorischen, verwaltungstechnischen und finanziellen Belange des Außenlagers wurden über Mauthausen abgewickelt. Die Lagerleitung und die wichtigsten Leitungsposten wurden von SS-Angehörigen wahrgenommen.[76] An der Spitze der Hierarchie stand ein SS-Lagerführer. In Melk versahen nacheinander zwei Lagerführer Dienst. In der Vorbereitungs- und ersten Aufbauphase hatte der aus dem oberbayrischen Rupertiwinkel stammende SS-Untersturmführer Anton Streitwieser den Posten inne. Streitwieser war bei den Mauthausener

74 In den Dokumenten des Ingenieurbüros Fiebinger und auch der Firma Quarz fand auch der Begriff „KL Melk" Verwendung, obwohl der Hinweis auf den Ort den Geheimhaltungsvorschriften widersprach.

75 Vgl. Perz: Projekt Quarz, 512–514; Annegret Schüle (Hg.): Die H. Kori GmbH. Eine Berliner Ofenbaufirma und der nationalsozialistische Massenmord. Berlin/Leipzig 2022, S. 146 bzw. 236; Bertrand Perz/Christian Dürr/Ralf Lechner/Robert Vorberg: Die Krematorien von Mauthausen. In: Bundesministerium für Inneres (Hg.): Jahrbuch der KZ-Gedenkstätte Mauthausen – Mauthausen Memorial 2008.Forschung, Dokumentation, Information. Wien 2009, S. 12–23, hier S. 22 (online unter: https://www.mauthausen-memorial.org/assets/uploads/mauthausen-memorial-jahrbuch2008.pdf).

76 Zur SS und zur Bewachungsmannschaft in Melk vgl. Perz: Projekt Quarz, S. 257–271.

Häftlingen dafür bekannt, dass er Hunde mit Worten wie *„Wo ist der Lump?"* auf Häftlinge hetzte. Streitwieser blieb nur ein paar Wochen in Melk und wechselte dann als Lagerführer in das Außenlager Schwechat bei Wien.[77]

Sein Nachfolger wurde im Mai 1944 SS-Obersturmführer Julius Ludolph.[78] Ludolph, geboren in Hamburg, war von Beruf Taxichauffeur. Vor seiner Versetzung nach Melk versah er als Lagerführer in den Außenlagern Loibl-Pass und Groß-Raming Dienst. Die Aussagen über Ludolph charakterisieren ihn als gefürchteten Schläger und Alkoholiker mit ausschweifendem Lebenswandel, den er durch seine privilegierte Stellung mittels Korruption und Unterschlagungen finanzierte. Der ehemalige SS-Hauptscharführer und zeitweilige Wachhabende der Lagerwache in Melk, Alois S., berichtet 1959 über Ludolph: *„Es war allgemein bekannt, daß Ludoph und einige seiner Freunde sehr gewalttätig waren und sich Häftlingen gegenüber Grausamkeiten zuschulden kommen ließen."*[79]

Der ehemalige deutsche Häftling und Lagerschreiber Hermann Hofstädt beschreibt Ludolph als äußerst korrupten Exzesstäter:

„Auf Kosten der Häftlinge führte Ludolph ein Völler-Leben, was mit Worten kaum zu beschreiben ist. Aus der Küche der Häftlinge, sowohl als auch aus der SS-Truppenküche, ließ er sich täglich das beste Fleisch und sonstige Lebensmittel geben. Aus der Häftlings-Kantine stahl er in großen Mengen Zigaretten. Alle diese Lebensmittel und Zigaretten konnte er in diesen Mengen nicht für sich gebrauchen. Er verkaufte diese Waren an Zivilisten, um sich auf diese Weise Weine und sonstige alkoholische Getränke zu beschaffen. Auch Geflügel und sonstige nur auf Lebensmittel- und Kleiderkarten erhaltbare Waren tauschte er gegen die den Häftlingen gestohlenen Sachen.

Der Umfang seines ausschweifenden Lebenswandels mit täglich anderen Frauen, hat mich manchmal veranlaßt, zu glauben, als habe ich es mit einem krankhaften Menschen zu schaffen. Aber immer wieder kam ich zu dem Bewußtsein, daß Ludolph für seine Taten voll verantwortlich ist. Wenn auch ein Teil seiner Brutalitäten den Häftlingen gegenüber im Alkoholrausch begangen wurden, so hat er doch im wesentlichen alles mit vollster Überlegung aus- und durchgeführt."[80]

Der Lagerarzt Josef Sora berichtet rückblickend über die Exzesse des Lagerführers Ludolph:

„Ich habe dann erleben müssen, speziell bei Nacht haben sich die Leute solche Dinge geleistet, wo man dann aufgeschreckt worden ist und hinuntergeschaut hat, im Scheinwerferlicht hat er die Häftlinge um Zwölf in der Nacht, um Eins in der Früh, wie es ihm gepasst hat, antreten lassen und ist dann zeremoniell aufgetreten, hinten nach einer mit einem Kübel Wasser und mit

77 Vgl. Winfried R. Garscha: Ein „strammer und schneidiger Gefolgsmann". Anton Streitwieser und der Kölner Mauthausen-Prozess. In: Gregor Holzinger (Hg.): Die zweite Reihe. Täterbiografien aus dem Konzentrationslager Mauthausen (Mauthausen-Studien, Band 10). Wien 2016, S. 276–294.

78 Vgl. Gregor Holzinger: Julius Ludolph. In: Gregor Holzinger: Die zweite Reihe. Täterbiografien aus dem Konzentrationslager Mauthausen (Mauthausen-Studien, Band 10). Wien 2016, S. 115–118.

79 Zeugenaussage Alois S. vom 16.9.1959, Landgericht Fulda, 3 Ks 1/60 (Prozess gegen Gottlieb Muzikant).

80 Hermann Hofstädt: Aus dem KZ.-Lager Melk. In: Nazi-Opfer, Jahrgang 2 (1946), Heft 2, S. 6.

einem Handtuch, und er hat sich irgendeinen herausgefangt und hat den so lange mit den Fäusten gehaut, bis Blut floss. Dann hat er sich zeremoniell die Hände gewaschen, Handtuch reichen lassen, nicht, und gelegentlich hat er auch einen so lange getrieben, bis er ihn eben mit Fußtritten in den elektrischen Zaun trieb."[81]

Dem Lagerführer war ein Rapportführer, SS-Oberscharführer Curt Jansen, unterstellt, der für den Innendienst im Lager zuständig war und die Gesamtzahl der Häftlinge zu kontrollieren hatte. Für die Einteilung der Gefangenen in Arbeitskommandos war der Arbeitseinsatzführer, SS-Oberscharführer Ernst Schindler, zuständig. Für jede Häftlingsunterkunft (bezeichnet als Block) war ein Blockführer verantwortlich. Die Blockführer waren, da sie sich ständig im Lager aufhielten, von den Häftlingen besonders gefürchtet. Generell achteten Häftlinge darauf, SS-Männern möglichst aus dem Weg zu gehen, wie der Franzose Yves Briand berichtet:

„Meistens versuchte ich es zu verhindern, ihnen in die Quere zu kommen. Manchmal, wenn etwas nicht funktionierte, griffen sie den Blockältesten oder den Kapo an. Sie ließen sie Gymnastik machen: laufen – hinhocken – auf – laufen – hocken – liegen – auf – eine halbe Stunde lang oder mehr. Und Schläge für diejenigen, die das Tempo nicht mithalten konnten. Wenn das dann vorbei war, wandten sich die Kapos und Blockältesten natürlich gegen uns."[82]

Leiter der Häftlings- und der Truppenküche sowie des Vorratsmagazins war SS-Hauptscharführer Otto Striegel. Striegel war allgemein als Schläger bekannt, der, so der französische ehemalige Häftling Robert Monin, überall wo er auftauchte, Terror machte. Allerdings habe Striegel sich sehr bemüht, Lebensmittel für das Lager aufzutreiben.[83] Dass Striegel exzessiv körperliche Gewalt anwandte, wird auch von dessen Stellvertreter, dem ehemaligen SS-Angehörigen Anton Hefner, der in der Küche das Häftlingspersonal beaufsichtigte, bestätigt:

„Über die Person des Striegel möchte ich sagen, daß es sich bei ihm um einen der brutalsten Schläger, die mir jemals untergekommen sind, handelte. Ich konnte wiederholt selbst beobachten wie er Häftlinge aus nichtigen Gründen schwerstens misshandelte. Ich hatte das Gefühl, dass er sadistisch veranlagt war und irgendwie in der Züchtigung der Häftlinge Befriedigung fand."[84]

Nicht zur SS gehörte der Lagerarzt, der von der Luftwaffe gestellt wurde, wie auch die Wachmannschaften, die allerdings im Herbst 1944 in die SS überführt wurden. Die Überstellung von Luftwaffe-Soldaten nach Melk resultierte aus der Personalknappheit der SS. Der massive Einsatz von KZ-Häftlingen bei der Untertageverlagerung setzte eine erhebliche Aufstockung der Bewachungsmannschaften der Konzentrationslager voraus. Der „Jägerstab" beschäftigte sich deshalb von Anfang an intensiv mit dieser Frage. Die SS forderte nun von der Wehrmacht Soldaten mit

---

81 Interview mit Dr. Josef Sora, Interviewer: Bertrand Perz, Bad Ischl, 28.11.1981, KZ-Gedenkstätte Mauthausen | Mauthausen Memorial (fortan MM), 5.9.005.

82 Erinnerungsbericht Yves Briand, Dinan (Frankreich), auf Tonbandkassette, mit Schreiben an Bertrand Perz vom 13.9.1985, Sammlung Perz.

83 Erinnerungsbericht Robert Monin. In: Christian Bernadac: La neuvième cercle – Mauthausen II. Paris 1975, S. 343 f.

84 Zeugeneinvernahme Anton Hefner vom 5.3.1965, Landesgericht St. Pölten, 4 St 2231/64.

dem Argument, dass die vielen Lager bei Bauvorhaben nur wegen der Rüstungsproduktion für die einzelnen Wehrmachtsteile eingerichtet werden müssten. Konsequenterweise sprachen sich die SS-Vertreter im „Jägerstab" von vornherein gegen die Heranziehung von Zivilpersonen wie des Werkschutzes zur Bewachung aus, da diese im Gegensatz zu den Wehrmachtssoldaten nicht der SS unterstellt worden wären.

Die Luftwaffe, für deren Interessen die Häftlinge hauptsächlich unterirdische Anlagen errichten sollten, erklärte sich als erster Wehrmachtsteil bereit, Soldaten zur KZ-Bewachung abzustellen. Nach einer Überstellung von Luftwaffe-Angehörigen zum Kammler-Projekt „Esche II" in St. Georgen an der Gusen Ende März 1944 kamen gemeinsam mit dem ersten Häftlingstransport am 21. April 1944 auch nach Melk Soldaten der Luftwaffe. Insgesamt wurden circa 500 Soldaten der Luftwaffe nach Melk versetzt und im Herbst 1944 zur SS überstellt. In Kompanien eingeteilt, galten sie fortan als Teil des SS-Wachsturmbannes Mauthausen.[85]

Das Verhalten der Luftwaffe-Soldaten wird von ehemaligen Häftlingen sehr unterschiedlich beschrieben. Generell waren die älteren Jahrgänge etwas weniger gefürchtet. Die Wachmannschaften waren ausschließlich für die Außenbewachung des Lagers und der Arbeitskommandos zuständig, das Häftlingslager selbst durften sie im Unterschied zum SS-Lagerpersonal nur mit besonderer Genehmigung betreten. Engen Kontakt zu den Häftlingen hatten sie allerdings während des Marsches von und zu den Arbeitsstellen und bei der Bewachung kleinerer Arbeitskommandos, die nicht wie die Stollenbaustelle selbst durch Zäune, Türme und eine aus Wachsoldaten gebildeten Postenkette gesichert waren. So berichtet der ehemalige französische Häftling Yves Briand:

„Ihre Haltung hing vom jeweiligen Charakter ab, klarerweise. Einige schritten andauernd ein, weil sie das Tempo beschleunigen wollten und schlugen drauflos. Andere sagten nichts. Meistens brauchte man vor den Alten weniger Angst haben, als vor den Jungen. Manchmal im Dunkeln im Waggon (auf dem Weg zur Arbeit) stecken sie den Häftlingen ein Stück Brot zu, die sich gerade neben ihnen befanden. Aber das war die Ausnahme. Sie hatten vor allem Angst vor dem Leiden."[86]

Nach Ansicht des ehemaligen französischen Häftlings Raymond Hallery hätten viele von der Luftwaffe überstellte Soldaten die Zustände im KZ als bedrückend empfunden und sich dagegen gewehrt, Menschen einfach umzubringen. Dass im Verhalten gegenüber den Häftlingen zwischen SS und Luftwaffe ein gewisser Unterschied bestand, wird auch von anderen ehemaligen Häftlingen bestätigt.

---

85 Vgl. Bertrand Perz: Die SS im KZ Mauthausen. Eine Skizze. In: Gregor Holzinger (Hg.): Die zweite Reihe. Täterbiografien aus dem Konzentrationslager Mauthausen (Mauthausen-Studien, Band 10). Wien 2016, S. 15–44, hier S. 29 f.; Bertrand Perz: Wehrmachtsangehörige als KZ-Bewacher. In: Walter Manoschek (Hg.): Die Wehrmacht im Rassenkrieg. Der Vernichtungskrieg hinter der Front. Wien 1996, S. 168–181.

86 Erinnerungsbericht Yves Briand, Sammlung Perz.

Abb. 13: US-Amerikanische Luftaufnahme vom KZ Melk, 26. Dezember 1944.
Foto: US-Army Air Force, Quelle: Luftbilddatenbank Dr. Carls GmbH, Wien.

7.3. Die Häftlinge

Von Mauthausen aus wurden die Häftlinge je nach Arbeitskräftebedarf der Rüstungs- und Baufirmen auf die verschiedenen Außenlager verteilt, so auch auf das Lager in Melk. Den Bedarf für die Baustelle der Stollenanlage in Roggendorf ermittelte das Arbeitseinsatzbüro der Firma Quarz, welches auch in Zusammenarbeit mit dem SS-Rapportführer die „Vermietung" der Häftlinge und die Verrechnung dieser „Entgelte" mit den einzelnen Baufirmen überhatte.[87]

Von der Errichtung des Lagers am 21. April 1944 bis zur Evakuierung Mitte April 1945 wurden nach heutigem Kenntnisstand 14.388 ausschließlich männliche Häftlinge aus dem KZ Mauthausen nach Melk überstellt. Tatsächlich handelt es sich nur um 14.293 Personen, da einzelne Häftlinge zwischenzeitlich in andere Lager verbracht und später neuerlich nach Melk überstellt wurden – sie

87 Zu den Häftlingen des KZ Melk vgl. Perz: Projekt „Quarz", S. 275–325.

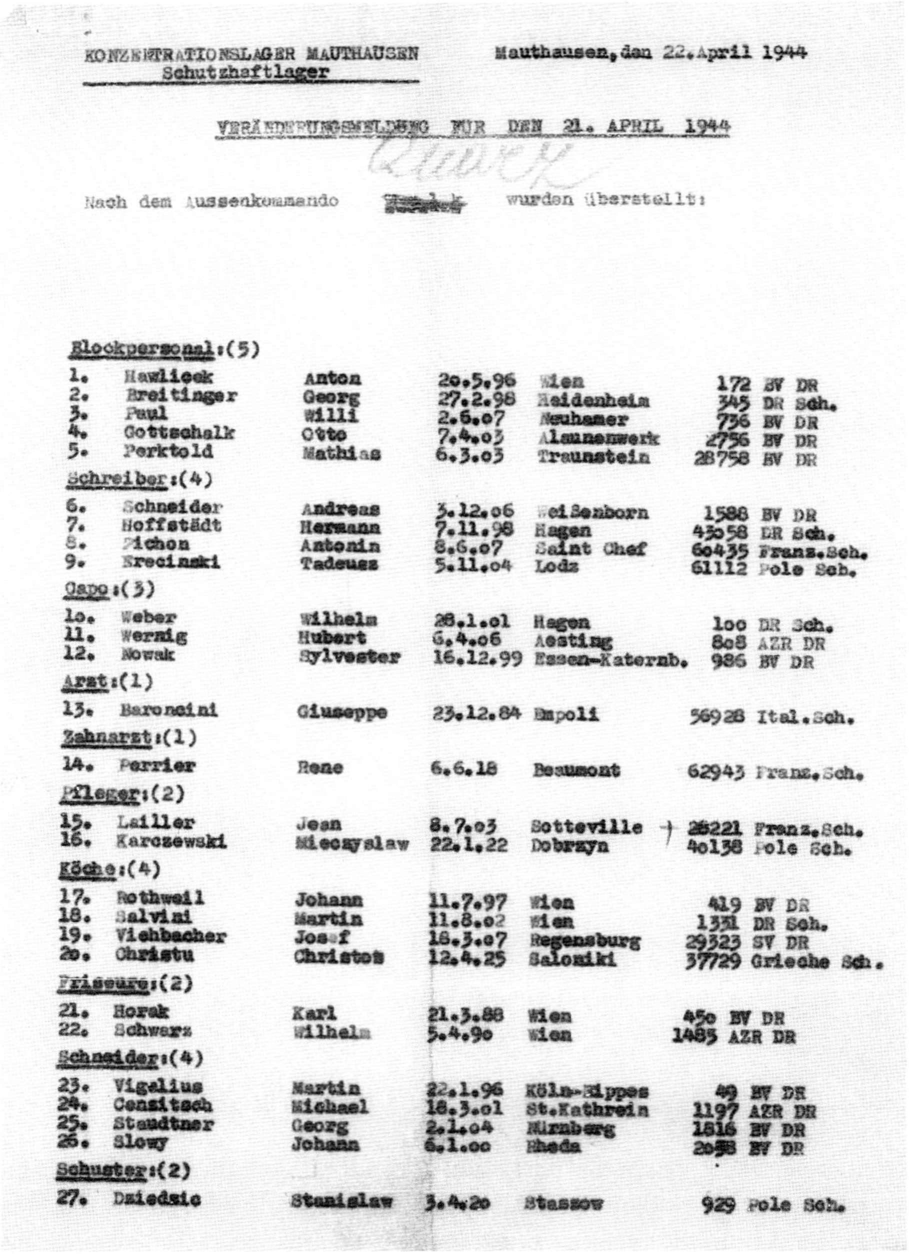

KONZENTRATIONSLAGER MAUTHAUSEN
Schutzhaftlager

Mauthausen, den 22. April 1944

VERÄNDERUNGSMELDUNG FÜR DEN 21. APRIL 1944

Quarz

Nach dem Aussenkommando [redacted] wurden überstellt:

Blockpersonal:(5)					
1. Hawlicek	Anton	20.5.96	Wien	172	BV DR
2. Breitinger	Georg	27.2.98	Heidenheim	345	DR Sch.
3. Paul	Willi	2.6.07	Neuhamer	736	BV DR
4. Gottschalk	Otto	7.4.03	Alaunenwerk	2756	BV DR
5. Perktold	Mathias	6.3.03	Traunstein	28758	BV DR
Schreiber:(4)					
6. Schneider	Andreas	3.12.06	Weißenborn	1588	BV DR
7. Hoffstädt	Hermann	7.11.98	Hagen	43058	DR Sch.
8. Pichon	Antonin	8.6.07	Saint Chef	60435	Franz.Sch.
9. Krecinski	Tadeusz	5.11.04	Lodz	61112	Pole Sch.
Capo:(3)					
10. Weber	Wilhelm	28.1.01	Hagen	100	DR Sch.
11. Wernig	Hubert	6.4.06	Aesting	808	AZR DR
12. Nowak	Sylvester	16.12.99	Essen-Katernb.	986	BV DR
Arzt:(1)					
13. Baroncini	Giuseppe	23.12.84	Empoli	56928	Ital.Sch.
Zahnarzt:(1)					
14. Perrier	Rene	6.6.18	Beaumont	62943	Franz.Sch.
Pfleger:(2)					
15. Lailler	Jean	8.7.03	Sotteville †	28221	Franz.Sch.
16. Karczewski	Mieczyslaw	22.1.22	Dobrzyn	40138	Pole Sch.
Köche:(4)					
17. Rothweil	Johann	11.7.97	Wien	419	BV DR
18. Salvini	Martin	11.8.02	Wien	1331	DR Sch.
19. Viehbacher	Josef	18.3.07	Regensburg	29323	SV DR
20. Christu	Christos	12.4.25	Saloniki	37729	Grieche Sch.
Friseure:(2)					
21. Horak	Karl	21.3.88	Wien	450	BV DR
22. Schwarz	Wilhelm	5.4.90	Wien	1483	AZR DR
Schneider:(4)					
23. Vigelius	Martin	22.1.96	Köln-Nippes	49	BV DR
24. Censitsch	Michael	18.3.01	St.Kathrein	1197	AZR DR
25. Staudtner	Georg	2.1.04	Nürnberg	1816	BV DR
26. Slowy	Johann	6.1.00	Rheda	2058	BV DR
Schuster:(2)					
27. Dziedzic	Stanislaw	3.4.20	Stassow	929	Pole Sch.

Abb. 14: Deckblatt der Namensliste des ersten Häftlingstransports nach Melk, 21. April 1944. Quelle: MM.

wurden daher mehrfach erfasst.[88] In erster Linie bestimmte der Bedarf der Baufirmen an Arbeitskräften die Häufigkeit und Größe der Überstellungstransporte aus dem KZ Mauthausen.

Die nach Melk Deportierten stammten aus mindestens 26 verschiedenen Ländern, wobei Österreicher als Häftlinge des Deutschen Reiches geführt wurden.

Tabelle 1: Nach Melk überstellte männliche KZ-Häftlinge nach nationaler Herkunft (Angaben nach SS-Aufzeichnungen)[89]

Nationalität	**Gesamtzahl der Häftlinge**	**Nationalität**	**Gesamtzahl der Häftlinge**
Polen	3.970	staatenlos	13
Ungarn	3.458	Luxemburg	10
Sowjetunion	2.355	Albanien	10
Frankreich	1.655	Rumänien	7
Deutsches Reich	890	Lothringen	5
Italien	569	Kroatien	4
Griechenland	423	Estland	3
Jugoslawien	360	Schweiz	3
Niederlande	101	Türkei	2
Tschechien	97	USA	2
Spanien	80	Ägypten	1
Belgien	73	Bulgarien	1
Slowenien	50	Dänemark	1
Norwegen	46	Großbritannien	1
Lettland	41	Portugal	1
Slowakei	35	unbekannt	1
Litauen	25		

88 Bisher ging man von einer Zahl von 14.390 Personen aus – eine Zahl, die aus einer Aufstellung über „Bewegungen" in den Außenkommandos ermittelt wurde, vgl. Perz: Projekt Quarz, 275. Nachdem in den letzten Jahren nun durch neue Archivfunde Listen aller Überstellungstransporte nach Melk vorliegen, reduziert sich die Zahl auf 14.388. Eine Auswertung der Häftlingszahlen des KZ Melk auf Basis dieser neuen Quellen sowohl hinsichtlich der Transporte von Mauthausen nach Melk und umgekehrt, sowie der Flucht- wie der Todesmeldungen wurde durch Christina Kandler vorgenommen. Vgl. Kandler: Überlebenschancen. Ich danke Christina Kandler für den rezenten gemeinsam vorgenommenen Abgleich der Zahlen. Nachdem die Basis der statistischen Analysen SS-Aufzeichnungen mit einer systembedingten Fehleranfälligkeit sind, können auch in Zukunft durch weitere Forschungen minimale Veränderungen der Häftlingszahlen nicht ausgeschlossen werden, am Gesamtbild der Gefangenenpopulation des Lagers Melk wird sich dadurch aber nichts ändern.

89 Die Dokumente, in denen Transporte von Mauthausen nach Melk oder von Melk in andere Lager sowie Flucht- und Todesmeldungen mit Namen der Häftlinge aufgelistet sind, stammen aus verschiedenen Archiven wie dem Archiv des Staatlichen Museums Auschwitz-Birkenau (Archiwum Państwowe Muzeum Auschwitz-Birkenau, fortan APMA-B), der Hauptkommission zur Erforschung der deutschen bzw. „hitleristischen" Verbrechen in Polen (Główna Komisja Badania Zbrodni Niemieckich/Hitlerowskich w Polsce, GKBZHwP), heute Institut für Nationales Gedenken (IPN, Instytut Pamięci Narodowej, Warszawa), den Arolsen Archives, aus Yad Vashem, Jerusalem, den National Archives, Washington D.C., und den Archives Nationales, Fontainebleau. Sämtliche dieser Melk betreffenden Unterlagen liegen als Kopien in den Sammlungen des MM vor. Die Metadaten dieser Listen sind in einer eigenen Datenbank personenbezogener Namenslisten erfasst.

Der erste Transport von 500 Häftlingen, der am 21. April 1944 in Melk eintraf, setzte sich aus circa 420 Franzosen, 30 Spaniern, 30 Deutschen sowie einigen Polen, Italienern, Belgiern und Sowjetrussen zusammen. Zwei Dutzend der Gefangenen waren als Funktionshäftlinge eingesetzt, darunter Lager- und Blockälteste, Blockschreiber, Kapos (Vorarbeiter der Arbeitskommandos), Küchenpersonal, Friseure, Schuster und Schneider sowie zwei Ärzte und zwei Pfleger.[90] Fast 180 Personen waren Fachkräfte wie Tischler, Schlosser, Schmiede und Maurer, aber auch Ingenieure, Geometer und Bergleute, die teilweise im Lageraufbau, zum Großteil aber für den Stollenbau benötigt wurden. Alle restlichen Häftlinge des Transports waren für einfache Hilfsarbeiten am Bau vorgesehen.

In einem zweiten Transport nur drei Tage später mit 533 Häftlingen befanden sich ebenfalls mehrheitlich französische Häftlinge, von diesen waren bis auf fünf Bergleute alle als Hilfsarbeiter eingestuft. Die Franzosen der beiden Transporte waren zwischen Ende März und Anfang April 1944 im Zusammenhang mit den Vorbereitungen der deutschen Besatzer in Frankreich auf eine drohende alliierte Invasion aus dem Sammellager Compiègne nach Mauthausen deportiert worden. Die ersten Transporte mit vielen Franzosen sind ein wesentlicher Grund dafür, warum Melk oftmals als „französisches" Lager[91] erinnert wird, auch wenn insgesamt wesentlich größere Gruppen aus Polen, Ungarn und Sowjetunion stammten. Im Mai folgten weitere 668 Häftlinge, darunter eine große Zahl von Griechen – von diesen waren viele erst Anfang April 1944 nach Mauthausen deportiert worden.

Trotz dieser Zuweisungen hatte das Stammlager Mauthausen immer wieder Probleme bei der Bereitstellung der geforderten Häftlingsanzahl. Aber auch wenn Transporte einlangten, drängte die Firma Quarz wenig später auf die Zurverfügungstellung weiterer Häftlingsarbeitskräfte, da die schlechten Arbeits- und Lebensbedingungen die Gefangenen schnell entkräfteten und bereits wenige Wochen nach Einrichtung des Lagers in steigendem Ausmaß Krankheiten auftraten.

Anfang Juni 1944 stellte Bauleiter Meißner fest, dass wegen der hohen Zahl an Erkrankten *„ein angemessener Baufortschritt und damit die Einhaltung der Termine nur dann möglich ist, wenn auch der geplante Einsatz an Arbeitskräften"*[92] möglich sei. Der kaufmännische Direktor Etz kündigte an, *„sich mit SS-Standartenführer Ziereis wegen umgehender Beistellung der angeforderten KZ-Häftlinge"*[93] in Verbindung zu setzen und überdies die SS-Sonderinspektion zu informieren. Dass für die SDPAG bzw. die Firma Quarz die Erfüllung der Forderung nach weiteren Häftlingsarbeitskräften besonders wichtig war, lag auch daran, dass in den ersten Monaten ein erheblicher Anteil der kranken und entkräfteten Häftlinge nach Mauthausen zurückgeschickt

90 Vgl. dazu Kapitel 7.4 und 7.6 in diesem Band.
91 Vgl. dazu Kapitel 9.1 in diesem Band.
92 Protokoll Hauptbesprechung Quarz vom 3.6.1944, Sammlung Perz/ASDP, Ordner: Verlagerung Loosdorf (Quarz). Von 1.464 KZ-Häftlingen im Lager Melk waren nur 1.074 auf der Baustelle eingesetzt.
93 Ebd.

worden war. Allein im Mai 1944 wurden 156 Häftlinge „rücküberstellt", was fast 20 Prozent der Neueinweisungen dieses Monats entsprach.[94]

Eine kurzfristige Lösung des Arbeitskräfteproblems im Juni 1944 ergab sich aufgrund der Entscheidung Hitlers, für den Bau von Großbunkern und Stollenanlagen bis zu 200.000 Juden und Jüdinnen aus den seit dem Frühjahr 1944 durchgeführten Deportationstransporten von Ungarn ins KZ Auschwitz-Birkenau als Arbeitskräfte zu rekrutieren. An der Rampe im Lager Auschwitz-Birkenau selektiert und vorerst von der Tötung in den Gaskammern ausgenommen, sollten sie den Untertage-Baustellen im Reichsgebiet als Zwangsarbeitskräfte zur Verfügung gestellt werden. Die ersten dieser Transporte aus Auschwitz trafen noch im Mai 1944 in Mauthausen ein. Das Stammlager Mauthausen konnte so den Anforderungen aus Melk nach weiteren Häftlingsarbeitskräften rasch nachkommen. Im Juni 1944 wurden über 3.145 vorwiegend jüdische ungarische männliche Häftlinge nach Melk überstellt, insgesamt waren auf der Baustelle „Quarz" Ende Juni über 4.200 Häftlinge eingesetzt.

Durch einen amerikanischen Luftangriff auf das Lager am 8. Juli 1944, bei dem über 200 Häftlinge getötet sowie weitere 200 schwer verwundet wurden, verringerte sich die Zahl der für die Baustelle zur Verfügung stehenden Häftlinge so stark, dass sich die Firma Quarz umgehend zu Forderungen nach Zuweisung weiterer Häftlinge veranlasst sah. Das KZ Mauthausen überstellte daraufhin bis Ende Juli 1944 in zwei weiteren Transporten 1.000 Häftlinge nach Melk.

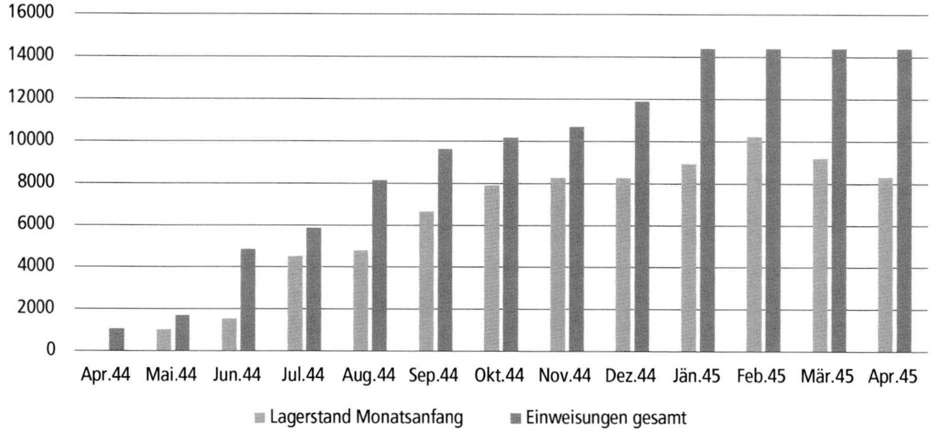

Grafik 1: Zahl der Häftlinge im Lager am Monatsanfang und Einweisungen von Häftlingen, akkumuliert von April 1944 bis April 1945.

Trotz günstiger klimatischer Bedingungen waren in den Sommermonaten bereits so viele Häftlinge erkrankt, dass sich die Bauleitung nicht nur zur Anforderung weiterer Häftlinge,

94 Siehe dazu Kapitel 7.8 in diesem Band.

sondern auch zu Beschwerden über eine zu langsame Überstellung dieser Häftlinge bei Kommandant Ziereis in Mauthausen veranlasst sah. Aus dem KZ Mauthausen wurden in der zweiten Augusthälfte deshalb weitere 2.289 Häftlinge nach Melk überstellt, im Gegenzug über 230 vorwiegend arbeitsunfähig gewordene Häftlinge nach Mauthausen abgeschoben. Einer dieser Augusttransporte mit fast 1.300 Personen, der am 16. August 1944 in Melk eintraf, setzte sich fast ausschließlich aus polnischen und ungarischen Juden zusammen; viele von ihnen waren davor im KZ Plaszow (in Płaszów am südöstlichen Rand von Krakau (Kraków) gelegen) gefangen gewesen, das wegen der militärisch prekären Lage sukzessive verkleinert wurde. Am 10. August 1944 war von dort ein Transport mit über 4.500 männlichen Häftlingen in Mauthausen eingetroffen.[95] Auch in den beiden weiteren Augusttransporten nach Melk befanden sich viele polnische Juden, aber auch eine größere Zahl sowjetischer und Häftlinge anderer Nationen.

Mitte September 1944 erreichte der Lagerstand erstmals die bereits für Anfang Juni vorgesehene Zahl von 7.000 Häftlingen. In diesem Monat wurden nochmal fast 1.500 Gefangene nach Melk überstellt, zunächst ein Transport mit 400 Personen, überwiegend polnische Schutzhäftlinge. In einem weiteren Transport am 21. September 1944 mit 1.080 vorwiegend aus Frankreich, Polen und der Sowjetunion stammenden Personen befanden sich viele, die zuvor aus dem Konzentrationslager Natzweiler wegen der anrückenden alliierten Truppen nach Mauthausen verbracht worden waren.

Wegen des hohen Krankenstandes und der ansteigenden Todeszahlen wurden auch danach laufend und immer mehr Häftlinge nach Melk eingewiesen. Zwischen Oktober und Ende 1944 trafen Transporte mit insgesamt fast 2.250 Personen ein. Darunter fanden sich auch immer wieder größere Zahlen an Facharbeitern, neben Bergleuten vor allem aus metallverarbeitenden Berufen, was direkt mit der Einrichtung der ersten fertigen Stollenbereiche für das Wälzlagerwerk der SDPAG in Zusammenhang stand.

Bis Ende Jänner 1945 stieg die Häftlingszahl in Melk trotz hoher Todesraten auf einen Höchststand von über 10.000. Von den ab Oktober 1944 nach Melk Deportierten stammten die größten Gruppen aus Polen, der Sowjetunion, Deutschland und Österreich sowie Italien.

Die meisten in diesem Zeitraum nach Melk deportierten Häftlinge kamen aus dem in Auflösung befindlichen KZ Auschwitz.

Der letzte große Transport mit 2.000 Personen traf am 29. Jänner 1945 in Melk ein. Es waren Überlebende des Evakuierungstransportes, der das KZ Auschwitz am 19. Jänner 1945, eine Woche vor Befreiung des Lagers durch die Rote Armee, verlassen hatte. Die spezifische Zusammensetzung des Transportes zeigt, dass diese Häftlinge nicht mehr nach dem Kriterium der Arbeits-

95 Zur Geschichte des KZ Plaszow (polnisch Płaszów) vgl. Angelina Awtuszewska: Płaszów – Stammlager. In: Wolfgang Benz/Barbara Distel (Hg.): Der Ort des Terrors. Geschichte der nationalsozialistischen Konzentrationslager, Band 8: Riga, Warschau, Vaivara, Kaunas, Płaszów, Kulmhof/Chełmno, Bełzec, Sobibór, Treblinka. München 2008, S. 233–288, hier S. 278; Alexander Prenninger: Das letzte Lager. Evakuierungstransporte und Todesmärsche in der Endphase des KZ-Komplexes Mauthausen (Mauthausen-Studien, Band 16). Wien 2022, S. 71.

fähigkeit für Melk ausgesucht worden waren, wie es bis Ende 1944 der Fall war, als immer wieder auch eine größere Zahl an Facharbeitern in den Transporten inkludiert waren. Die aus Auschwitz evakuierten Häftlinge wurden nun unabhängig von ihrer Qualifikation auf die Außenlager von Mauthausen verteilt, um die völlige Überfüllung des Stammlagers zu reduzieren. So befanden sich unter den 2.000 Deportierten 119 Kinder und Jugendliche im Alter unter 15 Jahren, vor allem aus Polen, Ungarn und der Sowjetunion. Zwei Kinder waren erst neun Jahre alt. Erstmals seit dem Sommer 1944 befand sich in diesem Transport wieder eine große Zahl jüdisch kategorisierter Häftlinge. Auffällig ist auch die hohe Zahl deutscher Häftlinge, die dadurch zustande kam, dass mit diesem letzten Transport viele Funktionshäftlinge aus Auschwitz-Birkenau evakuiert worden waren. Die deutschen Häftlinge (worunter auch Österreicher fielen) stellten erstmals in einem Transport nach Melk die größte nationale Gruppe.

Vermutlich sollten nach dem großen Evakuierungstransport von Auschwitz noch weitere Häftlingsüberstellungen nach Melk erfolgen. Zu diesen Transporten kam es jedoch nicht mehr. Die SS verzichtete wohl angesichts des raschen militärischen Vordringens der Roten Armee auf weitere Verlagerungen von Häftlingen in östliche Richtung. In den Monaten Februar bis April 1945 wurden nur mehr einige wenige Häftlinge nach Melk überstellt.

Tabelle 2: Häftlingstransporte ins KZ Melk, 21. April 1944 bis 5. April 1945

Datum	Anzahl der Häftlinge
1944	
21.4.	500
23.4.	532
26.4.	1
12.5.	601
17.5.	1
29.5.	66
2.6.	464
11.6.	982
13.6.	975
23.6.	724
14.7.	500
17.7.	1
21.7.	1
24.7.	1
27.7.	500
10.8.	1
16.8.	1.289
25.8.	500
26.8.	500
12.9.	400
21.9.	1.080
26.9.	1
4.10.	1
7.10.	1
19.10.	41
20.10.	500
10.11.	3
14.11.	500
29.11.	1
5.12.	1.000
8.12.	4
14.12.	50
23.12.	142
1945	
3.1.	518
8.1.	1
29.1.	2.000
8.2.	1
15.2.	1
24.2.	1
8.3.	2
5.4.	1

Die Häftlinge kamen aus allen sozialen Schichten und verschiedensten Berufen. In Konzentrationslager eingewiesen wurden Gegner*innen des Nationalsozialismus, „rassisch" und aus religiösen Gründen Verfolgte, insbesondere Juden/Jüdinnen und Zeugen Jehovas, Kriegsgefangene und Zwangsarbeiter*innen sowie Personen, die von den NS-Behörden als kriminell und asozial eingestuft wurden. Für die Verfolgung war nicht maßgeblich, ob sich jemand subjektiv – aus religiösen, kulturellen, politischen oder anderen Gründen – einer Gruppe zugehörig fühlte, sondern ausschließlich die Einstufung durch die für die Einweisung ins KZ zuständigen NS-Behörden.

Tabelle 3: Die Häftlinge des KZ Melk nach der Kategorisierung der SS[96]

SS-Bezeichnungen der Haftkategorien	Anzahl der Häftlinge	Prozent
Schutzhäftlinge (Sch)	5.841	40,83 %
Juden	5.672	39,65 %
Zivilarbeiter (ZA)	1.945	13,60 %
Kriegsgefangene (Kgf)	336	2,35 %
Berufsverbrecher (BV)	172	1,20 %
Sicherheitsverwahrungshäftlinge (SV)	158	1,10 %
Arbeitszwang Reich (AZR)	67	0,47 %
Unbekannt	50	0,35 %
Wehrmachtsangehörige (WA)	20	0,14 %
Bibelforscher (Bifo) (= Zeugen Jehovas)	16	0,11 %
Geistliche	9	0,06 %
Polizeihäftlinge (Pol.H.)	8	0,06 %
§ 175 (= Homosexuelle)	7	0,05 %
Zigeuner (= Roma und Sinti)	3	0,02 %

Aus der Kategorisierung der ins KZ eingewiesenen Personen, die durch Buchstaben und farbige Kennzeichen auf der Häftlingskleidung sichtbar gemacht wurde, wurde die unterschiedliche Behandlung der verschiedenen Häftlingsgruppen abgeleitet. Die nationale Herkunft und die von der SS zugeteilte Kategorie bestimmten das Leben im Lager und die Überlebenschancen. An der Spitze der Hierarchie standen deutsche und österreichische nicht-jüdische Häftlinge, am untersten Ende der Hierarchie in der Lagergesellschaft standen Juden, Sinti und Roma – unabhängig ihrer nationalen Herkunft. Dies galt sowohl für Männer- wie für Frauenlager.

Besonders wirkte sich die unterschiedliche Behandlung in der Vergabe von Funktionen an Häftlinge aus, wodurch die SS Personal einsparen konnte. Die SS betraute damit vorzugsweise deutsche oder österreichische Häftlinge und im Speziellen für die Funktion von Lager- und

96 Auf Basis der Auswertungen von Christina Kandler, siehe Fußnote 88.

Blockältesten in Melk mehrheitlich „kriminell" kategorisierte Personen.[97] Administrative Aufgaben wie Lager-, Arbeitseinsatz- und Blockschreiberfunktionen erhielten eher „politisch" kategorisierte Personen, wegen der für die Kommunikation mit den Mithäftlingen notwendigen Sprachkenntnisse auch nichtdeutsche Häftlinge. Die Lagerschreibstube in Melk, das Büro des Lagers, war daher von Anfang mit „politisch" kategorisierten Häftlingen – neben Deutschen auch Franzosen und Polen – besetzt. So war einer der maßgeblichen Funktionshäftlinge der Schreibstube der französische Journalist und Schriftsteller André Ulmann, der seine jüdische Herkunft verschleiern konnte und unter dem Pseudonym Antonin Pichon, das er sich schon in der Resistance zugelegt hatte, als Arbeitseinsatzschreiber fungierte.[98]

Wesentlicher Zweck dieser Abgabe von Funktionen war neben der Personaleinsparung die Entsolidarisierung unter den Häftlingen. Funktionshäftlinge waren mit umfangreichen Vollmachten und Privilegien ausgestattet – besseres Essen, bessere Bekleidung und Unterkunft, leichtere Arbeit –, waren ihrerseits aber der SS gegenüber verantwortlich, die Funktionshäftlinge als ihren verlängerten Arm zur Beherrschung des Häftlingskollektivs ansah. Das Verhalten der Funktionshäftlinge hatte wesentliche Auswirkungen auf die Gesamtsituation der Häftlinge im Lager. Sie konnten ihre Positionen, die ihre individuellen Überlebenschancen drastisch verbesserten, zum eigenen Vorteil und gegen die Interessen der anderen Häftlinge nützen, was durchaus im Sinne der SS war, da sie sich damit vollständig in deren Abhängigkeit begaben. Gefürchtet waren viele der sogenannten Kapos, die Vorarbeiter der Arbeitskommandos, die die Häftlinge unter Einsatz von Gewalt zur Arbeit antreiben sollten.

Zugleich war die Erlangung einer Funktion im Lager eine wesentliche Voraussetzung, um anderen Häftlingen Hilfe angedeihen zu lassen. So war André Ulmann dank seiner Funktion als Arbeitseinsatzschreiber zugleich auch eine zentrale Figur in der geheimen Häftlingsorganisation, die versuchte, Widerstandsaktivitäten im Lager zu entwickeln. In politische Gruppierungen eingebundene Funktionshäftlinge versuchten in Melk, so wie auch in anderen Lagern, wesentliche Positionen in der Häftlingshierarchie zu übernehmen, da sie sich davon eine Besserung der Verhältnisse ihrer eigenen Gruppe oder auch des ganzen Häftlingskollektivs versprachen. Im Herbst 1944 übernahmen die „Politischen" auch die Funktion des Lagerältesten. Die Möglichkeiten, die Verhältnisse im Lager in ihrem Sinne positiv zu beeinflussen, waren aber sehr begrenzt. Die Versorgung des Lagers war so knapp bemessen, dass es immer nur um Mangelverwaltung ging – das betraf das Essen ebenso wie die Kleidung, das Schuhwerk oder die medizinische Versorgung der Masse der Häftlinge. Auch körperlich weniger kräftezehrende Arbeitskommandos gab es nur in sehr begrenzter Zahl. Überdies konnten die Häftlingsfunktionäre nicht offen gegen die SS auftreten, sondern mussten ihre Handlungen als im Sinne der SS ausgeführte Aktionen tarnen.

97 Generell zur Frage der Rolle der „kriminell" kategorisierten Häftlinge und der damit verbundenen Vorurteile vgl. Andreas Kranebitter: Die Konstruktion von Kriminellen. Die Inhaftierung von „Berufsverbrechern" im KZ Mauthausen (Mauthausen-Studien, Band 17). Wien 2024.

98 Michael Goldschmidt/Suzanne Tenand-Ulmann: André Ulmann ou le juste combat. Champs-Elysées 1982.

Die Gruppe rund um die Funktionshäftlinge der Lagerschreibstube wie Hermann Hofstädt und André Ulmann sah als ihre Hauptaufgaben neben einer organisierten Nahrungsmittelverteilung die Informationsbeschaffung. Versucht wurde gezielt eine Kontaktaufnahme mit Angehörigen der Wachmannschaften und der SS, die bereit schienen, den Häftlingen Hilfe zukommen zu lassen.

In der Extremsituation des Konzentrationslagers waren das die möglichen Formen eines Widerstands. Ein politischer Widerstand, der auf Sturz und Überwindung des nationalsozialistischen Herrschaftssystems zielte, war bis wenige Tage vor dem Zusammenbruch des NS-Regimes kaum denkbar. Der ehemalige polnische Häftling Mieczysław Karczewski, der mehrere Monate als Funktionshäftling im Krankenrevier wie auch als Dolmetscher fungierte, berichtet über die begrenzten Handlungsmöglichkeiten in Melk:

„Man schreibt heute sehr viel über Widerstand in Konzentrationslagern. Ich habe meine persönliche Meinung darüber. Ob man das Widerstand nennen kann, was man unter diesem Ausdruck versteht, meiner Meinung nach war das gegenseitige menschliche Hilfe [...]. Ich habe die Kollegen alle ausgesucht, die zu mir gekommen sind, zum Beispiel der Lucien Roth, der war sehr tätig in der französischen Resistance, der ist zu mir gekommen: ‚Mietek, ich kenne da einen sehr, sehr tapferen Bursch, der hat dort und dort, ich möchte, daß du ihn ins Revier nimmst, er ist schon krank.' – ‚Gut, gib mir seine Nummer', und wir haben ihn genommen. Ob man das Widerstand oder Organisation nennen kann, das ist eine andere Sache, aber in diesem Sinne haben wir die Leute gerettet, haben ihnen geholfen, das war eine Organisation, kann man sagen, in diesem Sinn. Ich zum Beispiel als Revierkapo habe große Möglichkeiten gehabt, [...] ich habe alle Polen ausgesucht und ins Revier geschafft und fast alle Polen haben im Revier als Pfleger gearbeitet, manche in der Küche, aber die Polen habe ich, keine so große Gruppe, das waren vielleicht 20–25, denen habe ich allen geholfen. Ich konnte das, ich konnte jedoch nicht 7.000 helfen"[99].

7.4. Lebensbedingungen im Lager

Die Lebensbedingungen in den für die Bauvorhaben der „unterirdischen Verlagerung" eingerichteten Konzentrationslagern waren durch besonders schwere Arbeit gekennzeichnet. Lager wie Melk waren keine Vernichtungslager, die hohe Sterblichkeit unter den Häftlingen wurde aber bewusst in Kauf genommen, um die unterirdischen Bauvorhaben möglichst schnell fertigzustellen. Wenn die Häftlinge abgearbeitet und erschöpft waren, wurden sie durch neue Häftlinge aus dem Stammlager Mauthausen ersetzt. Insgesamt veränderte sich die Zusammensetzung des Häftlingskollektivs permanent: An insgesamt 41 Tagen während der Existenzdauer des Lagers,

---

99 Interview mit Mieczysław Karczewski, Interviewer: Florian Freund und Bertrand Perz, Warschau, 8.5.1983, MM, 5.9.009.

also fast jede Woche, trafen Transporte in Melk ein. Die Transportgröße reichte von einer bis zu 2.000 Personen, dazu kamen in den ersten Monaten häufige Rücküberstellungen nach Mauthausen. Ab Herbst veränderte sich die Häftlingspopulation vor allem auch durch die steigenden Todeszahlen. Der ehemalige französische Deportierte Raymond Hallery teilt die Existenzbedingungen in Melk in drei Phasen:

„Die erste Zeit war besonders hart, man hat sich an die harte Arbeit und die geringe Nahrung gewöhnen müssen. Ich selbst habe keine schwere Arbeit machen müssen, aber die Arbeit war besonders hart für die Leute, die schon lange im Gefängnis waren, die waren an Arbeit nicht mehr gewöhnt. Insofern war die Anfangszeit, sich an alles zu gewöhnen, besonders hart. [...] Im Juli ist es ein bisschen besser geworden, auf allen Ebenen, auch bei der Ernährung, die Brutalität hat nachgelassen [...]. Die SS ist draufgekommen, dass es überhaupt keinen Sinn macht, die Häftlinge so brutal zu behandeln, weil sie dadurch schlechter arbeiten und schneller sterben [...]. Die dritte Phase war ab Winter 1944. Sie war vor allem gekennzeichnet durch die starke Einschränkung der Essensrationen."[100]

Wie gering die durchschnittlichen Essensrationen in Melk waren, beschreibt der Franzose Yves Briand:

„Die Ernährung bestand zu dieser Zeit aus einem Stück Brot, am Abend mit Kaffeesuppe oder Teesuppe, manchmal mit weißer Grießsuppe. Am Morgen einfach nur Suppe oder Kaffee oder Tee, so eine schwarze Flüssigkeit eben.

Zu Mittag: Suppe, oft grüne Suppe, wahrscheinlich aus Spinat oder Brennnesseln, es war jedenfalls sehr flüssig. Wir schluckten diese grüne Suppe, beim nächsten Mal urinieren nach einer halben Stunde war der Kreislauf geschlossen, die Suppe war draußen. Später wurde diese Suppe durch eine Kohlsuppe ersetzt – getrockneter Kohl, dem das Wasser entzogen worden war. Das hatte überhaupt keinen Nährwert, wir bekamen Durchfall davon, das war alles. Einmal in der Woche gab es eine etwas dickere Bohnensuppe, etwas dicker als normal, wenn man es schaffte, etwas vom Bodensatz zu bekommen."[101]

Ein ausgeklügeltes Prämiensystem, das den Häftlingen einen materiellen Anreiz für ihre geleistete Arbeit bieten sollte, war in den Konzentrationslagern generell mit der Ausrichtung auf den Arbeitseinsatz eingeführt worden. Ein Prämiensystem wie in Melk, das hauptsächlich auf Zigaretten aufgebaut war, bedeutete für die Masse der einfachen Häftlinge aber keinerlei Verbesserung ihrer Lage. Der Effekt war eher der, dass einzelne Kapos ihre Mithäftlinge zu höherem

---

100 Interview mit Raymond Hallery, Interviewer: Bertrand Perz, Linz, 5.5.1984, MM, 5.9.023 (Übersetzung).

101 Erinnerungsbericht Yves Briand, Sammlung Perz (Übersetzung). Vgl. auch die Angaben französischer Häftlinge in: Amicale de Mauthausen (Hg.): Melk. Kommando de Mauthausen. Supplément au „Bulletin de L'Amicale de Mauthausen" (1981), Heft 204, S. 7. Demnach erhielten die Häftlinge ein Viertel oder ein Sechstel Brotstück, einen Schöpfer einer schwärzlichen Flüssigkeit als „Kaffee", einen Dreiviertel Liter flüssiger Suppe mit dehydriertem Gemüse, meist Zucker oder Kohlrüben. Am Sonntag, so der Franzose Jean Mansching, habe es zusätzlich noch ein Stück Margarine und eine Salamischeibe gegeben. Vgl. Schreiben Jean Mansching, Saint Laurent de Mure, Frankreich, an Bertrand Perz, 16.8.1985, Sammlung Perz (Übersetzung).

Arbeitstempo antrieben, um in den Genuss von Prämien zu kommen. Die Ausgabe der Nahrungsmittel unter den Häftlingen wurde im Lager von den Blockältesten durchgeführt und überwacht. Wie gerecht die ausgegebenen Portionen unter den Häftlingen verteilt wurden, hing in hohem Maß von diesen Funktionshäftlingen ab – häufig war das der Anlass von Konflikten.

Bei der Essensausgabe kam es auf das Geschick und die Erfahrung des einzelnen Häftlings an, wie groß und nahrhaft die Portionen waren. Der ehemalige französische Häftling Pierre Pradalès berichtet über die „Wissenschaft" der Nahrungsmittelzuteilung auf der Baustelle:

„Mittags, Suppe: Das Licht wird drei Mal abgeschaltet und so wird jeder benachrichtigt. Jeder kommt, den kostbaren Essnapf in der Hand. Scheinbar Bohnensuppe.
Die Kessel stehen da. Wir wartend dahinter in der Kolonne. Der ungarische Kapo rechts, der polnische Kapo links. Beim Ungarn gibt's mehr, das weiß jeder und jeder ist auf seiner Seite. Aber der Inhalt des Kessels des polnischen Kapos ist unbestreibar dicker. Seine Reihe verstärkt sich, ohne dass er schlagen muss. Carette ist auf seiner Seite, ich beim Ungarn. Die Suppe ist schnell gegessen. Sie ist nicht schlecht, aber zu flüssig. Ich zähle die Bohnen am Grunde der Schüssel: Achtzehn. Carette kommt ganz stolz an. In der Tat, seine Suppe ist viel besser: fünf oder sechs Löffel Bohnen. […] Es gibt eine ganze Suppenverteilungswissenschaft und die Kapos lernen schnell. Dies ist die Taktik: nicht allzuviel rühren und die Flüssigkeit, die sich oben befindet, servieren; wenn man am Ende ist, zur nächsten Schüssel rüber und das Unterste für sich behalten. Wenn sie nett sind und es bleibt was übrig, verkaufen sie es für zwei, drei Zigaretten an einen hungrigen Nichtraucher. Fertig, die Näpfe sind ausgeleert! Wir müssen wieder zur Arbeit und die Wächter verjagen uns mit Stockschlägen."[102]

Neben der offiziellen Essenszuteilung verschafften sich Häftlinge auf verbotene Weise Lebensmittel – im Lagerjargon „organisieren" genannt. Dies war eine der Voraussetzungen, um die Überlebenschancen zu verbessern. Essen innerhalb des Lagers zu „organisieren" war hauptsächlich denjenigen Häftlingen möglich, die zu Arbeiten im Lager eingeteilt waren, also einer relativ kleinen Minderheit. Im Krankenrevier war es etwa üblich, die Todesmeldungen immer erst verzögert weiterzugeben, um die Essensrationen der am Tag Verstorbenen konsumieren zu können. Lebensmittel wurden nicht nur für individuelle Zwecke „organisiert". Der vielleicht wichtigste Akt solidarischen Handelns unter Häftlingen war das Umverteilen von Lebensmitteln von Funktionshäftlingen oder Häftlingen in besseren Arbeitskommandos an jene Häftlinge, die sonst keine Chancen zum Überleben hatten. Die Häftlinge der Lagerschreibstube achteten darauf, in den Schlüsselstellen der Nahrungsmittelverwaltung, -zubereitung und -verteilung möglichst Häftlinge ihres Vertrauens unterzubringen, die nicht nur zu ihrem persönlichen Vorteil „organsierten", sondern Nahrungsmittel an andere weitergaben. Das Dilemma derartiger Aktionen war allerdings, dass die Gesamtmenge der Nahrungsmittel im Lager gleichblieb und auch bei einer noch so gerechten Verteilung nicht für alle ausreichte. Die Knappheit an Nahrungsmitteln und

---

102 Erinnerungsbericht Pierre Pradalès. In: Bernadac: Neuvième cercle, S. 366 f. (Übersetzung).

Abb. 15: *La Soupe dans les galeries* (Die Suppe in den Stollen). Zeichnung des französischen Überlebenden Daniel Piquée-Audrain.
Quelle: Piquée-Audrain: Plus jamais ça.

das Wissen, dass auch bei größter Solidarität unmöglich alle Häftlinge mit den vorhandenen Ressourcen am Leben erhalten werden konnten, führten unter den Häftlingen zu rigorosen Verteilungsprinzipen. Häftlingen, die schon vom Hungertod gezeichnet waren, im Lagerjargon „Muselmänner" genannt, wurde in einer solchen Situation oftmals die Nahrung vorenthalten, um andere, bei denen eine Überlebenschance bestand, zu retten. Józef Ciepły berichtet über das Schicksal eines dieser Todgeweihten:

„In Melk, wo die Muselmänner nicht vergast wurden, trugen wir so einen immer zur Arbeit und zurück. Im Krankenbau [...] hätten sie ihn nicht aufgenommen, weil dann das Kommando zu klein geworden wäre. Beim Ausmarsch zur Arbeit brach er nach wenigen Schritten zusammen und legte den Rest des Weges auf den Schultern der Kameraden zurück. Am Arbeitsplatz legte man ihn irgendwo hin und kümmerte sich nicht mehr um ihn. Einmal kam er mit einem Zigarettenstummel aus irgendeinem Schlupfwinkel und ging auf ein Feuer zu, auf dem Wasser für die Betonmischmaschine erhitzt wurde. Die Mithäftlinge tadelten ihn, aber er verstand nichts und tat, was er nicht lassen konnte. Die Kameraden verstanden ihn auch nicht. Ein anderes Mal fand er ein Loch in irgendeinem Stollen und schlief dort seelenruhig ein. Nach Schichtschluß wurde

sein Fehlen festgestellt, und wir suchten ihn überall. Als wir ihn gefunden hatten, gab ihm der Kapo wütend mit einem Kabel einige Schläge auf das abgemagerte Gesäß; das machte ihn völlig fertig. Den Rückweg legte er auf den Schultern der Mithäftlinge zurück. Aber er rappelte sich wieder auf, er konnte irgendwie nicht sterben ...! Und so war es jeden Tag. Eines Tages hatte man ihn zur Arbeit getragen und an eine Wand gesetzt. Dort saß er halb liegend, den Kopf zur Seite gedreht, und die Welt existierte nicht mehr für ihn. Das Abendbrot kam, wir holten unsere jämmerliche Tagesration mit der Suppe ab, irgendjemand holte sie auch für ihn. Er saß so, wie man ihn hingesetzt hatte, und die Häftlinge gingen an ihm vorbei wie an einem Gegenstand, der sie nicht interessierte. Beim Abendappell, als der Blockführer den Blockbestand ermittelte, schielte er zu ihm hin und fragte den Schreiber, einen Polen aus Poznań, ob er noch lebe. Der Gefragte ging daraufhin zu ihm und tippte ihm mit der Fußspitze ans Gesicht. Das Gesicht war ausdruckslos und steinern, aber irgendetwas in ihm verriet noch Leben. Der ganze Block, aufgestellt in Reih und Glied, starrte auf das Gesicht des Muselmanns. Der erzitterte plötzlich, streckte die Beine ein bisschen und wurde steif. ‚Fertig!' sagte daraufhin fachmännisch der Blockführer und schrieb den Leichnam in seine Meldung. ‚Ja! Fertig!' bestätigte der Schreiber mit einem unbekümmerten Lächeln. Man trug den Muselmann weg wie ein Stück Holz, wie einen Eimer Müll, wie etwas, das seinen Gebrauchswert verloren hat."[103]

Jene Häftlinge, die nicht direkt mit der Essensverteilung zu tun hatten, konnten zusätzliche Lebensmittel nur im Tauschhandel erstehen. Vorwiegende Tauschobjekte waren Brot und Zigaretten. Diebstahl, Erpressung, Misshandlungen bis hin zu Morden waren Begleiterscheinungen des versteckten Handels. Mangels anderer Wertgegenstände wurden einzelne Häftlinge, die Goldzähne trugen, schnell zu Opfern von Funktionshäftlingen, die das Gold wiederum heimlich mit Angehörigen der Wachmannschaften gegen Lebensmittel und Gebrauchsgegenstände tauschten. Aber auch die SS hatte es ganz offiziell auf dieses Gold abgesehen. Schon bei der Ankunft in Mauthausen wurden Träger von Goldzähnen extra vermerkt, um im Falle des Todes des Häftlings eine Kontrolle über den Verbleib des Goldes zu haben. In Melk war es die Aufgabe von Häftlingszahnärzten und Leichenträgern, die Goldzähne verstorbener Häftlinge zu reißen und der SS abzuliefern.[104]

Die Unterkünfte waren in der Aufbauphase des Lagers relativ gut ausgestattet, da die Einrichtungsgegenstände der Kaserne übernommen und darüber hinaus von der Firma Quarz und dem SS-Führungsstab neue Betten, Strohsäcke und Decken beschafft wurden.

Mit der wachsenden Zahl der Häftlinge wurden nach und nach andere Gebäude der Kaserne belegt und zusätzlich Holzbaracken aufgestellt. Für die Masse der Häftlinge verschlechterten sich die Unterkunftsbedingungen im Lager von Monat zu Monat, da die an sich schon sehr eng

---

103 Erinnerungsbericht Józef Ciepły, zit. nach: Hamburger Institut für Sozialforschung (Hg.): Die Auschwitzhefte. Texte der polnischen Zeitschrift „Przeglad Lekarski" über historische, psychische und medizinische Aspekte des Lebens und Sterbens in Auschwitz, Band 1. Weinheim/Basel 1987, S. 140.

104 Vgl. Schriftlicher Erinnerungsbericht Jacques Darcq, Orleans, Frankreich, 24.3.1988, Sammlung Perz (Übersetzung).

Abb. 16: Innenansicht einer Häftlingsunterkunft, vermutlich Objekt 10, Nachkriegsaufnahme. Fotograf*in: unbekannt, Quelle: IPN Warszawa.

bemessenen Raumkapazitäten nie für eine Belegung von über 10.000 Personen geplant worden waren. Da die Häftlinge zur Schichtarbeit eingeteilt waren, wurden viele der kaum gereinigten und oft verlausten, mit Strohsäcken ausgestatteten Stockbetten mehrfach rund um die Uhr belegt. Besonders zu leiden hatten die Häftlinge im Winter unter der Kälte in unbeheizten Unterkünften. Manche Häftlinge organisierten Brennholz bei der Arbeit und schmuggelten dieses ins Lager – immer in Gefahr, bei SS-Kontrollen am Lagertor erwischt zu werden.

Die Häftlinge trugen in der Regel dünne blau-weiß gestreifte Drillichanzüge, aber auch kenntlich gemachte Zivilkleidung von in Vernichtungslagern ermordeten Juden – bezeichnet als „Altbekleidung Ost" –, die ab Februar 1943 auch an das KZ Mauthausen geschickt wurde, sowie alte Uniformen, meist Beutestücke der deutschen Wehrmacht.[105] Diese Kleidungsstücke waren schon bei der Ausgabe oft in sehr schlechtem Zustand und boten kaum Schutz vor der Witterung. Zur Jahreswende 1944/1945 hatte sich die Versorgung mit Bekleidung in Melk so verschlechtert, dass ein Großteil der Häftlinge trotz Kälte und Schnee ohne Socken oder Fußlappen zur Arbeit gehen musste. Handschuhe waren generell Mangelware, seit Monaten hatten die Häftlinge keine neuen Hemden mehr bekommen und die Kleidung war zerschlissen.[106] Besonderer Mangel herrschte auch an geeignetem Schuhwerk. Das Gehen und Arbeiten in rauen und schnell zerschlissenen Holzpantoffeln, die Standardausstattung der Häftlinge, war äußerst beschwerlich. Um die Schuhsohlen zu verbessern und haltbarer zu machen, schnitten Häftlinge in den Stollen in unbeobachteten Augenblicken Gummistücke aus den Förderbändern und versuchten, diese ins Lager zu schmuggeln – immer in Gefahr, dabei erwischt zu werden und wegen Sabotage misshandelt und getötet zu werden.

Der Tagesablauf der Häftlinge war vom Rhythmus der Arbeitsschichten bestimmt und genau geregelt. Die Zeit für die verschiedenen Tätigkeiten vor und nach der Arbeit war so knapp bemessen, dass die Häftlinge immer gehetzt waren. Alle im Lager anwesenden Häftlinge wurden um circa 4 Uhr Früh durch einen Gongschlag geweckt. Die Häftlinge mussten ihre Betten in Ordnung bringen, was bei Strohsäcken keine leichte Aufgabe war. Nach dem Bettenmachen hieß es Anstellen zum Waschen und bei den Toiletten, danach nochmals Anstellen für den „Morgenkaffee", dann Aufstellung am Appellplatz nehmen. Beim Appell mussten alle im Lager anwesenden Häftlinge (außer jene des Krankenreviers) in einer genau vorgegebenen Ordnung blockweise antreten. Der Zählappell diente der SS als Kontrolle, ob Häftlinge geflüchtet waren, und konnte bei einem tatsächlichen Fehlen eines Häftlings auf Stunden ausgedehnt werden. Das lange Stehen in unzureichender Kleidung war für die körperlich geschwächten Menschen eine Tortur. Häufig kam es auf dem Appellplatz zu Misshandlungen von Häftlingen durch SS-Angehörige.

Der Appellplatz war auch jener Ort, an dem die offiziellen Lagerstrafen an Häftlingen vollzogen wurden. Die häufigste Strafe, die bei geringsten Vergehen nach Willkür und Laune der

105 Vgl. Bertrand Perz: Verwaltete Gewalt. Der Tätigkeitsbericht des Verwaltungsführers im Konzentrationslager Mauthausen 1941 bis 1944 (Mauthausen-Studien, Band 8). Wien 2013, S. 11 f. bzw. 135 f.

106 Vgl. dazu Kapitel 7.8 in diesem Band.

SS-Männer verhängt wurde, waren 25 oder 50 Schläge auf das Gesäß, die zu schweren Verletzungen führen konnten.

In den ersten Wochen des Lagers verfügten die Häftlinge kaum über arbeitsfreie Zeit, da sie nach der Rückkehr von der Stollenbaustelle im Lageraufbau mithelfen mussten. Aber auch später konnten sich die Häftlinge kaum erholen. Manche wurden von den Blockältesten zu zusätzlichen Arbeiten eingeteilt. Zu den verpflichtenden „Freizeitbeschäftigungen" der Häftlinge zählte auch das Rasieren und Haareschneiden. Der obligate kurze Kopfhaarschnitt hatte weniger hygienische Zwecke, vorrangig stand die Absicht dahinter, durch eine auffällige und charakteristische Frisur – in der Mitte des Kopfes wurde ein Streifen geschnitten – die Fluchtchancen für Häftlinge zu verringen. Auch in ihren Unterkünften fanden die Häftlinge wenig Ruhe, um sich erholen zu können. Józef Ciepły erinnert sich:

„Die Häftlinge arbeiteten in drei Schichten. Häftlinge aller Schichten schliefen in demselben Block. Deshalb gab es im Block keine Ruhe. Es war ewiger Lärm: Tag und Nacht über."[107]

7.5. Der Luftangriff auf das Konzentrationslager am 8. Juli 1944

Das Gebiet um Melk und Loosdorf war kein vorrangiges Ziel US-amerikanischer oder britischer Luftangriffe und wurde nur von kleineren Formationen im Rahmen größerer Angriffsaktionen auf den Raum Wien und Wiener Neustadt angeflogen. Im Sommer 1944 kam es zu zwei derartigen Angriffen von Teilverbänden der 15. US-Luftflotte, von denen ersterer am 8. Juli 1944 die Kaserne in Melk bzw. das Lager zum Ziel hatte, letzterer am 23. August 1944 die Stollenbaustelle „Quarz" in Roggendorf, der aber vergleichsweise nur geringe Schäden zur Folge hatte.[108]

Die Häftlinge registrierten das Auftauchen alliierter Flugzeuge in der Regel mit Freude und Genugtuung, verbanden sie doch mit den immer häufiger werdenden Einflügen die Hoffnung auf die Niederlage des nationalsozialistischen Deutschlands und auf eine baldige Befreiung. So beobachteten Häftlinge auch am Freitag, den 7. Juli 1944, ein einzelnes Flugzeug, das über der Kaserne kreiste. Keiner dachte aber daran, dass dies die Vorbereitung eines Luftangriffes auf das Lager sein könnte. Man war sich sicher, dass der alliierten Luftwaffe die neue Funktion der Kaserne nicht verborgen geblieben war – vermutlich ein Irrtum. Seit der Monarchie bis Ende März 1944 war die Birago-Kaserne militärisch genutzt worden und daher als militärisches Objekt bekannt. Es ist wenig wahrscheinlich, dass die alliierten Nachrichtendienste über die Umwandlung in ein Konzentrationslager wie auch der Bau der Stollenanlage Anfang Juli bereits informiert waren. Überdies sollen im Kasernenhof nach wie vor zwei alte Panzer gestanden haben, die möglicherweise als Bestätigung für ein militärisches Objekt betrachtet worden waren. Nur mit

107 Schriftlicher Erinnerungsbericht Józef Ciepły, Mysłowice, Polen, 25.8.1987, Sammlung Perz (Übersetzung).
108 Zu den Luftangriffen vgl. Perz: Projekt „Quarz", S. 452–454.

Abb. 17: Das Lager in den Tagen nach dem Luftangriff; rechts das schwer getroffene Objekt 10, Juli 1944.
Fotograf*in: unbekannt, Quelle: Stadtarchiv Melk.

Kenntnis beider Vorgänge hätte eine absichtliche Bombardierung der Häftlingsunterkünfte, um den Bau der unterirdischen Anlage zu verzögern, aus Sicht der US-Luftflotte überhaupt einen Sinn ergeben. Hinweise darauf konnten keine gefunden werden. Allerdings wäre es auch im Falle des Wissens um den Zweck des Lagers Melk sehr fraglich, ob die Alliierten ein solches Bombardement durchgeführt hätten, das auch ihre eigenen Landsleute getroffen hätte. Zwar kamen viele KZ-Häftlinge durch Luftangriffe ums Leben, in der Regel aber bei Bombardierungen von Rüstungsbetrieben, wo ihnen bei Luftalarm der Zutritt zu Luftschutzbunkern verwehrt wurde.

Das Hauptziel der am Samstag, den 8. Juli 1944, auf österreichisches Gebiet einfliegenden Verbände der 15. US-Luftflotte waren Ölraffinerien und Flugplätze im Raum Wien. Eine kleinere Zahl von 30 aus östlicher Richtung kommenden amerikanischen Bombern dieser Luftflotte griff um 11 Uhr Vormittag mit Bomben und Maschinengewehren die Kaserne bzw. das Lagergelände in Melk an. Der Angriff dauerte nur 15 Minuten.

Die Folgen dieses Bombardements waren verheerend. Mehrere Gebäude der ehemaligen Pionierkaserne wurden schwer getroffen, darunter die große Garage (Objekt 10) mit der Häftlingsküche im Erdgeschoß und Häftlingswohnblocks im 1. Stock. Dort hielten sich zum Zeitpunkt des Angriffs viele Häftlinge, vor allem ungarische Juden, auf. Nach der offiziellen Todesmeldung der Lagerschreibstube kamen direkt durch den Angriff 223 Häftlinge ums Leben. Noch am Tage des Angriffes wurde ein Transport mit 197 beim Luftangriff Schwerverwundeten nach Mauthausen überstellt. Vermutlich ist die Mehrzahl dieser Verwundeten in Mauthausen verstorben oder getötet worden.

Die Tage nach dem Angriff sollten für die überlebenden Häftlinge besonders schwer werden. Zum Schock über das Erlebte und die Trauer über die verlorenen Kameraden kam, dass über längere Zeit keine Verpflegung ausgegeben wurde und Wassermangel herrschte. Eine besondere Tortur waren die endlosen Appelle, die zur Überprüfung des Häftlingsstandes und zur Feststellung der Identität der Toten in den Tagen nach dem Angriff folgten. Nachdem beim Angriff auch 19 Angehörige der Wachmannschaften und drei OT-Kraftfahrer ums Leben gekommen waren, reagierte die SS ihre Wut an den Häftlingen ab und terrorisierte vor allem Juden am Appellplatz.

7.6. Die Zwangsarbeit für den Stollenbau

Beim Bau der Stollenanlage „Quarz" wurden die Häftlinge von der SS an die Firma Quarz und an die Baufirmen „vermietet". Die Häftlinge waren den Firmen in einzelnen, je nach Aufgabe unterschiedlich großen Arbeitskommandos zugeteilt, die von SS-Kommandoführern bewacht wurden und unter der Aufsicht von zivilen Vorarbeitern und Häftlingskapos Zwangsarbeit leisten mussten.

Abb. 18: *Travaux d'avancement* (Arbeiten im Stollenvortrieb). Zeichnung des französischen Überlebenden Daniel Piquée-Audrain.
Quelle: Piquée-Audrain: Plus jamais ça.

Mehrere hundert Häftlinge verrichteten Tätigkeiten im Lagerbetrieb oder waren im Lageraufbau beschäftigt, der – einschließlich der Errichtung des Krematoriums – bis November 1944 andauerte.[109]

In den ersten Monaten waren Häftlinge vor allem bei der Einrichtung der Baustelle „Quarz" eingesetzt. Sie verlegten Schienen, betonierten Zufahrtsstraßen zur Baustelle, errichteten Unterkünfte für zivile Bauarbeiter, stellten Baracken für die Bauleitung und für Geräte und Maschinen auf, installierten Strom- und Wasserzuleitungen, gruben Abwasserkanäle und Wasserleitungen und arbeiteten in Sandgruben. Eine große Zahl von Häftlingen war beim Ausladen der riesigen Mengen an Baumaterialien und Baumaschinen, die mit der Bahn täglich im Bahnhof Loosdorf eintrafen und von dort mit Feldbahnen und mit LKWs weiter zur Baustelle transportiert werden mussten, eingesetzt. Eine Gruppe von Häftlingen wurde täglich nach Amstetten gebracht, um bei der Holzbaufirma Hopferwieser vor allem Bauholz zur Abstützung der Vortriebsstollen herzustellen. In der Marktgemeinde Loosdorf arbeiteten Häftlinge am Bau von Siedlungshäusern für Luftwaffenangehörige. In der näheren und weiteren Umgebung der Baustelle (wie in Anzendorf und Merkendorf) errichteten Häftlinge verschiedene Barackensiedlungen für die zivilen Bauarbeitskräfte und Werksangehörigen der Steyr-Daimler-Puch AG.

Die überwiegende Zahl der Häftlinge war direkt in Roggendorf beim Stollenbau eingesetzt. In den ersten Wochen wurden die Häftlinge teilweise zu Fuß, teilweise mit Lastautos zu ihren Arbeitsstellen gebracht, bis die eigens in Melk und Roggendorf gebauten hölzernen Bahnrampen (sogenannte KZ-Haltepunkte) fertiggestellt waren und ein Zug die Häftlinge zur Arbeit brachte. Täglich marschierten die im Zweischicht-, später im Dreischichtbetrieb eingesetzten Häftlinge von der Kaserne durch die Dorfnerstraße und die Abt-Karl-Straße zur Bahnrampe östlich des Melker Bahnhofes.

Die durch die Straßen Melks ziehenden und öffentlich für alle sichtbaren Häftlingskolonnen – von den Wachmannschaften brutal angetriebene ausgemergelten Gestalten in abgerissener Kleidung – lösten in der Bevölkerung Reaktionen aus. So berichtete der Melker Landrat Leopold Convall von anhaltenden Beschwerden über das Verhalten der Wachmannschaften:

„Die Bevölkerung von Melk und Loosdorf sowie auch Volksgenossen, die nur vorübergehend in die Kreisstadt kommen, äußern häufig ihre Empörung über die unmenschliche Behandlung der Konzentrationslagerhäftlinge durch das Aufsichtspersonal. Einige haben auch bei mir im Amt Beschwerde darüber geführt und Abhilfe verlangt und dabei erwähnt, daß ihre Versuche, auf die Bewachung mäßigend einzuwirken in brutaler und drohender Form beantwortet worden seien. Daß die Empörung berechtigt ist, ist aus zahlreichen verläßlichen Schilderungen amtsbekannt, doch fehlt mir selbstverständlich jegliche Möglichkeit, abzuhelfen."[110]

Den Häftlingen war es nicht möglich, in irgendeiner Weise Kontakt mit Zivilist*innen aufzunehmen, soweit sie nicht im Stollenbau oder bei kleinen Arbeitskommandos außerhalb des

109 Zur Zwangsarbeit der Häftlinge des KZ Melk vgl. Perz: Projekt „Quarz", S. 411–455.

110 Vorfallenheitsbericht des Landrates des Kreises Melk an den Reichsstatthalter in Niederdonau unter anderem vom 7.3.1945, Bezirkshauptmannschaft Melk I/1945/11.

Lagers beschäftigt waren. Der ehemalige luxemburgische Häftling Metty Dockendorf antwortete auf die Frage nach Kontakten zur Melker Bevölkerung:

„Nie, das war gar nicht denkbar in Melk, außer den Personen, denen man in Loosdorf/Roggendorf im Schachtbau begegnet ist. Wir haben ja alle auf Schachtbau gearbeitet und nicht bei Zivilisten oder in der Küche im Lager oder ich weiß nicht wo. Wir konnten also bloß in Roggendorf einen Meister oder einen Ingenieur von diesen Firmen sprechen. Aber sonst einen Zivilisten, das war nicht denkbar. Wenn wir vom Lager durch Melk gegangen sind, zur Rampe, jenseits der Ortschaft, da konnten wir Leute auf der Straße sehen oder bei den Häusern, aber sprechen, das war nicht denkbar."[111]

Der tägliche Transport mit der Bahn zur Arbeit – es waren Waggons, die an einen regulär verkehrenden Zug angehängt waren – war oft mit langen Wartezeiten verbunden, da die Züge unter anderem wegen Luftalarm oft große Verspätung hatten. Das Warten war eine wesentliche Ursache für viele Erkrankungen der Häftlinge, wie aus einem Bericht des Lagerarztes Sora an den vorgesetzten SS-Standortarzt in Mauthausen hervorgeht:

„Erwähnenswert ist die Tatsache, daß die Häftlinge im hiesigen Lager unter weitaus schwierigeren Verhältnissen zum Arbeitseinsatz kommen, als dies vielleicht in anderen Lagern der Fall ist, was meiner Ansicht nach auch viel zu dem hohen Krankenstand beiträgt. Die Arbeitsstätten sind vom Lager durchschnittlich 6 km entfernt. Die Häftlinge werden mit einem eigens dazu abgestellten Zug der deutschen Reichsbahn hin- und zurückbefördert. Nun kommt es seit mehreren Wochen fast täglich vor, daß dieser Häftlingszug mit durchschnittlich 1–2 Stunden, manchmal aber auch noch mehrstündiger Verspätung ankommt. Das macht für die Häftlinge eine Wartezeit von mehreren Stunden auf einer offenen Behelfshaltestelle aus, welchen Zustand ich hauptsächlich verantwortlich mache für den hohen Stand an Erkältungs-krankheiten […]. Es kommt fast bei jeder Arbeitsschicht vor, daß zu der normalen 8-stündigen Arbeitszeit mindestens 2–3 Stunden langes Herumstehen in mangelhafter Kleidung bei kaltem und nassem Wetter hinzukommt und die Häftlinge immer mindestens 11 Stunden aus dem Lager sind, welche Zeit in Einzelfällen sogar auf 13–16 Stunden anstieg."[112]

Die Arbeit im Stollenbau war körperlich äußerst anstrengend. Der Mangel an geeignetem Baugerät, technische Schwierigkeiten bei Vortriebsmaschinen und das Versagen von Betonpumpen führten dazu, dass die Häftlinge den Sandstein mit Presslufthämmern herausbrechen und händisch auf Förderbänder schaufeln mussten, die den Sandstein zu Loren transportierten. Das Schieben der schweren Förderwagen ins Freie galt als ein Strafkommando, in das die SS bevorzugt jüdische Häftlinge einteilte.

---

111 Interview mit Metty Dockendorf und Eugène Goerens, Interviewer: Florian Freund und Bertrand Perz, Bettembourg, Luxemburg, 4.10.1981, MM, 5.9.003.

112 Abschrift eines Berichtes des Lagerarztes im KLM.-Arbeitslager Melk an den SS-Standortarzt des K.L. Mauthausen betr. Bericht des Häftlingsreviers Melk vom 8.1.1945, BArch, All.Proz.7/ FC 1796, Roll 1, Frame 198–202.

Abb. 19: *Déportés poussant un chariot* (Deportierte, die einen Wagen schieben). Zeichnung des französisch-polnischen Überlebenden David Olère, 1945. Olère hat auf der Lore sowohl die Baufirma Hoch-Tief wie auch seine Mauthausener Häftlingsnummer 119138 vermerkt.
Quelle: Mémorial de la Shoah/Collection David Olère.

Wegen des hohen Grundwasserspiegels standen die Häftlinge oft bei der Arbeit im Wasser. Mangelnde Sicherheitsvorkehrungen führten immer wieder dazu, dass Häftlinge durch herabbrechenden Sandstein verschüttet wurden. Der ehemalige französische Häftling Yves Briand berichtet über die Strapazen und die Gefährlichkeit der Arbeit im Stollenbau:

„Dieses Kommando war anfangs ziemlich klein, circa 100 Leute. Der Kapo war ein Deutscher, der schon lange Zeit im Gefängnis gewesen war, er war kein schlechter Kerl. Er schlug uns nicht systematisch, er war manchmal von seiner Verantwortung ein bisschen überfordert, daher schubste er uns aufs Geratewohl herum, schlug und rempelte uns, wo er gerade hinfiel, aber eben nicht systematisch, er war nicht von der schlechten Sorte.

In der ersten Zeit in diesem ‚Zimmermann-Kommando' transportierten wir Tannen, um die Stollen mit Holz abzustützen. Diese Transporte waren sehr mühsam. Sechs bis sieben Leute waren für einen Baumstamm zuständig. Er war für sechs bis sieben nicht zu schwer, aber der Boden war äußerst uneben, so dass man, wenn der Stamm auf den Schultern aller ruhen sollte, man sich aber in der Mitte befand und auf einer Erhöhung stand, den Stamm mehr oder weniger alleine trug. Am Ende des Tages waren die Schultern natürlich wundgescheuert und am nächsten Tag ging es wieder von Neuem los.

Nach circa acht Tagen sagte Stanis, ein polnischer Freund, der in Nordfrankreich Minenarbeiter gewesen war, als Kommunist seit zwei oder drei Jahren in Haft, zu mir: ‚Komm mit mir in meinen Stollen.' Also waren wir da bei ihm im Stollen, dieser war vielleicht zwei mal zwei Meter groß, wir waren da zu viert, da war Stanis, ein anderer, der den Presslufthammer bediente …

Ich schaufelte den Sand in einen kleinen Karren und schüttete dann den Sand nach draußen. Ein vierter sicherte die Holzverkleidung. In jedem Stollen war ein professioneller Minenarbeiter, der natürlich auf die korrekte Holzabstützung achtete, um Einstürze zu vermeiden. Denn wir gruben diesen Stollen, diese unterirdische Fabrik in einen Hügel aus einer Art von Sand, Quarzstaub, der natürlich manchmal einstürzte, daher musste also die Abstützung korrekt gehandhabt werden.

Dies alles betraf den ersten Stollen, den Stollen A, für den hatten wir vier kleine Stollen gegraben, die zwei oberen circa zwei mal zwei Meter, die zwei unteren drei mal drei Meter. Dann wurden die vier Stollen miteinander verbunden und mit Hilfe eines Fließbandes schaffte man das restliche Material hinaus und hatte dann einen ganz großen Stollen, den Stollen A. Dann bauten wir die anderen: B, C, D, etc.

Aber im Lauf dieses ersten Baues ging nicht viel weiter. Beim Stollen B, ein bisschen später, probierten wir eine Schrämmaschine, eine Maschine, die eine Kette mit Schaufeln drehte und den Sand herunterschürfte. Aber das war noch nicht ausreichend. Keine dieser Methoden war schnell genug, sodass dann im Juli oder August direkt Dynamit angewendet wurde.[113] *Eine erste Gruppe mit einem Presslufthammer machte die Löcher, gab das Dynamit hinein und sprengte. Die Folge waren dann oft zehn Meter hohe und auch breite Stollen; unter diesen Bedingungen gab es oft Einstürze. Ursprünglich haben wir kleine Löcher gemacht, um vorwärts zu kommen, dann mussten die Arbeiter mit den Presslufthämmern wieder hinuntersteigen, um den Stollen zum Einsturz zu bringen.*

Aber sobald man sprengte, stürzten die Holzstützen ein und alles auf die Häftlinge. Während der Monate Juli, August, September – jedes Mal, wenn ein Kommando von der Arbeit zurückkam – gab es täglich zwei bis drei Tote und Verwundete."[114]

Die Arbeitsbedingungen waren aber auch wesentlich vom Verhalten der Aufsichts- und Bewachungsorgane abhängig. In kleineren Kommandos im freien Gelände waren die Häftlinge direkt mit den SS-Kommandoführern konfrontiert, die sie bewachten. In der Stollenanlage kamen

---

113 Die erst nach erheblichen Verzögerungen nach Melk gelieferte Schrämmaschine der Firma Bata war nur kurz in Verwendung. Der feinkörnige Sand zerstörte in kürzester Zeit das mangelhaft abgedichtete Getriebe. Die Maschine musste grundlegend umgebaut werden, was auf der Baustelle nicht möglich war; sie fiel deshalb für den gesamten ersten Bauabschnitt bis Oktober 1944 aus. Das Versagen der Maschinen hatte zur Folge, dass die Häftlinge wieder händisch mit einer Vielzahl von Pressluftbohrern das Gestein herausbrechen mussten – eine besonders kräfteraubende Tätigkeit. Da genügend Kompressoren für die Pressluft, Druckschläuche und Abbauhämmer nur unter großen Schwierigkeiten zu beschaffen waren, wurden ab Juli 1944 auch Sprengungen unternommen, um den Vortrieb zu beschleunigen. Vgl. Perz: Projekt „Quarz", S. 241.

114 Erinnerungsbericht Yves Briand, Sammlung Perz (Übersetzung).

Abb. 20: Hauptstollen E im Ausbaustadium mit ausgebrochenem Führungsstollen und vermodertem Pölzungsholz, Zustand 1988. An den Wänden sind Schrämspuren von der Vortriebsarbeit sichtbar. Foto: Michael Wrobel, Quelle: Sammlung Perz.

die arbeitenden Häftlinge meist nur mit den zivilen Meistern und den Häftlingskapos in Berührung, während die Wachmannschaften die Anlage von außen bewachten. Das Verhalten der meist österreichischen oder deutschen Zivilarbeiter der Baufirmen wird von den ehemaligen Häftlingen sehr unterschiedlich beschrieben – manche trieben zur Arbeit an und schlugen, andere wiederum hatten Mitleid mit den Häftlingen. Auch die Verhaltensweisen der Häftlingskapos werden sehr unterschiedlich beurteilt. Generell galten Kapos bei den Mithäftlingen als Werkzeuge der SS, um die Arbeitsleistung zu steigern. Manche waren gefürchtete Schläger, die sich von SS-Männern nicht unterschieden.

Abb. 21: Hauptstollen B, Zustand 2016.
Foto: Bernhard Mühleder, Quelle: Sammlung Bernhard Mühleder.

Schnell lernten Häftlinge, in unbeobachteten Augenblicken durch möglichst langsames Arbeiten der raschen Entkräftung entgegenzuwirken. Nur im Falle von Kontrollen wurde Arbeitsfleiß gezeigt, um Strafen zu entgehen. Gleichzeitig sahen viele Häftlinge in diesem Arbeitsverhalten eine Möglichkeit, den Baufortschritt zu verlangsamen und damit auch die deutschen Rüstungsanstrengungen zu sabotieren. Yves Briand berichtet:

„Der Widerstand in Melk: wir produzierten keine Waffen. Es gab ja keine Fabrik in Melk. Wir gruben eine unterirdische Fabrik, das ist alles. Also, einerseits verlangsamten wir die Produktion, so gut es ging. Aber es gab Regeln, an die man sich einfach halten musste, man musste sich bewegen, etwas bewegen, selbst wenn man nicht viel tat, ein bisschen was musste einfach weitergehen. Der Rhythmus war also langsam, wenn dann ein Kapo oder ein SS-Mann vorbeikam, wurde er ein bisschen schneller. Angesichts der großen Anzahl der Häftlinge ging die Arbeit natürlich vorwärts, nicht im von der SS vorgesehenen Tempo, aber doch wie von der SS vorgesehen: Zu Weihnachten waren bereits zwei oder drei Stollen fertig, sowie die querlaufenden Stollen, die betoniert waren, wo Maschinen standen, an denen Kriegsgefangene und freie Arbeiter beschäftigt waren. Da wurden also bereits Kugellager produziert."[115]

115 Ebd.

Dieses vor allem dem Überlebenswunsch geschuldete Verhalten war jedoch nur in sehr engen Grenzen möglich.

Der gewünschte Arbeitsfortschritt wurde, auch wenn die Arbeitsleistung aufgrund der mangelnden Versorgung der Häftlinge gering war, von der SS und den Baufirmen durch normierte Leistungsvorgaben und ein Akkordsystem für die Arbeitskommandos erzwungen. Die Nichterfüllung des täglichen Arbeitspensums war mit Repressionen verbunden. Der ehemalige polnische Häftling Franz Schikora erfuhr dies am eigenen Leib:

„Ich war beim Schachtbau, das hat geheißen, man war beim Vortrieb. [...] Wir waren beim Vortrieb acht Mann und dann waren noch zwei Steiger aus Dresden. Die haben nur befohlen, was wir zu machen haben. Mit den zwei Steigern – wenn ich den einen erwischt hätte, der hat mir mit der Wasserwaage auf den Ellbogen gehaut, dass der mir den Ellbogen fast zertrümmert hat, weil wir wahrscheinlich zu langsam gearbeitet haben. Die Gruppe hat auch einen Vorarbeiter gehabt, bei den acht Mann war auch ein Vorarbeiter und der Steiger ist gekommen und hat uns die Befehle gegeben, was wir zu machen haben. Er hat abgemessen, weil in den acht Stunden haben wir zwei Meter Vortrieb machen müssen, ausräumen alles, der Felssand war ziemlich fest, da hat man sich schon einsetzen müssen, dass man da ein bisschen was abgeschabt hat. Also zwei Meter Vortrieb, das war schon eine ganz schöne Leistung."[116]

Anfang Februar 1945 ereignete sich während der Nachtschicht in der Stollenanlage ein Kabelbrand, der zu einer starken Rauchentwicklung und zum Erstickungstod von 49 Häftlingen und fünf zivilen deutschen Arbeitskräften führte. Nach Ansicht einiger ehemaliger Häftlinge war der Auslöser für den Brand ein Sabotageakt von tschechischen Häftlingen gewesen, der letztlich aber vor allem Häftlingskameraden traf. Die Arbeit im Stollen war nur für etwa einen Tag unterbrochen.[117]

7.7. Fluchtversuche

Immer wieder versuchten Häftlinge, sich ihrer schrecklichen Situation durch Flucht zu entziehen.[118] Bis 1942 gelang es nur wenigen, aus Konzentrationslagern zu entkommen. Die Einrichtung von zahlreichen Außenlagern bei Firmen und Baustellen erhöhte jedoch die Fluchtchancen. Im Gegensatz zu den großen, technisch perfektionierten und aufwendigen Überwachungseinrichtungen der Stammlager wie Mauthausen waren die Außenlager oft nur mit improvisierten Bewachungseinrichtungen versehen. Bessere Möglichkeiten zur Flucht eröffneten sich für die Häftlinge

116 Interview mit Franz Schikora, Interviewer: Bertrand Perz, Ebensee, 29.11.1981, MM, 5.9.006.

117 Zum Stollenbrand und den damit verbundenen Spekulationen und Interpretationen über seine Ursachen vgl. Perz: Projekt „Quarz", S. 447–452.

118 Zum Thema Fluchtversuche aus Melk vgl. Perz: Projekt „Quarz", S. 336–349.

vor allem durch den Arbeitseinsatz im freien Gelände. Die vielen kleinen Arbeitskommandos mit 20 oder 30 Häftlingen rund um die Baustelle „Quarz" etwa, die meist nur durch einen oder zwei Wachsoldaten kontrolliert wurden, boten eine Chance zur Flucht, ebenso die relativ langen und wenig bewachten täglichen Transportwege von und zu den einzelnen Arbeitsstätten. Durch die Arbeit außerhalb der Lager bestand auch Kontaktmöglichkeit zu ausländischen Zivilarbeiter*innen oder Kriegsgefangenen, mit denen Häftlinge bei ihrer täglichen Arbeit in der Fabrik oder an Baustellen zusammentrafen. Diese konnten wichtige Unterstützung zur Vorbereitung oder Durchführung eines Fluchtversuches leisten.

Im KZ Melk wurden – ohne Berücksichtigung von Fluchtmeldungen bei der Evakuierung des Lagers – insgesamt 29 Fluchtversuche verzeichnet, mehr als zwei Drittel davon von sowjetischen Häftlingen. Über die hohe Flucht- und damit Risikobereitschaft sowjetischer Häftlinge berichten auch ehemalige Häftlinge. Mit großer Wahrscheinlichkeit handelte es sich dabei nicht in allen registrierten Fluchtfällen um tatsächliche Versuche, aus dem Lager zu entkommen. Wie aus fast allen Konzentrationslagern bekannt geworden ist, war es Praxis der SS, Morde an Häftlingen durch eine Meldung der Todesursache „auf der Flucht erschossen" zu kaschieren. Für Melk sind mehrere solcher Meldungen zu finden.[119]

Die Erfolgsaussichten für Fluchtversuche waren sehr gering. Für das Lager Melk ist nur eine gelungene Flucht bekannt. Der französische Deportierte Gabriel Picornot war der erste Häftling, der bereits am 31. Mai 1944 einen solchen Versuch unternahm – zu einem Zeitpunkt, als die Sicherheitsvorkehrungen um die Baustelle noch nicht vollständig entwickelt waren.

Aus dem Bereich des Lagers selbst war eine Flucht praktisch unmöglich. Tagsüber bildeten Stacheldraht und Wachposten auf den Holztürmen sowie die äußere Postenkette aus Wachsoldaten für einen einzelnen Häftling ein unüberwindliches Hindernis. Bei Einbruch der Dunkelheit wurde der Lagerzaun unter Strom gesetzt und das Gelände mit Strahlern hell beleuchtet. Auf Häftlinge, die die vorgeschriebene Distanz zur Umzäunung unterschritten, wurde von den Türmen aus geschossen. Auf dem Weg zur Arbeit wurden die Häftlinge von den Luftwaffesoldaten streng bewacht. Die Bahnrampen in Melk und Roggendorf waren – so wie die Baustelle selbst – mit Stacheldraht umzäunt. Zur Kontrolle wurden die Häftlingskolonnen sowohl beim Ein- und Ausrücken vom Lager als auch bei der Baustelle gezählt.

Wurde die Flucht eines Häftlings bemerkt, so löste dies umfangreiche Fahndungsaktionen aus, an der sich neben den Wachmannschaften des Lagers auch Wehrmachtsstreifen, Gendarmerie, Sicherheits- und Ordnungspolizei, „Volkssturm", Land- und Stadtwacht beteiligten. Die

119 Vgl. Kandler: Überlebenschancen, S. 86. Vgl. allgemein: Jutta Fuchshuber: „Auf der Flucht erschossen"? Tötungen im KZ-Komplex Mauthausen. In: Studienvertretung/Institutsgruppe Geschichte (Hg.): Innenansichten, Jahrgang 1 (2012), Heft 1, S. 9–26; Gregor Holzinger: „... da mordqualifizierende Umstände nicht hinreichend sicher nachgewiesen werden können...". Die juristische Verfolgung von Angehörigen der SS-Wachmannschaft des Konzentrationslagers Mauthausen wegen „Erschießungen auf der Flucht". In: Dokumentationsarchiv des österreichischen Widerstandes (Hg.): Täter. Österreichische Akteure im Nationalsozialismus. Jahrbuch 2014. Wien 2014, S. 135–163.

Alarmfahndung nach einem flüchtigen Häftling wurde drei Tage aufrechterhalten und die äußere Postenkette des Lagers in dieser Zeit auch nachts nicht abgezogen.

Neben der Fahndung kamen als Herausforderungen für Flüchtende mangelnde Ortskenntnisse, fehlende Nahrungsmittel und die meist feindselige Haltung durch die Zivilbevölkerung auf Reichsgebiet hinzu. Die erfolgreiche Flucht von Gabriel Picornot war nur möglich, weil er Unterstützung von zivilen Zwangsarbeitern und Kriegsgefangenen erhalten hatte. Ein Mithäftling und Freund Picornots, Yves Briand, schildert dessen Flucht, so wie sie ihm dieser berichtet hat:

„Es ist ihm gelungen, sehr schnell bei den Stollen mit italienischen Zivilarbeitern zu arbeiten. Er hatte einen von ihnen gebeten, ihm an einem vereinbarten Ort, möglichst weit vom Lager entfernt, einen blauen Arbeitsanzug zu verstecken. Zu diesem Zeitpunkt, am Anfang, wurden wir nur von Wachposten bewacht. Es gab noch keinen Stacheldraht um die Fabrik herum und auch keine Wachtürme. Es gelang ihm, sich zwischen zwei Wachposten durchzuschlängeln, schnell zog er sein gestreiftes Häftlingsgewand aus, setzte seine Mütze verkehrt auf und ging in Hemd und Unterhose weg. Er fand das blaue Arbeitsgewand und verschwand auf diese Weise.
Er kam bis Innsbruck. Er hat also ein ziemliches Stück Österreich durchquert, er konnte kein Wort Deutsch, hatte keinen Kompass, sondern hielt sich immer an die Sonne.
Er versuchte, die Städte zu vermeiden. Natürlich hatte er auch keine Verpflegung, um sich zu ernähren, so versuchte er in der Nacht in Bauernhöfe einzubrechen, die meist gut versperrt waren, um Milch zu trinken. Er nahm Honig aus den Bienenhäusern. Ich fragte ihn: ‚Hattest du nicht Angst vor den Bienen zerstochen zu werden?' ‚Wenn man Hunger hat, hat man vor Bienenstichen keine Angst', antwortete er. Nach zwei, drei Tagen traf er glücklicherweise zufällig einen französischen Kriegsgefangenen, der ihm zeigte, wo er ihn in seinem Arbeitskommando nachts treffen konnte, wo er ihm dann zu essen gab, ihm zeigte, wo er andere Kommandos finden konnte – auf diese Art und Weise kam er vorwärts, von einem Kriegsgefangenenlager zum anderen. […] Er gab ihm unter anderem Informationen über einen Kriegsgefangenen, der ebenfalls ausgebrochen war, und nach Frankreich zurückgekehrt war. Er war also in Sicherheit und konnte nicht mehr erwischt werden. Er gab ihm seinen Namen, seine Adresse, Informationen und meinte, wenn du erwischt wirst, sagst du, du bist dieser Kriegsgefangene. In Innsbruck wurde er von Gendarmen erwischt. Er sagte, er sei dieser Kriegsgefangene, das heißt er hat seine Haft als Kriegsgefangener beendet. So ist das für ihn ja noch gut ausgegangen."[120]

Unter den Häftlingen waren Fluchtversuche umstritten, da die SS in der Regel dafür Kollektivstrafen verhängte. Wurde etwa eine Flucht erst beim Zählappell entdeckt, mussten die Häftlinge so lange am Appellplatz stehen bleiben, bis der Name des Flüchtigen feststand, manchmal auch, bis dieser wieder eingefangen war oder zumindest bis die Suche im Lagergebiet aufgegeben wurde. Fluchtversuche waren Handlungen, die von der SS auf das Schärfste geahndet wurden. Wer versuchte, sich den Herrschaftsansprüchen der SS zu entziehen, der war unmittelbar

---

120 Erinnerungsbericht Yves Briand, Sammlung Perz (Übersetzung).

Abb. 22: Stacheldrahtumzäunter Weg zum Transformator oberhalb der Stollenanlage, Nachkriegsaufnahme.
Fotograf*in: unbekannt, Quelle: DÖW.

von einem oft qualvollen Tod bedroht. Was die Wiederergriffenen erwartete, schildert der französische Häftling René Gille:

„Erste Strafmaßnahme: an einen Pflock gefesselt, stehend, ohne Speise und Trank, bei jedem Wetter, fast nackt, manchmal an den elektrisch geladenen Stacheldrahtzäunen entlang, unter dem Aussichtsturm neben dem Ausgang des Lagers, so dass jeder von diesem Beispiel gewarnt wird. Das Gesicht von den Schlägen angeschwollen, im eisigen Schlamm zitternd, in dem kalten Winterwind bei Regen oder Schnee. Sie werden erst von dem Pflock befreit, um ihren Peinigern ausgeliefert zu werden, dem Arzt mit der tödlichen Spritze, oder einem tödlichen Schuss, erwürgt, unwichtig ist die Form des Todes. Seit einiger Zeit bekommen sie einen Strafaufschub für eine Vervollständigung der Nachforschung, die Untersuchung eventueller Mittäter. Gut bewacht gehen sie dann an die Arbeit oder spazieren durchs Lager, ein großer roter Kreis auf der Brust und am Rücken aufgenäht, bis sie eines Tages verschwinden und niemand sie je wiedersieht."[121]

Die Tötung von Wiederergriffenen wurde in vielen Fällen als Unfall getarnt. Dass die SS solche Morde oft nur wenig verschleierte, zeigt sich an Todesmeldungen wie jener des Anfang

121 Erinnerungsbericht René Gille. In: Bernadac: Neuvième cercle, S. 306 (Übersetzung).

August 1944 geflüchteten Russen Alexej Ostrikow, in der es heißt: *„O. wurde am 5.8.44 wiederergriffen und ist am selben Tage infolge eines Sturzes an einem Herzschlag verstorben."*[122]

Der Häftlingsarzt Guy Lemordant berichtet über das Schicksal eines jungen Russen, der einen Fluchtversuch unternommen hatte:

„Ich nehme als typisches Beispiel jenes eines jungen Russen, der von einem Zug gesprungen ist, der ihn zur Arbeit führen sollte. Hierbei ist er so unglücklich zu Fall gekommen, dass ihm der linke Fuß drei Zentimeter oberhalb des Knöchels abgefahren wurde. Der Fuß blieb an einem Hautstück am Bein hängen. Der Verletzte wurde anschließend auf den Operationstisch des Reviers gelegt, wo er durch den Kommandanten und seinen Stab einem Verhör unterzogen wurde, um festzustellen, ob er bei seinem Fluchtversuch einige Komplizen gehabt hätte. Der SS-Adjudant drückte auf seinem Körper brennende Zigaretten aus, wodurch er zu sich kommen sollte. Dies geschah während des Verhörs. […] Der Russe sagte nichts, er schrie nicht, und er weinte nicht, obwohl er erst 20 Jahre alt war. Im Anschluss daran wurde der Operationstisch zum Flurende gefahren und ich werde immer das Gesicht dieses jungen Helden vor meinen Augen haben, als er aufstand, um auf das Klosett zu gehen – den abgetrennten Fuß mitschleifend – und sich auf den Fußstumpf stützte ohne ein Wort, ohne einen Schrei und ohne eine Träne. Nach einigen Stunden ließ ihn der SS-Mann in einen vergitterten Raum im Keller bringen, wo die Leichen der letzten Tage übereinanderlagen. Er ließ ihn nackt auf diese Leichen werfen und hat die Tür mittels eines starken Schnappschlosses abgeschlossen und den Schlüssel an sich genommen. Im Laufe der Nacht ging ich gegen den ausdrücklichen Befehl in den Keller und brachte ihm Lebensmittel und etwas Kaffee. Er war vor Kälte erstarrt, saß auf einem Haufen Leichen, starrte mich mit klaren scharfen Augen ohne ein Wort und ohne eine Klage an. Am nächsten Tag suchte ich vergebens, was ich für ihn tun sollte oder tun konnte. Ich wollte ihn nicht töten mit einer befreienden Spritze, die ich mir außerdem fast unmöglich hätte beschaffen können. Ich glaubte, dass ich das immer bereuen würde, und habe versucht, es zu vergessen. Vier Tage später hat mir mein Freund, der den Leichen die Goldzähne zog, seinen Tod mitgeteilt."[123]

Einzelne geflüchtete und wiederergriffene Häftlinge wurden offiziell hingerichtet. Der öffentliche Charakter der Hinrichtungen, die meist in Anwesenheit der zum Appell angetretenen Häftlinge erfolgten, sollte der Abschreckung der anderen Häftlinge dienen. In Melk selbst fand nur eine offizielle Hinrichtung statt. Wie alle Häftlinge musste Yves Briand dieser Hinrichtung beiwohnen:

„Bei dem ersten gab es ein großes Theater, man sagte uns: ‚Also, Euer Kamerad ist geflüchtet, als Gefangener hat er natürlich das Recht zu fliehen, er bekommt eine normale Strafe – Schläge – das ist ja vorgesehen. Aber dieser Kamerad hat zivile Kleidungsstücke gestohlen, und dafür

---

122 Veränderungsmeldung vom 7.8.1944, APMA-B, D-Mau/15, fol. 4493.

123 Guy Lemordant: H-Arzt. Pathologie concentrationnaire. K.L. Mauthausen. A.K. Melk, Straßburg 1946, S. 71 f. (Übersetzung).

werden wir ihn aufhängen!' Er wurde vor dem versammelten Lager aufgehängt. Später, von Zeit zu Zeit, wenn jemand ausbrach, sah man einen Häftling in Habtachtstellung vor der Wache am Eingang zum Lager. Manchmal sah man ihn dann später bei der Arbeit mit einem roten Kreis auf dem Rücken und einem auf der Brust, was die erhöhte Aufmerksamkeit der SS und der Kapos erregen sollte, ein anderes Mal wieder verschwanden sie, man weiß nicht, wohin."[124]

In anderen Fällen wurden wiederergriffene Flüchtige in Mauthausen exekutiert, so der am 5. August 1944 aus Melk geflüchtete und zwei Tage später wiederergriffene Sowjetbürger Fadej Chwalin. Er wurde am 9. September 1944 nach Mauthausen überstellt und am 13. September 1944 *„auf Befehl des RF-SS erhängt"*[125].

7.8. Erschöpfung, Krankheit und Tod

Das Leben im Lager bedeutete für die meisten Gefangenen einen raschen körperlichen Verfall. Die Ursachen dafür waren vielfältig: Die brutale Behandlung der Häftlinge durch die SS, ständige Hetze, willkürliche und systematische Misshandlungen und kollektive Bestrafungen, insbesondere aber die mangelnde Ernährung, unzureichende Unterkunftsbedingungen und das Fehlen adäquater Arbeitsbekleidung, die Schutz vor der Witterung hätte bieten können, trugen ebenso dazu bei wie die schwere körperliche Arbeit beim Bau der Stollenanlage. Schon nach wenigen Monaten und noch in der warmen Jahreszeit des Sommers 1944 konnten etwa 20 Prozent der Häftlinge nicht für die Arbeit herangezogen werden, obwohl die SS enormen Druck ausübte, Krankmeldungen zu unterlassen. Der Krankenstand war daher immer wieder Gegenstand in den Besprechungen der Bauleitung, wie etwa dem Protokoll der Hauptbesprechung der Firma Quarz vom 12. August 1944 zu entnehmen ist:

„Hr. Meissner[sic!] *weist auf die starke Beeinträchtigung durch den hohen Krankheitsstand hin. Von den Häftlingen sind 377 Mann krank, 335 werden im Lagerbetrieb und 343 für Lagerausbau beschäftigt, sodaß von den 4.720 Häftlingen nur 3.665 an der Baustelle eingesetzt sind, während 1.055, d.s. 22 % nicht für die Baustelle zu rechnen sind.*
Arbeiterstand im Stollen ist gleichgeblieben.
Es sind nicht nur zuwenig Zivilarbeiter, sondern vor allem auch zuwenig Häftlinge an der Baustelle.
Die bereits seit einer Woche zugesagten Zuweisungen von Häftlingen wurden trotz jeweiliger Verlängerung der Fristen nicht durchgeführt. Für den Stollenbau sind ca. 600 Häftlinge und 100 zivile Arbeitskräfte zuwenig."[126]

---

124 Erinnerungsbericht Yves Briand, Sammlung Perz (Übersetzung).
125 Veränderungsmeldung vom 7.8.1944, APMA-B, D-Mau/15, fol. 4493; AMPA-B, D-Mau/2, fol. 1077; Totenbuch Standortarzt Mauthausen, NARA, Microfilm T 990/1.
126 Protokoll Hauptbesprechung Quarz vom 12.8.1944, Sammlung Perz/ASDP, Ordner: Verlagerung Loosdorf (Quarz).

Wie auch Anfang Juni sagte Direktor Herbert Etz zu, sich beim Kommandanten des KZ Mauthausen Ziereis wegen einer möglichst schnelle Zuweisung weiterer Häftlinge in Verbindung zu setzen.[127]

In den ersten Monaten des KZ Melk bestand kein eigentlicher Häftlingskrankenbau. Für die kranken Häftlinge wurden in einer Ecke der Häftlingsblocks in der großen Garage (Objekt 10) einige Betten reserviert. Von Mai bis Juni 1944 bauten Häftlinge eine eigene Krankenbaracke auf. Das sogenannte Krankenrevier war durch einen Stacheldrahtzaun von dem übrigen Lager isoliert.

Bis zum Sommer 1944 war im KZ Melk kein Lagerarzt tätig, die Leitung des Reviers oblag allein einem SS-Sanitäter, dem sogenannten Sanitätsdienstgrad (SDG).

Der ab Sommer 1944 im KZ Melk als Lagerarzt tätige Luftwaffenstabsarzt Dr. Josef Sora war im Rahmen der Überstellung von Luftwaffenangehörigen zum Bewachungsdienst in Konzentrationslagern, die den Zwecken der Luftrüstung dienten, vom SS-Hygieneinstitut in Berlin nach Melk kommandiert worden. Ehemalige Häftlinge schildern Sora als ihnen wohlgesonnene Persönlichkeit, die versuchte, die Situation im Lager zu verbessern. So konnte ihn die illegale Häftlingsorganisation des Lagers schnell zur Mithilfe bewegen, indem er diese laufend mit Informationen über die Pläne der Lagerführung versorgte und den Häftlingen der Schreibstube sogar einen Radioapparat zur Verfügung stellte. In verschiedenen für die Häftlinge kritischen Momenten, so bei der Evakuierung, erwies er sich als verlässliche Hilfe.[128]

Aber auch nach der Aufnahme der Tätigkeit des Lagerarztes Sora behielt der SS-Sanitätsdienstgrad eine zentrale Rolle im Krankenrevier, obwohl er dem Lagerarzt formal unterstellt war. Die Nichtzugehörigkeit des Lagerarztes zur SS spielte dabei offensichtlich eine wesentliche Rolle. Besonders gefürchtet war der im Spätsommer 1944 nach Melk versetzte SDG SS-Unterscharführer Gottlieb Muzikant, der bis zur Evakuierung des Lagers in Melk blieb. Muzikant stammte aus Mürau im sudetendeutschen Gebiet der Tschechoslowakei und hatte vor seinem Eintritt in die SS nur einen Kurs für Erste Hilfe bei der Feuerwehr seiner Heimatgemeinde absolviert, aber keinerlei medizinische Ausbildung.[129]

Mit ihm verwandelte sich die Krankenabteilung zu einem Ort des Schreckens für alle Häftlinge. Im Gegensatz zu Lagerführer Ludolph, so der Häftlingsarzt Guy Lemordant, *„der nach Art eines Anormalen, eines Verrückten sich immer wild und brüllend Gebärdenden, im Lager herumtobte, war Muzikant nie aufgeregt, nie exaltiert. Er sprach immer geflissentlich gleichmäßig ruhig. Er schlug auf Kranke ein, war aber auch dabei nicht aufgeregt. Auf die Diagnosen und die Therapieanordnungen der Häftlingsärzte gab Muzikant nichts. Er war mißtrauisch. Um sich zu überzeugen, ob Verbände z. Bsp. erforderlich waren, riß er, allerdings wiederum ohne sonderliche Erregung einerseits und andererseits ohne Rücksichtnahme auf dadurch verursachte Schmerzen Verbände ab."*[130]

127 Vgl. ebd.
128 Vgl. dazu Kapitel 8.2 in diesem Band.
129 Zur Biografie von Muzikant vgl. Perz: Projekt „Quarz", S. 472–477.
130 Zeugenaussage Guy Lemordant vom 24.11.1959, LG Fulda, 3 Ks 1/60 (Muzikant).

1960 vom Landgericht Fulda mit dem Vorwurf konfrontiert, eine große Zahl von Häftlingen eigenhändig ermordet zu haben, sollte sich Muzikant mit dem Hinweis verteidigen, dass er unter dem Druck des Lagerführers gestanden habe, ohne aber die Tötungen zu bestreiten. Dieser habe ihm zu verstehen gegeben, es seien *„zuviele unnütze Fresser im Revier"*:

„Ich wurde nicht nur vom Lagerleiter Ludolph bedrängt. Ich bekam von ihm auch hie und da einen Tritt ins Gesäß, wenn er mit mir nicht zufrieden war. Ich bekam auch Ausgangssperre. Alles dies, weil ich seinen Anforderungen, genügend Leute zu töten, nicht gerecht wurde. Unter diesem Druck habe ich die Kranken getötet."[131]

Auch wenn Muzikant seine Abhängigkeit von Ludolph zur Rechtfertigung seiner Handlungen vermutlich übertrieben hat, so wird doch deutlich, welche Umgangsformen zwischen SS-Angehörigen im Lager üblich waren. Muzikant kannte Ludolph bereits aus dem Lager Groß-Raming, dem dieser ebenfalls als Lagerführer vorgestanden hatte:

„Ich wußte, daß er ein Schwein war. Er hatte in Groß-Raming 2 bis 3 Hunde, die darauf dressiert waren, den Häftlingen in den Geschlechtsteil zu beißen. Er brachte mir die so verletzten Häftlinge dann immer und sagte: ‚Sieh zu, daß sie wieder gesund werden.' Groß-Raming war, wie die meisten KZ's, ein Arbeitslager, so daß die Häftlinge zur Arbeit gebraucht wurden. Als ich mich bei Ludolph in Melk meldete, begrüßte er mich als ‚seinen alten Sani' und erklärte dazu: ‚Hier weht aber ein anderer Wind als in Groß-Raming.'"[132]

Die eigentliche Arbeit im Krankenrevier wurde vor allem von Häftlingsärzten verrichtet. Insgesamt dürften circa 15 Ärzte unterschiedlicher Nationalität und unterschiedlichster Ausbildung, darunter Franzosen, Ungarn, Italiener und Rumänen, im Krankenrevier des KZ Melk tätig gewesen sein. Alle nationalen Häftlingsgruppen versuchten, Ärzte aus ihren Reihen im Krankenrevier unterzubringen.

Der französische Häftlingsarzt Guy Lemordant, von seiner Fachrichtung Internist, ist der Ansicht, dass ein Großteil der Häftlingsärzte das Glück hatte, dass man sie nicht in diese Morde involvierte, und zeigt sich davon überzeugt, dass sich fast alle geweigert hätten, in der einen oder anderen Art zu töten. Allerdings gab es auch ganz wenige Ausnahmen, die sich von der Kooperation mit dem SS-Sanitätsdienstgrad offensichtlich Vorteile versprachen, was die anderen Häftlingsärzte in schwierige Situationen brachte. Insgesamt beurteilt Lemordant die anfänglichen Zustände im Melker Krankenrevier in Relation zu den Mauthausener Verhältnissen als durchaus annehmbar. Das habe sich aber mit der Zunahme der Krankheitsfälle schnell geändert:

„Unser Revier hätte immer ein geordnetes bleiben können; es wäre hierzu nur erforderlich gewesen, daß die Zahl unserer Kranken hundert nicht überschritten hätte. Wir kamen aber sehr schnell auf 300, dann 600, 1.000, 1.500, 1.700 und dann wurde es ganz entsetzlich. Die nette Baracke wurde überfüllt, war voll feindseligem Knurren und übelriechend."[133]

---

131 Vernehmung Gottlieb Muzikant vom 29.7.1959, LG Fulda, 3 Ks 1/60 (Muzikant).
132 Vernehmung Gottlieb Muzikant vom 18.2.1960, LG Fulda, 3 Ks 1/60 (Muzikant).
133 Lemordant: Pathologie, S. 17.

Dass die katastrophalen Zustände im Krankenrevier ab Herbst 1944 zum erheblichen Teil auf die Überbelegung zurückzuführen sind, wird auch vom ehemaligen Revierschreiber Otto B. bestätigt. Die Errichtung einer zweiten kleineren Baracke konnte nur kurzfristig Abhilfe schaffen:

„Das etwa für 150 Personen vorgesehene Revier war in den nächsten Wochen schon überbelegt. In der folgenden Zeit steigerte sich die Belegung ins unerträgliche. Noch vor Weihnachten, als die Belegung etwa 500 betragen hatte, entschloß sich Muzikant eine 2. Baracke erbauen zu lassen. Auch diese Baracke genügte nicht für den sich immer steigernden Anfall an Kranken, sie war für etwa 250 Kranke bestimmt. Der Stand an Kranken wuchs jedoch im Hinblick auf die immer schlechter werdende Verpflegung, den körperlichen Verfall der Häftlinge und den Zugang von Kranken aus den Transporten, die im Januar 1945 aus Auschwitz kamen. Ab Januar 1945 waren die beiden Baracken mit ca. 2000 Häftlingen belegt. Die Kranken lagen somit bis zu viert auf einer Pritsche, in den Gängen und am Fußboden."[134]

Aus einem Bericht des Lagerarztes Sora, den dieser Anfang 1945 an seinen Vorgesetzten, den Standortarzt im KZ Mauthausen sandte, wird der Zusammenhang zwischen mangelnder Versorgung, Arbeitshetze und Krankheitsfällen überdeutlich:

„In der jetzigen kalten Jahreszeit werden täglich Häftlinge nach ihrer Rückkehr vom Arbeitseinsatz mit Kreislaufkollaps eingeliefert. Durchschnittlich kommen zwei bis vier solche Fälle am Tage, gelegentlich stieg diese Zahl schon auf 10 und mehr an. Auffallend ist, daß es sich in dem meisten Fällen nicht einmal um Häftlinge handelt, die sich nach konsumierenden Erkrankungen befinden, sondern um solche, die vorher nie im Revier waren und plötzlich während der Arbeit kollabieren. Allerdings sind es durchwegs Leute in sehr schlechtem Allgemeinzustand. [...] Ich führe diese Fälle ausschließlich auf die für den Winter mangelhafte Bekleidung der Häftlinge zurück umsomehr auch für sie nach ihrer Rückkehr von der Arbeit keine rechte Möglichkeit der Erwärmung besteht, da infolge Mangels an Brennmaterialien die Unterkünfte nicht genügend geheizt werden können. Die Sterblichkeit beträgt bei den Kollapsfällen fast 40 %. [...]

Wie schon oben erwähnt, besitzt ein Großteil der Häftlinge keine Socken. Es wurden wohl an jeden Häftling Socken oder Fußlappen ausgegeben, doch es ist leicht auszurechnen, daß die Lebensdauer solcher Kleidungsstücke kaum eine Woche beträgt, sodaß die Häftlinge als Kälteschutz dann eben zu Papiersäcken greifen. Ebenso ist es mit Wäsche bestellt. Es steht den Häftlingen kein zweites Hemd zu, sodaß diese Kleidungsstücke, die seit Monaten am Leib getragen werden müssen, sich in einem desolaten Zustande befinden. Dem Lager wurde zuerst für 9000 Häftlinge 500 Paar Handschuhe geliefert. Erst in den letzten Tagen wurden neuerdings welche gesandt, die jedoch in Folge ihrer Qualität die Hände gegen Kälteeinwirkung kaum schützen, abgesehen davon, daß eine große Anzahl von Häftlingen überhaupt noch keine Handschuhe besitzt, sodaß die ersten Erfrierungen an den Fingern, infolge der schlechten Fußbekleidung auch an den Zehen bereits aufgetreten sind.

134 Zeugenaussage Otto B. vom 26.1.1960, LG Fulda, 3 Ks 1/60 (Muzikant).

Abb. 23: Häftlinge vor dem Krankenrevier, April 1945. Dieses Foto wurde heimlich von dem tschechischen Häftling und Zahntechniker Kurt Zalud aufgenommen.
Foto: Kurt Zalud, Quelle: NARA.

Der Allgemeinzustand der Häftlinge ist [...] ein schlechter. Es ist wohl darauf zurückzuführen, daß die Ernährung der Häftlinge in Anbetracht der Arbeitsleistung und körperlichen Belastungen zu gering und vor allem zu fettarm ist. Ich habe im Krankenrevier rund 600 Häftlinge liegen, die an sich nicht krank, sondern in Folge allgemeiner Körperschwäche für jede Arbeitsleistung unbrauchbar sind.
Zudem habe ich keinerlei Diät oder Zusatzverpflegung für Kranke und Rekonvaleszente zur Verfügung, um den Kräftezustand der Häftlinge nach Pneumonien oder anderen schweren Erkrankungen zu heben. Infolge des dauernden Bedarfs an arbeitsfähigen Häftlingen konnte es sich die Lagerführung auch nicht leisten, einen Genesendenblock einzurichten, in dem sich diese Leute noch eine Zeitlang erholen könnten."[135]

Besonders schlimm waren die Zustände in der Abteilung für Darmkranke. Der Facharzt Ernst H., der als kranker Häftling längere Zeit im Revier lag, gibt Muzikant die Schuld für die katastrophalen Verhältnisse bei den Dysenteriekranken:

„Im Lager Melk herrschte damals eine infektiöse Durchfallskrankheit (Dysenterie), die meist zu Blutstühlen führte. Es wäre Muzikant ein Leichtes gewesen, viele hunderte Menschen zu retten, wenn er Kohletabletten, die damals keine Mangelware waren, hätte verabreichen lassen, naturgemäß auch andere Heilmittel. Diese erbarmungswürdigen Kranken kamen in eine Sonderabteilung des Reviers, die sogenannte ‚Scheißabteilung', wälzten sich dort nackt, ohne Wäsche in ihren eigenen Fäkalien, bis sie starben."[136]

Die Häftlingsärzte diskutierten, was gegen die Darmkrankheiten unternommen werden könne. Der Franzose Raymond Hallery, der nach einer Verletzung in die Krankenabteilung gekommen war, stellte in Zusammenarbeit mit den Häftlingsärzten und der geheimen Häfltingsorganisation rund um die Lagerschreibstube einen Ersatz für fehlende oder nicht verfügbare Medikamente her, der wahrscheinlich vielen Häftlingen das Leben rettete:

„Lemordant hat mir gesagt, dass es keine Medikamente gibt, Holzkohle wäre eine gute Sache. Das ist aber schwierig, weil man Säcke mit Holzkohle bräuchte. Die einzige Lösung wäre, das Brot dafür zu verwenden, das war dieses lange Brot, kein richtiges Brot, sondern so ein Ding aus Kleie, sehr schwer. Statt ihnen das Brot so zu geben, musste man es rösten. Am nächsten Tag haben wir mit der illegalen Häftlingsorganisation beschlossen, das Brot zu rösten. Wir haben die Rationen nicht ausgeteilt, sondern in Scheiben geschnitten, in eine Kiste gegeben, circa 20 Rationen sind da hineingegangen, circa zwölf Kilogramm Brot waren für 40 Kranke. Mit dieser Kiste auf den Schultern bin ich in die Küche gegangen, um das Brot zu rösten. Mit Hilfe eines spanischen Kameraden, der Deutsch sprechen konnte, erklärte ich dem SS-Mann, der in der Küche

---

135 Abschrift eines Berichtes des Lagerarztes im KLM.-Arbeitslager Melk an den SS-Standortarzt des K.L. Mauthausen betr. Bericht des Häftlingsreviers Melk vom 8.1.1945, BArch All.Proz.7/ FC 1796, Roll 1, Frame 198–202.

136 Zeugenaussage Dr. Ernst H. vom 28.8.1959, LG Fulda, 3 Ks 1/60 (Muzikant). Eine übereinstimmende Schilderung gibt auch der französische Geistliche Jean Varnoux. Vgl. Zeugenaussage vom 10.12.1960, LG Fulda, 3 Ks 1/60 (Muzikant).

Abb. 24: *Retour du Travail* (Rückkehr von der Arbeit). Zeichnung des französischen Überlebenden Daniel Piquée-Audrain.
Quelle: Piquée-Audrain: Plus jamais ça.

gearbeitet hat, dass ich das Brot für die Kranken rösten wollte. Dieser SS-Mann war der Verantwortliche für die Küche. Wir haben das Brot auf den Herd gelegt, aber es begann dabei immer zu brennen. Der SS-Mann sagte, dass das so nicht geht. Er hat den Dolmetscher herbeigerufen und dieser hat einen Lagerarbeiter geholt, der einen Grill gebaut hat. Seit diesem Tag habe ich Brot geröstet. Ich war illegal im Lager. Ich bin nicht offiziell von der Krankenabteilung geschickt worden, ich war kein Stubendienst. Meine Personalien schienen mit dem Einverständnis des Lagerschreibers weder im Krankenrevier noch in der Lagerkartei auf. Es war ein Geheimposten."[137]

Dass der Gesundheitszustand der Häftlinge des Melker Lagers noch wesentlich schlechter war, als es die Zahlen der ins Revier aufgenommenen Häftlinge wiedergeben, ergibt sich alleine aus dem Umstand, dass Häftlinge, solange es die Körperkraft irgendwie zuließ, unter allen Umständen vermieden, als Kranke ins Revier aufgenommen zu werden. Es sei im ganzen Lager

137 Interview Raymond Hallery, MM, 5.9.023 (Übersetzung).

bekannt gewesen, so der österreichische Häftling Leo G., dass man in der „Ära Muzikant" das Revier meist nur als Toter verließ. Schwere Krankheiten oder Verletzungen zwangen jedoch viele Häftlinge, einen Aufenthalt in der Krankenstation zu riskieren. Schon die Aufnahmeprozedur unter der Leitung Muzikants war von den Häftlingen gefürchtet. Dabei kam es immer wieder zu Misshandlungen, da den Kranken grundsätzlich Arbeitsverweigerung unterstellt wurde. Muzikant schlug mit einem Gummiknüppel diejenigen, die er zur Arbeit zurückschickte und die das Revier nicht rasch genug verließen oder wegen ihres Zustandes verlassen konnten. Vielfach wurden Schwerkranke weiter zur Arbeit geschickt, die dann wenig später als Leichen ins Krematorium gebracht wurden.

Es ist anzunehmen, dass in Melk hunderte Schwerkranke und verletzte durch SS-Personal direkt ermordet wurden. Vor allem das sogenannte „Abspritzen" durch SS-Angehörige, die Tötung mittels Injektion von Phenol, Benzin oder Luft, gehörte in Melk wie in den anderen Konzentrationslagern zu einer häufig praktizierten Methode.

Vonseiten der SS wurden neben diesen mörderischen Methoden im Krankenrevier selbst verschiedene andere Maßnahmen getroffen, die Krankenzahlen zu senken – auf eine Verbesserung der Situation der Häftlinge zielten sie jedoch nicht ab. So berichtete Lagerarzt Sora, dass im Herbst 1944 von Mauthausen aus versucht wurde, auch die Tuberkulose-Erkrankten im Konzentrationslager Melk zu erfassen und abzutransportieren. Ziel war offensichtlich die NS-Euthanasie-Tötungsanstalt Hartheim, wo 1944 neuerlich Kranke aus dem Lagersystem Mauthausen-Gusen durch Giftgas getötet wurden:

„Ich war mir bewusst, dass sich viele Dinge im Lager ereignet haben, über die ich schon wegen des seitens der SS mir als Luftwaffenangehörigen entgegengebrachten Misstrauens nichts erfahren habe. Im Laufe der Zeit ergaben sich auch konkrete Fälle, die mir klarmachten, dass ich in Dingen übergangen wurde, die eine gesetzwidrige Behandlung von Häftlingen betrafen. So bekam ich im Herbst 1944 fernmündlich vom Hauptlager Mauthausen den Auftrag, die tuberkulösen Häftlinge herauszusuchen, nach Mauthausen zu melden, sie kämen in ein Erholungslager. Ich wusste schon, dass Erholungslager mit Gaskammern identisch sind und machte Fehlanzeige."[138]

Eine der gängigsten Methoden, als Arbeitslager konzipierte Außenlager wie Melk von nicht arbeitsfähigen Gefangenen zu entlasten, waren Rücküberstellungen nach Mauthausen.[139] Selektiert wurden diejenigen Schwerkranken und Verletzten, die nach Ansicht der SS ohne einen längeren Aufenthalt im Revier keinerlei Aussicht auf Genesung, das heißt auf Wiederherstellung der Arbeitsfähigkeit, hatten. Im Sinne der KZ-Rationalität galten sie als unproduktive Esser. Ziel solcher Rücküberstellungstransporte war die Abschiebung ins sogenannte „Sanitätslager" in Mauthausen, das wegen seiner ursprünglich gedachten Funktion als Lager für sowjetische Kriegsgefangene auch als „Russenlager" bezeichnet wurde und als Sterbelager für das gesamten Lagersystem

---

138 Zeugenaussage Dr. Josef Sora vom 13.10.1959, LG Fulda, 3 Ks 1/60 (Muzikant).
139 Zu den Rücküberstellungen aus Melk vgl. Perz: Projekt „Quarz", S. 515–517; Kandler: Überlebenschancen, S. 57–62.

Mauthausen-Gusen fungierte.[140] Insgesamt wurden vom 21. April 1944 bis zur Evakuierung des Lagers Melk im April 1945 mindestens 1.440 Häftlinge nach Mauthausen rücküberstellt, ein großer Teil davon wegen krankheitsbedingter oder verletzungsbedingter Arbeitsunfähigkeit.

Die Ankunft dieser Häftlinge in Mauthausen beschreibt der im KZ Mauthausen gefangene polnische Häftling Max I. in einer Zeugeneinvernahme für den Prozess gegen Muzikant 1959:

„Es wurden aber auch zahlreiche Lkw.-Ladungen schwerkranker bezw. durch Arbeitsunfälle oder – nach ihren Aussagen – auch durch Mißhandlungen schwerverletzter Häftlinge nach Mauthausen aus dem Lager Melk gebracht. Diese sozusagen schon im Sterben begriffenen Häftlinge wurden in Mauthausen nicht mehr ärztlich betreut, sondern alsbald in das sog. Russenlager insbesondere in die Baracke 10 gelegt, wo man sie alsdann zum Verbrennen brachte, sobald der Tod eingetreten war. Ich hatte zum Teil mit die Aufgabe, solche halbtoten Häftlinge von den Lkw.s abzuladen und in die Baracke im Russenlager zu bringen. Die Häftlinge konnten manchmal noch einige Worte mit uns sprechen."[141]

Die Rücküberstellungen von nicht mehr arbeitsfähigen Häftlingen fanden vor allem in den ersten Monaten des Lagers zwischen Mai und September 1944 statt. Mit dem Ausbau des Krankenreviers, aber auch mit der zunehmenden Überfüllung des Stammlagers Mauthausen nahmen die Überstellungen dorthin stark ab. Daher blieben die Krankenzahlen in Melk trotz sprunghaft ansteigenden Todeszahlen ab Oktober 1944 konstant hoch. Nach einer SS-Aufstellung vom 21. März 1945 waren zu diesem Zeitpunkt von 8.517 Häftlingen in Melk 1.620 als krank gemeldet, wobei der Anteil der jüdischen Häftlinge an der Gesamtzahl der Kranken mit 52 Prozent besonders hoch lag, betrug doch ihr Anteil an der Lagerbevölkerung zu diesem Zeitpunkt nur 27 Prozent.

Von den fast 5.000 Todesfällen, die im Lager Melk verzeichnet wurden, entfallen die meisten auf die kalte Jahreszeit. Ab dem Oktober 1944 stiegen die Todeszahlen in Melk sprunghaft an. In absoluten Zahlen erreichten die Todesfälle im Monat Jänner 1945 mit über 1.000 Toten ihren höchsten Stand. Die Veränderung der prozentuellen Sterblichkeitsrate verweist ebenfalls darauf, dass unterschiedliche klimatische Verhältnisse unter KZ-Bedingungen großen Einfluss auf die Überlebenschancen hatten. Die warmen Sommermonate weisen (unter Ausnahme der beim Luftangriff im Juli 1944 verstorbenen Häftlinge) einen wesentlich niedrigeren Prozentsatz an Toten auf als die kaltnasse Jahreszeit sowohl im Winter/Frühjahr 1944/45. Dass innerhalb eines Jahres jeder dritte nach Melk eingewiesene Häftling dort ums Leben kam, war das Resultat der Vorenthaltung lebensnotwendiger Mittel und der grausamen Behandlung der Häftlinge durch die SS. Letztlich war es aber auch eine Folge einer Rüstungspolitik, die den massenhaften Tod von Menschen bei der Zwangsarbeit als Faktor zur Erreichung ihrer Ziele einkalkuliert hatte.

---

140 In vielen Außenlagern war die Praxis des Abschiebens in das jeweilige Stammlager und damit die Auslagerung des Vernichtungsprozesses eine dominante Methode, Schwerkranke loszuwerden. Vgl. Falk Pingel: Häftlinge unter SS-Herrschaft. Widerstand, Selbstbehauptung und Vernichtung im Konzentrationslager. Hamburg 1978, S. 149.

141 Zeugenaussage Max I. vom 5.6.1959, LG Fulda, 3 Ks 1/60 (Muzikant).

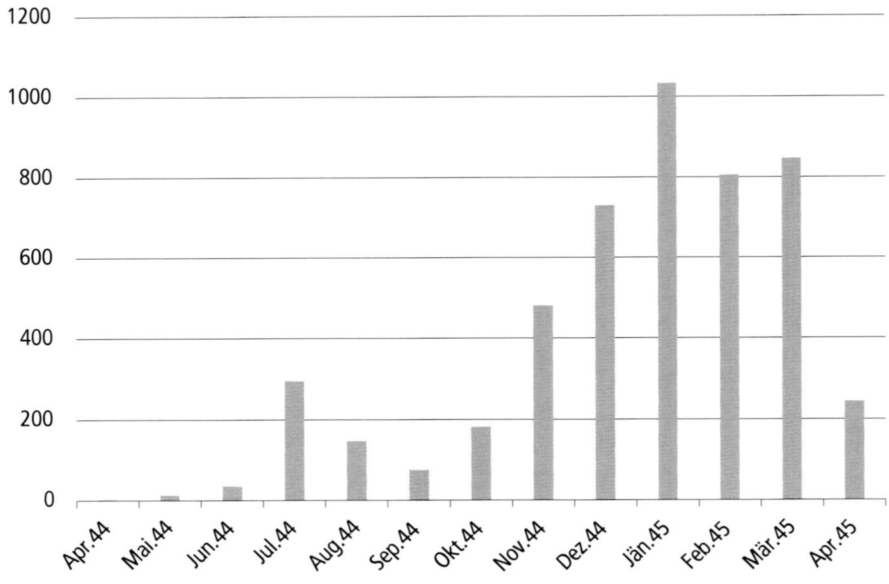

Grafik 2: Anzahl der verstorbenen Häftlinge des KZ Melk nach Sterbemonat.

Die Todesfälle wurden durch die SS zwar penibel verzeichnet, davon zeugen die vielfachen Eintragungen in verschiedenen Todesmeldungen und Totenbüchern. Auch die Todesursachen wurden an den vorgesetzten SS-Standortarzt Mauthausen gemeldet, wie in allen Konzentrationslagern wurden diese aber meist willkürlich gewählt oder bewusst verfälscht. Der ehemalige deutsche Häftling Karl Heinz R., der ab Jänner 1945 in der Schreibstube des Melker Krankenreviers mit der Erstellung von Totenlisten beschäftigt war, berichtet:

„Die Todesursachen lauteten in jedem Falle auf einen natürlichen Tod, auch wenn der betreffende Häftling regelrecht totgeschlagen worden war. An Todesursachen mußte ich eintragen: ‚Herzkrankheit, Magenkrankheit, Tuberkulose usw.' Soviel ich mich erinnere, waren es 8 verschiedene Formulierungen, die immer wiederkehrten. Die Todesursachen wurden so von Muzikant festgesetzt."[142]

Verlässliche Angaben über die Art der Krankheiten, die im KZ Melk auftraten, sind daher aus den offiziellen SS-Dokumenten kaum zu ermitteln. Der Häftlingsarzt Guy Lemordant teilt in seiner Arbeit über die medizinischen Verhältnisse im KZ Melk das Krankheitsbild, welches die hohe

142 Zeugenaussage Karl Heinz R. vom 10.9.1959, LG Fulda, 3 Ks 1/60 (Muzikant).

Sterblichkeit bedingte, zeitlich in vier Perioden ein: Im Frühling 1944, als das Lager gegründet wurde, waren Lungenerkrankungen fast die einzige Todesursache. Daneben gab es noch einige Todesfälle im Zusammenhang mit Rotlauf (Erysipel), Phlegmonen (Zellgewebsentzündungen) sowie Arbeitsunfällen. Anfang des Sommers verursachten Phlegmone und Blutvergiftungen genauso viele Todesfälle wie die akuten Lungenerkrankungen. Der Anteil an Sterbefällen aufgrund von Rotlauf und von Arbeitsunfällen blieb derselbe. In der zweiten Phase zwischen August und Oktober 1944 dominierten als Todesursachen akute Lungenerkrankungen, Phlegmone und Blutvergiftungen sowie verschiedene Darmerkrankungen, wobei die Prozentverhältnisse fast gleich blieben. Im Winter 1944/45 schließlich kam als weitere Ursache Tuberkulose hinzu. Als unmittelbare Todesursache übertraf alle diese Krankheiten aber der Kreislaufkollaps. Daneben oder in Kombination waren Vitaminmangelerkrankungen, Rotlauf, Nierenentzündungen, Herzmuskelentzündungen, Unfälle und Selbstmorde entscheidende Todesursachen.

Lemordant zieht daraus den Schluss, dass die anfänglich einfachen Krankheitsbilder im Lager Melk im Lauf der Zeit zunehmend komplexer wurden. Spezielle Bedingungen des Lagerlebens wie ständige Arbeitshetze, Lebensmittel- und Vitaminmangel, Kälte, zu wenig Schlaf, Überfüllung des Lagers, Ungeziefer und Schmutz waren die eigentlichen Ursachen der Krankheiten. Lemordant geht davon aus, dass sich unter solchen Bedingungen eine spezielle Konzentrationslager-Pathologie entwickelt hat.

Lemordants Einschätzung stimmt weitgehend mit dem Bericht überein, den Lagerarzt Sora Anfang 1945 verfasst hatte. Bemerkenswert an Soras Bericht ist der Verweis auf mangelnde Bekleidung und fehlendes Schuhwerk als Auslöser für die Krankheiten und auf den Mangel an Medikamenten für die Behandlung:

„Es handelt sich beim hiesigen Lager vor allem um drei Krankheitsbilder, deren gehäuftes Auftreten den hohen Revierstand und damit die erhöhte Sterblichkeit bedingen. Es sind dies in erster Linie sich immer mehr häufende Fälle von Phlegmonen schwerster Art, ferner Lungen- und Rippenfellentzündungen und letztenendes der plötzlich einsetzende Kreislaufkollaps. […] Zu dem Auftreten der Phlegmonen ist folgendes zu sagen: wahrscheinlich handelt es sich im Schachtbau und den umgebenden Baustellen um mehrere Momente unbekannter Natur, deren Zusammenwirken das Entstehen schwerer Phlegmonen bei ganz kleinen Verletzungen begünstigt, umso mehr, als festzustellen ist, daß bei Häftlingen von anderen Arbeitskommandos, die ja ebenfalls der Möglichkeit kleinerer Verletzungen ausgesetzt sind, keine Phlegmone auftreten.
Weiter fällt es auf, daß Häftlinge, die neu ins Lager kommen, oft schon nach zwei – fünftägiger Arbeit mit Phlegmonen erscheinen. Dazu kommt noch, daß eine große Anzahl von Häftlingen infolge des Mangels an Socken oder Schuhlappen auf den Baustellen Papier von Zementsäcken als Kälteschutz um die Füße wickeln. Da das Schuhwerk im allgm. auch schlecht ist und die Knöchel in den Holzschuhen immer wieder aufgerieben werden, sind die Verletzungen gegeben, an denen der Zementstaub chemische Reizungen verursacht und in kürzester Zeit die Phlegmone entstehen. Der Verlauf der Erkrankungen ist fast ausnahmsweise ein sehr schwerer, sodaß sich bald allgm. septische Zustände einstellen und der Exitus eintritt.

Hierzu kommt noch, daß der Mangel an Sulfonamiden und ähnlichen Mitteln sehr groß ist und daß nicht alle Fälle ausreichend behandelt werden können. Die Sterblichkeit beträgt z. Z. bei diesen Erkrankungen 13 Prozent."[143]

Insgesamt lassen sich nach aktuellem Forschungstand 4.896 namentlich bekannte Tote für das KZ Melk feststellen, darin sind auch 21 bei der Evakuierung nach dem KZ Ebensee ums Leben gekommene Häftlinge enthalten.[144] Die Namen von 15 weiteren, bei der Evakuierung nach Mauthausen ums Leben gekommenen Häftlinge sind nicht bekannt. Mit den insgesamt 36 Todesfällen während der Evakuierung nach Mauthausen und Ebensee ergibt sich eine Gesamtzahl von 4.911 Toten, ohne Berücksichtigung der Evakuierungstransporte von 4.875 Toten. Nicht berücksichtigt sind in diesen Zahlen jene Slowaken, die im KZ Melk im Februar 1945 ermordet wurden, aber nie den Status von Häftlingen des Lagers hatten.[145]

Tabelle 4: Anzahl der namentlich bekannten Toten des KZ Melk nach den Aufzeichnungen der SS

Nationalität (nach SS-Angaben)	**Todeszahlen**
Gesamt	*4.896*
Polen	1.592
Ungarn	1.434
Frankreich	548
Sowjetunion	435
Italien	312
Deutsches Reich	156
Jugoslawien	152
Griechenland	99
Niederlande	30
Lettland	26
Tschechien	25
Norwegen	17
Slowenien	15
Spanien	11

Nationalität (nach SS-Angaben)	**Todeszahlen**
Litauen	9
Belgien	8
Slowakei	7
Albanien	3
Lothringen	3
Schweiz	3
Estland	2
Luxemburg	2
Türkei	2
Dänemark	1
Kroatien	1
Portugal	1
staatenlos	1
unbekannt	1[146]

143 Abschrift eines Berichtes des Lagerarztes im KLM.-Arbeitslager Melk an den SS-Standortarzt des K.L. Mauthausen betr. Bericht des Häftlingsreviers Melk vom 8.1.1945, BArch All.Proz.7/ FC 1796, Roll 1, Frame 198–202.

144 Die hier präsentierten Zahlen der namentlich bekannten Toten geben den aktuellen Forschungsstand wieder und basieren so wie die Gesamterhebung der Häftlingszahlen auf den umfangreichen Auswertungen der Verzeichnisse der SS durch Christina Kandler in Abstimmung mit dem Autor. Berücksichtigt sind das Totenbuch Melk, das Buch „Unnatürliche Todesfälle", die Meldungen über Tote bei der Evakuierung nach Ebensee, die Todesliste für April 1945 für „Quarz" und „Quarz"/„Zement" sowie das Totenbuch des Standortarztes des KZ Mauthausen. Zu den Quellen siehe Fußnote 89, alle Quellen finden sich als Kopien in der KZ-Gedenkstätte Mauthausen.

145 Vgl. das folgende Kapitel 7.9.

146 Keine Todesfälle gab es unter den Häftlingen aus Rumänien, den USA, Ägypten, Bulgarien und Großbritannien. Insgesamt stammten nur zehn Personen aus diesen Staaten. Unter die Kategorisierung Deutsches Reich fielen alle Österreicher, aber auch zwei Luxemburger.

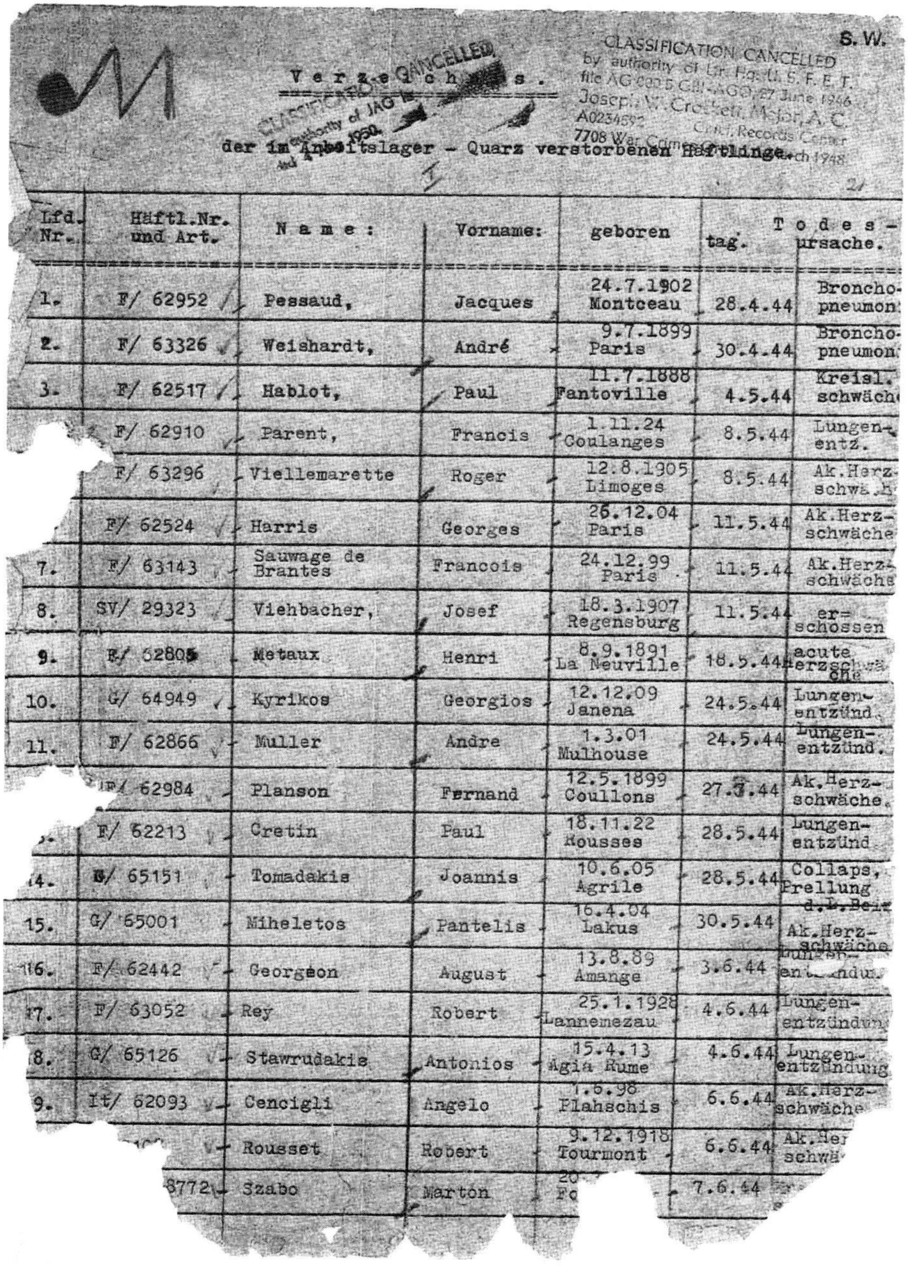

S. W.

CLASSIFICATION CANCELLED

Verzeichnis.

der im Arbeitslager – Quarz verstorbenen Häftlinge.

Lfd. Nr.	Häftl.Nr. und Art.	Name:	Vorname:	geboren	Todes- tag.	Todes- ursache.
1.	F/ 62952	Pessaud,	Jacques	24.7.1902 Montceau	28.4.44	Broncho-pneumon[illegible]
2.	F/ 63326	Weishardt,	André	9.7.1899 Paris	30.4.44	Broncho-pneumon[illegible]
3.	F/ 62517	Hablot,	Paul	11.7.1888 Fantoville	4.5.44	Kreisl. schwäch[illegible]
[illegible]	F/ 62910	Parent,	Francis	1.11.24 Coulanges	8.5.44	Lungen-entz.
[illegible]	F/ 63296	Viellemarette	Roger	12.8.1905 Limoges	8.5.44	Ak.Herz-schwä[illegible]
[illegible]	F/ 62524	Harris	Georges	26.12.04 Paris	11.5.44	Ak.Herz-schwäche
7.	F/ 63143	Sauwage de Brantes	Francois	24.12.99 Paris	11.5.44	Ak.Herz-schwäche
8.	SV/ 29323	Viehbacher,	Josef	18.3.1907 Regensburg	11.5.44	er-schossen
9.	F/ 62805	Metaux	Henri	8.9.1891 La Neuville	18.5.44	acute Herzschwäche
10.	G/ 64949	Kyrikos	Georgios	12.12.09 Janena	24.5.44	Lungen-entzünd.
11.	F/ 62866	Muller	Andre	1.3.01 Mulhouse	24.5.44	Lungen-entzünd.
[illegible]	F/ 62984	Planson	Fernand	12.5.1899 Coullons	27.[illegible].44	Ak.Herz-schwäche.
[illegible]	F/ 62213	Cretin	Paul	18.11.22 Rousses	28.5.44	Lungen-entzünd
[illegible]4.	G/ 65151	Tomadakis	Joannis	10.6.05 Agrile	28.5.44	Collaps, Prellung d.[illegible]
15.	G/ 65001	Miheletos	Pantelis	16.4.04 Lakus	30.5.44	Ak.Herz-schwäche
[illegible]6.	F/ 62442	Georgeon	August	13.8.89 Amange	3.6.44	Lungen-entzündu[illegible]
[illegible]7.	F/ 63052	Rey	Robert	25.1.1928 Lannemezau	4.6.44	Lungen-entzündu[illegible]
[illegible]8.	G/ 65126	Stawrudakis	Antonios	15.4.13 Agia Rume	4.6.44	Lungen-entzündung
[illegible]9.	It/ 62093	Cencigli	Angelo	7.6.98 Flahschis	6.6.44	Ak.Herz-schwäche
[illegible]	[illegible]	Rousset	Robert	9.12.1918 Tourmont	6.6.44	Ak.Her[illegible] schw[illegible]
[illegible]	[illegible]8772	Szabo	Marton	20[illegible] Fo[illegible]	7.6.44	[illegible]

Abb. 25: Totenbuch des Lagers Melk, Erste Seite.
Quelle: NARA.

7.9. Die Ermordung politischer Gefangener aus der Slowakei

Nicht alle Personen, die in Melk getötet wurden, waren registrierte Häftlinge und wurden in den Totenmeldungen und -büchern des KZ Mauthausen bzw. des Außenlagers Melk verzeichnet. Am 19. Februar 1945 passierte ein Konvoi aus Militärfahrzeugen der SS die Gegend um Melk. Im Rahmen der Verfolgungsmaßnahmen nach der Niederschlagung des Slowakischen Aufstandes hatte die deutsche Sicherheitspolizei Anfang Februar 1945 wegen des Herannahens der Front beschlossen, die politischen Gefangenen des Zuchthauses Leopoldov und des Kreisgerichtes Bratislava zu übernehmen und in das Konzentrationslager Mauthausen zu überstellen.

In der Nähe von Melk griffen amerikanische Tiefflieger den Konvoi an, wobei mindestens 20 Gefangene ums Leben kamen.[147] Die Überlebenden wurden daraufhin ins Lager Melk gebracht und am nächsten Tag weiter nach Mauthausen transportiert. Zwischen 15 und 30 nicht transportfähige Verwundete blieben im Krankenrevier des Lagers zurück und wurden durch den SS-Sanitätsdienstgrad Muzikant grausam getötet.[148] Dieser ordnete zunächst an, die Verwundeten nicht zu behandeln und von den Häftlingsärzten bereits notdürftig angelegte Verbände wieder abzureißen.[149] Ihr weiteres Schicksal geht aus der Urteilsschrift des Landgerichtes Fulda im Prozess gegen Muzikant hervor:

„Den Pflegern gab er die Anweisung, das Zimmer hinter der Apotheke, in dem etwa 20 Kranke in 8 bis 10 doppelstöckigen Betten lagen, völlig auszuräumen. Die Kranken und zum Teil auch die Betten wurden auf die übrigen Krankenstuben verteilt. Die restlichen Betten ließ der Angeklagte in den Abstellraum unter der großen Revierbaracke bringen. Schließlich wurde auch noch das Fenster, vor dem Stacheldraht gespannt war, ausgehängt und auf Anweisung des Angeklagten entfernt. Sodann mußten sich die 15 Slowaken, nachdem sie auf Befehl des Angeklagten völlig entkleidet waren, in diesen leeren Raum begeben, den der Angeklagte abschloß. Den Schlüssel nahm er an sich und verbot, diesen Häftlingen Wartung, Nahrung oder andere Hilfe zu gewähren oder den Raum überhaupt zu betreten. […] Täglich begab sich der Angeklagte mindestens einmal mit einem Knüppel allein in diesen Raum, schloß die Tür hinter sich zu und schlug auf die Verwundeten, hungernden und frierenden Gefangenen dermaßen ein, daß die Schläge und die durchdringenden Schmerzensschreie der Mißhandelten im Revier zu hören waren. Die nackten Leichen, die täglich anfielen und Schlagspuren aufwiesen, zerrte er aus dem Zimmer und warf sie vor die Tür. […] Es dauerte mindestens 7 Tage, bis auch der letzte Slowake tot war."[150]

---

147 Bisher wurde angenommen, dass der Angriff zwischen Loosdorf und Melk erfolgte. Vgl. Perz: Projekt „Quarz", S. 160. Verschiedene Aussagen von Slowaken, die sich in diesem Gefangenentransport befanden, lassen aber darauf schließen, dass der Angriff erst nach der Durchfahrt durch Melk westlich der Stadtgrenze erfolgte.

148 Zum Mord an den Slowaken vgl. Perz: Projekt Quarz, S. 503–508; Pavel Branko: Gegen den Strom. (Mauthausen-Erinnerungen, Band 2). Wien 2018, S. 92–97.

149 Vgl. Ladislaus Szücs: Zählappell. Als Arzt im Konzentrationslager. Frankfurt am Main 1995, S. 140.

150 Urteil vom 23.12.1960, LG Fulda, 3 KS 1/60 (Muzikant), auch publiziert in: C. F. Rüter/D. W. de Mildt: Justiz und NS-Verbrechen. Die ost- und westdeutschen Gerichtsentscheidungen wegen nationalsozialistischer Tötungsverbrechen seit 1945, https://junsv.nl/westdeutsche-gerichtsentscheidungen (abgerufen am 15.2.2025).

8. Die Einstellung des Stollenbaus und die Auflösung des KZ Melk

8.1. Die kurzzeitige Nutzung von Teilen der Stollenanlage „Quarz"

Geologische sowie technische Probleme und immer größere kriegsbedingte Versorgungsschwierigkeiten führten dazu, dass trotz des tödlichen Masseneinsatzes von KZ-Häftlingen das Bauvorhaben „Quarz" bis Kriegsende nicht fertiggestellt werden konnte. Zwei Drittel der Stollenanlage waren bei der Einstellung des Bauarbeiten Ende März 1945 zwar ausgebrochen, aber nur ein kleiner Teil konnte bis Frühjahr 1945 für die Produktion genutzt werden.[151]

Noch bevor der Bau der Stollenanlage im Frühjahr 1944 richtig begonnen hatte, beschäftigte sich die Leitung des Wälzlagerwerkes bereits intensiv mit den Vorbereitungen zur Übersiedlung nach Melk. Im September 1944 erhielt die SDPAG vom Rüstungsministerium die Genehmigung zur Verlegung des Wälzlagerwerkes in die ersten beziehbaren 30.000 Quadratmeter der Stollenanlage. Anfang November, nachdem die ersten 2.700 Quadratmeter fertiggestellt waren, begann die Aufstellung der Maschinen in Melk, im Dezember wurde mit der Produktion begonnen. Parallel dazu arbeiteten tausende KZ-Häftlinge weiter am Vortrieb und am Ausbau der Stollenanlage. Bis Mitte März 1945 waren knapp 8.000 Quadratmeter der Anlage für das Wälzlagerlagerwerk nutzbar.

In der Produktion selbst waren 2.760 männliche und weibliche Beschäftigte der SDPAG tätig, vor allem ausländische Zwangsarbeiter*innen.[152] Nach den Plänen der SDPAG sollten die meisten von ihnen aber durch KZ-Häftlinge ersetzt werden. Schon im Frühjahr 1944 hatte die Firma erste Überlegungen angestellt, wie viele Häftlinge nach Fertigstellung der unterirdischen Fabrik auch in der Produktion eingesetzt werden könnten. Man kam schnell zum Ergebnis, dass bis auf die Kontroll- und Überwachungstätigkeiten sowie bestimmte Spezialarbeiten zivile Arbeitskräfte durch KZ-Häftlinge ersetzt werden könnten, wie der Direktor des Wälzlagerwerkes Rossner Vorstandsdirektor Hacker mitteilte: *„Von diesen Gefolgschaftsmitgliedern können 90 % der angeführten Frauen und 100 % der angeführten Hilfsarbeiter durch Häftlinge ersetzt werden, ferner von den Maschinenarbeitern und Facharbeitern maximal zwei Drittel."*[153]

Es ist nicht daran zu zweifeln, dass die SDPAG diese Pläne verwirklicht hätte. Die umfangreichen Ausbauten in der Kaserne, insbesondere auch der aufwendige Bau eines Krematoriums,

---

151 Zur Nutzung der Stollenanlage für die Kugellagerproduktion vgl. Perz: Projekt „Quarz", S. 211–213.

152 Für die Arbeit in der unterirdischen Fabrik wurde aber auch neues weibliches Personal rekrutiert bzw. dienstverpflichtet, so auch junge Frauen. Vgl. Stephan Wurm: Meine Oma im Stollen. Bachelorarbeit, Institut für Zeitgeschichte der Universität Wien, Wintersemester 2012/2013 (online unter: https://stephanturmalin.wordpress.com/).

153 Schreiben Werksdirektion Wälzlagerwerk, Dir. Rossner, an Dir. Hacker vom 6.5.1944 betr. Unterlagen für die Verplanung des KL-Häftlings-Einsatzes in Quarz, Sammlung Perz/ASDP, Mappe: Unter Tag – Quarz.

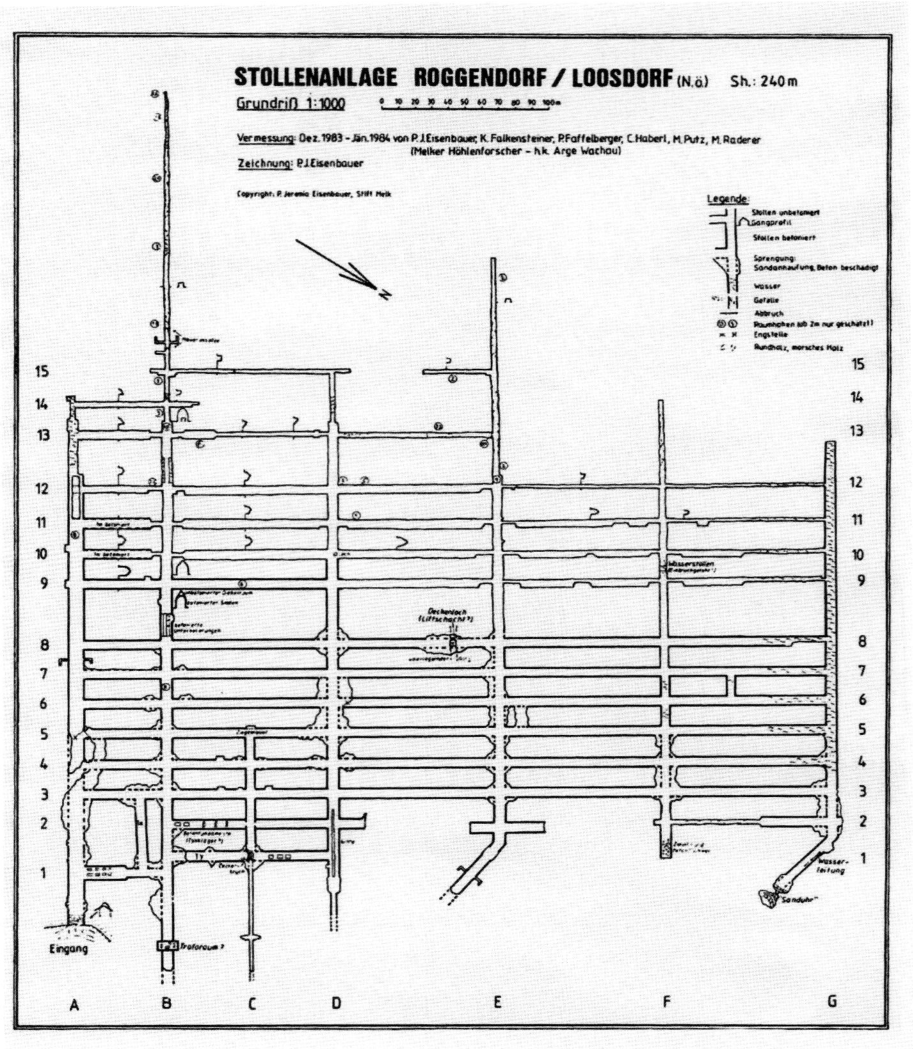

Abb. 26: Plan: Zustandserhebung der Stollenanlage „Quarz" im Dezember 1983/Jänner 1984 durch Melker Höhlenforscher (Gruppe um Jeremia Eisenbauer). Bis auf die gesprengten Eingänge ist der Ende März 1945 erreichte Ausbauzustand zu sehen.
Quelle: Eisenbauer: Die vergessenen Toten (1984).

Abb. 27: Stollenportal Hauptstollen A, Nachkriegsaufnahme.
Fotograf*in: unbekannt, Quelle: DÖW.

lassen darauf schließen, dass in Melk auf Dauer ein Konzentrationslager bestehen bleiben sollte.

Durch den raschen Vormarsch der sowjetischen Truppenverbände im Frühjahr 1945 wurden alle diese Pläne schnell hinfällig. Die Kugel- und Wälzlagerproduktion im fertigen Teil der Stollenanlage kam zum Stillstand, noch bevor sie richtig begonnen hatte.[154] Um die wertvollen Werkzeugmaschinen aus dem Einflussbereich der Sowjets zu bringen, wurden diese wieder demontiert und Ende März auf Zügen und LKWs nach Linz und Steyr abtransportiert.

8.2. Die Räumung des Lagers

Die Bestrebungen der SS, möglichst keinen Häftling lebend in die Hände der Kriegsgegner fallen zu lassen, führte seit Mitte 1944 zu umfangreichen Evakuierungsmaßnahmen in den Konzentrationslagern – mit katastrophalen Konsequenzen. Die meisten Lager wurden bei Herannahen der Alliierten evakuiert und die Häftlinge von der Front weggetrieben. Von den über 700.000 im Jänner 1945 registrierten KZ-Häftlingen kamen auf den strapaziösen Evakuierungsmärschen, in wochenlang umherirrenden Transportzügen und in den völlig überfüllten Auffanglagern in den Monaten und Wochen unmittelbar vor Kriegsende vermutlich über 300.000 ums Leben.[155]

Anfang April 1945 begann die SS auch auf österreichischem Gebiet liegende Außenlager des KZ Mauthausen zu evakuieren.[156] Zunächst wurden die Häftlinge der Außenlager im Raum Wien bei Herannahen der Roten Armee in Fußmärschen Richtung Mauthausen getrieben. Nicht gehfähige kranke Häftlinge wurden beim Abmarsch aus den Lagern getötet, ebenso Häftlinge, die das Marschtempo aus Erschöpfung nicht halten konnten.

Die Melker Häftlinge schwankten im Frühjahr 1945 ständig zwischen der Hoffnung, bald befreit zu werden, und der Sorge, diesen Augenblick nicht mehr zu erleben.[157] Sie befürchteten, dass die SS im letzten Augenblick alle Häftlinge töten würde. Die kleine geheime Häftlingsorganisation rund um Funktionshäftlinge der Lagerschreibstube versuchte, sich auf diesen Augenblick vorzubereiten. Vor allem sollten Informationen über die Pläne der SS gewonnen werden. Durch ungarische jüdische Häftlinge in Zusammenarbeit mit zivilen Zwangsarbeiter*innen wurden an der Baustelle sieben Pistolen beschafft und in das Lager geschmuggelt.

Erste Anzeichen, dass der entscheidende Augenblick nicht mehr fern war, konnten die Häftlinge im März 1945 registrieren. Aufgrund von Verhandlungen zwischen dem Internationalen Roten Kreuz und dem Reichsführer-SS Himmler erfolgte die Entlassung skandinavischer Häftlinge aus den Konzentrationslagern der SS. Am 12. März 1945 wurden auch 34 Skandinavier aus Melk

---

154 Nach US-amerikanischen Quellen wurden in Melk insgesamt produziert: bis zu 8.000 Kugellager, 12.000 Paar Ringe sowie 20.000 Paar noch unfertige Ringe.

155 Vgl. Wachsmann: KL, S. 626 f.

156 Vgl. Prenninger: Das letzte Lager, S. 206–309.

157 Zu Auflösung des Lagers und der Evakuierung der Häftlinge vgl. Perz: Projekt „Quarz", S. 519–549.

nach Mauthausen überstellt und von dort über das KZ Neuengamme in ihre Heimatländer zurückgebracht.[158]

In Melk begann die Phase der Evakuierung mit der Einstellung der Bauarbeiten zu Ostern 1945. Da die große Zahl an Häftlingen in Melk nun nicht mehr benötigt wurde, erfolgte am 2. April 1945 die Überstellung von 500 Häftlingen in das nahegelegene Außenlager Amstetten. Dieses Außenlager war erst wenige Tage zuvor eingerichtet worden und diente vor allem dem Zweck, den durch Luftangriffe schwer beschädigten Bahnhof so weit instand zu setzen, dass der Bahnverkehr auf dieser zentralen Eisenbahnverbindung von Wien Richtung Westen aufrechterhalten werden konnte.

Noch im März 1945 erfuhren Häftlinge in der Schreibstube des Lagers Melk durch den Lagerarzt Dr. Sora von einem Plan der SS, bei Herannahen der Front die Häftlinge nach einem vorgetäuschten Fliegeralarm in die Stollen in Roggendorf zu treiben, um sie dort zu töten. Der Lagerschreiber Hermann Hofstädt war der Meinung, dass dieser Plan vom Lagerführer Ludolph stammte:

„Im April dieses Jahres, als die Russen bereits Wien eingenommen hatten und auf dem Vormarsch nach St. Pölten waren, sollte das Lager Melk evakuiert werden. Diese Evakuierung des Lagers wollte der Lagerführer Ludolph hintertreiben. Er beabsichtigte, wie er auf einer SS-Führerbesprechung bekanntgab, sämtliche Häftlinge auf der Arbeitsstelle in den dort befindlichen Stollen zu treiben, und dann den Stollen mit tausenden Häftlingen in die Luft zu sprengen. Sprengvorrichtungen waren schon eingebaut und geladen."[159]

Ob die Ermordung der Häftlinge tatsächlich ein persönlicher Plan des Lagerführers Ludolph oder ein von Mauthausen vorliegender Befehl war, kann nicht endgültig geklärt werden. Die Indizien sprechen aber eher für einen Befehl aus Mauthausen. Es ist kaum anzunehmen, dass Ludolph ohne Genehmigung seiner Vorgesetzten eine so weitreichende Entscheidung getroffen hätte. So war auch der ehemalige Lagerarzt Sora der Meinung, dass der Befehl aus Mauthausen gekommen war. Der Lagerschreiber Hermann Hofstädt ließ sofort allen Häftlingen mitteilen, dass sie in den nächsten Tagen die Stollen unter keinen Umständen betreten sollen. In dieser Situation war der Lagerarzt von großer Hilfe. Sora versuchte, bei dem Melker Landrat Leopold Convall zugunsten der Häftlinge zu intervenieren. Ob die Sprengung letztlich deshalb unterbunden wurde, muss aber offen bleiben:

„Letzten Endes kam es dann so, dass ich zu dem damaligen Landrat hinuntergegangen bin, ich hab' gewusst, der hat mit dem Lager schon lange keine Freude, ich hab' gewusst, Gott sei Dank, dass er kein Nazi ist, und hab' ihm gesagt: ‚Passen Sie auf, keine Präliminarien, wir haben keine Zeit, ich bin genauso kein Nazi wie Sie keiner sind, ich weiß es, Sie brauchen keine Angst haben, ich komm nicht vom Lager, Sie zu verhaften, sondern es handelt sich um Folgendes:' Das

---

158 Zur Rezeption dieser Entlassung vgl. Oliver Wrochem: Skandinavien im Zweiten Weltkrieg und die Rettungsaktion Weiße Busse. Ereignisse und Erinnerung. Berlin 2012.

159 Hofstädt: Aus dem KZ.-Lager.

und das ist geplant und hab' gesagt: ‚Wenn das passiert und die Russen kommen, bleibt kein Stein auf dem andern in Melk, weil die werden sich dann nicht kümmern. Sie werden sagen, jetzt kommt die große Rache und die bringen Frauen und Kinder und alles um.' Sag' ich: ‚Wir müssen was tun!' und da hat er gesagt: ‚Um Gottes Willen, mir macht das schon so Sorgen, dass die da oben sind, was soll ...' Na, hab' ich gesagt: ‚Herr Doktor, ich habe einen Plan. Soviel mir bekannt geworden ist, ist der Dr. Jury, der Gauleiter von Niederösterreich ein Mann, der angeblich humanitären Überlegungen zugänglich ist. Packen Sie ihn dabei, dass Sie ihm sagen, er ist für die Zivilbevölkerung Niederösterreichs genauso verantwortlich, wie Sie da in Melk es sind.' Er soll – für ihn ist es ein Leichtes, nach Mauthausen zu sagen, er hat was läuten gehört. ‚Aber um Gottes Willen', hab' ich gesagt, ‚sagen Sie nicht, dass das von uns kommt, weil was ich tue und wir machen, ist ja Hochverrat, wir hängen ja gleich. Sagen Sie, Sie haben was läuten gehört, es geh'n ja viele Gerüchte herum, er soll auch sagen, es ist ihm ein Gerücht zugekommen, sowas darf nicht passieren, er soll Mauthausen bremsen.'
Nun kam tatsächlich 14 Tage nachher der Lagerführer Ludolph daher und hat gesagt, ein Telegramm ist gekommen, die Sprengung der Schächte ist verboten, wir sollen die Häftlinge ins Lager Ebensee am Traunsee verlegen. Mir ist ein Stein vom Herzen gefallen. Ob nun tatsächlich der Convall und der Jury funktioniert haben oder ob aus irgendwelchen Gründen Mauthausen das selber nicht für ganz opportun gehalten hat, das weiß ich nicht ... zwei, drei Tage, bevor die Russen in Krems waren ist der Befehl gekommen, hat es geheißen, sofort weg. Man hat im Lager alles stehengelassen, nichts gesprengt und ist Hals über Kopf weg. Die SS-Leute haben schon ein großes Interesse gehabt, aus dem Bereich der Russen zu kommen, sie haben sich doch immer noch von den Amerikanern viel erhofft. Außer die Obersten, wie der Lagerführer Ludolph, die haben ganz genau gewusst, wie es steht, die haben aus diesem Grund nur mehr gesoffen."[160]

Die hektische Evakuierung des Lagers startete am Mittwoch, den 11. April 1945. Zu diesem Zeitpunkt war die Rote Armee bereits bis St. Pölten vorgedrungen und der Kampf um Wien war in vollem Gang. Zunächst wurde ein Transport per Zug mit 1.500 jugendlichen und kranken Häftlingen nach Mauthausen zusammengestellt. Noch vor dem Abmarsch aus dem Lager tötete der SS-Sanitäter Muzikant mittels Injektionen 30 bis 40 Schwerkranke. Während der Überstellung nach Mauthausen kamen weitere 15 Häftlinge ums Leben. Das Schicksal der Mehrzahl der nach Mauthausen Evakuierten ist bis heute nur zum Teil bekannt. Dokumentiert sind 125 Todesfälle von Häftlingen des KZ Melk im Zeitraum bis zur Befreiung – dabei handelt es sich um eine Mindestzahl.[161]

Zwei weitere Evakuierungstransporte mit insgesamt 4.402 Häftlingen verließen am 13. April 1945 das Lager mit dem Zielort Ebensee im Salzkammergut. Eine Gruppe der Häftlinge wurde in Güterwaggons in das Außenlager gebracht. Die größere Gruppe wurde in Melk in Lastkähne

160 Interview Josef Sora, MM, 5.9.005.
161 Auswertung der Totenbücher des KZ Mauthausen durch Christina Kandler. Ich danke für die Information.

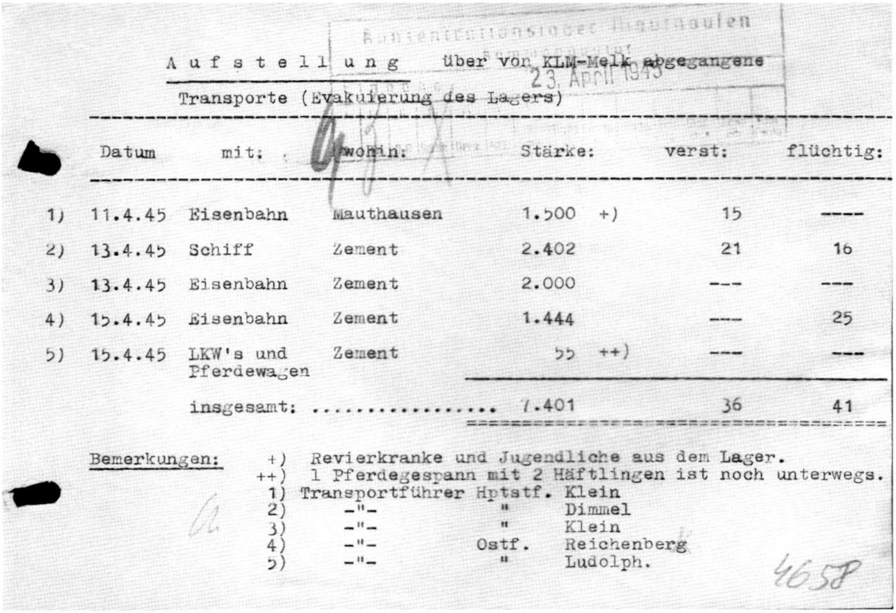

Aufstellung über von KLM-Melk abgegangene Transporte (Evakuierung des Lagers)

23. April 1945

	Datum	mit:	wohin:	Stärke:		verst:	flüchtig:
1)	11.4.45	Eisenbahn	Mauthausen	1.500	+)	15	----
2)	13.4.45	Schiff	Zement	2.402		21	16
3)	13.4.45	Eisenbahn	Zement	2.000		---	---
4)	15.4.45	Eisenbahn	Zement	1.444		---	25
5)	15.4.45	LKW's und Pferdewagen	Zement	55	++)	---	---
		insgesamt:		7.401		36	41

Bemerkungen:
+) Revierkranke und Jugendliche aus dem Lager.
++) 1 Pferdegespann mit 2 Häftlingen ist noch unterwegs.
1) Transportführer Hptstf. Klein
2) -"- " Dimmel
3) -"- " Klein
4) -"- Ostf. Reichenberg
5) -"- " Ludolph.

4658

Abb. 28: SS-Aufstellung über die Evakuierungstransporte aus dem KZ Melk, April 1945.
Quelle: APMA-B.

Abb. 29: Häftlingskolonne auf dem Appellplatz, mit hoher Wahrscheinlichkeit unmittelbar vor der Evakuierung. Aufnahmedatum April 1945. Heimliche Aufnahme des Häftlings Kurt Zalud.
Foto: Kurt Zalud, Quelle: NARA.

verfrachtet, und auf der Donau nach Linz transportiert. Von Linz ging es in einem mehrtägigen erschöpfenden Fußmarsch weiter nach Ebensee. Häftlinge, die das Marschtempo nicht mithalten konnten, wurden von einem SS-Kommando erschossen.

Insgesamt kamen nach den offiziellen SS-Meldungen 21 Häftlinge auf diesem Marsch ums Leben, mindestens 16 Häftlingen gelang die Flucht. Der letzte große Transport per Zug mit 1.500 Häftlingen verließ Melk am Sonntag, den 15. April 1945, in Richtung Ebensee, die allerletzte Gruppe mit 55 vorwiegend Funktionshäftlingen folgte mit LKW der SS und Pferdewagen. Damit war das Außenlager Melk fast genau ein Jahr nach seiner Einrichtung aufgelöst. Als die Rote Armee im Mai 1945 in Melk einmarschierte, fand sie ein leeres Lager vor.

Die Situation, in die jene Melker Häftlinge gerieten, die nach Ebensee überstellt wurden, war denkbar schlecht. Im KZ Ebensee, das zu einem Auffanglager für evakuierte andere Lager geworden war, herrschten in den letzten Monaten katastrophale Zustände. Ebensee war zu dieser Zeit ein ausgesprochenes Hungerlager.[162] Für die bereits sehr geschwächten Häftlinge bedeutete dies eine weitere extreme Gefährdung. Die hohe Sterblichkeit in der letzten Phase dieses Lagers traf auch die Häftlinge aus dem KZ Melk. Von den 5.839 nach Ebensee evakuierten Melker Häftlingen kamen in den letzten zwei bis drei Wochen bis zur Befreiung mindestens 622 ums Leben.[163]

Das „Glück" für viele Häftlinge aus dem KZ Melk bestand nur darin, dass die Ebenseer Phase sehr kurz ausfiel. Am 6. Mai 1945 erfolgte die Befreiung des Konzentrationslagers Ebensee durch amerikanische Truppen, einen Tag zuvor waren auch die nach Mauthausen evakuierten Häftlinge von den Amerikanern befreit worden.[164]

162 Vgl. Freund: Arbeitslager Zement, S. 242–248 bzw. 395–396.

163 Auswertung der einschlägigen Todesmeldungen durch Christina Kandler unter Einbeziehung der grundlegenden Studie zu den Todesfällen in Ebensee von Florian Freund: Die Toten von Ebensee. Analyse und Dokumentation der im KZ Ebensee umgekommenen Häftlinge 1943–1945. Wien 2010. Dank an Christina Kandler für diese Information.

164 Vgl. Freund: Arbeitslager Zement, S. 422–429.

Christian Rabl

9. Das Ringen um das ehemalige Krematorium als Gedenkort

Unmittelbar nach ihrer Ankunft in Melk am 8. Mai 1945 richtete die sowjetische Rote Armee am leerstehenden ehemaligen KZ-Areal eine Garnison ein und versuchte in den folgenden Wochen (vergeblich) die Stollenanlage in Roggendorf zu sprengen. Ab 1946 fungierte das frühere Lagergelände drei Jahre lang als Sammellager für volks- und sudetendeutsche Umsiedler*innen und wurde zwischen 1949 und 1955 als Wohnort für Melker Familien zivil genutzt.[165] Nach dem Ende der Besatzungszeit kehrte 1956 das österreichische Bundesheer – wie schon zur Zeit der Eröffnung der Kaserne 1913 ein Pionierbataillon[166] – auf das Areal zurück und nutzt es seither als Kaserne. Nachdem sowjetische Soldaten das ehemalige KZ-Areal übernommen hatten, wurde das Krematorium in den ersten Nachkriegsjahren vorerst weder gepflegt noch genutzt. Die Rote Armee hatte für das Gebäude keine Verwendung, und die Stadt Melk, der das Grundstück gehörte, auf dem sich das ehemalige Krematorium befindet, zeigte keine Bereitschaft, sich um den Erhalt des Gebäudes zu kümmern. Neben dem fehlenden Willen zur Übernahme der Verantwortung für den Erhalt des Gebäudes zeigt die Analyse der Entwicklungsgeschichte der KZ-Gedenkstätte Melk in den organisatorischen Abläufen auch ein komplexes und lähmendes Geflecht von Behörden und Ämtern auf allen Ebenen des föderalistischen Staates: Neben der Stadt Melk und der Bezirkshauptmannschaft (BH) Melk auf der lokalen Ebene waren die Abteilungen des Amtes der NÖ Landesregierung (insbesondere Abteilung Kriegsgräberfürsorge I/3) sowie das Bundesministerium für Inneres (BMI)[167] und das Bundesdenkmalamt involviert. Demgegenüber standen nationale und internationale Häftlingsverbände, allen voran der niederösterreichische KZ-Verband, die französische Amicale de Mauthausen sowie das Comité International de Mauthausen und die Österreichische Lagergemeinschaft, die sich um den Erhalt des ehemaligen Krematoriums als Gedenkort bemühten. Aufgrund der Untätigkeit der zuständigen Behörden befand sich das im Spätherbst 1944 hastig errichtete Gebäude bald in einem

---

165 Vgl. Kapitel 15 in diesem Band.

166 Pioniere sind eine Truppengattung des Österreichische Bundesheeres, welche die Aufgabe haben, *„die Bewegungsmöglichkeit der eigenen Truppe zu erhöhen und jene des Gegners möglichst zu behindern."* Darüber werden Pioniere im Katastrophenfall, wie beispielsweise bei Hochwasser, als Helfer beigezogen. Österreichisches Bundesheer, Pioniertruppe, https://www.bundesheer.at/unser-heer/waffengattungen/pioniertruppe (abgerufen am 13.2.2025).

167 Im BMI waren die Gedenkstättenagenden zunächst in der Abteilung 9 situiert, ab 1965 in der Abteilung IV/33, ab Mitte der 1970er-Jahre in der Abteilung IV/4 und ab 1991 die Abteilung IV/7. Im Jahr 2017 wurde die KZ-Gedenkstätte Mauthausen aus dem BMI ausgegliedert und ist seither eine eigenständige Bundesanstalt. Vgl. Bertrand Perz: Die KZ-Gedenkstätte Mauthausen 1945 bis zur Gegenwart. Innsbruck 2006, S. 289, Fußnote 390.

Abb. 30: Das ehemalige Krematorium des KZ Melk glich im März 1947 eher einer „Gstettn".
Foto: Hilda Lepetit, Quelle: Archiv Memorial Ebensee.

desolaten Zustand. Das früheste bekannte Nachkriegszeitfoto vom März 1947 wurde von der aus Mailand stammenden Hilda Lepetit angefertigt, die im Rahmen des Gedenkens an ihren in Ebensee ermordeten Ehemann bereits ab 1945 regelmäßig Ebensee und Melk besucht hatte. Das Foto zeigt ein Areal rund um das ehemalige Krematorium, das eher einer Müllhalde als einem würdigen Gedenk- und Friedhofsort gleicht.

Melk war zu dieser Zeit nicht der einzige ehemalige KZ-Standort, dessen bauliche Überreste von den österreichischen Behörden vernachlässigt wurden. Die Empörung der regelmäßig und in durchaus großer Zahl nach Österreich kommenden Besucher*innengruppen bezog sich besonders auf den unwürdigen Zustand der großen Gedenkorte Mauthausen, Gusen und Ebensee. Eine der ersten Gruppen, die öffentlich Kritik an den herrschenden Zuständen äußerte, war jedoch der in Österreich ansässige kommunistisch geprägte „Verband österreichischer KZ-ler und politisch Verfolgter in Wien und NÖ" (kurz: KZ-Verband),[168] der in der ersten Ausgabe seiner Vereinszeitung *Der neue Mahnruf* 1948 kritisch berichtete. Der Generalsekretär des Internationalen Bundes der ehemaligen politischen Gefangenen (FIAPP), Heinrich Dürmayer, habe sich über den *„unwürdigen*

168 Der KZ-Verband ging im Frühjahr 1948 als eine von drei Organisationen aus dem ursprünglichen Bundesverband der ehemals politisch Verfolgten Antifaschisten hervor, der 1946 in Innsbruck gegründet worden war und zunächst als einzige offizielle Vertretung alle Opfer des Faschismus fungiert hatte. Die 1948 erfolgte Zersplitterung des Bundesverbands steht mit den politischen Differenzen innerhalb der Verbandsleitung bzw. der Mitgliederschaft in Zusammenhang. 1948 entstanden getrennte Opferorganisationen, die den drei damals im Parlament vertretenen Parteien nahestanden: der KPÖ-nahe KZ-Verband, der SPÖ-nahe Bund sozialistischer Freiheitskämpfer sowie die ÖVP-nahe Kameradschaft politisch Verfolgter. Vgl. Perz: KZ-Gedenkstätte, S. 22–26.

Abb. 31: Französische Pilger*innen auf dem Weg zum ehemaligen Krematorium Melk im Jahr 1948. Foto: Jean Barbier, Quelle: Archiv Amicale de Mauthausen.

und skandalösen"[169] Erhaltungszustand der Gedenkorte Mauthausen, Gusen und Melk empört.[170] Dürmayer wiederholte diese Kritik auch in einem Brief an Bundeskanzler Leopold Figl: *„Mit Bestürzung hat das Generalsekretariat Kenntnis erhalten, daß sich die Lager Mauthausen, Gusen I und II, Melk und Ebensee in einem vollkommen vernachlässigten Zustand befinden. [...] Das Lager Melk ist im Begriff, zu verschwinden."*[171] Diese Beschreibung stammte von Teilnehmer*innen einer „Pèlerinage" (deutsch: Pilgerfahrt oder Wallfahrt) der französischen Opferorganisation Amicale de Mauthausen.[172] Der damalige Generalsekretär der Amicale, Émile Valley,[173] selbst Überlebender des KZ Mauthausen sowie des Außenlagers Linz III, hatte der FIAPP seine Eindrücke übermittelt. Man gewinne in Melk den Eindruck, als ob man *„mit allen Mitteln die Spuren der von einem verhaßten Regime begangenen Verbrechen verwischen möchte"*[174].

169 Vergessene Gräber. In: Der neue Mahnruf, Jahrgang 1 (1948), Heft 1, S. 4.

170 Zur Rolle Dürmayers vgl. auch Perz: KZ-Gedenkstätte, S. 53 f.

171 Protest der FIAPP gegen die Vernachlässigung des Lagers Mauthausen. In: Der neue Mahnruf, Jahrgang 1 (1948), Heft 2, S. 5.

172 Bei der Amicale de Mauthausen handelt es sich um einen Zusammenschluss aus KZ-Überlebenden sowie Nachkommen von im Lagersystem Mauthausen-Gusen ermordeten KZ-Häftlingen französischer Herkunft. Zur Geschichte und Tätigkeit der Amicale de Mauthausen vgl. https://campmauthausen.org/ (abgerufen am 27.1.2025).

173 Vgl. dazu Michelle Rousseau-Rambaud: Émile Valley (1910–1999). In: Amicale de Mauthausen – déportés, familles et amis de Mauthausen, https://campmauthausen.org/histoire/des-hommes-et-des-femmes/portraits/portraits-valley/ (abgerufen am 27.1.2025).

174 Protest der FIAPP gegen die Vernachlässigung des Lagers Mauthausen. In: Der neue Mahnruf, Jahrgang 1 (1948), Heft 2, S. 5.

Auch der KZ-Verband fürchtete, dass das ehemalige Krematorium verschwinden könnte, und intervenierte im Sommer 1948 beim damaligen niederösterreichischen (NÖ) Landeshauptmann Josef Reither (selbst KZ-Überlebender)[175], *„damit das Land Niederösterreich das ehem. Konzentrationslager Melk a.d.D. (ehem. Pionierkaserne) vor dem weiteren Verfall und Zerstörung rettet und jener Zweckbestimmung zuführt[,] wie es dem Andenken vieler tausender vom Hitler-Faschismus gemordeten Häftlinge geziemt."*[176] Die Kritik bezog sich auf den katastrophalen Zustand des Gebäudes, das über keine Fenster, keine Blumen und auch keine Betreuung verfüge, und des Gartenbereichs, der zur Mistablagerung verwendet werde. Der NÖ KZ-Verband appellierte an Reither als *„Österreicher, Christ, KZ-ler und Landeshauptmann"*,[177] sich dieser Sache persönlich anzunehmen und dafür zu sorgen, dass dieser *„durch den Opfertod von vielen tausenden Opfern des Naziregimes geheiligte"*[178] Ort würdig gestaltet werde. Immerhin sei zu erwarten, dass künftig jedes Jahr tausende ehemalige Häftlinge, Witwen und Waisen von Ermordeten aus allen Ländern Europas nach Melk kommen werden.[179] Mit der Befürchtung, dem ehemaligen Krematorium könnte der Abriss drohen, lagen die FIAPP, Valley und der KZ-Verband richtig. Denn aufgrund der mannigfaltigen Kritik am schlechten Zustand des Gebäudes waren sich die involvierten Ämter und Behörden (Abteilung Kriegsgräberfürsorge und Kulturabteilung des Landes NÖ, Bundesdenkmalamt, BH Melk und Stadt Melk) ab 1948 im Wesentlichen darüber einig, dass der Abriss des Gebäudes die beste Lösung sei.[180] Einem Aktenvermerk der Kulturabteilung des Landes NÖ vom November 1948 ist dazu zu entnehmen:

„Da im Laufe der Zeit zu erwarten ist, dass den Ausländern der Gedanke, dass das in Oesterreich gelegene Lager ausschliesslich von Reichsdeutschen verwaltet wurde[,] abhanden kommt, und uns Oesterreichern die von den Reichsdeutschen verbrochenen Greueltaten zur Last gelegt werden, wäre empfehlenswert, ein Gedenkmal unter Verwendung einer entsprechenden Skulptur zu errichten und sodann diese Baracke mit dem grauenvollen Inhalt des Verbrennungsofens zu schleifen."[181]

Die geplante Schleifung wurde erstaunlich offen mit der Befürchtung argumentiert, Österreich könnte für die Verbrechen des NS-Regimes mitverantwortlich gemacht werden. Dies sollte natürlich verhindert werden, widersprach es doch explizit der seitens der damaligen Bundesregierung vertretenen These, Österreich sei das erste Opfer NS-Deutschlands gewesen und trage

175 Zur Biografie Josef Reithers vgl. Dokumentationsarchiv des österreichischen Widerstandes: Der erste Dachau-Transport aus Wien, 1. April 1938. Dokumente und biographische Angaben zu den Häftlingen: REITHER Josef, https://www.doew.at/erinnern/fotos-und-dokumente/1938-1945/der-erste-dachau-transport-aus-wien-1-april-1938/reither-josef (abgerufen am 27.1.2025).

176 Schreiben des Verbands der österr. KZ-ler und politisch Verfolgter an Landeshauptmann Josef Reither, 29.7.1948, Niederösterreichisches Landesarchiv (fortan NÖLA), NÖ Landesregierung, Abt. III-2-K1, Zahl 86.

177 Ebd.

178 Ebd.

179 Vgl. ebd.

180 Vgl. beispielsweise ein dementsprechendes Schreiben des Landesamtsdirektors von NÖ vom 10.12.1948 sowie des Bundesdenkmalamtes vom 17.2.1949, NÖLA, NÖ Landesregierung, Abt. III-2-K1, Zahl 86.

181 Amtsvermerk, 30.11.1948, ebd.

somit keinerlei Mitverantwortung an den NS-Verbrechen.[182] Die Schleifung des Gebäudes scheiterte jedoch an einer Anordnung der sowjetischen Kommandantur in Melk, wie der damalige Melker Bürgermeister und SPÖ-Bundesrat Josef Adlmannseder im Jänner 1949 der BH Melk berichtete: *„In Entsprechung ihres Schreibens vom 17. d. Mts. wird bekanntgegeben, dass nach einer seinerzeitigen Verfügung der Kommandantur der Verbrennungsofen des KZ-Lagers Melk für eine Abtragung nicht in Frage kommt, da er als dauerndes Mahnmal bestehen bleiben soll."*[183]

Der Abriss war damit vorerst aufgehalten, die Räumlichkeiten des ehemaligen Krematoriums wurden gesäubert und sollten künftig *„zweimal im Monat mit Grünschmuck versehen werden."*[184] Der Plan, das Gebäude abzureißen, war damit aber nicht völlig vom Tisch. Das Land NÖ stieß weitere Erhebungen zum Zustand des Gebäudes sowie des Kasernenareals an, außerdem wurden Recherchen zur Geschichte des KZ-Außenlagers Melk durchgeführt. Dabei kam man zu dem Ergebnis, dass in Melk zahlreiche Russen und Franzosen inhaftiert gewesen waren, was sich auch darin geäußert habe, dass Vertreter des russischen und französischen Hochkommissariats aus Wien in Melk wiederholt im Gedenken an die Opfer Kränze niedergelegt hätten.[185] Man schloss daraus, dass das Gebäude aus *„ethischen Gründen"* abgetragen werden solle, und vertrat die Auffassung, dass aus *„psychologischen Gründen"*[186] ein Mahnmal geeigneter für das Gedenken sei.

Auf lokaler Ebene liefen jedoch parallel dazu gegenläufige Überlegungen zur Renovierung des Gebäudes. Bei einer gemeinsamen Besichtigung im März 1949 kamen Vertreter der Stadt und der BH Melk überein, dass die *„westseitigen Fenster und Türen, welche fehlen, verschalt werden [sollen]"*. Darüber hinaus sollte im fälschlicherweise als *„Vergasungsraum"* bezeichneten ehemaligen Leichenkühlraum ein Holzkreuz samt Grünschmuck angebracht werden. Bereits in den frühen Nachkriegsquellen wurde jener Raum, der zur Kühlung der Leichen diente, irrigerweise als „Gaskammer" bzw. „Vergasungsraum" bezeichnet. Eine Gaskammer hat jedoch im KZ-Außenlager Melk nie existiert und war auch nicht vorgesehen gewesen. Ein weiteres Holzkreuz sollte samt zweier flankierender Kränze im Verbrennungsraum montiert werden, dazu noch ein *„Holzpostamentl"* zur Anbringung von Kerzen. Die Durchführung dieser Maßnahmen sowie die *„weitere Erhaltung der pietätvollen Ausschmückung"*[187] sagte die Stadt Melk explizit zu. Dieser Zusage ließ die Stadtverwaltung jedoch keine konkreten Taten folgen. Die Schmückung des

---

182 Eine ähnlich gelagerte Diskussion zum weiteren Umgang mit lagerzeitlichen Überresten fand parallel dazu auch rund um das ehemalige Stammlager Mauthausen statt, wo seitens der ÖVP unter Figl die Schleifung großer Teile des ehemaligen Lagers ebenfalls ins Auge gefasst wurde. Im Gegensatz zu Melk wurde jedoch der Erhalt der Krematoriumsanlage in Mauthausen nie in Frage gestellt. Vgl. Perz: KZ-Gedenkstätte, S. 102.

183 Schreiben Stadt Melk an BH Melk, 29.1.1949, NÖLA, Kriegsgräberfürsorge, Abt. IV-W2-K – KZ-Nebenlager, Band 1.

184 Schreiben des Landesamts III/2 an NÖ Landesamtsdirektor, 7.3.1949, NÖLA, NÖ Landesregierung, Abt. III-2-K1, Zahl 86.

185 Vgl. handschriftlicher Aktenvermerk zu Besprechung, 27.9.1949, NÖLA, Kriegsgräberfürsorge, Abt. IV-W2-K – KZ-Nebenlager, Band 1.

186 Handschriftlicher Aktenvermerk zu Besprechung, 25.2.1949, ebd.

187 Aktenvermerk BH Melk, 10.3.1949, NÖLA, Kriegsgräberfürsorge, Abt. IV-W2-K – KZ-Nebenlager, Band 1.

ehemaligen Krematoriums wurde tatsächlich von Vertreter*innen des NÖ KZ-Verbands durchgeführt und vom Amt der NÖ Landesregierung bezahlt.[188]

9.1. Aneignungen des Ortes: Die ersten Gedenkzeichen in Melk

Wie an vielen Orten des Gedenkens an NS-Verbrechen scheint das erste Gedenkzeichen in Melk ein christliches Kreuz gewesen zu sein. Es ist weder bekannt, wer das bis heute vorhandene Birkenkreuz angebracht hat, noch lässt sich anhand der überlieferten Quellen exakt sagen, wann es montiert wurde. Es war jedenfalls bereits im Juli 1948 vorhanden, wie aus einem Schreiben des KZ-Verbands an den NÖ Landeshauptmann Josef Reither hervorgeht,[189] und es findet sich auch in den Entwürfen des Architekten Wilhelm Schütte, der Anfang 1949 das französische Denkmal für Melk entwarf.

Politische Häftlinge französischer Herkunft zählten im April 1944 zu den allerersten, die von Mauthausen nach Melk überstellt worden waren. In dieser ersten Phase war es ihnen teilweise gelungen, gemeinsam mit politischen Häftlingen anderer Länder zentrale Positionen innerhalb der „Häftlingsselbstverwaltung" zu erlangen. Die französischen Häftlingsfunktionäre hatten im Rahmen ihrer sehr begrenzten Möglichkeiten versucht, im Lager den Widerstand zu organisieren.[190] Insgesamt waren binnen eines Jahres mehr als 1.650 französische Schutzhäftlinge zur Zwangsarbeit nach Melk überstellt worden, was rund elf Prozent der insgesamt rund 14.400 Häftlinge des KZ Melk entsprach. Mehr als 540 Männer französischer Herkunft waren im KZ-Außenlager Melk ermordet und von diesen wiederum mehr als 300 ab Dezember 1944 im lagereigenen Krematorium verbrannt worden. In Anbetracht dieser hohen Opferzahl unternahmen die Mitglieder der 1945 in Paris gegründeten Amicale de Mauthausen bereits frühzeitig erste Anstrengungen, in Melk ein Gedenkzeichen anzubringen und den Gedenkort dauerhaft zu erhalten. Im Herbst 1949 errichtete die Amicale als erste Häftlingsorganisation ein nationales Denkmal in Melk, das von dem Architekten Wilhelm Schütte entworfen und umgesetzt wurde. Schütte war von der Amicale in den Jahren 1949 und 1950 auch mit der Umsetzung der französischen Denkmäler in Mauthausen, Hartheim, Ebensee und Gusen beauftragt.[191]

---

188 Der Landessekretär des KZ-Verbands, Albert Seifert, übermittelte dem Amt der NÖ Landesregierung mehrmals Rechnungen mit der Bitte um Refundierung von Ausgaben zur Ausschmückung des Gebäudes. Vgl. Aktenvermerk Amt der NÖ Landesregierung, 22.11.1949, ebd.

189 Vgl. Schreiben des Verbands der österr. KZ-ler und politisch Verfolgter an Landeshauptmann Josef Reither, 29.7.1948, NÖLA, NÖ Landesregierung, Abt. III-2-K1, Zahl 86.

190 Vgl. Perz: Projekt „Quarz", S. 306–318.

191 Vgl. Andreas Vass: Zwischen Dekor und Gedenken. Zur politischen Rhetorik der Architektur von Wilhelm Schütte. In: Ute Waditschatka (Hg.): Wilhelm Schütte. Architekt: Frankfurt – Moskau – Istanbul – Wien, hg. von der Österreichischen Gesellschaft für Architektur. Zürich 2019, S. 110–129, hier insb. S. 119 f.

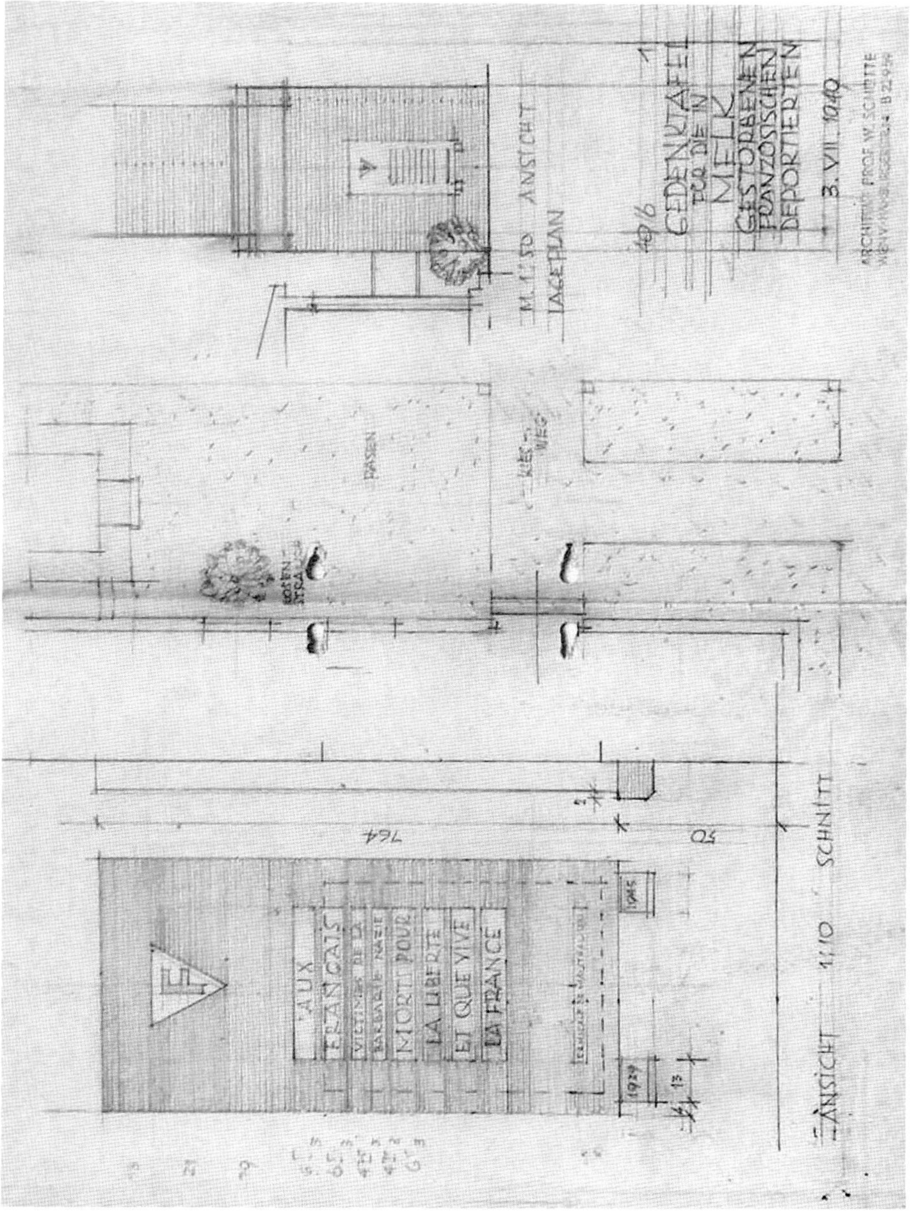

Abb. 32: Die Skizze von Wilhelm Schütte vom 3. Juli 1949 zeigt den Gedenkstein, der im September 1949 im Auftrag der Amicale de Mauthausen am Schornstein des Krematoriums des ehemaligen KZ Melk montiert wurde.
Quelle: Archiv Architekturzentrum Wien.

Abb. 33: An der Einweihungsfeier für die französische Gedenktafel im September 1949 nahmen auch Soldaten der sowjetischen Roten Armee teil, die hier im Bild mit dem französischen Journalisten Charles Rivet (2. v. l.) und Amicale-Generalsekretär Émile Valley (r.) zu sehen sind. Im Hintergrund ist der ehemalige SS-Bereich des KZ Melk zu erkennen.
Fotograf*in: unbekannt, Quelle: Stadtarchiv Le Palais-sur-Vienne.

Die Einweihung der französischen Gedenktafel am Schornstein des Krematoriums erfolgte im Zuge der letzten französischen Pilgerfahrt des Jahres 1949, die am 22. September in Mauthausen begann und neben Melk auch nach Ebensee und Gusen führte, wo ebenfalls Denkmäler eingeweiht wurden.[192]

Durch das Denkmal war der Erhalt des Gebäudes jedoch keineswegs abgesichert. Taktisch geschickt übte die Amicale daher über den französischen Hochkommissar General Marie Émile Antoine Béthouart,[193] der die Amicale auch jährlich bei ihren Pilgerfahrten unterstützte, Druck auf die österreichischen Behörden aus. Im Jänner 1950 wandte sich Béthouart direkt an den damaligen Bundeskanzler Leopold Figl, um zwecks dauerhafter Erhaltung die Enteignung des städtischen Grundstücks zu fordern, auf dem sich das ehemalige Krematorium befand.[194] Darüber hinaus ließ Béthouart jedes Jahr im Frühling die Bundesregierung per Fernschreiben wissen, dass

---

192 Vgl. Émile Valley: Mauthausen 1949. In: Bulletin de l'Amicale de Mauthausen (1949), Heft 12, S. 2.
193 Vgl. auch Béthouarts aktive Rolle in der Frühphase der Entwicklung der KZ-Gedenkstätte Mauthausen, dargestellt in: Perz: KZ-Gedenkstätte, insbes. S. 101 bzw. S. 110.
194 Vgl. Perz: Projekt „Quarz", S. 552.

wieder den ganzen Sommer über französische Pilgergruppen nach Österreich kommen würden. Fixe Stationen dieser mehrtägigen Fahrten waren neben Mauthausen und Gusen meist auch Linz, Ebensee, Melk sowie Hartheim. Nicht zuletzt diesen Interventionen war es zu verdanken, dass die Gedenkstätte Melk zu dieser Jahreszeit – zumindest notdürftig – ein wenig aufgehübscht wurde und die Frage des weiteren Umgangs mit dem Gebäude von den österreichischen Behörden auch immer wieder aufs Neue diskutiert werden musste.[195]

9.2. Die räumliche Trennung von Kasernenareal und Krematorium

Die zahlreichen internationalen Besucher*innengruppen, die regelmäßig das ehemalige Krematorium in Melk besuchten, mussten jedes Mal das gesamte Kasernenareal durchqueren. Dies störte die örtliche sowjetische Kommandantur, die das Areal kontrollierte und eine andere Zugangslösung forderte. Die Sowjets beklagten, es kämen *„während der schönen Jahreszeit öfters Extrazüge aus Frankreich, Holland und Belgien mit Angehörigen von in diesem Krematorium verbrannten KZ-lern zum* [sic!] *Besuch."*[196] Eine Besichtigung des Areals im März 1950 ergab, dass die Renovierung des ehemaligen Krematoriums samt Einrichtung eines separaten Zugangs zum Gelände rund 265.000 Schilling[197] kosten würde – eine Summe, die, wie die Abteilung Kriegsgräberfürsorge in einem Bericht an den sowjetischen Landeskommandanten Korkischkow betonte, *„in der heutigen Zeitnot unerschwinglich [erscheint]."*[198] Da aber ohnehin niemand außer dem NÖ KZ-Verband eine Renovierung fordere,[199] empfahl das Amt der NÖ Landesregierung den Abriss samt Errichtung eines Denkmals:

„Das Amt der n.ö. Landesregierung (L.A. I/4 K), ist der Ansicht, dass der derzeitigen und kommenden Generation nicht immer wieder ein Objekt der Kulturschande gezeigt werden soll, wodurch stets aufs Neue nur Hass und Rachegefühle ausgelöst werden würden. Nach 6-jähriger Dauer eines beispiellos grausamen (2.) Weltkrieges und 5 Jahre nach dessen Ende soll endlich wieder Frieden und Versöhnung in die Menschenherzen, ohne Unterschied der Nation und Religion, einkehren."[200]

Die Abtragung des Gebäudes sollte möglichst rasch erfolgen, jedenfalls noch vor Ankunft der ersten internationalen Gruppen, um diesen *„ein würdiges und friedliches Bild"*[201] zu bieten. Das

---

195 Vgl. exemplarisch Telegramme des BMI, Abt. 9, an das Amt der NÖ Landesregierung, 25.4.1952 bzw. 27.4.1953, NÖLA, Kriegsgräberfürsorge, Abt. IV-W2-K – KZ-Nebenlager, Band 2.

196 Schreiben der NÖ Landesregierung an den russischen Landeskommandanten, 18.3.1950, NÖLA, Kriegsgräberfürsorge, Abt. IV-W2-K – KZ-Nebenlager, Band 1.

197 Vgl. ebd.

198 Ebd.

199 Vgl. Schreiben Landesverband NÖ der österr. KZ-ler, Häftlinge und politisch Verfolgten an das Amt der NÖ Landesregierung, 1.3.1950, NÖLA, Kriegsgräberfürsorge, Abt. IV-W2-K – KZ-Nebenlanger, Band 1.

200 Schreiben der NÖ Landesregierung an den russischen Landeskommandanten, 18.3.1950, ebd.

201 Ebd.

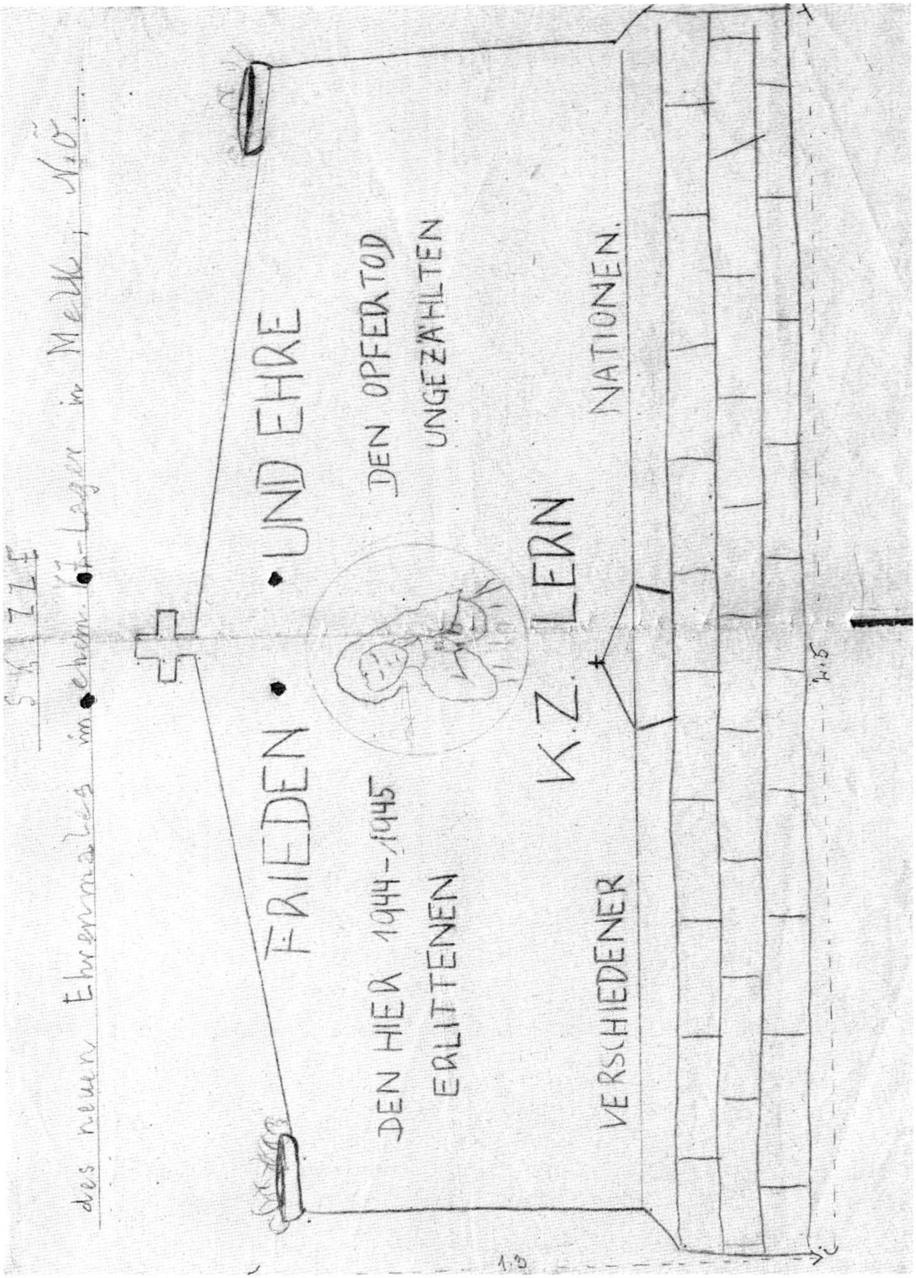

Abb. 34: Entwurf des für Melk geplanten Mahnmals, verfasst von Hans Hrastnigg am 13. April 1950. Quelle: NÖLA.

Amt der NÖ Landesregierung berichtete weiter, dass der für Melk zuständige sowjetische Stadtkommandant von St. Pölten der Schleifung bereits zugestimmt habe.[202] Wenige Tage später stimmte auch der sowjetische Landeskommandant Oberst Korkischkow der Idee zu und schlug vor, der Stadt Melk das bei der Abtragung des Gebäudes anfallende Baumaterial zur Errichtung eines Arbeiterwohnhauses zur Verfügung zu stellen. Zudem sollte ein künftiges Denkmal aus Finanzmitteln der sowjetischen Besatzungsmacht finanziert werden.[203] Für den 5. April 1950 lud die Abteilung Kriegsgräberfürsorge des Landes NÖ die Vertreter des KZ-Verbandes ein, um sie über die Entscheidung zu informieren,[204] und gab eine Skizze für einen Denkmalsentwurf in Auftrag, der bereits am 13. April 1950 vorlag.[205]

Parallel dazu versuchte der KZ-Verband noch, mit der Stadt Melk über die räumliche Abtrennung eines circa 20 Quadratmeter großen Grundstücks um das ehemalige Krematorium vom Rest des Kasernengeländes zu verhandeln. Am 14. April 1950 beschäftigte sich der Melker Gemeinderat mit einem Schreiben des KZ-Verbands, der die Stadt um pachtweise Überlassung eines Zugangsweges zum Gebäude auf 99 Jahre ersuchte. Der Gemeinderat war ganz auf der Linie der NÖ Landesregierung und hielt fest:

„Auf diesem Grundstück soll ein würdiges Mahnmal errichtet werden, während das Krematorium abgerissen werden soll, da dessen Erhaltung zu hohe Kosten erfordern würde. Zum Abrisse des Krematoriums habe der Landes-Kommandant der Besatzungsmacht bereits seine Zustimmung erteilt."[206]

Bevor der Abriss tatsächlich erfolgen konnte, wandte sich der sowjetische Landeskommandant Korkischkow nochmals mit einigen Detailfragen an die NÖ Landesregierung. Am 29. April 1950 führte der sowjetische Kommandant der Birago-Kaserne, Major Walugin Vertreter von BH und Stadt Melk zu einem weiteren Lokalaugenschein über das gesamte Gelände, wobei sämtliche bestehenden Gebäude auch hinsichtlich ihres Erhaltungszustandes besichtigt wurden, darunter das ehemalige Krematorium. Walugin schlug vor, von einem Abriss abzusehen, lediglich den Schornstein entfernen zu lassen und das ehemalige Krematorium stattdessen als Wohnhaus zu nutzen. Die Stadt Melk begrüßte diese Idee, wohl nicht zuletzt in Anbetracht der erheblichen Wohnungsnot in der Stadt.[207] Um an die frühere Funktion des Gebäudes als Krematorium zu erinnern, wurde Folgendes vereinbart: *„An dem so gedachten Wohnhaus könnte eine Gedenktafel für die hingemordeten KZ Opfer angebracht werden."*[208] Walugin forderte zudem neuerlich die Abtrennung des Gebäudes vom Rest der Kaserne, damit künftige Besucher*innen nicht über das militärische Areal eintreten mussten.[209]

---

202 Vgl. ebd.
203 Vgl. handschriftlicher Aktenvermerk, 31.3.1950, ebd.
204 Vgl. ebd.
205 Vgl. Skizze des neuen Ehrenmales im ehem. KZ-Lager in Melk, NÖ, o. D., ebd.
206 Stadtarchiv Melk, Gemeinderats-Sitzungsprotokolle, Band 1950 u. 1951, Sitzung 14.4.1950, S. 6.
207 Vgl. Verhandlungsschrift 29.4.1950, NÖLA, Kriegsgräberfürsorge, Abt. IV-W2-K – KZ-Nebenlager, Band 1.
208 Ebd.
209 Vgl. ebd.

9.3. Eine Gedenkstätte für Melk: Der NÖ Landtagsbeschluss vom März 1950

Für die Stadt Melk und die sowjetischen Besatzer schien das Ende der Nutzung des ehemaligen Krematoriums als Gedenkort damit besiegelt zu sein. Doch der NÖ Landtag hatte in seiner 12. Sitzung am 30. März 1950, also bereits einen Monat vor dem zitierten Treffen in Melk, beschlossen, eine andere Initiative zu verfolgen: Der langjährige KPÖ-Landtagsabgeordnete Robert Dubovsky[210] hatte die Landesregierung in einem Resolutionsantrag aufgefordert, *„die Errichtung von Gedenkstätten für die Opfer des Faschismus in der Kaserne von Melk und am Friedhof in Stein"*[211] in die Wege zu leiten. Der Landtag stimmte Dubovskys Antrag zu und in weiterer Folge wurden die Opferfürsorgereferenten der drei demokratischen Parteien aufgefordert, Vorschläge für die konkrete Ausgestaltung der künftigen Gedenkstätte vorzubringen.[212] Am 8. Mai 1950 kam es auf Einladung des NÖ Opferfürsorgereferats zu einem Treffen, an dem Abgesandte der drei österreichischen Opferverbände teilnahmen. Soweit aus dem Sitzungsprotokoll hervorgeht, ergriffen aber lediglich die beiden Vertreter des kommunistischen KZ-Verbandes, Ferdinand Steinkellner und Albert Seifert, das Wort und machten konkrete Vorschläge, während sich weder der Vertreter der ÖVP-Kameradschaft der politisch Verfolgten noch jener des SPÖ-Opferfürsorge-Referats äußerten.[213] Dies ist nicht weiter überraschend, da die beiden „größeren" Opferverbände schon bisher nicht zum Umgang mit der KZ-Gedenkstätte Melk Stellung genommen hatten. Die Sitzung brachte Einigkeit darüber, dass das ehemalige Krematorium instandgesetzt und der Hauptraum, in dem sich der Verbrennungsofen befindet, *„auf würdige Weise – etwa [durch] die Anbringung eines Kreuzes – ausgestaltet werden"*[214] solle. Zur Aufbringung der finanziellen Mittel erklärte sich die Abteilung Kriegsgräberfürsorge das Landes NÖ bereit und kündigte an, sich diesbezüglich auch an das BMI zu wenden. Die Organisation der Renovierung wurde der Baubezirksleitung St. Pölten übertragen, die entsprechende Offerte einholen sollte.[215] Nur zwei Tage nach der Sitzung, am 10. Mai 1950,[216] reichte der Melker Baumeister und Architekt Franz

---

210 Robert Dubovsky war 1907 in Wien geboren worden und hatte später in Neunkirchen gelebt. Der gelernte Werkzeugmacher war der KPÖ 1933 beigetreten und schon während des Austrofaschismus mehrfach in Haft gewesen. Später war er von den Nationalsozialisten in den Konzentrationslagern Buchenwald und Dachau interniert worden. Ab 12. Dezember 1945 gehörte Dubovsky fast 14 Jahre lang als Abgeordneter dem NÖ Landtag an und blieb bis 1968 geschäftsführender Landesparteiobmann der KPÖ. Vgl. Landtag des Landes Niederösterreich: Robert Dubovsky, https://noe-landtag.gv.at/personen/robert_dubovsky (abgerufen am 27.1.2025).

211 Schreiben des NÖ Landtags an das Amt der NÖ Landesregierung, 31.3.1950, NÖLA, NÖ Landesregierung, Abt. III-2-K1, Zahl 129.

212 Vgl. Schreiben des Amts der NÖ Landesregierung, 26.4.1950, ebd.

213 Vgl. Gedächtnisprotokoll zur Besprechung über die Errichtung von Gedenkstätten in Melk und Stein, 8.5.1950, ebd.

214 Ebd.

215 Vgl. ebd.

216 Vgl. Aktenvermerk des Amts der NÖ Landesregierung, 17.5.1950, NÖLA, Kriegsgräberfürsorge, Abt. IV-W2-K – KZ-Nebenlager, Band 1.

Sdraule einen Kostenvoranschlag für die Renovierung ein, am 16. Mai 1950 erteilte die sowjetische Kommandantur ihre Zustimmung und schon Ende Juni 1950 war die Renovierung abgeschlossen.[217]

Dass die Renovierungsmaßnahmen[218] so rasch umgesetzt wurden, war wohl der Befürchtung der Behörden geschuldet, dass das internationale Ansehen Österreichs (und Melks) unter dem miserablen Zustand des ehemaligen Krematoriums leiden könnte. Denn Anfang Mai 1950 hatte Hochkommissar Béthouart die österreichischen Behörden wie gewohnt informiert, dass zwischen 1. Mai und 31. Juli 1950 zahlreiche französische Staatsbürger*innen im Rahmen von „Pilgerfahrten" an die früheren Deportationsorte – darunter auch Melk – kommen würden, um dort der Opfer zu gedenken. Nachdem der schlechte Zustand des Gebäudes in den Jahren davor wiederholt zu internationaler Kritik geführt hatte, beauftragte das BMI (Abteilung 9), das die Meldung Béthouarts ebenfalls erhalten hatte, das Amt der NÖ Landesregierung, dafür Sorge zu tragen, dass die betreffenden Friedhofsanlagen und Grabstätten in einem ordnungsgemäßen Zustand blieben.[219]

Der mit der Renovierung beauftragte Baumeister Franz Sdraule war im Kontext des KZ Melk kein Unbekannter, hatte er doch bereits 1944/45 in Melk – unter Heranziehung mehrerer KZ-Häftlinge – diverse Bauprojekte für die Lager-SS umgesetzt, wie etwa ein Pumpenhaus am Donauufer, einen Wasserhochbehälter südlich der Kaserne sowie Teile des Krematoriumsgebäudes selbst.[220] Sdraule war in Melk bereits vor dem „Anschluss" als Gemeinderat aktiv gewesen und hatte in den damals vorherrschenden antisemitischen Grundtenor miteingestimmt. Nach Kriegsende war er neuerlich politisch aktiv, unter anderem als ÖVP-Bezirksparteiobmann.[221] Sdraule war offenbar auch mit einigen ehemaligen Häftlingen des KZ Melk in Kontakt geblieben. Der französische Priester Jean Varnoux bezeichnet Sdraule in seiner 1995 erschienenen Monografie als „menschlichen" Arbeitgeber und berichtet, dass dieser bei einer Gedenkfeier in Mauthausen zu Allerheiligen 1965 mit mehreren Überlebenden des KZ Melk den Gottesdienst gefeiert habe.[222] Bei der Einbringung der Renovierungskosten (29.000 Schilling[223]) sah sich Sdraule im Jahr 1950 mit

217 Vgl. Schreiben des NÖ KZ-Verbands an die NÖ Landesregierung, Oberrechnungsrat Adolf [sic!, korrekt Alois, Anm. d. Verf.] Keck, 26.6.1950, ebd.

218 Zu den Renovierungsmaßnahmen und deren Bedeutung aus bauarchäologischer Perspektive vgl. Paul Mitchell: KZ-Gedenkstätte Melk. Bauhistorische Untersuchung des Krematoriumsgebäudes. Unveröffentlichtes Manuskript. Melk 2018, S. 18–20, MM.

219 Vgl. Telegramm BMI an Amt der NÖ Landesregierung, 2.5.1950, NÖLA, Kriegsgräberfürsorge, Abt. IV-W2-K – KZ-Nebenlager, Band 1.

220 Zu den diversen „Sdraule-Arbeitskommandos" vgl. den Erinnerungsbericht des französischen Überlebenden Varnoux: Clartés dans la nuit.

221 Vgl. Wilfried Kowarik: Melk in der 1. Republik. 1918–1938. In: Gerhard Floßmann/Anton Harrer/Wilfried Kowarik/Harald Ofner (Hg.): Stadtbuch Melk, hg. vom Kultur- und Museumsverein Melk. Melk 1998, S. 403–477, hier S. 474 f.

222 Vgl. Varnoux: Clartés dans la nuit, S. 143.

223 Vgl. Schreiben des Amts der NÖ Landesregierung an das BMI (Abt. 9), 17.5.1950, NÖLA, NÖ Landesregierung, Abt. III-2-K1, Zahl 129.

Schwierigkeiten konfrontiert, denn das Finanzministerium sah einen Teil der Renovierungsmaßnahmen als unnötig an und genehmigte nur 12.000 Schilling.[224] Den fehlenden Teil solle sich Sdraule von der Eigentümerin Stadt Melk beschaffen,[225] die sich jedoch per Gemeinderatsbeschluss strikt weigerte. ÖVP-Bürgermeister Franz Mistlbacher[226] argumentierte, dass die Renovierung ohne Wissen der Stadt geschehen sei, und verwies zudem auf die leere Stadtkasse.[227] Das Amt der NÖ Landesregierung widersprach und erinnerte Mistlbacher daran, dass bei der Vorbesprechung zur Renovierung am 29. April 1949 auch drei städtische Vertreter anwesend und eingebunden gewesen seien. Da jedoch die Zahlungsunfähigkeit der Stadt Melk evident war, beglich letztlich das BMI, Abteilung 9 die Rechnung von Sdraule.[228]

Die Übergabe der Gedenkstätte in die Obhut der Stadt Melk

Bei der Sitzung der Opferverbände am 8. Mai 1950 wurde vereinbart, die Betreuung und Erhaltung der Gedenkstätte zukünftig der Stadt Melk zu überantworten. Zudem wurde festgehalten, dass die sowjetische Besatzungsmacht die Freigabe für die künftige Nutzung des ehemaligen Krematoriums als Gedenkstätte erteilt habe.[229] Die sowjetische Behörde pochte lediglich darauf, dass es einer dauerhaften räumlichen Abtrennung des künftigen Gedenkareals vom Rest der Kaserne samt separatem Zugang bedürfe. Diese Trennung ist im Wesentlichen bis heute aufrecht und hat ganz wesentlich zu dem von Besucher*innen häufig geäußerten Eindruck beigetragen, dass das Krematoriumsgebäude und das Kasernengelände zwei nicht miteinander in Verbindung stehende Bereiche gewesen seien. Am Sonntagnachmittag des 2. Juli 1950 wurde das Areal des ehemaligen Krematoriums samt Gebäude im Rahmen einer vom NÖ KZ-Verband initiierten Zeremonie offiziell *„zur Betreuung und Erhaltung"*[230] an die Stadt Melk übergeben. *Der neue Mahnruf* berichtete, dass neben offiziellen Vertretern der Stadt Melk, der BH Melk und der örtlichen

224 Vgl. Schreiben BMI an Amt der NÖ Landesregierung, 4.7.1950, NÖLA, Kriegsgräberfürsorge, Abt. IV-W2-K – KZ-Nebenlager, Band 1.
225 Vgl. Schreiben des Amts der NÖ Landesregierung an die BH Melk, 8.7.1950, ebd.
226 Mistlbacher hatte schon während der NS-Zeit von 1938 bis 1945 als Gemeindevorstand fungiert und in dieser Funktion an der Entfernung einiger als politisch unzuverlässig geltenden Personen aus dem städtisch verwalteten Bereich (wie etwa dem Krankenhaus) mitgewirkt. Mistlbacher übernahm von 1950 bis 1954 erneut das Bürgermeisteramt. Vgl. Wilfried Kowarik: Melk im Dritten Reich. In: Gerhard Floßmann/Anton Harrer/Wilfried Kowarik/Harald Ofner (Hg.): Stadtbuch Melk, hg. vom Kultur- und Museumsverein Melk. Melk 1998, S. 479–508, hier S. 483.
227 Vgl. Schreiben der Stadtgemeinde Melk an die BH Melk, 29.7.1950, NÖLA, Kriegsgräberfürsorge, Abt. IV-W2-K – KZ-Nebenlager, Band 1.
228 Vgl. Entwurf Bericht des Amts der NÖ Landesregierung an das BMI, Abt. 9, 12.9.1950 bzw. Endabrechnung der Stadt Melk an das Amt der NÖ Landesregierung, 2.11.1950, ebd.
229 Vgl. Gedächtnisprotokoll zur Besprechung über die Errichtung von Gedenkstätten in Melk und Stein, 8.5.1950, NÖLA, NÖ Landesregierung, Abt. III-2-K1, Zahl 129.
230 KZ-Ehrenmal in Melk. In: Der neue Mahnruf, Jahrgang 3 (1950), Heft 8, S. 9.

Bevölkerung auch rund 300 ehemalige KZ-Häftlinge an der Feier teilgenommen haben. Die Gedenkrede hielt der damalige Präsident des KZ-Verbands, Wilhelm Steiner.[231] Der KZ-Verband wies in seinem Bericht explizit auf die wichtige Rolle der KZ-Überlebenden für den Erhalt des Gebäudes hin: *„Die niederösterreichische Landesregierung wollte dieses Krematorium abbrechen; Vergessenheit wäre damit über das ehemalige KZ Melk gekommen, aber KZler haben dies verhindert."*[232]

Drei Tage nach der Zeremonie fasste der Gemeinderat der Stadt Melk den einstimmigen Beschluss, bei der Landesregierung einen Antrag auf Erklärung der Gemeinde Melk zur Fremdenverkehrsgemeinde einzubringen. Als erster aktiver Schritt in diese Richtung wurde ein Fremdenverkehrsausschuss eingerichtet. Diese bis heute aufrechte starke Fokussierung der Stadt Melk auf den an den Stiftstourismus angedockten Städtetourismus war zweifelsohne einer der zentralen Gründe für den jahrzehntelang unrühmlichen Umgang der Stadt mit der KZ-Gedenkstätte. Denn deren Existenz wurde für die angestrebte touristische Entwicklung der Stadt zunehmend als kontraproduktiv betrachtet. Die Stadt Melk war jahrzehntelang darum bemüht, die Sichtbarkeit der Gedenkstätte möglichst gering zu halten.

9.4. *„... dieses grauenhafte Mahnmal fremder Zwangsherrschaft"*[233]

Schon im Mai 1950 hatten die drei Opferverbände in seltener Einigkeit beim Opferfürsorgereferat des Landes NÖ den Wunsch geäußert, eine schwarze Marmortafel mit goldener Inschrift in der KZ-Gedenkstätte Melk anbringen zu wollen.[234] Dem wurde zunächst nicht nachgekommen, weshalb die drei Verbände[235] ihr gemeinsames Bestreben erneut vorbrachten.[236] Die drei Opferreferenten Albert Seifert (KZ-Verband), Nationalrat a. D. Josef Rupp (ÖVP-Kameradschaft) sowie Bundesrat Josef Pfaller (Bund sozialistischer Freiheitskämpfer) einigten sich auf den folgenden Text:[237]

---

231 Vgl. ebd.

232 Ebd.

233 Presseinformation für das Landesamt, 4.6.1951, NÖLA, Kriegsgräberfürsorge, Abt. IV-W2-K – KZ-Nebenlager, Band 1.

234 Vgl. Gedächtnisprotokoll zur Besprechung über die Errichtung von Gedenkstätten in Melk und Stein, 8.5.1950, NÖLA, NÖ Landesregierung, Abt. III-2-K1, Zahl 129.

235 Seitens des KZ-Verbands waren abermals Albert Seifert und Ferdinand Steinkellner vertreten, für die ÖVP-Kameradschaft der Nationalrat a. D. Josef Rupp sowie Regierungsrat Oskar Kusold, für die sozialistischen Freiheitskämpfer waren Bundesrat Josef Pfaller und August Jarosik anwesend. Vgl. Sachverhaltsfeststellung des Amts der NÖ Landesregierung, 31.1.1951, NÖLA, Kriegsgräberfürsorge, Abt. IV-W2-K – KZ-Nebenlager, Band 1.

236 Vgl. Sachverhaltsfeststellung des Amts der NÖ Landesregierung, 31.1.1951, ebd.

237 Vgl. Verhandlungsschrift, 7.2.1951, ebd.

„In Memoriam!
Tausende Männer aus ganz Europa
Gegner des Faschismus wurden an
dieser Stätte vom Hitler-Regime in
den Jahren 1944 und 1945 bestialisch
ermordet
Ihre Asche wurde in pietätloser
Weise in alle Winde verstreut"

Die Tafel aus dunklem Granit wurde im April 1951 montiert[238] und sollte nach abermaliger Abstimmung der drei Opferverbände im Rahmen einer Feier auf Einladung der NÖ Landesregierung am 3. Juni 1951 um 11 Uhr offiziell eingeweiht werden.[239] Es sollte dies – sechs Jahre nach Kriegsende – die erste Gedenkfeier öffentlichen Charakters in Melk werden. Der KZ-Verband hatte jedoch schon für den 20. Mai 1951 – zwei Wochen davor – eine Gedenkstunde in Melk organisiert,[240] die sich an jene (internationalen) Besucher*innen gerichtet hatte, die am gleichen Tag am *„internationalen Gedenktag"*[241] in Mauthausen teilgenommen hatten.

Die Durchführung der Gedenkfeier in Melk in zeitlicher Nähe zur Befreiungsfeier in Mauthausen ist bis heute üblich. Seit vielen Jahren wird die Gedenkveranstaltung in Melk am Montagvormittag nach der sonntäglichen Feier in Mauthausen durchgeführt. Doch im Jahr 1951 sorgte diese Terminsetzung für Empörung bei den SPÖ-Freiheitskämpfern. Nachdem sie von der Feierstunde des KZ-Verbands Kenntnis erlangten – es hatten auch Vertreter der Landesregierung und der BH Melk daran teilgenommen –, informierten sie die NÖ Landesregierung in einem geharnischten Brief, der für Juni geplanten Landesfeier fernbleiben zu wollen, da diese nun überflüssig sei, und ergänzten:[242]

„Wir halten es wohl für selbstverständlich, dass an den Gedächtnisstätten für die Opfer des Faschismus die von der n.ö. Landesregierung geschaffen wurden, jeder KZ-Verband Gedenkfeiern durchführen kann, die Enthüllung solcher Gedächtnisstätten müsste jedoch unserer Meinung nach in allererster Linie durch die n.ö. Landesregierung im Einvernehmen mit den beiden grössten Opferverbänden durchgeführt werden."[243]

Dass die zwei größeren Opferverbände plötzlich ihr Interesse an der KZ-Gedenkstätte Melk entdeckten, ist überraschend, zumal sie bis dahin in Melk überhaupt nicht in Erscheinung getreten waren und auch keine aktiven Bemühungen zum Erhalt der Gedenkstätte überliefert sind.

---

238 Vgl. Schreiben der BH Melk an das Amt der NÖ Landesregierung, 30.4.1951, ebd.
239 Vgl. Verhandlungsschrift, 11.5.1951, ebd.
240 Vgl. Erlass des Amts der NÖ Landesregierung, 11.5.1951, ebd.
241 Mauthausen mahnt zum Frieden. In: Der neue Mahnruf, Jahrgang 4 (1951), Heft 4, S. 3.
242 Vgl. Schreiben des NÖ Landesverbands sozialistischer Freiheitskämpfer und Opfer des Faschismus, 30.5.1951, NÖLA, Kriegsgräberfürsorge, Abt. IV-W2-K – KZ-Nebenlager, Band 1.
243 Ebd.

Die Abteilung Kriegsgräberfürsorge der NÖ Landesregierung beschwichtigte am 1. Juni 1951, dass es gar keine formelle Enthüllung der Gedenktafel gegeben habe und dass weder der Bezirkshauptmann noch Mitglieder der Landesregierung bei der Feierstunde gesprochen hätten. Vielmehr seien Melks Bürgermeister Mistlbacher und einige Beamte der BH Melk lediglich zur *„Begrüßung der ausländischen (meistens französischen usw.), aus Mauthausen heimfahrenden KZ-ler"*[244] vor Ort gewesen.[245] Damit gaben sich die SPÖ-Freiheitskämpfer zufrieden und nahmen nun doch an der Landesfeier teil. Bei dieser kamen nach der formellen Begrüßung durch Mistlbacher alle drei politischen Opferverbände zu Wort. Anschließend nahm der Zentraldirektor des Stiftes Melk, Pater Richard Pleino, die Einweihung der Gedenktafel vor.[246] Anwesend waren neben dem Melker Abt Maurus Höfenmayr auch zahlreiche Vertreter*innen von Behörden, Ämtern und Schulen. Die Pressestelle des Landes NÖ hob später den von den Rednern geäußerten *„erschütternden Gegensatz"* hervor, der sich *„im Antlitz der alten Donaustadt Melk"* zeige: *„Auf weiter Höhe das altehrwürdige Benediktinerstift, dieses köstliche Juwel bester österreichischer Art, und hier gegenüber, auf Anhöhe des Kasernenberges, dieses grauenhafte Mahnmal fremder Zwangsherrschaft."*[247] Abermals wird hier im Sinne der Opferthese der Gegensatz zwischen dem österreichischen Kulturjuwel Stift Melk und dem fremden (deutschen) KZ konstruiert und somit werden die NS-Verbrechen externalisiert. Der Pressetext erwähnt zudem lobend, dass Franz Sdraule als einheimischer Baumeister die Renovierung des Gebäudes durchgeführt hatte.[248]

Zur Rolle des KZ-Verbands bei der Gestaltung der Gedenkstätte Melk

„In Melk muß man erst einen Graben überqueren, um zum Krematorium zu gelangen, dem einzigen Ort, zu dem wir auf dem Gelände des ehemaligen Lagers Zutritt haben"[249]. Diese kritische Anmerkung des französischen KZ-Überlebenden Charles Bossi aus dem Herbst 1951 macht deutlich, dass die Übergabe des ehemaligen Krematoriums in die Obhut der Stadt Melk nicht zu einer

244 Notiz des Amts der NÖ Landesregierung, 2.6.1951, ebd.
245 Einem Aktenvermerk der BH Melk vom 17.5.1951 ist zu entnehmen, dass sowohl BH als auch Stadt Melk in die organisatorischen Vorbereitungen der Feier des KZ-Verbands eingebunden waren. Dies bezog sich hauptsächlich auf verkehrstechnische Fragen und die nötigen Vorbereitungen bei der Gedenkstätte selbst, die damals ja unter der Obhut der Stadt Melk stand. Vgl. Aktenvermerk BH Melk, 17.5.1951, BH Melk, Gr. IV-112/51.
246 Vgl. Einladung zur Gedenkfeier, 3.6.1951, ebd., Gr. IX/8 – 112/31.
247 Presseinformation für das Landesamt, 4.6.1951, NÖLA, Kriegsgräberfürsorge, Abt. IV-W2-K – KZ-Nebenlager, Band 1.
248 Vgl. ebd.
249 Pilgerfahrt nach früheren Konzentrationslagern in Österreich. In: Der neue Mahnruf, Jahrgang 4 (1951), Heft 11 –12, S. 10. *Der neue Mahnruf* zitiert hier einen Bericht von Charles Bossi, ehemaliger Häftling von Mauthausen, Gusen und Steyr, der zunächst im Organ der französischen Widerstandskämpfer *Le Patriot Resistant* erschienen war.

Abb. 35: Der Schaukasten im großen Gedenkraum des ehemaligen Krematoriums im Jänner 2025. Foto: Christian Rabl, Quelle: Sammlung C. Rabl.

Verbesserung im Sinne des kommunistischen KZ-Verbands geführt hatte.[250] In den Folgejahren musste dessen Vorsitzender Ferdinand Steinkellner wiederholt auf bestehende Missstände hinweisen.[251] Da die Gebäudeverwaltung nun offiziell der Stadt Melk oblag, die sich um die Pflege und Erhaltung zu kümmern hatte, bedurften sämtliche Instandhaltungs- oder Gestaltungsmaßnahmen einer vorherigen Abstimmung mit der Stadtverwaltung.[252] Von sich aus wurde diese jedoch kaum tätig, sondern wiederholt erst auf Intervention des KZ-Verbands, etwa bei der Reparatur des löchrigen Dachs, das im Spätherbst 1954 erst repariert wurde, nachdem Steinkellner

---

250 Wie in einem weiteren Artikel kritisch angemerkt wurde, hatte die Stadt Melk bereits vier Monate, nachdem sie das Gebäude übernommen hatte, zu den Allerheiligen-Feierlichkeiten im ehemaligen Krematorium keinen Vertreter entsandt. Vgl. Wir werden das Vermächtnis der Toten erfüllen. In: Der neue Mahnruf, Jahrgang 3 (1950), Heft 12, S. 6.

251 An der KZ-Gedenkstätte Mauthausen zeigt sich – etwa hinsichtlich der jährlichen Gedenkfeiern – eine ganz ähnliche Entwicklung. Auch dort war die Durchführung der Feiern insbesondere dem KZ-Verband ein Anliegen. Vgl. Perz: KZ-Gedenkstätte, S. 58.

252 Vgl. Unterlagen zu Dachdeckerarbeiten des Dachdeckermeisters Felkl, November/Dezember 1954, NÖLA, Kriegsgräberfürsorge, Abt. IV-W2-K – KZ-Nebenlager, Band 2.

dies wiederholt eingefordert hatte.[253] Auch bei Versuchen, im ehemaligen Krematorium die Infrastruktur zu verbessern oder pflegerische Maßnahmen im Garten umzusetzen, sah sich der KZ-Verband wiederholt mit dem Unwillen der Stadt sowie der zuständigen Behörden konfrontiert.

Exemplarisch zeigt sich das widerwillige Verhalten der Stadt auch anhand eines Schaukastens im Wert von 237,11 Schilling, der bis heute im großen Gedenkraum hängt. Diesen Kasten hatte der KZ-Verband im Winter 1952/53 in der Gedenkstätte anbringen lassen, um die große Zahl von kleineren individuellen Gedenkzeichen (hauptsächlich Fotos und Sterbebilder) in würdiger Weise ausstellen zu können, die an im KZ Melk verstorbene KZ-Häftlinge erinnern. Nachdem jedoch weder Bund noch Land oder Stadt die Kosten übernehmen wollten, trug der KZ-Verband sie letztlich selbst.[254] Blockiert wurden auch wiederholte gestalterische Vorschläge des KZ-Verbands für den Garten. So wurde etwa die Idee der Gestaltung eines Blumenbeets in Form eines Häftlingswinkels[255] mit dem Hinweis abgelehnt, dass *„es sich bei diesem Abzeichen um das Abzeichen eines Vereins handelt."*[256]

9.5. *„Ein Schimpf für ihr Andenken"*: Erneute französische Kritik

Der weiterhin schlechte Zustand des ehemaligen Krematoriumsgebäudes rief schon bald wieder internationale Kritik hervor: Bei einer ihrer Pilgerfahrten stieß die Amicale de Mauthausen im Juli 1956 in Melk auf eine völlig desolate Gedenkstätte. Der Präsident der Amicale, Jean Gilbert-Dreyfus, und sein Generalsekretär Émile Valley richteten daher ein entrüstetes Schreiben an den Melker ÖVP-Bürgermeister Karl Schmid:

„Als unsere Gruppe zum Verbrennungsofen des Melker Lagers kam, stellten wir mit Bestürzung fest, dass die Fensterscheiben eingeschlagen, die Türen herausgerissen und die Schlösser gestohlen waren. […] Die Familien der Opfer, die Freunde der letzteren, die nicht den Trost haben, an einem Grabe ihrer zu gedenken, begeben sich zum Einäscherungsofen um jene zu ehren, die alles für ihr Vaterland und für die Freiheit der Welt geopfert haben. Wir sind der Meinung, daß solche (Roheits-)akte [sic!] *ein Schimpf für ihr Andenken sind."*[257]

Der Zustand des Gebäudes wurde nun erstmals auch medial auf lokaler Ebene thematisiert. Unter dem Titel *Mehr Ehrfurcht!* berichtete die *Melker Rundschau*, dass *„vermutlich Buben eine Reihe von Fensterscheiben eingeschlagen und noch sonstigen Unfug getrieben [haben]."*[258] Derlei

253 Vgl. Briefentwurf des Amts der NÖ Landesregierung an den NÖ KZ-Verband, 20.1.1955, ebd.
254 Vgl. Schreiben BH Melk an Amt der NÖ Landesregierung, 16.1.1953, ebd.
255 Vgl. Kostenvoranschlag Gärtnerei Ledermüller, 17.11.1963, NÖLA, Kriegsgräberfürsorge, Abt. IV-W2-K – KZ-Nebenlager, Band 3.
256 Ablehnung der Forderung des KZ-Verbands, 21.1.1964, MM, 1.6.1, Box 13, GZ 110.407-9_64.
257 Übersetzung eines Schreibens von Émile Valley, 20.8.1956, ebd., GZ 140.881-9_56.
258 Vgl. Mehr Ehrfurcht! In: Melker Rundschau, 25.8.1956.

Verwahrlosung sei insbesondere gegenüber den zur Reisezeit verstärkt nach Melk kommenden Angehörigen der Opfer des KZ Melk besonders peinlich und es bestehe die Gefahr, dass diese meist ausländischen Gäste *„den denkbar schlechtesten Eindruck von Melk bekommen."*[259] Der Kritik schloss sich auch Major Werner Pribil an, der Kommandant der benachbarten Kaserne, die ab 1956 (nach Abzug der letzten Besatzer) vom österreichischen Bundesheer wieder als Pionierbataillon verwendet wurde. Auch er zeichnete ein wenig schmeichelhaftes Bild vom Zustand der Gedenkstätte:

„Die Gedenkstätte macht einen ungepflegten Eindruck. Der Rasen um diese ist verunkrautet, die Schotterung der Wege ist teilweise von Gras überwuchert. [...] Der Zaun um die Gedenkstätte fehlt am Westende dieser zur Gänze, an den anderen Seiten besteht er aus Altholz und völlig verrostetem Stacheldraht, der [...] einen desolaten Eindruck macht."[260]

Inzwischen war die Abteilung 9 des BMI aktiv geworden und ließ Kostenvoranschläge für die notwendigen Reparaturen des Gebäudes bzw. die Pflege des Gartens einholen.[261] Noch im Herbst 1956 wurden die beiden westseitigen Türen zum Kokslager und zum Verbrennungsraum dauerhaft verriegelt,[262] im Garten neue Sträucher und Bäume gepflanzt, die Kieswege erneuert und vor dem französischen Denkmal eine Blumenrabatte angelegt.[263] Zudem mussten 14 neue Glasscheiben in die Fenster eingearbeitet werden.[264] Ein Jahr später wurde nach etlichen Unstimmigkeiten zwischen den Behörden rund um das Areal ein neuer Drahtzaun samt einer Gittertüre angebracht[265] und auf Anregung der Stadt Melk mit einer Heckenbepflanzung ausgestattet, da dieser sonst *„nackt und unansehnlich"* wirke.[266]

Im Sommer 1959 waren erneut Reparaturen am Gebäude notwendig. So mussten etwa das Dach ausgebessert und diverse Spenglerarbeiten durchgeführt werden.[267] Bürgermeister Schmid startete daher einen letzten Versuch, das immer wieder reparaturbedürftige Krematoriumsgebäude abtragen zu lassen. Er schlug neuerlich vor, es durch ein *„gefälliges Mahnmal"*[268] zu ersetzen. Doch wurden weder der Plan der Schleifung weiterverfolgt noch die Reparaturen, für die bereits Kostenvoranschläge vorlagen, umgesetzt.

---

259 Vgl. ebd

260 Schreiben Werner Pribil, Kommandant Heeres-Pionier-Bataillon Nr. 1, 5.10.1956, KZ- MM, 1.6.1, Box 13, GZ 37.552-9/57.

261 Vgl. Schreiben der BH Melk an das Amt der NÖ Landesregierung, 8.10.1956, NÖLA, Kriegsgräberfürsorge, Abt. IV-W2-K – KZ-Nebenlager, Band 2.

262 Vgl. Anbot August Bergen's Erben, Großtischlerei, 3.9.1956, ebd.

263 Vgl. Angebot F. Frischkorn, Gartenbau, 18.9.1956, ebd.

264 Vgl. Kostenvoranschlag Rudolf Kellner's Witwe, 11.9.1956, ebd.

265 Vgl. Korrespondenz zu Umzäunung und Gartentor, MM, 1.6.1., Box 13, GZ 83.459-9_57 bzw. Rechnung Gabriel Stöckl, Bau- u. Maschinenschlosserei, 8.9.1957 sowie Rechnung Stadtbaumeister Heinrich Konopitzky, 24.9.1957, NÖLA, Kriegsgräberfürsorge, Abt. IV-W2-K – KZ-Nebenlager, Band 2.

266 Schreiben der Stadt Melk an die BH Melk, 29.11.1957, ebd.

267 Vgl. Schreiben der Stadt Melk an das Amt der NÖ Landesregierung, 4.8.1959, ebd.

268 Schreiben Bürgermeister Schmid, 15.10.1959, MM, 1.6.1., Box 13, GZ 101.495-9_62.

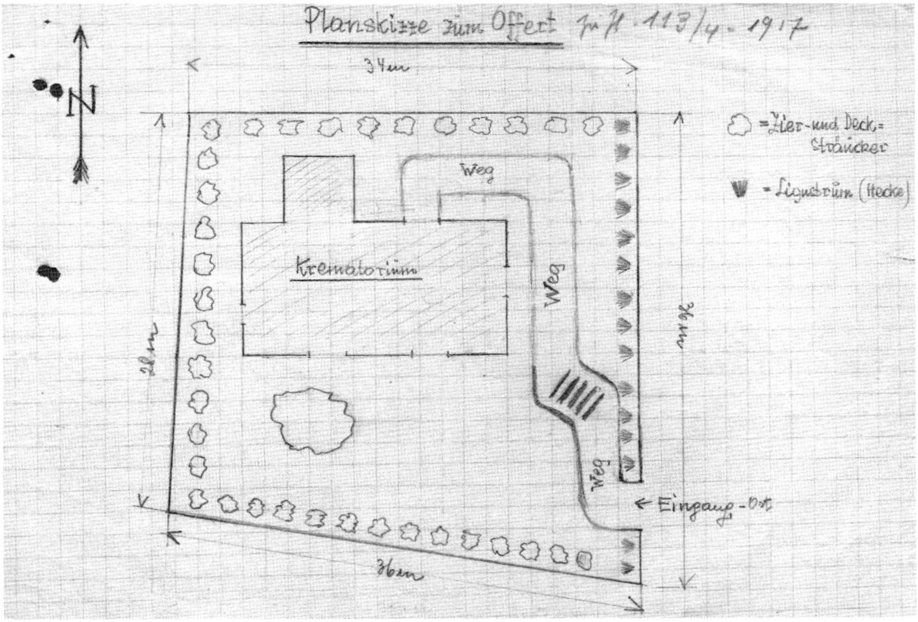

Abb. 36: Vorschlag der Firma Gartenbau Frischkorn zur Gestaltung des Gedenkstättengartens vom 25. November 1957.
Quelle: NÖLA.

15. Jubiläum der Befreiung bringt Vorentscheidung

Zum 15. Jubiläum der Befreiung des KZ Mauthausen veranstaltete das CIM 1960 dem Anlass entsprechend große Gedenkfeiern in Mauthausen und an einigen ehemaligen Außenlager-Standorten. Zur Feier in Melk am 16. Mai 1960 waren wieder zahlreiche internationale Delegationen angereist, unter anderem aus Frankreich, Belgien, der BRD und Rumänien,[269] die Augenzeugen der offensichtlichen Missstände wurden. Im November 1960 intervenierte der KZ-Verband daher erneut beim Amt der NÖ Landesregierung und forderte die Umsetzung der nötigen Renovierungsmaßnahmen. Er verwies auf die seit August 1959 vorliegenden Kostenvoranschläge und betonte, dass das Dach inzwischen undicht sei und Wasser eintrete.[270] Bürgermeister Karl Schmid räumte in einem Schreiben vom Dezember 1960 den schlechten Zustand ein und wiederholte seine Anregung:

---

269 Vgl. Aktennotiz des Amts der NÖ Landesregierung – Zitat aus der Pressekorrespondenz des KZ-Verbands, 18.5.1960, NÖLA, Kriegsgräberfürsorge, Abt. IV-W2-K – KZ-Nebenlager, Band 2.

270 Vgl. Aktenvermerk der NÖ Landesregierung, 7.11.1960, ebd.

„Das Krematoriumsgebäude in Melk befindet sich derzeit in einem reparaturbedürftigen Zustand. Abgesehen davon ist es äußerlich unansehnlich und einer Gedenkstätte unwürdig. Die Stadtgemeinde Melk regt daher an, an Stelle dieses Gebäudes ein würdiges Denkmal mit Namenstafeln der Opfer (soweit bekannt) zu errichten. Dadurch würde der unschöne Anblick beseitigt und durch ein gefälliges Mahnmal ersetzt werden."[271]

Schmid war sich also des schlechten Bauzustands des ehemaligen Krematoriums bewusst, dennoch unternahm die für die Pflege zuständige Stadtverwaltung keinerlei Schritte zur Beseitigung der Schäden. Denn ein perfekt renoviertes Gebäude wäre seiner Wunschlösung des Abbruchs wohl zuwidergelaufen. Wie eine Kostenaufstellung für 1960 zeigt, beliefen sich die städtischen Gesamtausgaben für die Gedenkstätte – für Blumenschmuck und Kränze sowie die Reparatur einiger Fensterscheiben – auf lediglich 440,75 Schilling. Und selbst diese Kosten trug die Stadt nicht selbst, sondern forderte die Refundierung vom Amt der NÖ Landesregierung ein,[272] die das Geld wiederum vom BMI (Abteilung 9) zurückforderte.[273]

Das CIM widmete sich im Rahmen seiner Tagung im März 1961 in Budapest ausführlich den verschiedenen Missständen an den österreichischen Gedenkstätten. Im Zentrum stand das ehemalige KZ Gusen,[274] doch auch Melk wurde auf die Tagesordnung gesetzt. Wenig überraschend war für das CIM der Vorschlag des Melker Bürgermeisters, das Gebäude abzureißen, völlig inakzeptabel. Stattdessen einigte man sich innerhalb des CIM darauf, die österreichische Bundesregierung mit den Problemen zu konfrontieren. CIM-Generalsekretär Heinrich Dürmayer schrieb an Bundeskanzler Julius Raab in Bezug auf die Krematoriumsgebäude Gusen und Melk:

„Die beiden Krematoriumsanlagen in Gusen und Melk wurden seit Jahren nicht restauriert und befinden sich daher in einem desolaten Zustand, der keineswegs der historischen Tatsache gerecht wird, daß dort zehntausende Opfer aus allen europäischen Ländern eingeäschert wurden. Der armselige Anblick löst jeweils die berechtige Kritik der Besucher des In- und Auslandes aus."[275]

Im Namen der zwölf CIM-Mitgliedsländer erhob Dürmayer die Forderung, *„den beiden Krematoriumsanlagen in Gusen und Melk durch entsprechende Instandsetzung und Pflege einen würdigen und pietätvollen Charakter zu verleihen."*[276]

---

271 Schreiben Bürgermeister Schmid an das Amt der NÖ Landesregierung, 5.12.1960, ebd.

272 Vgl. Schreiben Stadtgemeinde Melk an das Amt der NÖ Landesregierung, 29.12.1960, ebd.

273 Vgl. Schreiben Amt der NÖ Landesregierung am BMI, Abt. 9, 7.2.1961, ebd.

274 Vgl. Perz: KZ-Gedenkstätte, S. 199–208, hier insbes. S. 204.

275 Schreiben Heinrich Dürmayer, 21.3.1961 an die österr. Bundesregierung namentlich Julius Raab, MM, 1.6.1., Box 09, GZ 108.493-9/61.

276 Ebd.

10. Die Widmung des ehemaligen Krematoriums als „öffentliches Denkmal"

Die neuerliche Kritik von internationaler Seite erzielte – zumindest was Melk anbelangt – die von den Opferverbänden erhoffte Wirkung: Bereits im April 1961 kam es zu einer weiteren Begehung des ehemaligen Krematoriums, an der Vertreter des BMI, des Amtes der NÖ Landesregierung, der BH Melk, der Stadtgemeinde Melk, der für das Gebäude zuständigen Bundesgebäudeverwaltung II sowie des benachbarten Pionierbataillons Melk teilnahmen; auch die ehrenamtliche Verwalterin des Gebäudes, Theresia Rohrhofer,[277] wurde beigezogen. Zentrales Ergebnis dieser Begehung war, dass man von dem Vorhaben, *„anstelle des abzutragenden Gebäudes ein Erinnerungsdenkmal zu errichten"*[278], endgültig abging. Stattdessen wurde eine weitreichende Sanierung vorbesprochen, die vom Melker Stadtbaumeister Heinrich Konopitzky durchgeführt werden sollte. Thematisiert wurde außerdem, wie mit den beiden sogenannten „Blutsickergruben"[279] umgegangen werden sollte – der Kanalanlage des Krematoriums mit drei Schächten, die sich an der Nordwestseite des Gebäudes außerhalb des Gartenzauns der Gedenkstätte befand.[280]

10.1. Der Ministerratsbeschluss vom 12. Jänner 1962

Nachdem nun feststand, dass das Gebäude dauerhaft erhalten bleiben sollte, bedurfte es noch einer Entscheidung, wer künftig für das Gebäude die Verantwortung tragen solle, sowie einer entsprechenden rechtlichen Lösung. Der Präsident des Bundesdenkmalamtes (BDA) Otto Demus wies in diesem Zusammenhang darauf hin, dass eine simple Unterschutzstellung des ehemaligen Krematoriums noch kein Garant dafür sei, dass das Gebäude auch tatsächlich erhalten bliebe. Denn die Besitzerin (zu diesem Zeitpunkt die Stadt Melk) müsse zwar das Gebäude vor willkürlichen Veränderungen schützen, sei jedoch nicht zur Erhaltung verpflichtet und müsse überdies auch keine Instandsetzungsmaßnahmen durch Dritte dulden. Demus sah offenbar die Gefahr, dass die Stadt Melk auch weiterhin kein Interesse an der Pflege und Erhaltung des Gebäudes zeigen würde, und schlug daher vor, eine Widmung als „öffentliches Denkmal" nach Vorbild der

277 Zu den Gebäudeverwalter*innen vgl. Kapitel 13 in diesem Band.

278 Verhandlungsschrift anlässlich der Besichtigung des ehemaligen Krematoriums in Melk, 17.4.1961, MM, 1.6.1., Box 13, GZ 109.169-9/61.

279 Im Jahr 2023 wurde die Kanalanlage im Rahmen einer archäologischen Untersuchung unter der Leitung von Claudia Theune erstmals geöffnet und der Inhalt untersucht. Dabei wurden sterbliche Überreste menschlicher Herkunft gefunden, die in weiterer Folge in einem Grab am Gelände der KZ-Gedenkstätte Melk beerdigt wurden.

280 Vgl. Verhandlungsschrift anlässlich der Besichtigung des ehemaligen Krematoriums in Melk, 17.4.1961, MM, 1.6.1., Box 13, GZ 109.169-9/61.

KZ-Gedenkstätte Mauthausen anzustreben.[281] Diesen Vorschlag griff der zuständige SPÖ-Innenminister Josef Afritsch auf und der Ministerrat der österreichischen Bundesregierung fasste am 12. Jänner 1962 den folgenden Beschluss:

„Das Krematorium des ehemaligen Konzentrationslagers Mauthausen, Nebenlager Melk, wird in der aus dem beiliegenden Lageplan 1:250 ersichtlichen Umgrenzung einschließlich der beiden Blutsickergruben, die in der Einfriedung erst einzubeziehen sind, als ‚Öffentliches Denkmal' im Sinne des §5 des Bundesgesetzes vom 7. Juli 1948, BGBl. Nr. 176, erklärt."[282]

Nach dem Beschluss folgten rasch die nächsten Schritte zu einer neuerlichen Renovierung der Gedenkstätte, die sich insbesondere auf das löchrige Dach des Gebäudes bezog. Durchgeführt wurde diese von Stadtbaumeister Konopitzky, der dazu bereits am 12. März 1961 ein Anbot an die Stadt Melk gelegt hatte.[283] Die in Afritschs Antrag eigens erwähnten „Blutsickergruben"[284] wurden aus unbekannten Gründen vorerst noch nicht in das Gartenareal miteinbezogen. Die entsprechenden Arbeiten zur Versetzung des Drahtzaunes sollten erst im Herbst 1965 von dem Melker Schlossermeister Hans Kohl umgesetzt werden.[285] Parallel zu den Instandsetzungsmaßnahmen durch lokale Professionisten wurde auch die Anbringung eines Gedenksteins im Eingangsbereich des Gartens beschlossen – man einigte sich auf einen *„hochkant gestellten, rechteckigen Monolith."*[286]

10.2. Die Einweihung des „öffentlichen Denkmals" am 13. März 1963

Anfang 1963 waren die Arbeiten am ehemaligen Krematorium sowie die Planungen für die Gedenksteinsetzung weitestgehend abgeschlossen und es begannen die Vorbereitungen für die Einweihungsfeier. Erstmals seit Juni 1951 sollte wieder eine Feier *„öffentlichen Charakters"*[287] stattfinden. Als Termin wurde auf Anregung des KZ-Verbands-Präsidenten Steiner der 13. März

281 Vgl. Aktenvermerk Otto Demus, BDA, 29.12.1961, ebd.

282 Ministerratsvortrag Afritsch, 12.1.1962, ebd., GZ 100.685-9/62.

283 Vgl. Verhandlungsschrift anlässlich der Besichtigung des ehemaligen Krematoriums in Melk, 17.4.1961, ebd., GZ 109.169-9/61.

284 Die Forderung, die „Blutsickergruben", die direkt mit dem Leichenkühlraum bzw. dem großen Verbrennungsraum verbunden waren, in das Gedenkstättenareal zu integrieren, taucht in den Akten erstmals im Jahr 1958 auf. Woher der Begriff stammt, ist unklar. Der Wunsch einer künftigen Integration der Sickergruben wurde von Überlebendenverbänden der damaligen ehrenamtlichen Verwalterin des Geländes, Theresia Rohrhofer, gegenüber artikuliert. Rohrhofer trug den Wunsch wiederum Oberrechnungsrat Alois Keck von der NÖ Landesregierung (Abteilung Kriegsgräber) vor. Dieser war anlässlich einer Kranzniederlegung der ÖVP-Kameradschaft der politisch Verfolgten am 19. September 1958 in Melk anwesend. Vgl. Sachverhaltsnotiz Amt der NÖ Landesregierung, 20.9.1958, NÖLA, Kriegsgräberfürsorge, Abt. IV-W2-K – KZ-Nebenlager, Band 2.

285 Vgl. Schreiben des Amts der NÖ Landesregierung an das BMI, Abt. 33, 29.9.1965, MM, 1.6.1., Box 13, GZ 221.029-33/65.

286 Verhandlungsschrift, 5.6.1962, NÖLA, Kriegsgräberfürsorge, Abt. IV-W2-K – KZ-Nebenlager, Band 3.

287 Amt der NÖ Landesregierung, Information für Landeshauptmann Figl, 30.1.1963, ebd.

1963 ins Auge gefasst, der 25. Jahrestag des „Anschlusses". Der „Anschluss" bzw. die am Tag darauffolgende Durchfahrt Hitlers hatte in der Stadt Melk beim Großteil der Bevölkerung für frenetischen Jubel gesorgt[288] und war vom NS-Regime propagandistisch ausgeschlachtet worden. Das Land Niederösterreich stellte den 13. März 1938 in einer Aussendung zum 25. Jahrestag der *„gewaltsamen Okkupation Österreichs"* als reinen Gewaltakt dar und folgte somit dem Opfer-Narrativ.[289] Zur Teilnahme an der „Landesfeier" hatten sich hochrangige politische Gäste angekündigt, allen voran der NÖ Landeshauptmann Leopold Figl.[290] Landesregierung und Stadt Melk legten gemeinsam folgenden Ablauf fest: Nach einer musikalischen Eröffnung durch die Stadtkapelle Melk sollte die Begrüßung durch Bürgermeister Karl Schmid erfolgen, danach sollte Landeshauptmann Figl[291] seine Gedenkrede halten und im Anschluss daran die Gedenktafel enthüllt werden. Die Segnung der Tafel sollte der Melker Pater Clemens Hofbauer vornehmen, ehe im Zuge der Kranzniederlegungen das Lied *Ich hatt' einen Kameraden* sowie die österreichische Bundeshymne gespielt werden sollten.[292] Ein Novum war das aktive Bemühen der Organisatoren, durch die Involvierung des Landesschulrats *„eine weiteste Teilnahme und Mitwirkung der Lehrpersonen und der Schuljugend von Melk und Umgebung an der erwähnten Gedenkfeier zu ermöglichen."*[293] Zudem wurde versucht, die Bevölkerung zu erreichen, weshalb die Gedenkfeier auch breit angekündigt wurde.[294]

Tatsächlich schlug sich die Ankündigung der Feier deutlicher in den Printmedien nieder als die Feier selbst. Denn der 13. März 1963 wurde österreichweit für große Kundgebungen genutzt, die den Fokus überwiegend auf die Überbetonung des österreichischen Widerstands gegen die *„gewaltsame Eingliederung Österreichs in das Großdeutsche Reich"*[295] legten – die Feier in Melk war also nur eine Feier von vielen. Um 11.55 Uhr wurde an diesem Tag für fünf Minuten die Arbeit niedergelegt und Bundespräsident Adolf Schärf wandte sich in einer Radioansprache an die Bevölkerung.[296] Schon zuvor war der NÖ Landtag zu einer Gedenkmesse in der Wiener Michaelerkirche zusammengekommen, gefolgt von einer Gedenksitzung des Landtages im NÖ Landhaus in der Wiener Herrengasse. Danach begaben sich zahlreiche Mitglieder der NÖ Landesregierung bzw. des NÖ Landtags nach Melk, wo um ab 15.30 Uhr die Einweihungsfeier des Denkmals stattfand. Neben Landeshauptmann Figl waren auch dessen Stellvertreter Otto Tschadek (SPÖ) und

---

288 Vgl. Kowarik: Melk im Dritten Reich, S. 480 f.

289 NÖ Landeskorrespondenz, Blatt 219, 1.3.1963, MM, 1.6.1., Box 13, GZ 101.531-9/63.

290 Vgl. Aktenvermerk der NÖ Landesregierung, 29.1.1963, NÖLA, Kriegsgräberfürsorge, Abt. IV-W2-K – KZ-Nebenlager, Band 3.

291 Vgl. Ankündigung einer Feier für 13.3.1963 durch Wilhelm Steiner – KZ-Verband, 23.1.1963, MM, 1.6.1., Box 13, GZ 101.232-9/63.

292 Vgl. Aktenvermerk 1.3.1963, Stadtarchiv Melk, Nachlass Karl Schmid, Band 47/23.

293 Entwurf eines Schreibens der NÖ Landesregierung an den NÖ Landesschulrat, 29.1.1963, NÖLA, Kriegsgräberfürsorge, Abt. IV-W2-K – KZ-Nebenlager, Band 3.

294 Vgl. Niederösterreich gedenkt des 13. März 1938. In: Neues Österreich, Wiener Tageszeitung, 3.3.1963.

295 Eindrucksvolle Kundgebungen in Österreich. In: Der neue Mahnruf, Jahrgang 16 (1963), Heft 4, S. 4.

296 Vgl. ebd.

Rudolf Hirsch (ÖVP) sowie zahlreiche weitere Angehörige des NÖ Landtages anwesend.[297] Hinzu kamen hochrangige Beamte der Landes-, Bezirks und Kommunalverwaltungen. Neben den Botschaftern Israels, Jugoslawiens und der Sowjetunion waren auch die Gesandten Bulgariens und der Tschechoslowakei sowie jeweils Vertreter des amerikanischen, belgischen, deutschen, französischen, britischen, italienischen und des polnischen Botschafters anwesend.[298]

Der offizielle Pressebericht der NÖ Landesregierung betont, dass die Feier trotz schlechten Wetters unter *„erfreulich zahlreicher Beteiligung aller Bevölkerungskreise (vor allem war viele Schuljugend anwesend) statt[fand].“*[299] Neben den musikalischen Beiträgen der Melker Stadtkapelle fand auch der Redebeitrag des Bürgermeisters, Karl Schmid, der einen *„ergreifenden Erlebnisbericht“*[300] vorgetragen hatte, besondere Erwähnung.[301]

Die Rede Figls in der KZ-Gedenkstätte Melk

Höhepunkt und Zentrum des allgemeinen Interesses war die Gedenkrede von Leopold Figl. Figl war während der Zeit des Austrofaschismus Führer der paramilitärischen Wehrformation „Ostmärkische Sturmscharen“ gewesen. Ab 1938 war er unter anderem in den KZ Dachau, Flossenbürg und Mauthausen inhaftiert gewesen und teils schwer misshandelt worden. 1945 war er erster Bundeskanzler der Zweiten Republik geworden. Figl wies in seiner Rede zunächst auf die geografische Dimension der NS-Herrschaft hin, die ihre Spuren an Gedenkorten *„von den Pyrenäen bis an die Wolga, vom Polarkreis bis in die Wüsten Afrikas“* hinterlassen habe. Wer aus Figls Sicht die Verantwortung für Gewalt und Massenmord trug, zeigt das folgende Zitat:

„Die Konzentrationslager, in denen Menschen vergast und in Krematorien zu Hunderttausenden verbrannt wurden, kennzeichnen die Zeit, die der Vergewaltigung Österreichs im März 1938 zwangsläufig folgen mußte. Österreich war das erste Opfer des nationalsozialistischen Machtwahns. Weil damals in den schicksalsschweren Märztagen vor 25 Jahren Europa nicht einhellig gegen die Vergewaltigung eines friedliebenden Volkes aufstand, mußten mehr als 60 Millionen Menschen in den Vernichtungslagern und an den Fronten in allen Teilen der Welt ihr Leben lassen.“[302]

Die *„friedliebenden“* Österreicher*innen seien also einerseits – sowohl in den NS-Vernichtungslagern als auch an den Fronten des Zweiten Weltkriegs – ohne eigene Schuld, sondern

---

297 Die Landesräte Johann Waltner (ÖVP), Emerich Wenger (SPÖ) und Emil Kuntner (SPÖ) sowie die beiden Landtagspräsidenten Josef Wondrak (SPÖ) und Franz Müllner (ÖVP).

298 Vgl. Gästeliste, undatiert, Stadtarchiv Melk, Nachlass Karl Schmid, Band 47/23.

299 Bericht des Amts der NÖ Landesregierung, Kriegsgräberfürsorge, über die Gedenkfeier am 13.3.1963, 15.3.1963, NÖLA, Kriegsgräberfürsorge, Abt. IV-W2-K – KZ-Nebenlager, Band 3.

300 Vgl. ebd.

301 Der Inhalt von Karl Schmids Rede ist nicht überliefert. Möglicherweise berichtete Schmid von seinen eigenen Fronterfahrungen, die später auch publiziert wurden: Elisabeth Schmid: „Was hier vorgeht, darf ich Dir nicht schreiben …“. Karl Schmid – Briefe von der Front 1943–1945 (Beiträge zur Bezirkskunde Melk, Band 2). Melk 2003.

302 Gedenkrede Melk, 13.3.1963, NÖLA, Nachlass Figl, Reden.

Abb. 37: Leopold Figl im großen Gedenkraum anlässlich der Einweihung der KZ-Gedenkstätte Melk am 13. März 1963.
Quelle: NÖLA.

aufgrund der Uneinigkeit Europas zum ersten Opfer der Aggression Hitlers geworden. Andererseits sei die *„Intelligenz fast aller Völker Europas"* in den Konzentrationslagern zusammengekommen und somit sei *„in Hitlers Konzentrationslagern [...] das Europa von morgen geboren [worden]."* Im KZ seien Kontakte geknüpft und Vorurteile abgebaut worden und somit seien jene Männer, die die *„Vernichtungsmaschinerie Hitlers"* überlebt haben, nach 1945 *„die Elite [geworden], die den Wiederaufbau Europas in die Hände nehmen und in vernünftige Bahnen lenken konnte."* Figl betonte in seiner Rede mehrfach die zentrale Bedeutung des „Anschlusses" Österreichs (*„das Herz des Kontinents"*) an das Deutsche Reich für die folgenden Entwicklungen, die er als *„furchtbaren Totentanz"* bezeichnete, und schlussfolgerte: *„Es war eine natürliche Folge, daß der Kontinent ohne Herz nicht weiterleben konnte."*[303]

303 Ebd.

Im letzten Teil seiner Rede erinnerte Figl an das Versprechen, niemals zu vergessen, das sich *„gemarterte Menschen aller europäischen Nationen hinter dem Stacheldraht gaben"*, und appellierte, *„weiter für die hohen Ziele, die in bitterster Not erkannt wurden"*, zu kämpfen. Orte wie das ehemalige KZ Melk seien eine Mahnung auch für die Generationen, *„die nach uns Verantwortung für Österreichs Freiheit und den Frieden in der Welt mittragen werden"*, und sollen daran erinnern, *„welche Opfer gebracht werden mußten, um eine Zeit zu überwinden, in der die Menschenwürde täglich und stündlich mit Füßen getreten wurde."* Diese Zeit sei eine *„Zeit der tiefsten Erniedrigung"* gewesen, zugleich aber auch *„eine Zeit echter Besinnung des österreichischen Volkes und der europäischen Nationen."* Abschließend beschwor Figl die *„heilige Verpflichtung [...], jenen Idealen treu zu leben und zu arbeiten, für die Millionen Männer und Frauen in den Konzentrationslagern und Kerkern, in den Schützengräben und Bombenkellern gelitten haben und gestorben sind."*[304]

Wenig überraschend blieb Figl in seiner Rede dem Narrativ von Österreich als erstem Opfer des NS-Regimes treu, das er selbst seit vielen Jahre aktiv vertreten und zur allgemein gültigen Leitlinie seines politischen Handelns als Bundeskanzler – insbesondere im Kontext der Verhandlungen mit den Alliierten zur Wiedererlangung der Eigenständigkeit Österreichs – erhoben hatte..[305] Gleich zweimal setzte er dabei explizit die Opfer der nationalsozialistischen Konzentrations- und Vernichtungslager mit den gefallenen Soldaten gleich, die an den Fronten des Zweiten Weltkrieges in der Deutschen Wehrmacht oder anderen nationalsozialistischen Militärverbänden am Aggressionskrieg Hitlers teilgenommen hatten. Aus heutiger Sicht irritiert diese undifferenzierte Gleichsetzung, umso mehr im Falle Melks, wo es überwiegend Angehörige der Deutschen Luftwaffe (darunter auch viele Österreicher) gewesen waren, die das KZ-Außenlager Melk sowie zahlreiche andere Lager des KZ-Systems zwischen April 1944 und April 1945 bewacht[306] und teils schwere Verbrechen begangen hatten.[307] Den „Anschluss" an das Deutsche Reich im März 1938 stellte Figl einerseits als schicksalhaft, ja unvermeidbar dar, er schrieb die Verantwortung dafür aber andererseits der Uneinigkeit der europäischen Länder zu. Die Bezeichnung Österreichs als *„Herz des Kontinents"* verweist auf den Versuch, an das nationale Selbstbewusstsein der Österreicher*innen zu appellieren und patriotische Gefühle in der Bevölkerung zu erwecken. Der Ausdruck kann als Verweis auf die einstige Großmachtstellung der Monarchie gedeutet werden, sowie auf die in den 1930er-Jahren entwickelte Österreich-Ideologie mit dem Anspruch, Österreich habe als „Mittelpunkt Europas" eine Kulturmission.

---

304 Ebd.

305 Wie Oliver Rathkolb ausführt, war Figl als ehemaliger KZ-Häftling besonders gut geeignet, um die Opferdoktrin auch auf dem internationalen Parkett im Kontext der Verhandlungen über den Staatsvertrag glaubhaft zu vertreten. Vgl. Oliver Rathkolb: Die paradoxe Republik. Österreich 1945 bis 2015. Wien 2015, S. 176–180, insbes. S. 177.

306 Vgl. Perz: Wehrmachtsangehörige als KZ-Bewacher.

307 Vgl. Christian Rabl: Mauthausen vor Gericht. Nachkriegsprozesse im internationalen Vergleich (Mauthausen-Studien, Band 13). Wien 2018 bzw. ders.: Am Strang. Die österreichischen Angeklagten in den Dachauer Mauthausen-Prozessen. Wien 2017.

Abb. 38: Einweihung der KZ-Gedenkstätte Melk am 13. März 1963: In der ersten Reihe sind unter anderem Stadtamtsdirekter Sidonius Kysely (l.), Baumeister Franz Sdraule (2. v. l.), Bezirkshauptmann Franz Schmidt (3. v. l.) sowie der stv. Landeshauptmann Otto Tschadek (2. v. r.) und Leopold Figl (r.) zu sehen. Quelle: NÖLA.

Im Anschluss an Figls Rede wurde zur (katholischen) Einweihung des neu errichteten Gedenksteins beim Eingang zum Gedenkstättengarten geschritten. Der Melker Pater Clemens Hofbauer segnete den Gedenkstein, danach folgten Totenehrung, Kranzniederlegungen und das abschließende Absingen der österreichischen Bundeshymne.[308] Zwar hatte die NÖ Landesregierung auch Vertreter der evangelischen Kirche Niederösterreich sowie der Israelitischen Kultusgemeinde Wien zur Feier eingeladen, die überlieferte Gästeliste weist jedoch keine Teilnehmer*innen dieser beiden Konfessionen auf.[309]

---

308 Vgl. Bericht des Amts der NÖ Landesregierung, Kriegsgräberfürsorge, über die Gedenkfeier am 13.3.1963, 15.3.1963, NÖLA, Kriegsgräberfürsorge, Abt. IV-W2-K – KZ-Nebenlager, Band 3.

309 Vgl. Entwurf der Gästeliste für die Feier am 13.3.1963, Abt. Kriegsgräber, Amt der NÖ Landesregierung, 25.2.1963, ebd.

Einige der bei der Einweihung anwesenden Personen stechen hinsichtlich ihrer NS-Vergangenheit hervor: Neben Baumeister Sdraule fand sich auch der stellvertretende niederösterreichische Landeshauptmann und frühere Justizminister der SPÖ, Otto Tschadek,[310] unter den Ehrengästen. Wie der Politologe Thomas Geldmacher im Rahmen seiner Recherchen zu der Wanderausstellung *Was damals Recht war …*[311] 2010 öffentlich machte, war Tschadek ab September 1941 als Marinerichter in Kiel tätig gewesen und hatte in dieser Funktion zumindest vier Todesurteile verantwortet.[312] Ob Tschadeks NS-Vergangenheit den Teilnehmer*innen der Einweihungsfeier im März 1963 in Melk bereits bekannt war, ist unklar. Tschadek selbst war in den 1960er-Jahren – sowohl in seiner Autobiografie als auch medial – bemüht, seine Tätigkeit als Marinerichter in einem unzutreffend positiven Licht darzustellen bzw. kleinzureden.[313]

Betrachtet man die mediale Resonanz auf die Feier zur Einweihung des „Öffentlichen Denkmals" in Melk, so zeigt sich, dass dieses bedeutende Ereignis in Anbetracht der Masse der Gedenkfeiern und Feierstunden anlässlich des 25. Jahrestags des „Anschlusses" zu einer kaum wahrgenommenen Randnotiz wurde. Selbst der KZ-Verband, der sich jahrelang aktiv für die Erhaltung des ehemaligen Krematoriums eingesetzt hatte, widmete der Einweihungsfeier nur fünf Zeilen und ein Foto.[314]

Das Porträt Leopold Figls in der Gedenkstätte Melk

Figls Besuch in der KZ-Gedenkstätte Melk bzw. seine Rolle als Festredner veranlasste den kommunistischen KZ-Verband nach Figls Tod im Jahr 1965 dazu, ein großes Porträt des verstorbenen Bundeskanzlers und Landeshauptmannes an prominenter Stelle im großen Gedenkraum gegenüber dem Verbrennungsofen anzubringen.[315] Bei Besucher*innen musste das Porträt den irrigen Eindruck erwecken, Figl sei ebenso ein KZ-Opfer in Melk gewesen, wie all jene Männer, derer im Gedenkraum mit kleinen Tafeln und Fotos gedacht wird.

---

310 Tschadek war kraft seines Amtes als Justizminister (1949–1952 sowie 1956–1960) wesentlich für die Bemühungen des Bundes sozialistischer Akademiker (BSA, heute Bund sozialdemokratischer AkademikerInnen, Intellektueller und KünstlerInnen) gewesen, SPÖ-nahe ehemalige Nationalsozialisten in hohe staatliche Ämter zurückzubringen. Vgl. Wolfgang Neugebauer/Peter Schwarz: Der Wille zum aufrechten Gang. Offenlegung der Rolle des BSA bei der gesellschaftlichen Reintegration ehemaliger Nationalsozialisten. Wien 2005.

311 Vgl. Thomas Geldmacher: Der gute Mensch von Kiel? Marinerichter Otto Tschadek (1904–1969). In: Thomas Geldmacher/Hannes Metzler/Magnus Koch/Peter Pirker/Lisa Rettl (Hg.): „Da machen wir nicht mehr mit …" Österreichische Soldaten und Zivilisten vor Gerichten der Wehrmacht. Wien 2010, S. 215–227.

312 Vgl. Peter Mayr: Ex-Justizminister Tschadek war ein „Blutrichter". In: derstandard.at, 3.9.2010, https://www.derstandard.at/story/1282978899417 (abgerufen am 15.1.2025).

313 Ebd.

314 Vgl. Eindrucksvolle Kundgebungen in Österreich. In: Der neue Mahnruf, Jahrgang 16 (1963), Heft 4, S. 3–4.

315 Vgl. Bericht der Abt. Kriegsgräber, Amt der NÖ Landesregierung, 28.5.1965, NÖLA, Kriegsgräberfürsorge, Abt. IV-W2-K – KZ-Nebenlager, Band 4.

Über die Beweggründe, die zur Anbringung dieses Porträts geführt haben, kann nur spekuliert werden. Es erscheint naheliegend, dass das Gedenkbild Figls in direktem Zusammenhang mit seiner Rede anlässlich der Einweihung im März 1963 steht. Dass der bis heute von katholisch-konservativen Kreisen betriebene Kult um den „Märtyrer" Figl[316] Mitte der 1960er-Jahre auch den kommunistisch dominierten KZ-Verband erfasst hatte, mag zwar aus heutiger Perspektive skurril anmuten.[317] Doch die politischen Ziele von ÖVP und KPÖ wiesen gewisse Schnittmengen auf: Während die ÖVP in den 1960er-Jahren den Opfermythos pflegte,[318] war die (bereits marginalisierte) KPÖ intensiv darum bemüht, den großen Beitrag österreichischer Kommunist*innen im Widerstand gegen das NS-Regime in Erinnerung zu bewahren. Dies war wiederum für die ÖVP bedeutsam, denn in der Moskauer Deklaration[319] von Herbst 1943 ist zwar einerseits davon die Rede, dass Österreich das erste Opfer *„der typischen Angriffspolitik Hitlers"*[320] gewesen sei, andererseits wird aber auch daran erinnert, dass Österreich *„für die Teilnahme am Kriege an der Seite Hitler-Deutschlands eine Verantwortung trägt"*[321] und deshalb an seinem eigenen Beitrag zu seiner Befreiung von der NS-Herrschaft zu messen sein wird. Was diesen „eigenen Beitrag" anbelangt, ließ sich der kommunistische Widerstand sehr gut als Beispiel ins Treffen führen.

---

316 Vgl. etwa die Bemühungen des St. Pöltner Diözesanbischofs Alois Schwarz zur Seligsprechung des „Märtyrers" Leopold Figl. Conrad Seidl: Leopold Figl soll seliggesprochen werden. In: derstandard.at, 23.12.2020, https://www.derstandard.at/story/2000122733544 (abgerufen am 15.1.2025).

317 Das Porträt wurde im Dezember 2021 in Abstimmung mit dem NÖ Bundesdenkmalamt abgenommen und befindet sich im Depot der KZ-Gedenkstätte Mauthausen.

318 Vgl. dazu beispielsweise Gerhard Botz: Geschichte und kollektives Gedächtnis in der Zweiten Republik. „Opferthese", „Lebenslüge" und „Geschichtstabu" in der Zeitgeschichtsschreibung. In: Wolfgang Kos/Georg Rigele (Hg.): Inventur 45/55. Österreich im ersten Jahrzehnt der Zweiten Republik. Wien 1996, S. 51–85, sowie Heidemarie Uhl: Das „erste Opfer". Der österreichische Opfermythos und seine Transformationen in der Zweiten Republik. In: Österreichische Zeitschrift für Politikwissenschaft, Jahrgang 30 (2001), Heft 1, S. 19–34, und Rathkolb: Die paradoxe Republik; zur Relevanz visueller Darstellungen im Kontext der Inszenierung der „Opferthese" vgl. Ina Markova: Die NS-Zeit im Bildgedächtnis der Zweiten Republik (Der Nationalsozialismus und seine Folgen, Band 6). Innsbruck 2018.

319 Die Moskauer Deklaration wurde am 30. Oktober 1943 in Moskau im Beisein der drei alliierten Großmächte, USA, Großbritannien und Sowjetunion, beschlossen und regelte die Bedingungen für deren weitere Zusammenarbeit nach Ende des Zweiten Weltkriegs. Festgelegt wurden zudem Rahmenbedingungen für den weiteren Umgang mit den Achsenmächten sowie für das gemeinsame juristische Vorgehen gegen die Hauptkriegsverbrecher. Außerdem wird festgehalten, dass Österreich als Staat wiederhergestellt werden solle. Vgl. den Volltext in englischer Sprache: Moscow Conference, October 1943, Joint Four-Nation Declaration, https://www.ibiblio.org/pha/policy/1943/431000a.html (abgerufen am 12.2.2025).

320 *„The governments of the United Kingdom, the Soviet Union and the United States of America are agreed that Austria, the first free country to fall a victim to Hitlerite aggression, shall be liberated from German domination."* Ebd.

321 *„Austria is reminded, however that she has a responsibility, which she cannot evade, for participation in the war at the side of Hitlerite Germany, and that in the final settlement account will inevitably be taken of her own contribution to her liberation."* Ebd.

11. *„Dem Fremdenverkehr abträglich"*: Zur Unsichtbarmachung der Gedenkstätte Melk

Die bislang dargestellten Entwicklungen rund um das ehemalige Krematorium in Melk zeigen, dass sowohl Landes- als auch Stadtbehörden eine Schleifung des Gebäudes bevorzugt hätten. Letztlich war es eine Gemeinschaftsleistung des KZ-Verbands, der Amicale de Mauthausen sowie des CIM, dass das Bauwerk erhalten geblieben ist. Die offizielle Widmung als Denkmal sicherte zunächst dessen dauerhaften Erhalt, doch behielt die Stadt Melk ihre ablehnende Haltung gegenüber dem Gedenkort bei. Die Stadt leistete Widerstand gegen alle Maßnahmen, die auf Verbesserung der Sichtbarkeit des Gedenkortes ausgerichtet waren, etwa eine bessere Beschilderung durch zusätzliche Wegweiser oder große Lettern auf dem Schornstein. Bereits während der Umsetzung der Restaurierungsarbeiten 1962 hatte der KZ-Verband in einem Schreiben an Bundesminister Afritsch[322] die Anbringung eines *„aus Vierkantrohr bestehenden Kreuzes mit Leuchtbuchstaben ‚KZ Melk' am Kamin des ehemaligen Krematoriumsgebäudes"*[323] gefordert. Diesem Ansinnen erteilte das BMI jedoch aus nachvollziehbaren Gründen eine Absage – einerseits mit dem Argument, dass eine solche Leuchtschrift aufgrund des tiefliegenden Areals ohnehin kaum gesehen werden würde, andererseits mit dem Hinweis darauf, dass eine *„solche reklameartige Leuchtschrift mit der Würde einer Gedächtnisstätte kaum vereinbar"*[324] sei. Um dem KZ-Verband entgegenzukommen, hatten sich die Behörden aber dazu bereit erklärt, an den Zufahrtsstraßen zur Gedenkstätte zwei Hinweisschilder mit der Aufschrift *„KZ-Krematorium"* anbringen zu lassen. Genehmigt wurde dann zunächst der Wortlaut *„Zum KZ-Krematorium"*, weshalb die Stadt Melk intervenierte und um die Abänderung des Wortlauts auf *„Zum ehemaligen KZ-Krematorium"* ersuchte, da befürchtet wurde, es könne der Eindruck entstehen, dass das Krematorium noch immer bestehe.[325] Die beiden Richtungsweiser wurden im Lauf des Jahres 1963 in abgeänderter Form in unmittelbarer Nähe des Gedenkorts, nämlich an der Straßengabelung beim Kasernen-Haupteingang sowie bei der Abzweigung zur Gedenkstätte am Schießstattweg an der Südecke der Kaserne, angebracht.[326]

Die Auffindbarkeit der Gedenkstätte wurde dadurch allerdings nur unwesentlich erhöht, da sich weder die Kaserne noch das ehemalige Krematorium an den drei Hauptverkehrsadern der

---

322 Vgl. Schreiben KZ-Verband an BMI, 27.4.1962, MM, 1.6.1., Box 13, GZ 106.152-9/62.

323 Schreiben BMI an KZ-Verband, 25.9.1962, ebd.

324 Ebd.

325 Vgl. Schreiben der Stadtgemeinde Melk an das Amt der NÖ Landesregierung, 5.10.1962, NÖLA, Kriegsgräberfürsorge, Abt. IV-W2-K – KZ-Nebenlager, Band 3.

326 Vgl. Verhandlungsschrift, 5.6.1962, ebd.; zu einem unbekannten späteren Zeitpunkt wurde an der Kreuzung Kirschengraben/Josef-Büchl-Straße ein dritte Hinweistafel ergänzt.

Stadt Melk – Bundesstraße 1, Autobahn A 1 sowie Westbahn – befanden. Der KZ-Verband blieb hartnäckig und forderte Wegweiser beim Bahnhof Melk, in der Nähe der Umfahrung Melk sowie bei der Einfahrt in die Stadtmitte.[327] Das BMI lehnte ab, vordergründig mit dem Argument, dass die Anlage in Melk *„nach ihrer Art und Bedeutung zum Unterschied von Mauthausen viel weniger den Charakter eines Monuments im allgemeinen Interesse [trage], sondern nach einer Gedenkstätte für Personen, welche irgend eine persönliche Beziehung haben."*[328] Tatsächlich hatte die Stadt Melk zu dem Ansinnen des KZ-Verbands Stellung genommen, dass *„die Bevölkerung von Melk an die damalige schwere Zeit nicht ständig erinnert werden will und dass es dem Fremdenverkehr abträglich ist, auf die damaligen schrecklichen Ereignisse durch Tafeln hingewiesen zu werden."*[329] Ausländische Gruppen hätten die Gedenkstätte auch schon bisher gefunden, weshalb zusätzliche Wegweiser auch aus technischen Gründen nicht erforderlich seien.[330]

Die Sichtbarkeit des ehemaligen Krematoriums von außen wurde Ende der 1980er-Jahre neuerlich zum Thema: Im Zuge der Vorarbeiten für eine Dauerausstellung, die im ehemaligen Krematorium Platz finden sollte, gab es auch Überlegungen zur Umgestaltung des Gartens. Der Baumbestand im Gedenkstättengarten bzw. angebliche Überlegungen zu dessen Entfernung riefen Widerstand hervor. Am 29. April 1991, wenige Tage vor der geplanten Gedenkfeier am 6. Mai 1991, fand in Melk eine Besichtigung statt, an der neben dem zuständigen Beamten des BMI (Abteilung IV/7), Peter Fischer, auch Anrainer*innen sowie Vertreter*innen der Stadt Melk teilnahmen. Dabei wurde festgestellt, dass ein Baum an der Nordwestecke morsch sei und somit aus Sicherheitsgründen gefällt werden müsse. Den Anrainer*innen war aber offenbar das Gerücht zu Ohren gekommen, dass mehrere Bäume bzw. der gesamte Baumbestand im Bereich der Gedenkstätte gefällt werden sollen. Einer der Hausbesitzer am Schießstattweg, Herbert M., sowie die Stadt Melk richteten daraufhin Protestschreiben mit dem Argument der „Umweltverschandelung" an die Abteilung Kriegsgräberfürsorge der NÖ Landesregierung. In Reaktion verwies Bürgermeister Helmut Sommer darauf, dass ihm Ludwig Soswinski von der Österreichischen Lagergemeinschaft Mauthausen (ÖLM)[331] versichert habe, dass diese kein Interesse an einem Fällen der Bäume habe.[332] Die NÖ Landesregierung bestätigte ebenfalls umgehend,

---

327 Vgl. Schreiben KZ-Verband an BMI, 11.6.1963, MM, 1.6.1., Box 13, GZ 108.261-9_63.

328 Vgl. handschriftlicher Vermerk, BMI, 17.10.1963, ebd., GZ 113.962-9_63.

329 Schreiben Amt der NÖ Landesregierung an das BMI, Abt. 9, 24.9.1963, ebd., GZ 110.407-9_64.

330 Vgl. Schreiben Stadt Melk an Amt der NÖ Landesregierung, 9.9.1963, NÖLA, Kriegsgräberfürsorge, Abt. IV-W2-K – KZ-Nebenlager, Band 3.

331 Die Österreichische Lagergemeinschaft Mauthausen wurde 1964 gegründet und ist die Vereinigung der österreichischen ehemaligen KZ-Häftlinge des KZ-Mauthausen. Vgl. Mauthausen Komitee Österreich: Österreichische Lagergemeinschaft Mauthausen, https://www.mkoe.at/ueber-uns/oesterreichische-lagergemeinschaft-mauthausen (abgerufen am 12.2.2025) sowie Perz: KZ-Gedenkstätte, S. 219–221.

332 Vgl. Schreiben Anrainer Herbert M., 2.5.1991 bzw. Stadt Melk, 7.5.1991, MM, 1.6.1., Box 14, GZ 3.564_38-4_7_90.

dass an die Beseitigung der Bäume nicht gedacht sei, da dies nicht im Sinne des *„Ensembles"*[333] sei.[334]

Parallel dazu bemühte sich der Historiker Bertrand Perz, der sich im Zuge seiner Dissertation intensiv mit der Geschichte des KZ Melk und des Projekts „Quarz" beschäftigt hatte, im Rahmen der Gestaltungen zu einer Dauerausstellung neuerlich um eine Anbringung zusätzlicher Wegweiser. Er kündigte in einem Schreiben an Fischer an, sich diesbezüglich an den Melker Bürgermeister zu wenden und sich für eine bessere Sichtbarmachung der Gedenkstätte im bei der Tourismusinformation aufliegenden Stadtplan einzusetzen, was jedoch erfolglos blieb. Die schlechte Auffindbarkeit der Gedenkstätte ist bis heute de facto unverändert. Freilich bieten sich interessierten Personen heute neue Medien – Routenplaner etc. – zur Recherche an, im Stadtbild selbst ist die Gedenkstätte jedoch ebenso unsichtbar wie schon vor 30 Jahren.[335]

In seinen Erinnerungen schildert etwa der slowakische Überlebende Pavel Branko die Eindrücke eines Gedenkstättenbesuchs in Melk im Jahr 1988 so:

„Als meine Frau Emilia und ich 1988 am Weg nach Frankreich in Melk Halt machten, hatte von den Einheimischen niemand eine Ahnung von irgendeinem KZ, und erst nach langer Suche gelang es uns, auf einem verlassenen Grundstück einen verrosteten Drahtzaun ausfindig zu machen, wo über den Baumspitzen der alte Schornstein des Krematoriums emporragte."[336]

Eine schriftliche Beschwerde einer italienischen Abordnung aus dem Trient über die schwierige Auffindbarkeit der KZ-Gedenkstätte Melk datiert aus dem Jahr 2002 und wurde an die damalige österreichische Außenministerin Benita Ferrero-Waldner adressiert:

---

333 Vgl. ebd., Schreiben der NÖ Landesregierung an das BMI, Abt. IV/7, 3.5.1991.

334 Die Frage der Sichtbarkeit war bereits im Jahr 1944 in einem völlig anderen Zusammenhang ein Thema gewesen. Damals hatte der Lagerführer des KZ-Außenlagers Melk, Julius Ludolph, gefordert, dass die Alleebäume entlang der Melker Abt-Karl-Straße gestutzt und mit Beleuchtungskörpern versehen werden sollen, um so eine bessere Bewachung der KZ-Häftlinge auf dem Weg zum „KZ-Haltepunkt", einer hölzernen Verladerampe östlich des Melker Bahnhofs inmitten prachtvoller Villen aus der Gründerzeit, zu gewährleisten. Der daraus resultierende Protest des Melker Bürgermeisters Mistlbacher beim Melker Landrat Convall, der auch den Gauleiter von Niederdonau, Hugo Jury, erreichte, sorgte jedoch rasch dafür, dass Ludolph seine Pläne wieder fallenließ. Vgl. Bertrand Perz: Spurensuche und Rekonstruktion der Geschichte. Am Beispiel der Konzentrationslager in Österreich. In: Bundesministerium für Unterricht und Kunst, Abteilung für Politische Bildung (Hg.): Denkmal und Erinnerung, Spurensuche im 20. Jahrhundert. Anregungen für Schülerinnen- und Schülerprojekte. Wien 1993, S. 50–55, hier S. 52 f.

335 So findet sich etwa die Geschichte des KZ-Außenlagers Melk bis heute weder in den Tourismus-Stadtplänen noch in den ab 2009 umgesetzten vier Melker Tourismusrouten „Roter Faden", „Goldene Stiege", „Blaue Welle" und „Grüner Pfad", die Besucher*innen via Audioguide oder Smartphone-App die historisch relevanten Gebäude und Orte in der Stadt Melk näherbringen sollen. Vgl. Wachau Info-Center Melk: Themenwege, https://www.visitmelk.com/melk-entdecken/wandern-radfahren/themenwege (abgerufen am 15.1.2025). Auch auf der Website der Stadt Melk fand sich bis zum Sommer 2020 keinerlei Hinweis auf die KZ-Geschichte und in der Chronologie der Ortsgeschichte klaffte zwischen den Jahren 1913 und 1954 eine Lücke. Erst im Sommer 2020 wurde auf Initiative des Zeithistorischen Zentrums (ZHZ) Melk auf der Tourismus-Website der Stadt Melk erstmals ein eigener Menüpunkt mit dem Titel „Melk Memorial" ergänzt. Vgl. Wachau Info-Center Melk: Melk Memorial, https://www.visitmelk.com/melk-entdecken/ueber-melk/melk-memorial-/-kz-gedenkstaette (abgerufen am 15.1.2025).

336 Branko: Gegen den Strom, S. 96.

„Es scheint fast, als ob man sich dafür schäme und verstecken möchte, was leider dort geschehen ist. Es gibt keine Straßenschilder, die auf das Lager hinweisen, und einmal angelangt ist das Lager immer noch schwer zu finden, da es hinter einer Kaserne versteckt ist und kein Hinweis für dessen Erreichung sichtbar ist."[337]

Den Beschwerdeführer*innen wurde daraufhin mitgeteilt, dass zumindest drei Hinweistafeln in Melk den Weg zur Gedenkstätte weisen würden.[338] Diese drei Hinweistafeln sind auch heute noch vorhanden, eine Verbesserung der Beschilderungssituation ist aber bis heute nicht umgesetzt.

337 Beschwerdeschreiben mehrerer Repräsentanten der Region Trient an Außenministerin Benita Ferrero-Waldner, 29.5.2002, MM, 1.6.1., Box 14, GZ 3.564_36-4_4_a_02.

338 Schreiben des BMI, Abt. IV/4, an den Gesandten im Außenministerium Wien Dr. Pramberger, Juni 2002, ebd.

12. Zeichen und Traditionen des Gedenkens in Melk

Die Entwicklung der Gedenkzeichen im ehemaligen Krematorium Melk bzw. im Garten des Gedenkortes beschränkte sich anfangs auf ein Birkenkreuz im großen Gedenkraum (vermutlich vor 1949 errichtet), erste nationale französische Gedenktafeln am Krematoriumsofen sowie im Gedenkraum (beide Herbst 1949) sowie vier ergänzende französische Marmorplatten im Gedenkraum, die aus dem Jahr 1953 datieren. Hinzu kamen die niederösterreichische Gedenktafel (Juni 1951) und die auf Initiative des KZ-Verbands angebrachte Vitrine zur Aufbewahrung von Bildern einzelner in Melk ermordeter KZ-Opfer (Winter 1952/53). Im März 1963 folgte mit dem Denkmal der Republik Österreich ein erster großer Gedenkstein im neu gestalteten Gartenbereich.

Abb. 39: Ein Blick in den geschmückten Gedenkraum des ehemaligen Krematoriums Melk bei der Eröffnung am 13. März 1963.
Quelle: NÖLA.

In den Jahrzehnten danach vergrößerte sich die Zahl nationaler wie auch individueller Gedenkzeichen sukzessive und auch zukünftig wird sich der Gedenkort durch die Ergänzung neuer Erinnerungszeichen weiter verändern und verdichten.

12.1. Individuelles und nationales Gedenken im ehemaligen Krematorium

Während sich das kollektive Gedenken zunächst also hauptsächlich auf die KZ-Opfer französischer und österreichischer Herkunft bezog, entwickelte sich im Gebäudeinneren eine individuelle Gedenkkultur, getragen von Angehörigen oder ehemaligen Mithäftlingen der in Melk ermordeten Männer. Dieses Gedenken war von Beginn an im großen Raum mit dem erhaltenen Verbrennungsofen verortet. Wann und von wem die einzelnen individuellen Spuren des Erinnerns vor Ort hinterlassen wurden, ist in den allermeisten Fällen nicht mehr nachvollziehbar. Denn dieses individuelle Gedenken wurde fast immer ohne Einbindung der Gedenkstättenverwaltung durchgeführt und kann somit auch als gezielte Aneignung des von den staatlichen Behörden vernachlässigten Gebäudes gedeutet werden.[339] Meist weisen die angebrachten Tafeln, Fotos oder Sterbebilder den Namen, das Geburtsdatum, den Geburtsort sowie den Tag der Ermordung in Melk auf. Vereinzelt haben Nachkommen auch kurze Nachrichten darauf hinterlassen, die uns heute Einblick in die Praktiken des Erinnerns und der Trauerbewältigung jener Menschen gewähren, die sich in Melk auf Spurensuche nach ihren ermordeten Angehörigen begeben haben.

Diese unbürokratisch verwirklichte Form des Gedenkens hat über Jahrzehnte in Melk einen vielfältigen und in gewisser Weise auch chaotisch anmutenden Gedenkort geschaffen. Die Tafeln beziehen sich mit einer Ausnahme auf Männer, die im KZ-Außenlager Melk ermordet wurden.

Im ehemaligen Krematorium findet sich eine Gedenktafel für das Auschwitz-Opfer Elizabeth Bözi-Marton,[340] die auf den ersten Blick keinen Zusammenhang mit dem Tatort Melk aufweist. Der familiäre Bezug ergibt sich unter Einbeziehung der Gedenktafel direkt oberhalb, die den in Melk getöteten KZ-Häftlingen Adalbert (Bela)[341] und Endre Marton gewidmet ist. Elizabeths Ehemann Bela sowie ihre Söhne Endre und Sándor hatten das Lager Auschwitz überlebt und wurden

339 Prenninger argumentiert, dass die Anbringung solcher individuellen Gedenkzeichen – die weder in west- noch in ostdeutschen Gedenkstätten möglich war – mit einer *„liberalen Haltung des BMI"* sowie der Angst vor Protesten aus dem Ausland zu begründen sei. Betrachtet man jedoch die überlieferten Akten der zuständigen Behörden zum Standort Melk, so scheint hier vielmehr deren Desinteresse dies ermöglicht zu haben. Vgl. Alexander Prenninger: KZ-Gedenkstätten in Niederösterreich. Eine Reise durch die niederösterreichische Gedenklandschaft. In: Heinz Arnberger/Claudia Kuretsidis-Haider (Hg.): Gedenken und Mahnen in Niederösterreich. Erinnerungszeichen zu Widerstand, Verfolgung, Exil und Befreiung. Wien 2011, S. 181–194, hier S. 192.

340 Elizabeth Bözi-Marton wurde 1944 in Auschwitz ermordet. Vgl. Yad Vashem: Zentrale Datenbank der Namen der Holocaustopfer: Elizabet Marton, https://collections.yadvashem.org/de/names/14020588 (abgerufen am 14.12.2024).

341 Adalbert (Bela) Marton starb am 27. Jänner 1945 in Melk, sein Sohn Endre am 3. April 1945. Vgl. Totenbuch des KZ Melk, NARA, RG 549, Box 425, Case 000-50-009 (Buchenwald trial 1947).

Abb. 40: *„Ein kleines Zeichen von großer Liebe, Deine Lieben"*, lautet der Text auf dem undatierten Bild im Gedenken an den im Februar 1945 in Melk ermordeten Nino Donati. Zustand 2020.
Foto: Christian Rabl, Quelle: Sammlung ZHZ Melk.

Abb. 41: Die Rückseite des Fotos von Jean Joudiou trägt die Inschrift: *„A notre fils chèri Jean Joudiou, le 9 aout 1951"* (An unseren geliebten Sohn Jean Joudiou, 9. August 1951). Zustand 2020.
Foto: Christian Rabl, Quelle: Sammlung ZHZ Melk.

im Juni 1944 nach Melk deportiert.[342] Sándor (Aleksander) Marton überlebte als einziger und ließ die gemeinsame Gedenktafel für seinen Vater und seinen Bruder sowie – vermutlich etwas später – die zweite Gedenktafel für seine Mutter anbringen.[343]

342 Vgl. Veränderungsmeldung, KZ Mauthausen Schutzhaftlager, 11. Juni 1944, Blatt 379, AMM Y45a_367-386.

343 Die KZ-Gedenkstätte Mauthausen hat vor einigen Jahren konkrete Vorgaben hinsichtlich der Gestaltung von Gedenktafeln erarbeitet, sowohl betreffend Größe als auch Inhalte. Dies hat mehrere Gründe: Neben dem geringer werdenden Platzangebot an den Wänden des großen Gedenkraums in Melk haben auch Aspekte des Denkmalschutzes an Bedeutung gewonnen. Zudem wird heute – auf Basis der umfangreichen Sammlung der KZ-Gedenkstätte Mauthausen – ein wesentlich stärkeres Augenmerk auf die inhaltliche Korrektheit gelegt. Nach den heute geltenden Richtlinien würde eine Gedenktafel ohne direkten Melk-Bezug, wie jene für Elizabeth Bözi-Marton, keine Genehmigung mehr erhalten.

Abb. 42: Wann genau diese Gedenktafel für Adalbert (Bela) und Andrea (Endre) Marton in Melk montiert wurde, ist unbekannt. Zustand 2025.
Foto: Christian Rabl, Quelle: Sammlung C. Rabl.

Abb. 43: Die Gedenktafel für die in Auschwitz ermordete Elizabeth Bözi-Marton wurde offenbar von ihrem Sohn, Sándor Marton, angebracht. Zustand 2025.
Foto: Christian Rabl, Quelle: Sammlung C. Rabl.

Des Weiteren finden sich im großen Gedenkraum in Melk mehrere nationale Gedenkzeichen, darunter für die KZ-Opfer niederländischer,[344] belgischer, spanischer, luxemburgischer und norwegischer Herkunft. Auch diese Gedenktafeln sind sehr unterschiedlich gestaltet. Während etwa auf der niederländischen[345] und der norwegischen Gedenktafel die Namen der Opfer des KZ Melk angeführt sind, sind die Texte der spanischen, der belgischen und der luxemburgischen[346] Tafel allgemein gehalten. Sie beinhalten keine Namen einzelner Opfer und finden sich in meist identer Optik und – bis auf die Ortsbezeichnung – identer Textierung auch an anderen österreichischen KZ-Gedenkstätten. Während die genannten Länder alle Opfer – sei es namentlich oder kollektiv – adressieren, verhält es sich bei den Opfern italienischer Herkunft etwas anders.

344 Die Gedenktafel für die niederländischen Opfer wurde vom Königreich Niederlande gestiftet und am 9. Mai 1998 in Anwesenheit des niederländischen Botschafters Ebbenhorst Tengbergen eingeweiht. Vgl. Arnberger/Kuretsidis-Haider: Gedenken und Mahnen, S. 337 f.

345 Wie neuere Forschungen und Quellen zeigen, sind zumindest zwei niederländische Todesopfer auf der Gedenktafel nicht verzeichnet worden. Es handelt sich dabei um den am 5. Jänner 1919 in Uithuizermeeren geborenen Pieter Emmelkamp sowie den am 8. November 1927 in Amsterdam geborenen Adolf Iwan Gazan. Beide starben am 3. April 1945 in Melk. Vgl. KZ-Gedenkstätte Mauthausen | Mauthausen Memorial: Raum der Namen. Digitales Gedenkbuch für die Toten des KZ Mauthausen und seiner Außenlager 1938–1945, https://raumdernamen.mauthausen-memorial.org/ (abgerufen am 17.1.2025).

346 Die Anbringung der luxemburgischen Gedenktafel in Melk wurde vom BMI am 8. Mai 1968 genehmigt und am 13. Mai 1968 umgesetzt. Bereits am 12. Mai desselben Jahres war in Mauthausen das luxemburgische Denkmal enthüllt worden. Vgl. Fernschreiben Amt der NÖ Landesregierung an die BH Melk, 9.5.1968, NÖLA, Kriegsgräberfürsorge, Abt. IV-W2-K – KZ-Nebenlager, Band 4, bzw. Aktenvermerk, Abt. Kriegsgräber, Amt der NÖ Landesregierung, 14.5.1968, ebd.

Abb. 44: Das Gruppenfoto zeigt eine italienische Besucher*innen-Gruppe unmittelbar neben dem Objekt 10 in Melk im Jahr 1960.
Foto: Hilda Lepetit, Quelle: Archiv Memorial Ebensee.

Hier finden sich mehrere Gedenktafeln, die jeweils von regionalen Häftlingsorganisationen der Associazione Nazionale Ex Deportati nei Campi Nazisti (ANED) angebracht wurden. Eine italienische Gedenktafel für alle Opfer des Landes gibt es hingegen nicht. Bereits im Jahr 1963 – wohl im Kontext der Widmung der KZ-Gedenkstätte Melk als „öffentliches Denkmal" – wurde von Bewohner*innen des Kibbuz „Lohamei HaGeta'ot"[347] eine Gedenktafel in Melk errichtet. Diese Tafel nimmt explizit auf die Opfergruppe jüdisch kategorisierter Opfer ungeachtet ihrer nationalen Herkunft Bezug.

347 Der Kibbuz sowie das hier befindliche Ghetto Fighters' House Museum war im Jahre 1949 von Überlebenden des Warschauer Ghetto-Aufstandes gegründet worden. Vgl. Beit Lohamei Haghetaot/Ghetto Fighters' House Museum: About the Museum, https://www.gfh.org.il/eng/About_the_Museum (abgerufen am 14.12.2024).

12.2. Nationales Gedenken im Gedenkstättengarten

Neben der Vielfalt individueller und nationaler Gedenktafeln im Inneren des Gebäudes wurde im Lauf der Jahrzehnte auch im Außenbereich der KZ-Gedenkstätte Melk eine Reihe von Denkmälern angebracht. Einige davon sind wohl nicht ganz zufällig in zeitlicher Nähe zu politischen Umbrüchen (Tschechoslowakei 1968, Jugoslawien 1988) oder im Kontext einer konkreten politischen Agenda in den jeweiligen Staaten (Russland 2014) entstanden.

Das tschechoslowakische Denkmal

Anlässlich der Gedenkfeier des KZ-Verbands in Melk am 6. Mai 1967 war eine *„starke Abordnung"*[348] des Verbands antifaschistischer Kämpfer der Tschechoslowakischen Sozialistischen Republik (ČSSR) aus Bratislava zu Gast,[349] angeführt von deren langjährigem Obmann,[350] dem Überlebenden Oldřich Stránský. Im Herbst des gleichen Jahres ersuchte die Gesandtschaft der ČSSR um Erlaubnis, an den Gedenkstätten in Melk und Ebensee Gedenktafeln errichten zu dürfen. Diesem Ersuchen stimmte der österreichische Ministerrat am 23. April 1968 zu[351] und nur drei Wochen später, am 12. Mai 1968, erfolgte die offizielle Einweihung des betreffenden Denkmals in Melk für die tschechischen und slowakischen Opfer des KZ-Außenlagers Melk.[352] Die Initiative ist im Zusammenhang mit den politischen Entwicklungen des „Prager Frühlings" zu sehen, was auch die prominente Teilnehmer*innenliste der Einweihungsfeier zeigt. Wie *Der neue Mahnruf* berichtete, nahmen unter anderem Irena Svobodová, die Ehefrau des damaligen tschechoslowakischen Staatspräsidenten Ludvík Svoboda, sowie *„der ehemalige Mauthausenhäftling Dubcek* [sic!]" an der Feier teil.[353] Dabei handelte es sich um Štefan Dubček,[354] den Vater von Alexander

---

348 Vgl. Nachschaubefund und Teilnahmebericht der Abt. Kriegsgräber, Amt der NÖ Landesregierung, 8.5.1967, NÖLA, Kriegsgräberfürsorge, Abt. IV-W2-K – KZ-Nebenlager, Band 4.

349 Diese Teilnahme steht vermutlich im Kontext einer engeren Zusammenarbeit und eines Abkommens zwischen dem österreichischen KZ-Verband und dem slowakischen Verband antifaschistischer Kämpfer. Vgl. Gemeinsames Handeln gegen die neonazistische Gefahr! In: Der neue Mahnruf, Jahrgang 20 (1967), Heft 2, S. 3.

350 Zu Oldřich Stránský vgl. Václava Kutter Bubnová: Die NS-Opferverbände und die Opferdiskurse seit 1993 in der Tschechischen Republik und in der Slowakei. Dissertation, Ludwig-Maximilian-Universität München 2014, sowie Martina Schneibergová: Radio Prague International: Früherer Auschwitz-Häftling Oldřich Stránský gestorben, 21.7.2014, https://deutsch.radio.cz/frueherer-auschwitz-haeftling-oldrich-stransky-gestorben-8289598 (abgerufen am 14.2.2025).

351 Vgl. Schreiben des BMI an das Außenministerium, 25.4.1968, NÖLA, NÖ Landesregierung, Abt. III-2-K1, Zahl 943d.

352 Vgl. Programm der Feierlichkeiten im Mai 1968, NÖLA, Kriegsgräberfürsorge, Abt. IV-W2-K – KZ-Nebenlager, Band 4.

353 Einheit im Kampf gegen Nazismus. In: Der neue Mahnruf, Jahrgang 21 (1968), Heft 6, S. 2.

354 Dubček war auch einer jener slowakischen Widerstandskämpfer gewesen, die am 19. Februar 1945 im Raum Melk unter US-amerikanischen Beschuss geraten waren. Er hatte damals mit sechs weiteren Kameraden vergeblich versucht, in den Wirren des Angriffs vor der SS zu flüchten, wurde aber rasch wieder gefangengenommen. Vgl. Perz: Projekt „Quarz", S. 505.

Dubček, der zu dieser Zeit erster Sekretär der Kommunistischen Partei der Tschechoslowakei und zentrale Leitfigur einer Reformbewegung mit dem Ziel einer stärkeren Emanzipierung von der Sowjetunion war.[355] Die Gedenktafel wurde vom renommierten tschechischen Bauhaus-Architekten Zdeněk Rossmann entworfen,[356] der ebenfalls im KZ Mauthausen interniert und am Häftlingswiderstand beteiligt gewesen war. Bereits im Jahr 1959 hatte Rossmann auch das Denkmal für die tschechoslowakischen Opfer in Mauthausen entworfen.[357] Das Denkmal in Melk trägt den Text *„Lidé bděte – Na věčnou pamět československých politických vězňů, bojovníků za svobodu lidu"*, was ins Deutsche übersetzt in etwa bedeutet: *„Menschen, seid wachsam – Zum ewigen Gedächtnis der tschechoslowakischen politischen Häftlinge, der Kämpfer für die Freiheit des Volkes"*.

Das Gedenken an die slowakischen Widerstandskämpfer

Ein Jahr später wurde auch jenen slowakischen Widerstandskämpfern ein Denkmal gesetzt, die in Folge des Beschusses durch Militärflugzeuge am 19. Februar 1945 getötet oder schwer verletzt wurden.[358] Der Großteil von ihnen wurde am nächsten Morgen nach Mauthausen überstellt, einige Schwerstverletzte blieben jedoch zurück und wurden in den folgenden Tagen von SS-Sanitätsdienstgrad Gottlieb Muzikant gezielt ermordet.[359]

Mehrere Überlebende des Angriffs berichteten später darüber,[360] die Angaben zur Zahl der Todesopfer divergieren jedoch zwischen 20 und 48 getöteten Häftlingen.[361]

Im Gedenken an diese Ereignisse stellte die Gesandtschaft der ČSSR beim österreichischen Außenministerium im Oktober 1968 einen Antrag auf Errichtung eines Denkmals. Dafür wurde folgender Text vorgeschlagen: *„Zum ewigen Gedenken an die slowakischen Widerstandskämpfer Ján Osoha, Karol Černocký, Ladislav Lečko, Alexander Markuš, Ladislav Sárá, Štefan Szabó und weitere, die am 19. Februar 1945 bei Melk ums Leben gekommen sind 1945–1968."*[362] Die Anbringung des Denkmals wurde am 28. Jänner 1969 genehmigt[363] und der Gedenkstein am

355 Zur Geschichte des „Prager Frühlings" vgl. beispielsweise Stefan Karner/Natalja G. Tomilina/Alexander Tschubarjan/Johanna Wolf (Hg.): Prager Frühling. Das internationale Krisenjahr 1968, 2 Bände. Köln/Weimar/Wien 2008.

356 Vgl. Aktenvermerk, Abt. Kriegsgräber, Amt der NÖ Landesregierung, 12.3.1968, NÖLA, Kriegsgräberfürsorge, Abt. IV-W2-K – KZ-Nebenlager, Band 4.

357 Vgl. KZ-Gedenkstätte Mauthausen | Mauthausen Memorial: Virtueller Guide – Modul Mauthausen, https://mm-tours.org/en/1/59 (aufgerufen am 17.2.2025).

358 Vgl. dazu ausführlich Perz: Projekt „Quarz", S. 503–508.

359 Vgl. ebd., S. 507 f. sowie Kapitel 7.9 in diesem Band.

360 Vgl. die Zitate von Leopold Redlinger und Ernest Klein in Perz: Projekt „Quarz", S. 504 f. sowie Branko: Gegen den Strom, S. 92 f.

361 Vgl. Perz: Projekt „Quarz", S. 504.

362 Antrag auf Errichtung eines slowakischen Denkmals, Ministerratsvortrag 7.1.1969, MM, 1.6.1., Box 08, GZ 160.727.33/69.

363 Vgl. Zweitschrift des BMI an das BM f. Auswärtige Angelegenheiten zu einem Ansuchen der Gesandtschaft der ČSSR in Wien, 6.2.1969, NÖLA, Kriegsgräberfürsorge, Abt. IV-W2-K – KZ-Nebenlager, Band 5.

Abb. 45: Der Gedenkstein für die hier nicht näher definierten „politischen Gefangenen" wurde 2001 errichtet, Zustand 2022. Foto: Christian Rabl, Quelle: Sammlung ZHZ Melk.

Zugangsweg zur KZ-Gedenkstätte neben der Treppe errichtet.[364] Die Einweihung erfolgte am 4. Mai 1969 im Rahmen der jährlichen Gedenkfeier. Als Vertreter der Tschechoslowakei war unter anderem Miloš Hrušovský vor Ort, der Präsident des Zentralkomitees des Slowakischen Antifaschistischen Bundes.[365] Als Vertreter der Regierung der kommunistischen ČSSR war Pavel Novotny anwesend.[366] Im Inneren der Gedenkstätte findet sich heute eine weitere Gedenktafel für Osoha und Szabó, direkt darunter sind zudem drei Porträtfotos von Osoha, Markuš und Szabó angebracht.

Ein weiteres Denkmal, das an den Tieffliegerangriff erinnert, findet sich an der Bundesstraße 1 westlich von Melk nahe der Abzweigung zur Bundesstraße 215 nach Matzleinsdorf. Der Gedenkstein wurde im Oktober 2001 vom Österreichischen Kameradschaftsbund Matzleinsdorf verwirklicht.[367] Er ist von zwei Sträuchern flankiert und beinhaltet auf einer kleinen Tafel das Datum des Ereignisses sowie folgende Inschrift: *„In Erinnerung an etwa 100 tote politische Gefangene, die durch einen Fliegerangriff der englischen Luftwaffe ums Leben gekommen sind."* Die Hintergründe der Errichtung dieses Denkmals sind unbekannt, ebenso die Frage nach der Entstehung bzw. dem*der Urheber*in der verfälschenden Textierung. So ist die Opferzahl von „etwa 100" anhand der Erinnerungsberichte der Beteiligten nicht nachvollziehbar. Bei der Textierung ist aber insbesondere irritierend, dass sowohl die Herkunft der Opfer als auch der Zwangskontext unerwähnt bleiben, in dem sie sich – generell sowie auch bei dem Angriff – befanden: nämlich in nationalsozialistischer Gefangenschaft und unter Bewachung durch bewaffnete SS-Soldaten. Zum Zeitpunkt der Errichtung des Denkmals war dieser Zwangskontext aber bereits gut erforscht und die genauen

364 Ein weiteres Denkmal für die slowakischen Widerstandskämpfer befindet sich in der Slowakei am Friedhof Slávičie údolie in Bratislava, an dem jährlich am 19. Februar eine Gedenkfeier stattfindet. Vgl. Branko: Gegen den Strom, S. 96.

365 Zur Organisationsstruktur der Opferorganisationen der ČSSR bzw. der Tschechischen Republik und der Slowakei nach 1990 vgl. Kutter Bubnová: NS-Opferverbände.

366 Vgl. Arnberger/Kuretsidis-Haider: Gedenken und Mahnen, S. 334.

367 Vgl. ebd., S. 318.

Umstände wären relativ einfach zu eruieren gewesen. So erweckt das Denkmal des Kameradschaftsbundes den falschen Eindruck, es habe sich um einen bewusst gesetzten, aggressiven Akt alliierter Flugzeuge gegen – nicht näher definierte – politische Gefangene gehandelt.

Das Denkmal für die polnischen Opfer

Im Februar 1975 nahm die polnische Botschaft Bemühungen auf, an verschiedenen österreichischen Gedenkorten an das Leiden polnischer KZ-Opfer zu erinnern. Auch im Außenlager Melk waren Häftlinge polnischer Herkunft die größte Opfergruppe gewesen.[368] Im Rahmen einer mehrtägigen Besichtigungsreise, an der neben dem polnischen Botschaftsrat Radlowski auch der im BMI (Abteilung IV/4 bzw. später IV/7) für die Gedenkstätten zuständige Ministerialrat Walter Zeyringer sowie der Leiter der Gedenkstätte und des Museums Mauthausen Hans Maršálek teilnahmen, wurden mögliche Standorte für polnische Denkmäler, Gedächtnistafeln und Schwertkreuze in Augenschein genommen, darunter auch die Gedenkstätten Mauthausen, Ebensee, Gunskirchen und Melk. Für Melk wurde die *„Anbringung einer Gedenktafel an der äußeren Seitenfront des ehemaligen Krematoriumsgebäudes, rechts vom mittleren Fenster"*[369] vereinbart. Zu diesem Zeitpunkt bestanden seitens der Behörde offenbar keinerlei Einwände dagegen, eine große und schwere Steintafel direkt an der Außenmauer des historischen Gebäudes zu befestigen. Ein behutsamerer Umgang mit dem historischen Gebäude setzte sich erst in den späten 1980er-Jahren durch, wie die Vorgeschichte zur Errichtung des jugoslawischen Denkmals im Jahr 1988 zeigt.

Das jugoslawische Denkmal

Am 15. Mai 1988 besuchten Vertreter*innen der Botschaft der Sozialistischen Föderativen Republik Jugoslawien die Gedenkstätte Melk. Mit sich brachten sie eine Gedenktafel, um diese in Erinnerung an die jugoslawischen KZ-Opfer an der Außenmauer des Gebäudes links von der polnischen Tafel anzubringen. Ein Zusammenhang der Denkmalsetzung mit den sich zuspitzenden politischen Konflikten zwischen den verschiedenen jugoslawischen Teilstaaten in den späten 1980er-Jahren und deren Unabhängigkeitsbestrebungen ist naheliegend, jedoch anhand der vorhandenen Unterlagen nicht dezidiert nachweisbar. Der explizite Bezug auf die *jugoslawischen* Opfer könnte jedoch als Versuch zur Stärkung des jugoslawischen Gesamtstaates gedeutet werden, um damit den zunehmenden Zerfallstendenzen unter Verweis auf ein – über die Grenzen

368 Vgl. Kandler: Überlebenschancen, S. 109 f. sowie Kapitel 7.3 in diesem Band.
369 Aktenvermerk Hans Maršálek, 5.3.1975, MM, 1.6.1., Box 13, GZ 6556_9-4_4_88.

der Teilstaaten hinweg – erlittenes gemeinsames Schicksal entgegenzuwirken. Nachdem die damalige Gebäudeverwalterin Berta Blak[370] der Delegation mitteilte, dass eine Montage ohne vorherige Zustimmung des BMI nicht möglich sei, wandte sich die Botschaft an Ministerialrat Zeyringer. Das Ministerium äußerte grundsätzlich keine Einwände gegen die Anbringung, schlug aber vor, die Tafel im Gartenbereich aufzustellen, da man bemüht sei, den ursprünglichen Zustand des Gebäudes wiederherzustellen. Aus diesem Grund plane man auch, an die polnische Botschaft heranzutreten, um die Verlegung der polnischen Gedenktafel von der Wand auf die Wiese zu veranlassen.[371] Das jugoslawische Denkmal wurde im Garten der KZ-Gedenkstätte Melk errichtet und trägt folgende Inschrift (in Bosnisch/Kroatisch/Serbisch und Deutsch):

„Für die Kämpfer des Volksbefreiungskrieges und Opfer des faschistischen Terrors, die unter unmenschlichen Arbeitsbedingungen beim Bau unterirdischer Waffenfabriken ermordet wurden, ums Leben gekommen oder verstorben sind. Bund der Kämpfervereinigungen des Volksbefreiungskrieges Jugoslawiens."

Das Denkmal für die sowjetischen Opfer

Das bislang letzte große Denkmal, das im Außenbereich der KZ-Gedenkstätte Melk angebracht wurde, war jenes für die sowjetischen Opfer des KZ-Außenlagers Melk. Der Zeitpunkt der Beantragung der Gedenktafel im Jahr 2014 lässt einen Zusammenhang mit den geopolitischen Bestrebungen der Russischen Föderation als durchaus naheliegend erscheinen. Das Denkmal wurde von der russischen Botschaft in jenem Jahr initiiert, in dem die völkerrechtswidrige Annexion der Krim-Halbinsel durch die Russische Föderation (März 2014) erfolgte.[372] Im Oktober des gleichen Jahres wurde die von der Botschaft mit besonderem Nachdruck eingeforderte Umsetzung von der Abteilung IV/7 des BMI genehmigt.[373] Die Tafel im Garten der Gedenkstätte trägt die Inschrift (in russischer Sprache/kyrillischer Schrift und deutscher Sprache/lateinischer Schrift):

„DEN TREUEN SÖHNEN
DES VATERLANDS
SOWJETISCHEN BÜRGERN
OPFERN DES NAZI-KZ MELK
DIE HEIMAT WIRD EUCH
NIE VERGESSEN!"

---

370 Vgl. Kapitel 13.3 in diesem Band.

371 Vgl. Beantwortungsvorschlag des BMI an die Botschaft der Sozialistischen Föderativen Republik Jugoslawien, 11.5.1988, MM, 1.6.1., Box 13, GZ 6556_9-4_4_88.

372 Vgl. Bundeszentrale für politische Bildung: 18. März 2014: Russlands Annexion der Krim, https://www.bpb.de/kurz-knapp/hintergrund-aktuell/287565/18-maerz-2014-russlands-annexion-der-krim/ (abgerufen am 12.2.2025).

373 Vgl. Schreiben des BMI, Abt. IV/7, an die Russische Botschaft in Wien, 23.10.2014, MM/BMI – VA-1400/0297-IV/7/2014.

12.3. Gedenkfeiern und Pilgerreisen über die Jahrzehnte

Bereits in den ersten Jahren nach Kriegsende kamen französische Überlebende gemeinsam mit Nachkommen der im KZ-System Mauthausen-Gusen ermordeten Häftlinge im Rahmen von Pilgerfahrten nach Österreich zurück, um hier zu gedenken. Die frühesten Besuche in Melk fanden vermutlich bereits 1946 statt. Seither entwickelten sich diese Pilgerfahrten zu einer fixen Tradition des Gedenkens der Amicale de Mauthausen, die jeweils im Sommer mit mehreren Gruppen auch die Gedenkstätte Melk besuchte und vor Ort kleinere Zeremonien durchführte. Vier Marmortafeln im Gedenkraum verweisen darauf, dass 1953 vier Pilgerfahrten nach Melk stattfanden. Die Feiern der Amicale fanden in den ersten Jahren noch weitestgehend ohne Beteiligung offizieller österreichischer Vertreter*innen statt, lediglich Mitglieder des NÖ KZ-Verbands waren regelmäßig dabei. So hielt die Amicale etwa am Tag vor Allerheiligen 1967, angeführt von ihrem Präsidenten Émile Valley und dem ehemaligen Häftling Jean Varnoux, in Melk mit Vertretern des KZ-Verbands und Alois Keck (Abteilung Kriegsgräberfürsorge des Landes NÖ) eine *„schlichte Feier"* ab.[374]

Die Frühjahrs-Pilgerfahrten fanden meist im Zeitraum rund um den Jahrestag der Befreiung des KZ Mauthausen statt, so auch im Jahr 1968. Einen Tag nach der großen Befreiungsfeier in Mauthausen besuchte eine französische Abordnung auch die KZ-Gedenkstätte Melk; abermals waren Varnoux und Valley vertreten. Ersterer hielt eine Gedenkrede in Anwesenheit von Ferdinand Steinkellner (NÖ KZ-Verband) und offiziellen Vertretern der lokalen Verwaltungsbehörden und Institutionen.[375]

Neben französischen Gruppen besuchten auch Häftlingsverbände anderer Länder regelmäßig den Gedenkort. Überlebende und Nachkommen aus Luxemburg und Belgien etwa schlossen sich oft den französischen Abordnungen an. So berichtet der Luxemburger Guy Dockendorf, derzeit Präsident des CIM, bereits ab Ende der 1960er-Jahre regelmäßig mit seinem Vater Metty – ehemals Blockschreiber im KZ Melk – in der KZ-Gedenkstätte zu Besuch gewesen zu sein. Metty Dockendorf[376] bemühte sich auch, luxemburgischen Schüler*innen und Jugendlichen den Gedenkort und die damit verbundene Geschichte direkt vor Ort näherzubringen.[377] In Melk besonders zahlreich zu Besuch waren – so zeigen auch die aufbewahrten Besucher*innen-Bücher der KZ-Gedenkstätte Melk[378] – viele regionale ANED-Gruppen. Außerdem finden sich in den

374 Vgl. Nachschaubefund und Gedenkfeier, Abt. Kriegsgräber, Amt der NÖ Landesregierung, 31.10.1967, NÖLA, Kriegsgräberfürsorge, Abt. IV-W2-K – KZ-Nebenlager, Band 4.

375 Anwesend waren Oberregierungsrat Gerhard Ehrenberg von der BH Melk, der technische Oberoffizial und geschäftsführende Stadtrat Alois Sterf sowie neuerlich Alois Keck von der Abteilung Kriegsgräber des Landes NÖ. Vgl. Aktenvermerk, Abt. Kriegsgräber, Amt der NÖ Landesregierung, 14.5.1968, ebd.

376 Vgl. Metty Dockendorf: Melk. In: Amicale de Mauthausen, Letzeburger zu Mauthausen, 2. Auflage, Luxemburg 1970, S. 177–182.

377 E-Mail-Korrespondenz mit Guy Dockendorf im Besitz des Autors, 2020.

378 Die Gästebücher der KZ-Gedenkstätte Melk sind seit dem 27.10.1965 bis heute lückenlos erhalten geblieben. Vgl. Gästebücher der KZ-Gedenkstätte Melk, MM, Zugang 2019.256.

Gästebüchern regelmäßig Einträge von Besucher*innengruppen aus Bratislava, die an die Opfer des Tieffliegerangriffs im Februar 1945 gedachten.[379] Wenige Monate nach der offiziellen Einweihung der KZ-Gedenkstätte Melk besuchte am 7. Juni 1963 die niederländische Königin Juliana[380] – Präsidentin des Verbands der politischen Verfolgten der Niederlande – mit einer ihrer Töchter sowie Vertreter*innen des Vorstands der niederländischen Kriegsgräberfürsorge den neu gewidmeten Gedenkort.[381] Die Abordnung wurde von Ferdinand Steinkellner vom kommunistischen KZ-Verband vor Ort begleitet[382] und hatte im Vorfeld auch dem Bürgermeister der Stadt Melk ihre Aufwartung gemacht.[383] Im Rahmen der offiziellen Einweihungsfeier im März 1963 war keine offizielle Vertretung der Niederlande vor Ort gewesen.[384]

12.4. Kollektiv und individuell: Die Sichtbarmachung der Opfernamen

Über Jahrzehnte waren es hauptsächlich Nachkommen, Häftlingsverbände oder Botschaften, die sich um die Anbringung individueller oder kollektiver Gedenktafeln bemühten. Erst in den 1990er-Jahren setzten – nicht zuletzt aufgrund des erheblich verbesserten Forschungsstandes – auch österreichische Gedenkinitiativen immer öfter konkrete Schritte, um die Namen der Opfer ins Bewusstsein zu rufen. So auch in Melk, wo der 1994 gegründete Verein MERK*würdig*[385] wiederholt – zunächst teils noch temporäre – Initiativen setzte, um die Namen der fast 5.000 Opfer des KZ Melk vor Ort sicht- und hörbar zu machen.

Am 2. Mai 1998 setzte der Verein ein erstes Mal ein temporäres Zeichen im individuellen Gedenken an die Todesopfer des KZ Melk: Im Rahmen einer mehrstündigen öffentlichen Lesung

---

379 Vgl. Branko: Gegen den Strom, S. 96.

380 Zur Rolle von Königin Juliana im Kontext des Umgangs der Niederlande mit den „Vier von Breda", also jenen deutschen NS-Verbrechern, die in Breda lebenslange Haftstrafen verbüßten. Vgl. Felix Bohr: Die Kriegsverbrecherlobby. Bundesdeutsche Hilfe für im Ausland inhaftierte NS-Täter. Berlin 2018.

381 Vgl. Schreiben des BMI (Abt. 9) an die NÖ Landesregierung, 9.5.1963, NÖLA, Kriegsgräberfürsorge, Abt. IV-W2-K – KZ-Nebenlager, Band 3.

382 Vgl. Königin Juliane besuchte die Gedenkstätte in Melk. In: Der neue Mahnruf, Jahrgang 16 (1963), Heft 7–8, S. 4.

383 Vgl. Schreiben der NÖ Landesregierung an mehrere Adressaten in Melk, 24.4.1963, MM, 1.6.1., Box 13, GZ 106.118-9/63.

384 Vgl. Schreiben des Vorstands der niederländischen Kriegsgräberfürsorge an Regierungsrat Alois Keck, NÖ Landesregierung, 19.4.1963, NÖLA, Kriegsgräberfürsorge, Abt. IV-W2-K – KZ-Nebenlager, Band 3.

385 Im Jahr 1994 veranstalteten die beiden jungen Theatermacher Alexander Hauer und Michael Garschall zum 50. Jahrestag der Lagererrichtung in Melk eine Serie von Veranstaltungen unter dem Titel „MERK*würdig* – eine Veranstaltungsreihe wider Gewalt und Vergessen". Im Folgejahr entschlossen sich die Initiatoren – ausgelöst durch die rassistischen Rohrbombenattentate auf Roma im Burgenland – zu einer Fortsetzung des Projekts. Hauer und Garschall gründeten dazu 1995 den gleichnamigen Verein „MERK*würdig* – eine Veranstaltungsreihe wider Gewalt und Vergessen", der seither als Gedenkinitiative in Melk laufend aktiv ist. Im Herbst 2017 wurde das Tätigkeitsfeld des Vereins erweitert und das Zeithistorische Zentrum gegründet, was sich seit dem Jahr 2019 auch formell in einem neuen Vereinsnamen abbildet: „Verein MERK*würdig* – Zeithistorisches Zentrum Melk". Vgl. dazu auch Kapitel 14.6 in diesem Band.

Abb. 46: Im Zuge der Umsetzung des Projekts *Einen Namen geben* war der ehemalige Häftling des KZ Melk Andrew Sternberg im Jahr 2005 vor Ort.
Foto: Andrew Sternberg, Quelle: Sammlung ZHZ Melk.

in der Melker Fußgängerzone wurden unter der Beteiligung zahlreicher Bürger*innen aus der Stadt zwischen 5.40 Uhr Früh und 19 Uhr abends *„die Namen samt Häftlingsnummer, Nationalität, Haftgrund, Geburts- und Todesdatum"*[386] laut vorgelesen.

Im Jahr 2005 wurde die Außenwand des „Objekts 10" der Birago-Kaserne unter dem Titel *Einen Namen geben* abermals auf Initiative des Vereins MERK*würdig* für mehrere Tage zur Ausstellungsfläche umfunktioniert. Unter Beteiligung zahlreicher Melker Bürger*innen und Schüler*innen wurden die Namen der fast 5.000 Opfer des KZ Melk auf Zetteln niedergeschrieben und temporär an der Außenfassade entlang der Prinzlstraße affichiert.

Im Rahmen der Eröffnung der neugestalteten Ausstellung in der KZ-Gedenkstätte Mauthausen im Jahr 2013 wurde im ehemaligen Stammlager ein großer Gedenkraum unter dem Titel *Raum der Namen* verwirklicht, der alle bis dahin bekannten Namen der im KZ-System Mauthausen-Gusen ermordeten KZ-Häftlinge beinhaltet. Ähnliche – wenn auch vom Ausmaß her wesentlich kleinere und von der Ausgestaltung her unterschiedliche – Initiativen waren bereits in den Jahren zuvor an einigen anderen früheren Außenlager-Standorten, wie etwa Ebensee und St. Aegyd am Neuwalde, umgesetzt worden. Diesen Bemühungen folgend wurden auch in Melk im

386 Lesung aus dem Totenbuch. In: Niederösterreichische Nachrichten, Melker Zeitung (1998), Heft 19, S. 9.

Abb. 47: Die Überlebenden des KZ Melk Andrew Sternberg und René Baumann waren unter den Ersten, die 2018 die *Wand der Namen* in Melk besichtigten.
Foto: Christian Rabl, Quelle: Sammlung ZHZ Melk.

Mai 2018 erstmals die Namen aller namentlich bekannten, in Melk ermordeten Männer in Form einer *Wand der Namen* dauerhaft sichtbar gemacht.[387]

Die Forschungen von Bertrand Perz zu KZ Melk und Projekt „Quarz" hatten Anfang der 1990er-Jahre zunächst noch eine Gesamtopferzahl von 4.801 Personen ergeben. Diese Zahl musste nach Auffinden des verloren geglaubten Totenbuchs des KZ Melk im Jahr 2000 nach oben korrigiert werden.[388] Basierend auf den langjährigen Forschungen der KZ-Gedenkstätte Mauthausen konnten mit Stand April 2018 insgesamt 4.884 Namen – in der jeweils länder- bzw. sprachenspezifisch korrekten Schreibweise – recherchiert werden.[389] Diese Namen sind in alphabetischer Reihenfolge[390] auf einer Fläche von fast 18 Quadratmetern an der rückwärtigen (nordseitigen) Wand des großen Gedenkraums in Melk auf einem dünnen Gazestoff affichiert.

---

387 Vgl. Verein MERK*würdig*. Zeithistorisches Zentrum Melk: Wand der Namen, https://www.zhzmelk.at/de/gedenkstaette/geschichte/wand-der-namen (abgerufen am 15.1.2025).

388 Vgl. Perz: Projekt „Quarz", S. 12.

389 Zu den aktuellsten Zahlen vgl. Kapitel 7.8 in diesem Band.

390 Die Entscheidung, die Namen alphabetisch anzuordnen, ist dem Bemühen geschuldet, die Namen für Besucher*innen leicht auffindbar zu gestalten. In Mauthausen hingegen wurden die Namen bewusst „durcheinander" abgebildet, gleichzeitig sind die Namen aber mithilfe einer Computerstation auffindbar, die einen Zugang zum 2016 veröffentlichten *Virtuellen Raum der Namen* bietet. In diesem Online-Gedenkbuch kann nach Namen einzelner Opfer gesucht werden und die jeweilige Position der einzelnen Opfernamen nachgeschlagen werden. Zudem wird die Website laufend um neue Biografien erweitert. Vgl. KZ-Gedenkstätte Mauthausen | Mauthausen Memorial: Raum der Namen. Digitales Gedenkbuch für die Toten des KZ Mauthausen und seiner Außenlager 1938–1945, https://raumdernamen.mauthausen-memorial.org (abgerufen am 27.1.2025).

12.5. Markierungen und Interventionen in der kontaminierten Landschaft

Zusätzlich zu den zahlreichen kollektiven und individuellen Zeichen des Gedenkens im Bereich des ehemaligen Krematoriums in Melk wurden in den letzten drei Jahrzehnten auch außerhalb des „offiziellen" Gedenkorts Erinnerungszeichen verwirklicht, die einen Bezug zur KZ-Geschichte herstellen und markante Punkte der *„kontaminierten Landschaft"*[391] dadurch besser sichtbar machen.

Dr.-Josef-Sora-Platz

Am 20. Mai 2000 wurde östlich der Melker Stadtpfarrkirche auf dem damaligen Karlsplatz auf Initiative des Paters Leo Fürst ein Mahnmal des hiesigen Bildhauers Franz Kremser enthüllt. Neben einer dreiteiligen Skulptur wird in einem kurzen Text auf das KZ-Außenlager verwiesen: *„Zur Erinnerung an die 4.801 Menschen, die 1944/45 im KZ-Nebenlager Melk zu Tode gebracht wurden. Gewidmet von der Pfarrgemeinde."*

Im Jahr 2002 wurde der Karlsplatz umgestaltet und dem ehemaligen Lagerarzt des KZ Melk Josef Sora gewidmet. Wie zahlreiche Überlebende übereinstimmend berichten, hatte sich Sora bemüht, die Häftlinge im Widerstand zu unterstützen, und sich ihnen gegenüber stets respektvoll gezeigt. Im Rahmen seiner begrenzten Möglichkeiten hatte er versucht, das Leid der Häftlinge zu lindern.[392] Ungeachtet der von Zivilcourage getragenen Unterstützung Soras für einzelne KZ-Häftlingen in Melk, muss er aufgrund seines Rangs als Luftwaffenoffizier und seiner Funktion als Arzt im Lager dennoch als aktiver Teil des KZ-Systems auf der Täterseite betrachtet werden. Angesichts der grausamen Misshandlungen und Tötungspraktiken, die SS-Sanitätsdienstgrad Gottlieb Muzikant zur gleichen Zeit im Häftlingsrevier des KZ Melk anwandte, blieb Soras Rolle jedenfalls ambivalent.[393]

Parallel zu Umgestaltung und –benennung des Platzes zeigte das Melker Stadtmuseum 2002 in der „Alten Post" die Ausstellung *Melk 1938–1945. Nationalsozialismus in einer Kleinstadt,*[394] die sich kritisch mit der NS-Zeit auseinandersetzte. Die Schau sorgte für großes Aufsehen in Melk und rief über die Stadtgrenze hinaus großes Interesse hervor. Für Melk war es die erste umfangreichere und kritische Auseinandersetzung mit der eigenen Geschichte und Verstrickung in das

391 Vgl. Martin Pollack: Kontaminierte Landschaften. St. Pölten 2014.

392 Vgl. Kapitel 7.8 in diesem Band.

393 Zur Rolle Soras sowie zur Entwicklung des Dr.-Josef-Sora-Platzes vgl. Perz: Projekt „Quarz", S. 269–272 sowie Verein MERK*würdig*. Zeithistorisches Zentrum Melk: Dr.-Josef-Sora-Platz, https://www.zhzmelk.at/de/gedenkstaette/geschichte/gedenkorte-in-der-region (abgerufen am 2.12.2024).

394 Vgl. den Katalog zur Ausstellung: Anton Harrer/Elisabeth Schmid: Melk 1938–1945. Nationalsozialismus in einer Kleinstadt. Katalog zur Ausstellung. Melk 2002.

Abb. 48: Das Denkmal am Karlsplatz wurde im Jahr 2000 eröffnet, der Platz wurde zwei Jahre später umgestaltet und in Dr.-Josef-Sora-Platz umbenannt.
Foto: Andrew Sternberg, Quelle: Sammlung ZHZ Melk.

NS-System. Der Bezirkshistoriker und Pädagoge Gerhard Floßmann, der damals selbst an der Umsetzung beteiligt war, erinnert sich:

„Die Ausstellung 2002 war wirklich ein Hammer, da uns einerseits noch kalter Wind ins Gesicht geblasen wurde, andererseits waren sehr viele Melkbesucher (Touristen) in die Ausstellung gekommen und haben sich hier sehr positiv geäußert. Man kann sich gar nicht vorstellen, dass man damals noch über unseren ‚Mut' zur Ausstellung gesprochen hat."[395]

Mahnmal „KZ-Haltepunkt" Roggendorf

Der Melker Landschaftsplaner und Architekt Alfred Benesch entwickelte Ende der 1990er-Jahre die Idee eines „KZ-Reuwegs", der vom ehemaligen „KZ-Haltepunkt"[396] an der Westbahntrasse in Roggendorf bis zur KZ-Gedenkstätte Melk führen sollte. Entlang dieser Strecke sollten für die nach damaligem Forschungsstand 4.801 Opfer des KZ Melk ebenso viele Holzstelen errichtet werden, beginnend mit 23 Stelen direkt am Haltepunkt (stellvertretend für die 23 Herkunftsländer der Opfer). Im Jahr 2002 konnte Benesch im Auftrag der Österreichischen Bundesbahnen

395 Vgl. E-Mail-Korrespondenz des Autors mit Gerhard Floßmann, 16.1.2022.
396 Vgl. Kapitel 7.6 in diesem Band.

Abb. 49: Das Mahnmal „KZ-Haltepunkt" Roggendorf an der Westbahntrasse auf Höhe von Roggendorf im Jahr 2021.
Foto: Christian Rabl, Quelle: Sammlung ZHZ Melk.

(ÖBB) auf der Gesamtlänge von 230 Metern des ursprünglichen Haltepunkts tatsächlich 23 Stelen umsetzen. Flankiert wurden die Stelen von Wacholderbüschen, die symbolisch als Totenwächter fungieren, in denen sich laut mythologischer Vorstellung die Seelen der Toten verstecken können. Während die Büsche erhalten blieben, verschwanden die Holzstelen im Lauf einiger Jahre, sodass das Mahnmal mangels Kommentierung nicht mehr als solches erkennbar war. Nach Intervention des Vereins MERK*würdig* ersetzten die ÖBB im Jahr 2019 die verschwundenen Stelen und stellten damit den ursprünglichen Zustand des Mahnmals wieder her.

Im Mai 2019 wurde das Mahnmal an beiden Enden mit Informationstafeln versehen[397] und der Verein MERK*würdig* ergänzte insgesamt 38 Aluminiumplaketten an den Holzstelen, die auf die Anzahl der unterschiedlichen Muttersprachen der rund 14.400 Häftlinge des KZ Melk und somit auf die Internationalität der „Häftlingszwangsgesellschaft" verweisen.[398]

Die Gedenktafel an der Mauer der Birago-Kaserne

Als wichtiger symbolischer Schritt des Bekenntnisses zur Verantwortung für die Geschichte der NS-Zeit ist die Enthüllung einer Gedenktafel an der Außenmauer der Birago-Kaserne zu werten. Am 17. September 2020 wurde diese mit finanzieller Unterstützung der Abteilung Kunst und Kultur des Landes NÖ errichtete Tafel feierlich eingeweiht. Sie weist erstmals explizit auf die

397 Dabei handelte es sich um eine Kooperation zwischen dem ZHZ Melk, der ARGE „Quarz B9 Roggendorf" sowie den Anrainergemeinden Loosdorf und Schollach.

398 Vgl. dazu Verein MERK*würdig*. Zeithistorisches Zentrum Melk: Mahnmal KZ-Haltepunkt Roggendorf, https://www.zhzmelk.at/de/gedenkstaette/geschichte/mahnmal-kz-haltepunkt-roggendorf (abgerufen am 15.1.2025) sowie das Projekt „Zwischenräume": Marktgemeinde Erlauf: Zwischenräume: Roggendorf, Häftlings-Zwangsarbeit unter dem Wachberg, http://www.erlauferinnert.at/zwischenraeume/h.php?il=12 (abgerufen am 15.1.2025).

frühere Existenz eines KZ-Außenlagers am Kasernenareal hin.[399] Die Tafel trägt die Aufschrift *„In der Zeit von 21. April 1944 bis 15. April 1945 bestand auf dem Gelände der Birago-Kaserne Melk eines der größten Außenlager des KZ Mauthausen. Auch in diesem Lager wurden mehrere tausend Menschen ermordet. Wir gedenken der Opfer des NS-Terrors."*[400]

12.6. Leerstellen der Melker Gedenklandschaft

Bis heute gibt es viele Opfergruppen des KZ Melk, denen vor Ort nicht mit eigenen Gedenkzeichen gedacht wird. Das kollektive Gedenken widmet sich fast ausschließlich nationalstaatlich definierten Opfergruppen, während die verschiedenen Haftkategorien der Häftlinge kaum Berücksichtigung finden. Nur ganz vereinzelt wird auf die rassistische Kategorisierung der jüdischen Häftlinge (ungeachtet ihrer nationalen Herkunft) verwiesen, etwa auf der Gedenktafel des Kibbuz „Lohamei HaGeta'ot".[401] Im Jahr 2023 widmete sich der Verein MERK*würdig* unter dem Motto *„beleuchten. hinsehen. würdigen"* der Gruppe der Kinder im KZ-Außenlager Melk und erarbeitete gemeinsam mit einer Klasse des Melker Stiftsgymnasiums ein temporäres Denkmal,[402] im Herbst 2024 folgte eine Kooperation mit „QWIEN – Zentrum für queere Geschichte" im Zuge derer ein dauerhaftes Gedenkzeichen für die Gruppe der als homosexuell verfolgten KZ-Häftlinge in der KZ-Gedenkstätte verwirklicht wurde.[403] An weitere Gruppen, etwa als „asozial" (worunter teils auch Roma und Sinti subsumiert wurden) oder „kriminell" kategorisierte KZ-Häftlinge[404] sowie als „Bibelforscher" bezeichnete Gruppe der Zeugen Jehovas, wird bislang nicht erinnert.[405]

---

399 Planung und Umsetzung der Tafel erfolgten durch den Verein MERK*würdig*, der den Text mit Unterstützung des Gedenkbüros der KZ-Gedenkstätte Mauthausen in mehrere Sprachen übersetzen und auf Zusatztafeln anbringen ließ.

400 Die Verwirklichung der Tafel geht auf eine Kooperation zwischen dem Verein MERK*würdig*, der Kulturabteilung des Landes NÖ, dem Pionierbataillon Melk, der Stadt Melk, dem Mauthausen Komitee sowie der KZ-Gedenkstätte Mauthausen zurück.

401 Zur Frage der Haftkategorien und deren quantitativer Verteilung innerhalb der Gesamtheit der KZ-Häftlinge des Lagersystems Mauthausen-Gusen vgl. Andreas Kranebitter: Zahlen als Zeugen. Soziologische Analysen zur Häftlingsgesellschaft des KZ Mauthausen (Mauthausen-Studien, Band 9). Wien 2015.

402 Vgl. Christina Kandler: Kinderhäftlinge im KZ Melk, hg. vom Verein MERK*würdig*. Zeithistorisches Zentrum Melk. Melk 2024 (online unter: https://www.zhzmelk.at/de/dateien/folder_kinderimkzmelk-zhz-melk.pdf); vgl. auch Verein MERK*würdig*. Zeithistorisches Zentrum Melk: B. H. W. Kinderhäftlinge im KZ Melk, https://www.zhzmelk.at/de/projekte/b-h-w-kinderhaeftlinge-im-kz-melk (abgerufen am 18.2.2025).

403 Vgl. Melanie Grubner: Queere Häftlinge im KZ Melk, hg. vom Verein MERK*würdig*. Zeithistorisches Zentrum Melk. Melk 2024 (online unter: https://www.zhzmelk.at/de/projekte/bhw_queerimkzmelk.pdf), vgl. auch Verein MERK*würdig*. Zeithistorisches Zentrum Melk: Neue Gedenktafel für als homosexuell verfolgte Melker KZ-Häftlinge, https://www.zhzmelk.at/de/aktuelles/aktuell-bhw-queere-haeftlinge-im-kz-melk (abgerufen am 2.12.2024).

404 Vgl. Kranebitter: Konstruktion von Kriminellen.

405 Erste Gedenkzeichen für die Opfer dieser Haftkategorien sind zwar in den letzten Jahren an der KZ-Gedenkstätte Mauthausen entstanden, jedoch nicht an den ehemaligen Außenlager-Standorten.

Dies hängt vor allem damit zusammen, dass viele dieser Opfergruppen von staatlicher Seite[406] erst spät als Opfer des NS-Regimes anerkannt wurden.[407]

Auch die nationale Herkunft der in Melk internierten KZ-Häftlinge bildet sich nur zum Teil in den vorhandenen Gedenktafeln ab, existieren beispielsweise bis heute keine nationalen Erinnerungszeichen für einige der größten Opfergruppen; so etwa für die mit rund 3.460 Männern zweitgrößte Gruppe der von der SS überwiegend als jüdisch kategorisierten ungarischen KZ-Häftlinge.[408] Mehr als 1.400 ungarisch-jüdische Männer wurden in Melk ermordet. Auch an die Gruppe der 420 griechischen Häftlinge, von denen fast 100 vor Ort ermordet wurden, wird in der KZ-Gedenkstätte Melk bisher nicht kollektiv erinnert.[409]

---

406 Die als homosexuell verfolgten KZ-Häftlinge wurden beispielsweise im Jahr 2005 offiziell als NS-Opfer anerkannt, KZ-Häftlinge mit Vorstrafen (meist sogenannte „Berufsverbrecher" oder „Asoziale") sind erst seit Juni 2024 als NS-Opfer anerkannt. Vgl. Haus der Geschichte Österreich, Digitales Museum, Lexikon, 1938–1945: Verfolgung von Menschen für homosexuelle Handlungen, https://hdgoe.at/verfolgung-homosexuelle bzw. Dokumentationsarchiv des österreichischen Widerstandes: Stellungnahme zur Novellierung des Opferfürsorgegesetzes, https://www.doew.at/neues/stellungnahme-zur-novellierung-des-opferfuersorgegesetzes (abgerufen am 12.2.2025).

407 Analog zu der symbolischen Ebene der Gedenkzeichen blieb Überlebenden dieser Haftkategorien oft auch jahrzehntelang (oder gar dauerhaft) der Zugang zu Entschädigungen und Sozialleistungen verwehrt.

408 Auf Initiative der ungarischen „NÜB-Stiftung" wird im Lauf des Jahres 2025 ein Denkmal für die – überwiegend als jüdisch kategorisierten – ungarischen KZ-Opfer des KZ-Außenlagers Melk errichtet werden.

409 Eine erste individuelle Gedenktafel für das griechische Opfer Theodoros Kriaris von der Insel Kreta wurde im Frühjahr 2023 verwirklicht.

13. Gebäudeaufsicht und Pflege

Die Frage, wer im Lauf der Jahrzehnte die Aufsicht und Pflege über die KZ-Gedenkstätte Melk übernahm und welche (finanziellen) Mittel dafür eingesetzt wurden, ist in mehrfacher Hinsicht bedeutend. Die Verwalter*innen bzw. Aufseher*innen[410] haben die heutige Optik des Areals maßgeblich mitgeprägt und waren – mangels gedenkstättenpädagogischen Personals – jahrzehntelang erste Ansprechpersonen für alle Gäste aus dem In- und Ausland. Zwischen 1950 und 2015 gab es vier Personen, die die Betreuung sowie den Schlüsseldienst bei der KZ-Gedenkstätte Melk übernahmen: Theresia Rohrhofer (circa 1950 bis 1963), Josef Horalek (1964 bis 1977) sowie Helmut und Berta Blak[411] bis 2014.

Der vor allem im Frühsommer romantisch anmutende, schrebergartenähnliche Charakter des Areals, der heute Besucher*innen der KZ-Gedenkstätte Melk mitunter irritiert, hat sich ab 1950 entwickelt. Während kleinere Gartenarbeiten meist von den Gebäudeverwalter*innen selbst übernommen wurden, kümmerten sich eigens beauftragte Firmen um die umfangreicheren Arbeiten. Die Melker Gärtnerei Karl Ledermüller wurde im Herbst 1963 mit jener *„Umgestaltung und teilweise[n] Neuanlage"*[412] des Gedenkstättengartens beauftragt, die in ihren Grundstrukturen bis heute erhalten ist.

13.1. Theresia Rohrhofer: Betreuung *„in selbstloser Weise"*

Die pensionierte Postbeamtin Theresia Rohrhofer war vermutlich ab der Übergabe des Gedenkstättenareals an die Stadt Melk im Juni 1950 bis 1963 als *„ehrenamtliche Gebäudeaufseherin"* am Areal tätig. Ob sie dafür explizit von jemandem beauftragt wurde, ist nicht bekannt.[413] Rohrhofer wohnte in der Prinzlstraße 245, in einem jener Gebäude gegenüber der Birago-Kaserne, die bis April 1945 als SS-Unterkünfte gedient hatten, danach von „sudetendeutschen" Flüchtlingen bewohnt und später von der Stadt Melk an in Wohnungsnot geratene Bürger*innen

---

410 Die Funktionsbezeichnung variiert nach Behörde und Zeitpunkt. Zu finden sind etwa die Begriffe „Gebäudeverwalter", „Gedenkstättenverwalter", aber auch der Begriff „KZ-Wächter". Vgl. handschr. Notiz Abt. Kriegsgräberfürsorge, Amt der NÖ Landesregierung, 18.12.1975, NÖLA, Kriegsgräberfürsorge, Abt. IV-W2-K – KZ-Nebenlager, Band 5.

411 In den vorliegenden Unterlagen aus dem Zeitraum 1977 bis 2016 finden sich verschiedene Namensschreibweisen: Berta Blak, Berta Glasner sowie Berta Glasner-Blak. Bei Besucher*innen und langjährigen Weggefährt*innen der KZ-Gedenkstätte Melk ist aber zweifelsohne der Name Berta Blak am gebräuchlichsten, weshalb diese Schreibweise im Fließtext durchgehend Anwendung findet. Lediglich in den Fußnoten werden jeweils die in den zitierten Quellen angeführten Namensschreibweisen angeführt.

412 Kostenvoranschlag Ledermüller, 15.6.1963, NÖLA, Kriegsgräberfürsorge, Abt. IV-W2-K – KZ-Nebenlager, Band 3.

413 Vgl. Schreiben des Amts der NÖ Landesregierung, 14.1.1963, MM, 1.6.1., Box 13, GZ 100.676-9/63.

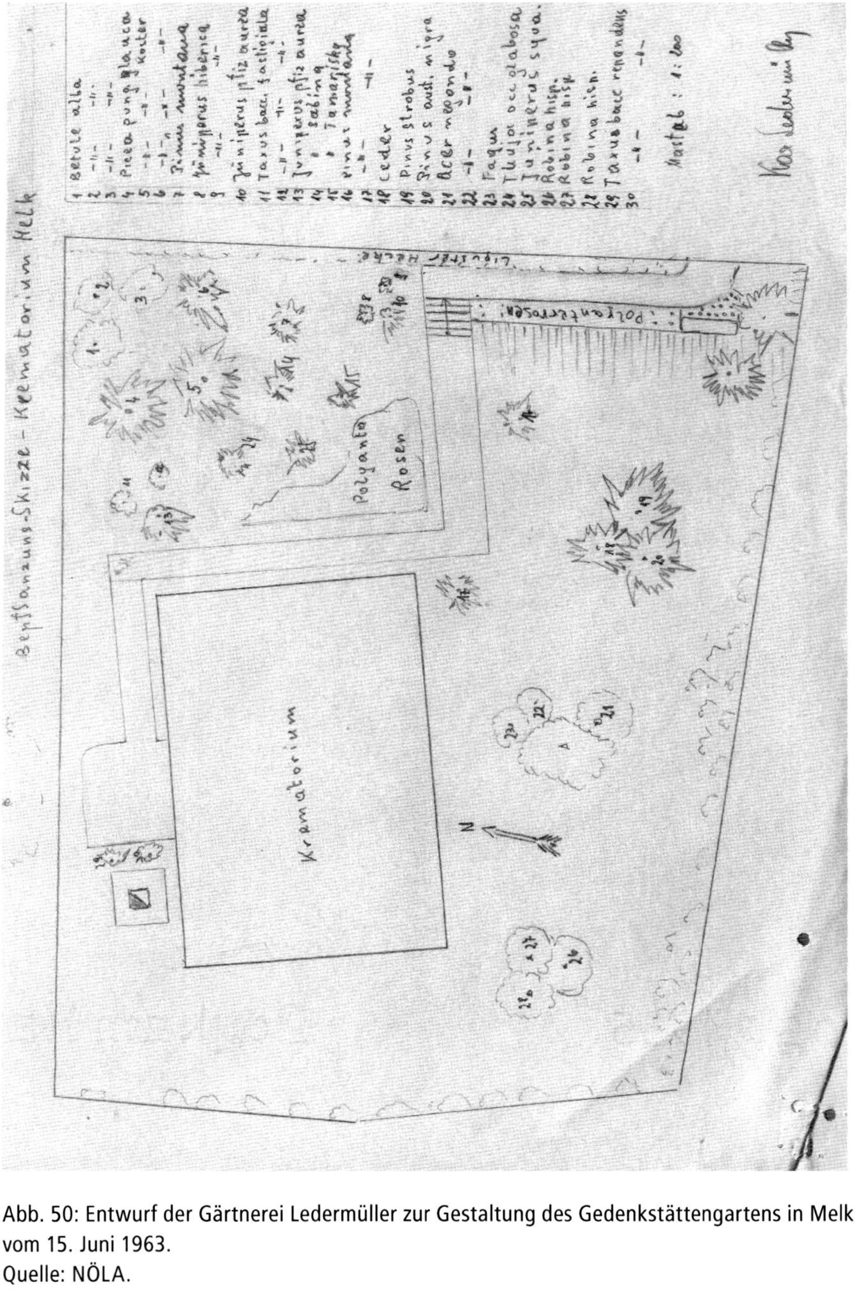

Abb. 50: Entwurf der Gärtnerei Ledermüller zur Gestaltung des Gedenkstättengartens in Melk vom 15. Juni 1963.
Quelle: NÖLA.

vergeben worden waren. Über Rohrhofers Tätigkeit ist wenig bekannt, die Abteilung Kriegsgräberfürsorge des Landes NÖ hielt zumindest 1953 nach einer Inspektion vor Ort fest, sie kümmere sich *„in selbstloser Weise"*[414] um das Gelände. Die Behörde übermittelte ihr als Anerkennung ein Dankesschreiben, verbunden mit der Bitte, sie möge auch künftig für eine würdige Instandhaltung sorgen. Eine finanzielle Vergütung erhielt Rohrhofer jedoch nie.[415]

13.2. Josef Horalek: Der *„Vertrauensmann"* des KZ-Verbands

„Viele Auslandsschreiben beweisen es, das [sic!] *ich das ganze Areal in mustergültiger Weise in Ordnung halte. Ob Sommer mit der Grünanlage oder Winter mit der Schneearbeit. Im Sommer verbringe ich täglich 5–6 Stunden für Grünflächen mähen, gießen der schönen Rosen Rabatten sowie reinhalten aller Fenster und vieles andere mehr."*[416]

Diese Tätigkeitsbeschreibung stammt von Josef Horalek, der im Jahr 1964 – zunächst ehrenamtlich – die Funktion des Gebäudeverwalters übernahm. Der KZ-Verband schrieb betreffend Horalek im Oktober 1964 an das BMI, dass Gäste aus dem In- und Ausland die Tätigkeit ihres *„Vertrauensmanns"* wiederholt anerkennend feststellten, und bat daher um die Zuerkennung einer jährlichen Aufwandsentschädigung für Horalek in der Höhe von 1.000 Schilling.[417] Die Beamten waren jedoch skeptisch und holten zunächst Erkundigungen über Horalek ein. Die Erhebungen ergaben, dass Josef Horalek am 14. Mai 1897 in Albrechtsberg geboren worden war und als Pensionist in der Dorfnerstraße 33 lebte, also ebenfalls in unmittelbarer Nähe des ehemaligen Krematoriums.[418] Horalek war gelernter Gärtner und verfügte zudem über Sprachkenntnisse in Französisch sowie in slawischen Sprachen. Das BMI wandte ein, dass für die Gärtnerarbeiten vor Ort die Gärtnerei Ledermüller zuständig sei und es daher unklar sei, weshalb man Horalek noch zusätzlich bezahlen solle. Doch übernahm Horalek nicht nur die alltägliche Pflege und Wartung des Gebäudes, wie kleinere Gärtnerarbeiten, Rasenmähen, Säuberung der Innenräume und WCs, sondern führte auch ausländische Gäste über das Gelände. Dabei entstanden mitunter langjährige Freundschaften, etwa mit einer Familie aus Norwegen: *„Da ich als Betreuer des ehem. KZ. Krem. Melk mit Ausländer* [sic!] *in schriftlichen sowie mündlichen Verkehr stehe, hätte mich eine Fam. aus Trondheim Norwegen zu einen 8–14 tägigen Besuch herzl. un-*

414 Verhandlungsschrift nach einer Besichtigung, 18.4.1953, NÖLA, Kriegsgräberfürsorge, Abt. IV-W2-K – KZ-Nebenlager, Band 2.
415 Vgl. Briefentwurf des Amts der NÖ Landesregierung an Theresia Rohrhofer, 22.4.1953, ebd.
416 Schreiben Josef Horalek an NÖ Landeshauptmann Andreas Maurer, 16.7.1973, NÖLA, Kriegsgräberfürsorge, Abt. IV-W2-K – KZ-Nebenlager, Band 5.
417 Vgl. Schreiben KZ-Verband an BMI, Abt. 9, 14.10.1964, MM, 1.6.1., Box 13, GZ 214.003-9_65.
418 Vgl. Amt der NÖ Landesregierung an BMI, 24.3.1965, ebd.

entgeltlich eingeladen."[419] Letztlich willigte die Abteilung 9 des BMI in die jährliche Zahlung von 1.000 Schilling aus Bundesmitteln ein.[420] Im Jahr 1966 wurde Horalek nach Intervention des KZ-Verbands eine Erhöhung der jährlichen Entschädigung auf 2.000 Schilling gewährt,[421] die für die folgenden zehn Jahre unverändert blieb. Die Behörden blieben bei der Auszahlung mehrfach säumig und Horalek sah sich im Lauf der Jahre mehrfach gezwungen, Landeshauptmann Andreas Maurer brieflich um Intervention zu bitten.[422]

Ende 1974 legte Horalek seine Funktion aus persönlichen Gründen zurück und verließ Melk vorübergehend.[423] Die BH Melk teilte daraufhin der Abteilung Kriegsgräberfürsorge mit, dass *„ein neuer Betreuer zu der bisherigen Entschädigung bestimmt nicht gefunden werden kann"*[424], und regte eine Erhöhung der Jahresentschädigung auf 4.000 Schilling an. Doch Horalek nahm die Arbeit nach kurzer Abwesenheit wieder auf und so blieben den Behörden Mehrausgaben erspart. Die BH war sich der viel zu geringen Vergütung für Horalek bewusst, beließ sie aber weiterhin bei 2.000 Schilling. Erst ab dem Jahr 1976 genehmigte das BMI schließlich eine Erhöhung auf 3.000 Schilling jährlich,[425] zudem musste Horalek ab 1977 Material- und Werkzeugkosten nicht mehr aus seiner Pauschale begleichen.[426] Im Mai 1977 beendete der inzwischen 80-Jährige aus gesundheitlichen Gründen die Tätigkeit an der Gedenkstätte Melk.

13.3. Helmut und Berta Blak: *„... die Tätigkeit immer sehr menschlich gehalten"*

Nach Horaleks Dienstende schlug die Stadt Melk der Abteilung Kriegsgräberfürsorge vor, künftig Helmut Blak mit der Gebäudeverwaltung zu betrauen. Blak wurde 1941 im tschechischen Odry geboren und lebte unmittelbar angrenzend an die KZ-Gedenkstätte am Schießstattweg 8. Er übernahm ab Mai 1977 gemeinsam mit seiner 1934 in Loibenreith (Pölla, NÖ) geborenen Frau

---

419 Schreiben Josef Horalek an Abt. Kriegsgräber, Amt der NÖ Landesregierung, 6.6.1972, MM, 1.6.1., Box 13, GZ 216.609-9_65, Band 5; eine weitere Einladung erfolgte anlässlich Horaleks 80. Geburtstag im Jahr 1977. Vgl. Schreiben Josef Horalek an das Amt der NÖ Landesregierung, Abt. I/3, Februar 1977, MM, 1.6.1., Box 13, GZ 216.609-9_65; es handelte sich möglicherweise um den norwegischen KZ-Überlebenden Erling Bauck, der Melk im Lauf der Jahre wiederholt besuchte.

420 Vgl. Amt der NÖ Landesregierung an BMI, 20.4.1965, ebd., GZ 214.853-9_65.

421 Vgl. Schreiben des KZ-Verbandes an das BMI Abt. 33, 14.1.1966, ebd., GZ 240.723-33_66 sowie Bestätigung des BMI der Erhöhung des jährlichen Entgelts für Horalek, 25.3.1966, ebd., GZ 243.107-33_66.

422 Vgl. Schreiben Josef Horalek an NÖ Landeshauptmann Andreas Maurer, 13.7.1971, NÖLA, Kriegsgräberfürsorge, Abt. IV-W2-K – KZ-Nebenlager, Band 5. bzw. Schreiben Josef Horalek an wirkl. Hofrat Kos, Amt der NÖ Landesregierung, 16.11.1971 bzw. 14.12.1971, ebd., sowie Schreiben Kos an Horalek, 16.12.1971, ebd., und weiters Schreiben Josef Horalek an den NÖ Landeshauptmann Andreas Maurer, 16.7.1973, ebd.

423 Vgl. Schreiben der Stadtgemeinde Melk an die Abt. Kriegsgräber, Amt der NÖ Landesregierung, 5.12.1974, ebd.

424 Schreiben der BH Melk an die Abt. Kriegsgräber, Amt der NÖ Landesregierung, 17.1.1975, ebd.

425 Vgl. Schreiben Amt der NÖ Landesregierung, Ab. I/3 an BH Melk, 24.3.1976, ebd.

426 Vgl. Schreiben Stadt Melk an Amt der NÖ Landesregierung, Abt. I/3, 20.10.1976, ebd.

Abb. 51: Berta Blak (l.) kurz vor ihrem Tod bei der Gedenkfeier in Melk im Mai 2016.
Foto: Christian Rabl, Quelle: Sammlung C. Rabl.

Berta[427] die Gebäudeaufsicht und Pflege der KZ-Gedenkstätte Melk.[428] Gemeinsam kümmerten sie sich über 30 Jahre um die Betreuung des Gebäudes. Die jährliche Aufwandsentschädigung betrug zu Beginn 6.000 Schilling, weitere 1.000 Schilling standen für Material- und Werkzeugkosten[429] bereit.[430] In den Folgejahren wurde die Entschädigung wiederholt angehoben.[431]

Zu Gebäudeaufsicht, Gartenpflege und Besucher*innenbetreuung kam ab der Eröffnung der neuen Ausstellung[432] im Mai 1992 die Schlüsselverwaltung hinzu. Dafür schloss das BMI mit Berta Blak einen Werkvertrag, der jeweils den Zeitraum 1. Februar bis 15. Dezember umfasste. Blak musste den Zugang zur Gedenkstätte jeweils von Donnerstag bis Sonntag von 10 bis 14 Uhr gewährleisten und während des Aufenthalts von Besucher*innen in der Gedenkstätte anwesend sein.[433] Nach mehr als 35-jähriger Tätigkeit äußerte die inzwischen fast 80-jährige Berta Blak in

427 Vgl. Mail des Standesamtes der Stadt Melk an den Autor, 13.2.2025.
428 Vgl. Schreiben Stadt Melk an Amt der NÖ Landesregierung, Abt. I/3, 6.5.1977, ebd.
429 Dieser Anteil für Sachkosten und Reparaturen variierte in den folgenden Jahren und orientierte sich an den jeweils nötigen Maßnahmen, wie etwa der Reparatur der WC-Anlage (1979) oder des Zaunes (1980).
430 Vgl. Kostenvoranschlag der Stadt Melk an Amt der NÖ Landesregierung, Abt. I/3, 29.9.1977, NÖLA, Kriegsgräberfürsorge, Abt. IV-W2-K – KZ-Nebenlager, Band 5.
431 Vgl. Rechnung Stadt Melk an Amt der NÖ Landesregierung, Abt. I/3, September 1981, ebd.
432 Vgl. Kapitel 14.4 in diesem Band.
433 Vgl. Unterlagen zu Schlüsselverwaltung Berta Blak, 1992 und 1993, MM, 1.6.1., Box 14, GZ 3.564_57-4_7_92 sowie 3.564_62-4_7_92, außerdem 3.564_69-4_7_92 und 3.564_74-4_7_93.

einem Artikel in der Lokalzeitung *Tips* im Jahr 2013 den Wunsch nach einer geordneten Übergabe: *„Ich habe die Tätigkeit immer sehr menschlich gehalten, habe Blumen gesetzt und Kerzen angezündet, schließlich sind hier Leute gestorben [...]. Jetzt würde ich mir wünschen, dass jemand weiterhin alles so gut pflegt."*[434]

Zwei Jahre später erfolgte die offizielle Übergabe an den Verein MERK*würdig*, der die Betreuung der KZ-Gedenkstätte Melk im Auftrag der KZ-Gedenkstätte Mauthausen bis Ende 2022 übernahm. Noch kurz vor ihrem Tod im Jahr 2016[435] war Berta Blak bei der alljährlichen Gedenkfeier als Ehrengast anwesend und traf dort unter anderem mit dem Gusen-Überlebenden Stanisław Zalewski, dem Melk-Überlebenden Shaul Spielmann und der Auschwitz-Überlebenden Eva Umlauf zusammen.[436]

13.4. Infrastruktur und Gebäudezustand

Ungeachtet der hingebungsvollen täglichen Arbeit der Gebäudeverwalter*innen kam es bis in die frühen 2000er-Jahre vereinzelt zu Beschwerden wegen des schlechten baulichen Zustandes der KZ-Gedenkstätte Melk. Dies ist zum Teil der mangelhaften Bauweise geschuldet, liegt aber auch in der jahrelangen Vernachlässigung durch die zuständigen Behörden begründet. Bemerkenswert ist auch deren Mangel an Verständnis für die Bedürfnisse der Gedenkstättenbesucher*innen, wie sich am Beispiel der Toilettenanlage zeigt. Das Gebäude verfügte bis Mitte der 1960er-Jahre über keinerlei sanitäre Anlagen oder Wasserzufuhr.[437] Gebäudeverwalter Horalek informierte das Land NÖ im Mai 1964 darüber, dass Besucher*innen mehrfach den Wunsch geäußert hätten, man möge ein WC in der Gedenkstätte einrichten. Denn es sei doch, wie Horalek schrieb, *„unpässlich* [sic!] *wenn Damen hinter die Stauden gehen müssen."*[438] Folglich wurde von Stadtbaumeister Konopitzky ein WC installiert.[439] Die Bundesgebäudeverwaltung forderte jedoch, dass der KZ-Verband die Kosten für den Wasseranschluss übernehmen und sich überdies verpflichten solle, *„etwaige Gebrechen an der Leitung sofort zu beheben und die Republik Österreich aus Anlass der Errichtung und des Betriebes dieser Leitung vollkommen schad- und klaglos*

434 „Gute Seele" wird gesucht. In: Tips Melk (2013), 14. Woche, S. 2.

435 Berta Blak, am 11. Mai 1934 als Berta Glasner in Loibenreith bei Pölla geboren, starb am 21. Juli 2016 im 83. Lebensjahr. Vgl. Parte Berta Glasner, Sammlung ZHZ Melk.

436 Eva Umlaufs Vater, Imrich Hecht, war im März 1945 in Melk ermordet worden, weshalb im Jahr 2016 in Melk eine Gedenktafel für ihn angebracht wurde. Vgl. Eva Umlauf/Stefanie Oswalt: Die Nummer auf deinem Unterarm ist blau wie deine Augen. Hamburg 2016.

437 Vgl. Bericht Abt. Kriegsgräber, Amt der NÖ Landesregierung, 28.5.1965, MM, 1.6.1., Box 13, GZ 216.609-9_65, Band 4; ein Stromanschluss wurde überhaupt erst Ende der 1980er-Jahre zugeleitet. Vgl. Strom-Anschlussantrag EVN, 20.11.1991, MM, 1.6.1., Box 14, GZ 3.564_47-4_7_91.

438 Schreiben Josef Horalek an Regierungsrat Keck, Abt. Kriegsgräber, Amt der NÖ Landesregierung, 9.5.1964, NÖLA, Kriegsgräberfürsorge, Abt. IV-W2-K – KZ-Nebenlager, Band 3.

439 Vgl. Schreiben des Amts der NÖ Landesregierung, 23.9.1964, MM, 1.6.1., Box 13, GZ 120.263-9_64.

zu halten.“[440] Das Amt der NÖ Landesregierung entgegnete, dass es nicht vertretbar sei, *„einem Verein, bzw. den von ihm vertretenen Angehörigen und Hinterbliebenen der im bundeseigenen ehemaligen KZ-Krematorium Melk ums Leben gekommenen Opfer diese Kosten aufzuerlegen.“*[441]

Die baulichen Maßnahmen am ehemaligen Krematoriumsgebäude ab der ersten Renovierung 1950 bis in die 2000er-Jahre hat der Archäologe und Bauforscher Paul Mitchell 2018 im Rahmen einer bauhistorischen Untersuchung detailliert analysiert. Dabei hat er herausgefunden, welche Teile des Gebäudes heute noch im Originalzustand erhalten sind und welche nicht. So wurde etwa in jenen Raum, der zwischen Dezember 1944 und Mitte April 1945 als Leichenkühlraum verwendet worden war, unmittelbar nach Kriegsende ein Fenster eingebaut.[442] Im Jahr 1967 wurden sämtliche Fenster und Türen gestrichen,[443] die roten Ziegelmauern im Innenraum (inklusive Verbrennungsofen) im Lauf der Jahre wiederholt weiß getüncht und die Eingangstür zum Krematoriumsgebäude aus nicht bekannten Gründen versetzt.[444]

Erst Ende der 1980er-Jahre bemühten sich Innenministerium und BDA darum, den ursprünglichen Bauzustand wiederherzustellen. Dies betraf sowohl die nachträgliche Montage von Gedenktafeln als etwa auch die Farbgebung der Fenster, Türen und Wände. 1988/89 wurde auch der Versuch unternommen, die polnische[445] und die französische Botschaft[446] davon zu überzeugen, ihre jeweiligen Gedenktafeln von der Außenwand des Gebäudes bzw. vom Krematoriums-Schornstein zu entfernen und stattdessen einen Platz im Gartenbereich auszuwählen. Im Zuge der Renovierung zeigte sich aber, dass die beiden schweren und massiv in der Wand bzw. dem Schornstein verankerten Gedenktafeln nicht problemlos zu entfernen waren und zu zerbrechen drohten. Die Firma Jägerbau gab den Versuch der Demontage daher wieder auf. Nachdem weder die polnische noch die französische Botschaft auf die Schreiben mit der Bitte zur Umpositionierung der Tafeln reagiert hatten, wurde der Plan ad acta gelegt, weshalb die beiden Gedenktafeln bis heute an ihren ursprünglichen Plätzen geblieben sind.[447]

Schwierig gestaltete sich die beabsichtigte Wiederherstellung der ursprünglichen Farbgebung, zumal bei den Renovierungen 1950 bzw. 1962 darauf keine Rücksicht genommen worden war.[448] Im Gegenteil: In dieser frühen Phase war man darum bemüht gewesen, das Gebäudeinnere möglichst zu „behübschen“, was freilich nicht dem ursprünglichen Zustand des Krematoriums bei seiner Errichtung Ende 1944 entsprach. Die grüne Farbe der 1950 eingesetzten

440 Schreiben der Bundesgebäudeverwaltung II Wien an das Amt der NÖ Landesregierung, 28.5.1965, ebd., GZ 216.609-9_65.
441 Schreiben des Amts der NÖ Landesregierung an das BMI, Abt. 9, 2.6.1965, ebd.
442 Vgl. Mitchell: KZ-Gedenkstätte Melk, S. 18 f., MM.
443 Vgl. Kostenvoranschlag Firma Böck, Melk, 21.4.1967, MM, 1.6.1., Box 13, GZ 274.273-33_67.
444 Vgl. Mitchell: KZ-Gedenkstätte Melk, S. 19, MM.
445 Vgl. Entwurf eines Schreibens an die polnische Botschaft, 1988, MM, 1.6.1., Box 13, GZ 6556_9-4_4_88.
446 Vgl. Aktenvermerk, BMI, Abt. IV/4, 24.10.1989, ebd., GZ 6556_15-4_4_89.
447 Vgl. Aktenvermerk, BMI, Abt. IV/4, 11.12.1989, ebd., GZ 6556_24-4_4_89.
448 Vgl. Mitchell: KZ-Gedenkstätte Melk, MM.

Fenster bildete 1989 den einzigen Anhaltspunkt, weshalb in Absprache zwischen dem Amt der NÖ Landesregierung und dem BMI wieder auf diesen Farbton zurückgegriffen wurde.[449] Freilich wurden im Zuge der Renovierung auch neue Maßnahmen gesetzt, die keineswegs der lagerzeitlichen Optik des Krematoriumsgebäudes entsprachen, wie etwa die Waschbetonplatten, die bis heute entlang der Außenwände liegen, um Spritzwasser von den Wänden abzuhalten.

449 Vgl. Schreiben des Amts der NÖ Landesregierung an das BMI, Peter Fischer, 3.10.1989, MM, 1.6.1., Box 13, GZ 6556_19-4_4_89.

14. Zur Vermittlung der KZ-Geschichte in Melk

Das Wissen der breiten österreichischen Öffentlichkeit um die Existenz und die Geschichte des ehemaligen KZ Melk ist auch heute noch als eher begrenzt einzuschätzen. Das liegt nicht zuletzt darin begründet, dass die KZ-Gedenkstätte Mauthausen über Jahrzehnte hinweg der einzige von der Republik Österreich forcierte Gedenkort an die Verbrechen der NS-Zeit war und demzufolge auch heute noch vielfach so wahrgenommen wird.[450] Doch wurde die Geschichte des Melker Außenlagers bereits ab 1945 sowohl regional als auch darüber hinaus immer wieder medial aufgegriffen. Wiederholt veröffentlichten Zeitungen in den Nachkriegsjahren Erinnerungsberichte ehemaliger Häftlinge des KZ Melk, Suchmeldungen nach NS-Tätern sowie Berichte zu Gerichtsprozessen gegen Männer, die wegen NS-Verbrechen im Kontext des Melker Außenlagers verdächtigt wurden.[451] Einer der frühesten Erlebnisberichte informiert im September 1945 in der *Österreichischen Zeitung – Zeitung der Roten Armee für die Bevölkerung Österreichs* unter dem Titel *Todeslager Quarz*[452] unter Bezugnahmen auf den Überlebenden Kurt Zalud ausführlich (wenn auch teils fehlerhaft[453]) über die Ermordung und Ausbeutung tausender KZ-Häftlinge im KZ Melk bzw. in der Stollenanlage bei Roggendorf. Vielfach wurde in Printmedien über erfolgte Anklagen[454] sowie etwaige Schuldsprüche[455] berichtet, die *Wiener Zeitung* veröffentlichte sogar die Urteile, die im Rahmen der Volksgerichtsverfahren gefällt wurden, im Wortlaut.[456] Ende der 1950er-Jahre rückte auch die Geschichte des KZ Melk mit dem großen westdeutschen Mauthausen-Prozess in Fulda gegen den ehemaligen SS-Sanitätsdienstgrad Gottlieb Muzikant stärker ins

---

450 Zur Funktion der KZ-Gedenkstätte Mauthausen als zentraler Ort des Gedenkens vgl. ausführlich Perz: KZ-Gedenkstätte.

451 Wie gering zu dieser Zeit das Wissen um den Stand der laufenden NS-Kriegsverbrecherprozesse war, zeigen die wiederholten Aufrufe in *Der neue Mahnruf*, nach Hinweisen auf den Verbleib des SS-Mannes Otto Striegel, der unter anderem die Melker Häftlingsküche geleitet hatte. Noch 1949 wurden Zeugenaufrufe zu Striegels Verbleib abgedruckt, obwohl dieser schon 1946 im US-amerikanischen Mauthausen-Hauptprozess in Dachau für schuldig befunden und am 19.6.1947 in Landsberg am Lech hingerichtet worden war. Vgl. beispielsweise Rubrik Kriegsverbrecherreferat. In: *Der neue Mahnruf*, Jahrgang 2 (1949), Heft 11, S. 13 sowie Rabl: Mauthausen vor Gericht, S. 77 f. Zu Striegel vgl. auch Kapitel 7.2 in diesem Band.

452 Vgl. Todeslager Quarz. In: Österreichische Zeitung, 2.9.1945, S. 4.

453 So spricht der Text etwa fälschlicherweise davon, dass im Rahmen des Projekts „Quarz" in Melk in Summe 15.000 Menschen ums Leben gekommen seien und dass sich unter den KZ-Häftlingen auch Frauen befunden hätten.

454 Über die erfolgte Anklage des Obermonteurs Edmund Schödl, der für die Firma Felten und Guilleaume beim Tunnelbau in Roggendorf tätig gewesen war, berichteten beispielsweise die *Österreichische Zeitung*, 2.7.1946, S. 2; *Neues Österreich*, 3.7.1946, S. 3; sowie *Wiener Kurier*, 4.7.1946, S. 3.

455 Über den Schuldspruch gegen Edmund Schödl berichteten *Österreichische Zeitung*, 30.7.1946, S. 4, sowie *Volksstimme*, 30.7.1946, S. 3.

456 Vgl. das Urteil des Volksgerichts Wien im Verfahren gegen Edmund Schödl. In: Wiener Zeitung, 1.12.1946, 7; vgl. dazu auch Rabl: Mauthausen vor Gericht, S. 249 f.

Die KZ.-Bestie von Melk verurteilt

Lebenslängliches Zuchthaus

Fulda. Der 57jährige ehemalige SS-Sanitäter in den Konzentrationslagern Mauthausen, Ravensbrück und Melk, Gottlieb Muzikant, wurde von einem Gericht in Fulda für den Rest seines Lebens ins Zuchthaus geschickt. Der Staatsanwalt hatte 35mal lebenslanges Zuchthaus für 35 Morde, zusätzlich 15 Jahre Zuchthaus für zwei Fälle von Totschlag und einen Mordversucht sowie Ehrverlust auf Lebenszeit beantragt. Nach dreiwöchiger Verhandlung erkannte das Gericht den Angeklagten an 20 Morden und einem versuchten Mord für schuldig. Außer der lebenslangen Zuchthausstrafe verurteilte das Gericht ihn für neun Fälle von Totschlag und einen zweiten Mordversuch zu 15 Jahren Zuchthaus. Die Anklage hatte ihm 212 Morde vorgeworfen.

Da die meisten Opfer des Verurteilten nicht mehr aussagen können, war die Beweisführung des Anklägers besonders schwierig. Er hatte 37 Zeugen aufgeboten, unter ihnen 18 aus mehreren europäischen Ländern. Muzikant galt als gefürchteter Alleinherrscher in der Revierbaracke des österreichischen Konzentrationslagers Melk. Nicht mehr arbeitsfähige und kranke Häftlinge hat er nach übereinstimmenden Zeugenaussagen schwer mißhandelt, mit Giftinjektionen getötet, erwürgt oder auf besonders grausame Weise verhungern lassen.

Abb. 52: Die *Arbeiter-Zeitung* berichtet am 24. Dezember 1960 über das Urteil gegen den ehemaligen SS-Mann im KZ Melk Gottlieb Muzikant in Fulda.
Quelle: Arbeiter-Zeitung, 24.12.1960, S. 3.

öffentliche Blickfeld.[457] Im Rahmen der mehrtägigen Verhandlung wurden die schweren Verbrechen, die Muzikant unter anderem in Melk begangen hatte, ausführlich thematisiert und Muzikant wurde zu mehrfacher lebenslanger Haft verurteilt.[458]

Umfangreichere Berichte brachten jedoch hauptsächlich die Vereinszeitungen der Häftlingsorganisationen,[459] wobei sich große Unterschiede zeigen. Während das Vereinsmedium des

457 Vgl. Perz: Projekt „Quarz", S. 472–477.

458 Vgl. Rabl: Mauthausen vor Gericht, S. 217–219.

459 Vgl. etwa die ab Dezember 1945 in Ebensee herausgegebene Häftlingszeitung *Nazi-Opfer* bzw. (ab Heft 4) *Der KZ-Häftling*, in der auch wiederholt ehemalige Melker KZ-Häftlinge, wie etwa Hermann Hofstädt oder Claus Salomon, Berichte zum KZ Melk veröffentlichten.

kommunistisch geprägten KZ-Verbands – *Der neue Mahnruf* – ab 1948 regelmäßig auf das ehemalige Krematorium in Melk und auch andere ehemalige Außenlager-Standorte Bezug nahm, kamen die Außenlager in den Medien der ÖVP-Kameradschaft der politisch Verfolgten – *Der Freiheitskämpfer* – sowie des Bundes sozialistischer Freiheitskämpfer und Opfer des Faschismus – *Der sozialistische Kämpfer* – nur sehr selten vor.[460]

Auch Zeitungen internationaler Häftlingsorganisationen beschäftigten sich mit der Melker Lagergeschichte. So publizierte die Amicale de Mauthausen im Rahmen ihrer Vereinszeitschrift *Bulletins* wiederholt Erfahrungsberichte von KZ-Überlebenden, die auch immer wieder Melk-Bezüge aufwiesen. Der luxemburgische Überlebende Metty Dockendorf, ehemals Block- und Lagerschreiber im KZ Melk, legte bereits im Jahr 1948 in der luxemburgischen Häftlings-Zeitschrift *Rappel* einen mehrseitigen Bericht über die Kinder im KZ Mauthausen vor, worin er auch auf die Situation in Melk Bezug nahm.[461] Zahlreiche ehemalige Häftlinge des KZ Melk publizierten später ebenfalls Erinnerungsberichte, die allerdings nur zum Teil ins Deutsche übersetzt worden sind.[462]

Der bereits erwähnte Geistliche Jean Varnoux, der von 24. April 1944 bis zur Räumung des Lagers im April 1945 in Melk interniert gewesen war, kam mit der Amicale regelmäßig nach Melk, hielt hier mehrfach Gedenkreden und beschäftigte sich ab den 1970er-Jahren ausführlich mit der (Bau-)Geschichte des KZ-Außenlagers Melk.[463] In den Unterlagen der Abteilung Kriegsgräberfürsorge des Landes Niederösterreich finden sich zudem vereinzelt Informationen zur Lagergeschichte, die Mitarbeiter der Abteilung im Zuge ihrer Teilnahme an Gedenkveranstaltungen in Melk „aufgeschnappt" hatten. So hielt etwa Alois Keck in einem Nachbericht zu einer Gedenkfeier im November 1968 eine Begebenheit aus der Zeit des Lagerbestehens fest, die Varnoux dort in einer Gedenkrede erwähnt hatte: *„Zu Weihnachten 1944 brachte der Maurergehilfe Leopold Pseuger* [sic!],[464] *Matzleinsdorf, bei Baumeister Konopitzky, geweihte Hostien in das KZ-Lager*

---

460 1971 berichtete *Der sozialistische Kämpfer* in einem ganzseitigen Bericht über das ehemalige KZ Melk (*Der sozialistische Kämpfer* (1971), Heft 5–6, S. 2). Die nächste umfangreichere Bezugnahme auf die KZ-Gedenkstätte Melk findet sich 1992, als die neue Dauerausstellung durch den SPÖ-Innenminister Franz Löschnak feierlich eingeweiht wurde (*Der sozialistische Kämpfer* (1992), Heft 5–6, S. 1–3).

461 Vgl. Viru 4 Joer .... In: Rappel, Organe de la Ligue Luxembourgeoise des Prisonniers et Déportés Politiques, Jahrgang 3 (1949), Heft 8, S. 593–598.

462 Vgl. die im Anhang eigens ausgewiesene Liste mit Erinnerungsliteratur zum KZ Melk.

463 Bei seinen späteren Recherchen bekam Varnoux auch Unterstützung von Militärangehörigen der Birago-Kaserne, die ihm für seine in den 1990er-Jahren erschienenen Publikationen – eine französisch-sprachige Broschüre sowie eine umfangreiche Monografie – einige Übersichtspläne des Kasernenareals zukommen ließen. Varnoux' Broschüre zur Geschichte des KZ Melk wurde auch ins Deutsche übersetzt. Vgl. Jean Varnoux: Sonderschrift über das Arbeitslager Melk (Niederösterreich). Konzentrationslager von Mauthausen. Limoges 1991 (Übersetzung: Daisy Pfeffer-Richard/Helmut Schmied/Alfred Rudolf), S. V.

464 Es dürfte sich um den Matzleinsdorfer Zimmermann Gsenger gehandelt haben, der einen von Varnoux verfassten lateinischen Brief ins Stift brachte. Darin bat Varnoux offenbar um 300 konsekrierte Hostien für sich und seine Mithäftlinge. Gsenger, der als Zivilarbeiter Zugang zum Lager hatte, konnte 150 Hostien ins Lager schmuggeln. Vgl. Stephan Holpfer: Das Stift Melk 1938–1945. Diplomarbeit, Universität Salzburg 1993, S. 64, Fußnote 103.

Melk. So konnten P. Beda vom Stift Melk und der erwähnte französische Geistliche die Heilige Kommunion austeilen."[465]

KZ-Überlebende und Angehörige von Opfern des KZ Melk besuchten aber auch abseits großer Feiern regelmäßig das ehemalige Krematorium. Kaum jemand in Melk hatte dadurch über die Jahre hinweg mehr Kontakt mit dieser Gruppe als die jeweiligen Gebäudeverwalter*innen. Unglücklicherweise wurde deren wertvolles Wissen nach bisherigem Wissensstand nicht dokumentiert. Soweit aus überlieferten Unterlagen bzw. in Rücksprache mit Angehörigen der letzten Gebäudeverwalterin Berta Blak recherchiert werden konnte, haben weder Theresia Rohrhofer noch ihre Nachfolger*innen Horalek oder Blak schriftliche Unterlagen oder Objekte mit Bezug zur KZ-Geschichte bzw. ihren Begegnungen mit KZ-Überlebenden hinterlassen. Einem Aktenvermerk der Abteilung Kriegsgräberfürsorge beim Amt der NÖ Landesregierung ist sogar zu entnehmen, dass Horalek im Jahr 1967 *„angeblich von einem ehemaligen KZ-Häftling (französischen Priester* [möglicherweise Jean Varnoux, Anm. d. Verf.]*) als Erinnerung Phenol-Ampullen"*[466] übergeben worden seien – eine Schenkung, die auch die im Innenministerium angesiedelte Abteilung 18 interessierte, die für Ermittlungen im Zusammenhang mit NS-Verbrechen zuständig war und sich nach dem Verbleib dieser Ampullen erkundigte. Wie dem Aktenvermerk zu entnehmen ist, waren die Ampullen von Horalek sofort dem Amtsarzt der BH Melk übergeben worden. Über ihren weiteren Verbleib ist nichts bekannt.[467]

14.1. Erste Kommentierungen im ehemaligen Krematorium

Nachdem die Gedenkstätte zunächst vor allem dem Gedenken diente, äußerten ausländische Besucher*innen in Folge der Widmung als „öffentliches Denkmal" 1963 den Wunsch nach Bereitstellung von Informationen zu den lagerzeitlichen Funktionen der einzelnen Räume. Infolgedessen wurden zwölf weiße Marmortafeln mit einer Größe von je 20 x 15 x 3 Zentimeter in den Räumen angebracht: Zwei Tafeln trugen die Beschriftung *„Aufsichtspersonal"* sowie je eine Tafel die teils irrigen Raumbezeichnungen *„Sezierraum"*, *„Waschraum"*, *„W.C."*, *„Kokskammer"*, *„Gaskammer"*,[468] *„Vorraum"*, *„Mauer zur Schalldämpfung"*,[469] *„Blutsickergrube"* sowie

465 Aktenvermerk, Abt. Kriegsgräber, Alois Keck, Amt d. NÖ Landesregierung, 4.11.1968, NÖLA, Kriegsgräberfürsorge, Abt. IV-W2-K – KZ-Nebenlager, Band 4.

466 Aktenvermerk, Abt. Kriegsgräberfürsorge, Amt der NÖ Landesregierung, 27.11.1967, ebd.

467 Vgl. ebd.

468 Es gibt keinerlei lagerzeitliche Quellen zur Melker KZ-Geschichte, die auf die Existenz oder die Planung einer Gaskammer im Melker Krematorium hindeuten. Die Funktionszuweisung taucht erstmals in Renovierungsplänen des Jahres 1950 auf. Tatsächlich handelte es sich bei dem Raum um den Leichenkühlraum. Vgl. Mitchell: KZ-Gedenkstätte Melk, MM.

469 Die doppelte Mauer rund um den Leichenkühlraum diente nicht der Schalldämpfung, sondern der effizienteren Kühlung der dort temporär gelagerten Leichen.

Abb. 53: Die Marmortafeln wurden im Zuge der Umsetzung der Überblicksausstellung Anfang der 1990er-Jahre abmontiert. Die erhalten gebliebenen Tafeln (Zustand 2022) werden im Depot der KZ-Gedenkstätte Mauthausen aufbewahrt.
Foto: Christian Rabl, Quelle: Sammlung ZHZ Melk.

„Verbrennungsofen".[470] Die Produktion und Montage der zwölf Tafeln wurde vom BMI (Abteilung 9), rasch genehmigt[471] und die Tafeln wurden noch im Sommer 1963 montiert.[472]

Neben diesen Hinweistafeln wurden etwa zur gleichen Zeit im ehemaligen Leichenkühlraum zwei hölzerne Bilderrahmen mit je vier Fotos angebracht.[473] Es handelte sich bei sieben Fotos um Aufnahmen, die zwischen 29. April und 4. Mai 1945 im bereits befreiten KZ Dachau von KZ-Überlebenden bzw. den US-Befreiern nachgestellt worden waren. Einige der Bilder zeigen zu Haufen gestapelte, nackte und abgemagerte Leichen, einige dienten offenbar dem Zweck, die Schritte des Leichenverbrennungsprozesses (anhand echter Leichen) nachzustellen.[474] Das achte Foto zeigt eine Frau, der von einem uniformierten Mann die Haare abgeschnitten werden, während

470 Kostenvoranschlag Steinmetzmeister Josef Neu, 13.5.1963, NÖLA, Kriegsgräberfürsorge, Abt. IV-W2-K – KZ-Nebenlager, Band 3.

471 Vgl. Schreiben des BMI (Abt. 9) an das Amt der NÖ Landesregierung, Kriegsgräberfürsorge, 22.5.1963, ebd.

472 Vgl. Schreiben der Stadt Melk an das Amt der NÖ Landesregierung, 25.10.1963, ebd.

473 Vgl. Information Peter Fischer für Innenminister Löschnak, März 1989, MM, 1.6.1., Box 13, GZ 3564_16-4_4_89.

474 Die sieben genannten Fotos sind auch in der Fotosammlung des USHMM überliefert. Vgl. USHMM: Search our Collections [Einträge zu Fotos Nr. pa1034742, pa14000, pa15028, pa5282, pa5285, pa1034550 sowie pa1034805], https://collections.ushmm.org/search/ (abgerufen am 15.1.2025). Für den Hinweis danke ich Ralf Lechner, Leiter der Sammlungen der KZ-Gedenkstätte Mauthausen.

eine weitere kahlrasierte Person danebensteht. Beschrieben ist das Foto mit dem Text *„vor der Hinrichtung werden den Opfern die Haare abgeschnitten"*.[475] Sowohl die Hinweistafeln als auch die beiden Fotorahmen wurden erst Ende der 1980er-Jahre im Zuge der Umsetzung der Dauerausstellung entfernt.[476]

Mitte der 1960er-Jahre gab es auch erste Überlegungen, einen *„bebilderten Führer (Prospekt)"*[477] nach dem Vorbild der Gedenkstätte Mauthausen in deutscher, französischer und italienischer Sprache herauszugeben und vor Ort aufzulegen. Ein erster Hinweis auf eine solche – nicht näher definierte – Broschüre stammt aus dem Jahr 1967, als im Rahmen der vom NÖ KZ-Verband organisierten Gedenkfeier in Melk *„eine Broschüre über das Nebenlager ‚Quarz' Melk des ehemaligen NS-KZ.Mauthausen"*[478] verteilt wurde. Dabei handelt es sich um eine Kurzdarstellung mit dem Titel *KZ Melk. Ein Nebenlager des KZ Mauthausen. In Memoriam der Opfer des Faschismus im KZ – Melk*, die von Hans Maršálek erstellt und von der ÖLM in Kooperation mit dem niederösterreichischen KZ-Verband herausgegeben worden war.[479] Um das Jahr 1970 gab die ÖLM zudem ein weiteres Heft heraus, das Maršálek gemeinsam mit Kurt Hacker erstellt hatte und das – neben Mauthausen, Gusen und Ebensee – auch Melk auf wenigen Seiten thematisierte.[480]

14.2. Wissenschaftliche Auseinandersetzung mit KZ und Stollen

In der Region Melk begann die tiefergehende wissenschaftliche Auseinandersetzung mit der KZ-Geschichte in den frühen 1980er-Jahren, als der Melker Kultur- und Museumsverein sowie eine Gruppe von Höhlenforscher*innen rund um den Benediktinerpater Jeremia Eisenbauer sich des Themas annahmen und dazu in kurzen Beiträgen erstmals in der Region publizierten.[481] Diese

---

475 Die beiden Bilderrahmen befinden sich inzwischen ebenso im Depot der KZ-Gedenkstätte Mauthausen.

476 Information von Bertrand Perz an den Autor, Telefonat vom 14.1.2022.

477 Nachschaubefund, Abt. Kriegsgräberfürsorge, Amt der NÖ Landesregierung, 13.8.1965, NÖLA, Kriegsgräberfürsorge, Abt. IV-W2-K – KZ-Nebenlager, Band 4.

478 Nachschaubefund und Teilnahmebericht der Abt. Kriegsgräber, Amt der NÖ Landesregierung, 8.5.1967, ebd.

479 Die Broschüre lag bis in die frühen 1980er-Jahre auf der KZ-Gedenkstätte Melk zur freien Entnahme auf. Im Februar 1980 waren circa 100 Stück entwendet worden, weshalb die damalige Gebäudeverwalterin Berta Blak bei der Gendarmerie Anzeige erstattete. Vgl. Niederschrift Berta Glasner, Gendarmeriekommando Melk, 21.2.1980 bzw. Darstellung der Tat, Gendarmeriekommando Melk, 13.3.1980, NÖLA, Kriegsgräberfürsorge, Abt. IV-W2-K – KZ-Nebenlager, Band 5. Eine Kopie der Broschüre liegt dem Akt bei.

480 Hans Maršálek/Kurt Hacker: Kurzgeschichte der Konzentrationslager Mauthausen und seiner drei größten Nebenlager Gusen, Ebensee, Melk, hg. von der Österreichischen Lagergemeinschaft Mauthausen. o. O., o. J. [vermutlich um 1970].

481 Vgl. Anton Harrer: Unternehmen „Quarz" – Konzentrationslager in Melk. In: Melker Kulturbeiträge (1983), Heft 5, sowie Jeremia Eisenbauer: Die vergessenen Toten von Melk. In: Heimatkundliche Beilage zum Amtsblatt der BH Melk, Jahrgang 11 (1985), Heft 2, S. 1–2, sowie Heft 3, S. 1–2; sowie Jeremia Eisenbauer: Die vergessenen Toten von Melk. Das Melker Konzentrationslager und die Roggendorfer Stollenanlage. In: Melker Mitteilungen (1984), Heft 146, S. 33–50.

leisteten insbesondere bei der Erforschung des Stollensystems echte Pionierarbeit.[482] Zwischen Dezember 1983 und Jänner 1984 führte die Gruppe die bis heute einzige vollumfängliche Vermessung der Stollenanlage durch und erhob damit erstmals auch den Status quo des Bauzustands bzw. des 1945 erreichten Baufortschritts der Anlage.[483]

Die umfangreichste wissenschaftliche Auseinandersetzung mit der Melker KZ-Geschichte lieferte Bertrand Perz, der ebenfalls Anfang der 1980er-Jahre im Rahmen seiner Dissertation über das Projekt „Quarz" am Institut für Zeitgeschichte der Universität Wien zu forschen begann. Seine umfassende Analyse des Projekts „Quarz" und der Geschichte des KZ-Außenlagers Melk samt dessen Relevanz für die NS-Rüstungswirtschaft in der letzten Kriegsphase stellt bis heute die zentrale Studie zu dieser Thematik dar und ist auch Basis für den ersten Teil dieses Buches.[484] Der dadurch stärker in den Fokus gerückte Zusammenhang zwischen KZ-Geschichte, historischen Stollenanlagen und großen österreichischen Unternehmen, wie etwa der Steyr-Daimler-Puch AG, erweckte auch mediales Interesse. Das zeigt etwa die preisgekrönte ORF-Dokumentation *Der Archipel Mauthausen*, die im Zuge der Sendereihe *Teleobjektiv* am 1. November 1983 erstmals im österreichischen Fernsehen ausgestrahlt wurde. Das Team rund um Kurt Langbein und Elisabeth T. Spira bezog in seine Dokumentation auch die Stollenanlage in Roggendorf mit ein,[485] die Historiker Florian Freund und Bertrand Perz wirkten an der Dokumentation als Experten beratend mit. In weiterer Folge publizierten Perz und Freund mehrfach in der Wochenzeitung *Profil* und verschafften der Thematik damit zusätzliche Reichweite.[486]

14.3. Die KZ-Gedenkstätte Melk wird zum Lernort

Als fast 40 Jahre nach Kriegsende auf wissenschaftlicher Ebene das Interesse an der Geschichte der KZ-Außenlager wuchs, entwickelte sich parallel dazu auch das Bewusstsein um die Notwendigkeit der Vermittlung dieser Geschichte im Rahmen des Schulunterrichts. Bereits ab den

---

482 Vgl. Eisenbauer: Die vergessenen Toten (1984), sowie E. Fritsch: KZ-Stollen zeitgeschichtliches Denkmal. In: Mitteilungen des Landesvereins für Höhlenkunde in Oberösterreich, Jahrgang 34 (1988), Heft 1, S. 31–46 (online unter: https://www.zobodat.at/pdf/MittVerHoehlenkOOe_090_1988_0001-0059.pdf), und Heft 2, 19–24 (online unter: https://www.zobodat.at/pdf/MittVerHoehlenkOOe_091_1989_0001-0062.pdf).

483 Der auf den Vermessungsarbeiten der Melker Höhlenforscher*innen basierende Grundrissplan wurde publiziert in Perz: Projekt „Quarz", S. 219, siehe auch Abb. 26 in Kapitel 8 diesem Band.

484 Am Institut für Zeitgeschichte der Universität Wien wurden Anfang der 1980er-Jahre erstmals umfangreiche wissenschaftliche Recherchen zu einigen der größten Mauthausen-Außenlager durchgeführt, die für diese Zeit bahnbrechend waren und wichtige Grundlagen geschaffen haben. Vgl. etwa Perz: Projekt „Quarz", sowie Freund: Arbeitslager Zement.

485 Vgl. Büro Medienpreise der KEBÖ – Konferenz der Erwachsenenbildung Österreichs: Preisträger*innen Fernsehpreis 1983. Kurt Langbein, Elizabeth T. Spira, https://www.medienpreise.at/awardees/kurt-langbein-elizabeth-t-spira/ (abgerufen am 5.12.2024).

486 Vgl. exemplarisch Bertrand Perz: Lohn des Grauens. In: Profil, Jahrgang 66 (1987), Heft 49, S. 76–78.

1960er-Jahren fanden vereinzelt Besuche von Schulklassen in der Gedenkstätte Melk statt, wie *Der neue Mahnruf* berichtete:

„Auf dem Weg nach Mauthausen wurde auch in Melk Station gemacht, wobei die Mädchen – denen sich drei ehemalige Kameraden, die die Hölle von Mauthausen überlebt haben, als Führer zur Verfügung gestellt haben – auch über das Außenkommando Melk informiert wurden. Der tiefe Eindruck, den die Schilderungen der ehemaligen KZler und der Anblick des ehemaligen Krematoriums auf die Mädchen gemacht haben, spiegelte sich in ihren Gesichtern wider."[487]

Der geschilderte Besuch einer Gruppe von mehr als 100 Mittelschülerinnen eines Gymnasiums in Wien-Währing in Mauthausen und Melk war freilich im Jahr 1962 noch eine Ausnahme. Spätestens ab Mitte der 1960er-Jahre nahmen die Forderungen nach einer aktiveren Auseinandersetzung von Schüler*innen mit der NS-Geschichte zu. Bei einem Treffen von Vertreter*innen des kommunistisch dominierten KZ-Verbands und des slowakischen Verbands antifaschistischer Kämpfer (Svaz protifašistických bojovníků, SPB) schlossen diese ein Abkommen, das unter anderem die *„Aufklärung der Jugend"* als gemeinsames Ziel formulierte. Zu diesem Zweck sollten gegenseitige Besuche der Organisationen an relevanten Gedenkorten in beiden Ländern im Beisein von Jugendlichen stattfinden, wie etwa in Lidice und Terezín bzw. Mauthausen und Melk.[488]

Auch auf lokaler Ebene führten ab den späten 1960er-Jahren einzelne engagierte Pädagog*innen eigenständig Gedenkstättenbesuche mit Schüler*innen durch, die damals auch noch Begehungen der zugänglichen Stollenanlage in Roggendorf beinhalteten. Zu den Vorreitern gehörte der in Loosdorf lebende Bezirkshistoriker und Pädagoge Gerhard Floßmann, der laut eigener Angabe ab 1968 mehrmals jährlich Führungen in der Stollenanlage Roggendorf sowie an der KZ-Gedenkstätte Melk organisierte.[489] Auch Erwachsenengruppen kamen wiederholt auf Floßmann zu, sodass er schätzt, jährlich mindestens zwei Rundgänge angeboten zu haben. So auch 1995 auf Anfrage von Hans Bruckner, Leiter des Katholischen Bildungswerks Radlberg, der die verharmlosenden Aussagen Jörg Haiders zur *„ordentlichen Beschäftigungspolitik im Dritten Reich"* zum Anlass nahm, um eine Exkursion nach Melk samt Stollenbesichtigung zu organisieren, die aufgrund des großen Interesses sogar ein zweites Mal stattfand.[490]

Anfang der 1980er-Jahre wurde die österreichische Gedenkkultur nach jahrzehntelangem Verdrängen aktiver. Auf Basis der neuen wissenschaftlichen Erkenntnisse konnten sich nun breitere Teile der Gesellschaft der Thematik widmen. In dieser Phase entstanden auch erste Überlegungen, eine Ausstellung zur Lagergeschichte zu verwirklichen. Im Rahmen eines Besuchs in

---

487 Mittelschülerinnen in Mauthausen. In: Der neue Mahnruf, Jahrgang 15 (1962), Heft 6, S. 2.

488 Vgl. Gemeinsames Handeln gegen die neonazistische Gefahr! in: Der neue Mahnruf, Jahrgang 20 (1967), Heft 2, S. 3.

489 Vgl. E-Mail-Korrespondenz des Autors mit Gerhard Floßmann, 16.1.2022.

490 An den beiden Exkursionen unter der Leitung von Gerhard Floßmann, die am 2. September sowie am 25. November 1995 stattfanden, nahmen in Summe rund 130 Personen teil. Vgl. Veranstaltungsbericht von Hans Bruckner, 26.11.1995, Sammlung Hans Bruckner.

Abb. 54: Der Veranstaltungsflyer zur Exkursion *„Beschäftigungspolitik" im Dritten Reich* aus dem Jahr 1995.
Quelle: Sammlung Hans Bruckner.

Melk im Oktober 1985 regten die beiden Überlebenden des KZ Mauthausen, Hans Maršálek (mit seiner Ehefrau Hilda) und Leo Kuhn gegenüber dem damaligen Melker Bürgermeister Josef Böck an, eine kleine ständige Ausstellung in der Gedenkstätte einzurichten. Gemeinsam mit den drei Melker Schuldirektor*innen Margret Wiesenhuber, Anton Vieghofer und Ernst Wegscheider wurde das Ziel formuliert, beim NÖ Landesschulrat dafür zu intervenieren, dass künftig die Schulen in der Umgebung von Melk die Gedenkstätte besuchen.[491] Der Bürgermeister sicherte außerdem zu, mit den örtlichen Schulen und Lehrwerkstätten ein Modell des ehemaligen KZ Melk sowie Schaukästen mit Dokumenten anfertigen zu lassen, sowie kurze begleitende Texte zur Geschichte des KZ Melk und des Projekts „Quarz" (auf Basis der Recherchen von Jeremia Eisenbauer). Geplant war auch, *„den Weg der Häftlinge vom Lager zum Bahnhof und die Arbeitsstätte irgendwie der Öffentlichkeit bekannt zu machen."*[492] Bis auf das Modell des ehemaligen KZ-Areals wurde vorerst aber nichts davon verwirklicht.

491 Vgl. Bericht von Hilda und Hans Maršálek sowie Leo Kuhn, 14.10.1985, MM, 1.6.1., Box 13, GZ 3564_1-4_4_85.
492 Ebd.

14.4. Eine Dauerausstellung, allen Widerständen zum Trotz

Die Initiative zur Realisierung einer Ausstellung folgte erst einige Jahre später durch Bertrand Perz, der auf seine Recherchen zur Geschichte der Steyr-Daimler-Puch AG sowie des KZ-Außenlagers Melk aufbauen konnte. Im „Bedenkjahr" 1988[493] entwickelte Perz gemeinsam mit dem Museologen Gottfried Fliedl ein Ausstellungskonzept für das ehemalige Krematorium. Mit der Umsetzung dieses Konzepts sollte Melk als erster österreichischer Außenlager-Standort überhaupt eine fundierte und auf wissenschaftlicher Forschung basierende Überblicksausstellung erhalten. Doch der im BMI für Gedenkstättenangelegenheiten zuständige Beamte, Peter Fischer, stand dem Projekt skeptisch gegenüber.[494] Seine Argumente waren widersprüchlich: Fischer führte einerseits die in Anbetracht der geringen Besucher*innenzahl (rund 1.000 Personen jährlich) zu hohen Kosten als Grund für seine Ablehnung an,[495] andererseits aber auch die Gefahr, dass eine Dauerausstellung in Melk Besucher*innen von der Gedenkstätte Mauthausen abziehen könnte. Er plädierte daher dafür, auf Basis der Dissertation von Perz lediglich vier Schautafeln produzieren zu lassen, um die nachgestellten Fotos aus dem KZ Dachau zu ersetzen, die nach wie vor im ehemaligen Leichenkühlraum hingen.[496] In weiterer Folge fanden mehrere Besprechungen statt, unter anderem mit Innenminister Karl Blecha, der zwar Unterstützung zusagte, jedoch einschränkte, dass das BMI lediglich Sachkosten übernehmen könne. Auch die Stadt Melk unter den Bürgermeistern Josef Böck bzw. Helmut Sommer und die in der Birago-Kaserne stationierten Melker Pioniere sicherten dem Projekt Unterstützung zu.[497]

Aufgrund der anhaltenden Skepsis seitens des BMI kam es im Herbst 1988 zu einem Treffen auf breiterer Ebene, an dem neben Projektteam Perz/Fliedl auch Wolfgang Neugebauer (Dokumentationsarchiv des österreichischen Widerstandes, DÖW), Vertreter*innen der Stadt Melk, des BMI, des Kultur- und Museumsvereins Melk, der Birago-Kaserne, des Landes NÖ und des Verteidigungs- und Unterrichtsministeriums teilnahmen, die alle das Projekt grundsätzlich befürworteten. Im Zentrum standen organisatorische Aspekte zur Gebäudesanierung, Fragen zur Betreuung und Bewachung einer möglichen neuen Ausstellung und schließlich das Thema Finanzierung. Nur ein Randthema war die Frage der inhaltlichen Gestaltung; das BMI wies lediglich darauf hin, dass sich – analog zu Mauthausen – *„die zuständigen Sachbearbeiter vor allem bezüglich der inhaltlichen Gestaltung die letzte Entscheidung vorbehalten"*[498] würden. Während

---

493 Der Begriff „Bedenkjahr" wurde 1988 erstmals von der damaligen Bundesregierung unter Franz Vranitzky als Überbegriff für das Gedenken an den 50. Jahrestag des „Anschlusses" Österreichs an das Deutsche Reich verwendet. In weiterer Folge wurden wiederholt „runde" Jubiläen an den „Anschluss", aber auch das Ende des Zweiten Weltkriegs von den jeweiligen Bunderegierungen als „Bedenkjahre" bezeichnet.

494 Vgl. Information für den Bundesminister, 27.4.1988, ebd.

495 Später spricht Blak in Bezug auf die Besucher*innenzahlen von 1988 sogar von nur rund 800 Personen. Vgl. Information DDr. Fischer für Innenminister Löschnak, März 1989, MM, 1.6.1., Box 13, GZ 3564_16-4_4_89.

496 Vgl. Information für den Bundesminister, 27.4.1988, ebd., GZ 3564_3-4_4_88.

497 Vgl. Protokoll zur Besprechung mit dem BMI, 28.6.1988, ebd.

498 Sitzungsprotokoll, 14.10.1988, ebd., GZ 3564_10-4_4_88.

Verteidigungsministerium und Stadt Melk eine monetäre Beteiligung kategorisch ausschlossen und nur Sachleistungen und organisatorische Unterstützung anboten, sagten die restlichen Beteiligten die Übernahme eines Teils der Kosten zu.[499]

Für das weitere Vorgehen standen drei Varianten zur Debatte: erstens die Umsetzung einer Dauerausstellung inklusive audiovisueller Hilfsmittel (Maximalvariante), zweites eine Umsetzung mit Tafeln und Vitrinen (Minimalvariante) bzw. drittens eine Renovierung des Gebäudes, jedoch ohne Ausstellung.[500] Eine große Herausforderung stellte erneut der schlechte bauliche Zustand des Gebäudes dar, das zuletzt 1962 renoviert worden war.[501] Das NÖ Gebietsbauamt legte im März 1989 ein Gutachten über die notwendigen Renovierungs- und Adaptierungsmaßnahmen unter Bezugnahme auf die drei Varianten vor. Die Maximalvariante mit Film- bzw. Vortragsraum, audiovisuellen Einrichtungen etc. wurde rasch als zu teuer sowie wegen des zu geringen Platzangebots und der nicht gegebenen Betriebsvoraussetzungen für technische Geräte aufgrund der Luftfeuchtigkeit in den Räumlichkeiten als undurchführbar ad acta gelegt. Da die Kosten der Renovierung sowie der für die Tafel-Ausstellung notwendigen Adaptierungen auf 660.000 Schilling geschätzt wurden, fiel die Entscheidung für diese Variante. Beanstandet wurden neben zahlreichen baulichen Mängeln das Fehlen von Parkplätzen, einer adäquaten Abwasserbeseitigung sowie eines Stromanschlusses. Die NÖ Landesregierung und das Unterrichtsministerium machten konkrete Finanzzusagen für die Ausstellung, das Innenministerium sagte die Kostenüberahme für die Sanierung zu, die auch schon einen Teil der erforderlichen Adaptierungen für die Ausstellungsgestaltung beinhalten sollte. Die Stadt Melk regte an, dem örtlichen Kultur- und Museumsverein die Trägerschaft sowie die Betreuung der Ausstellung vor Ort zu übertragen, der jedoch aufgrund rechtlicher Bedenken ablehnte.[502]

In den folgenden Monaten erstellte das Amt der NÖ Landesregierung ein Leistungsverzeichnis und die Ausschreibung für die Renovierungsarbeiten an der Gedenkstätte.[503] Als Bestbieter erhielt die Firma Jägerbau aus Pöggstall (Bezirk Melk) Ende August 1989 den Zuschlag zur Durchführung sämtlicher Baumaßnahmen, die sich auf rund 500.000 Schilling belaufen sollten,[504] und stellte eine Fertigstellung bis Ende Oktober 1989 in Aussicht.[505] Bald zeigten sich aber noch gravierendere Baumängel. Die jahrzehntelang verabsäumte Pflege und Erhaltung des Gebäudes hatten nun eine Erhöhung der ursprünglich kalkulierten Kosten von knapp unter einer halben Million Schilling auf rund 840.000 Schilling zur Folge.[506]

---

499 Vgl. ebd.

500 Vgl. Besprechungsprotokoll, 11.1.1989, ebd., GZ 3564_14-4_4_89.

501 Vgl. Mitchell: KZ-Gedenkstätte Melk, MM.

502 Vgl. Schreiben Fliedl und Perz an Innenminister Löschnak, 30.8.1989, ebd., GZ 6556_18-4_4_89.

503 Vgl. Ausschreibung Renovierung Gedenkstätte, 10.5.1989, ebd., GZ 6556_10-4_4_89.

504 Vgl. Anbot Firma Jägerbau, 16.8.1989, ebd., GZ 6556_20-4_4_89.

505 Vgl. Schreiben des Amts der NÖ Landesregierung an das BMI bzw. an die Firma Jägerbau, 31.8.1989, ebd., GZ 6556_18-4_4_89.

506 Vgl. die entsprechenden Teilrechnungen der Firma Jägerbau, ebd., GZ 6556 vom 5.10.1989, 31.10.1989, 7.11.1989, 13.12.1989, 18.4.1990 sowie 25.9.1991.

Trägerschaft und Ausstellungsgestaltung

Im Spätsommer 1989 war somit die Frage der Renovierung und Adaptierung für eine erstmalige Dauerausstellung geklärt, die Frage der Finanzierung der Ausstellungsgestaltung – Entwicklung des Detailkonzepts, wissenschaftliche Recherchen, Textierung und Layout – blieb jedoch weiter offen. Die Initiatoren Perz und Fliedl gründeten daher im Sommer 1989 den Verein *„Forum für Geschichte und Gegenwart"*, um die notwendigen Subventionen für die Verwirklichung der Ausstellung selbst beantragen zu können.[507] Sie suchten bei verschiedenen öffentlichen Stellen um Unterstützung an und erhielten Zusagen des BMI,[508] des Unterrichtsministeriums, des Wissenschaftsministeriums sowie des Landes NÖ.[509] Die Auszahlungen der zugesagten Fördermittel an das Projektteam verzögerten sich jedoch wiederholt, weshalb sich die Fertigstellung mehrfach verschob.[510] Nachdem der ursprüngliche Fertigstellungstermin im Frühling 1991 nicht eingehalten werden konnte,[511] setzte Ministerialrat Fischer den Ausstellungsgestaltern für den Abschluss eine *„letzte Frist"* bis 31. Oktober 1991.[512] Perz und Fliedl wandten sich daraufhin mit einem Schreiben an Innenminister Franz Löschnak und zeigten sich erstaunt *„über die von DDr. Fischer in Inhalt und Ton befremdlich formulierte Mitteilung von ultimativen Fristsetzungen"*[513]. Sie verwiesen darauf, dass es ihrer eigenen Initiative zu verdanken sei, dass zusätzliche Subventionen überhaupt eingeworben werden konnten, nachdem sich das BMI außerstande gesehen hatte, die Umsetzung alleine zu finanzieren. Fischer sei dem Projekt von Beginn an reserviert gegenübergestanden und behindere mit seiner Vorgehensweise eher die Initiative, als sie zu fördern. Perz und Fliedl schlugen den 8. Mai 1992 als Präsentationstermin der Ausstellung vor.[514]

Kritik an der „Stoßrichtung" der Ausstellung

Bereits im Februar 1992 war die Ausstellung de facto fertig, Perz und Fliedl hatten Sigrid Augeneder und Klaus Tatto als Gestalter ins Team geholt. Zudem war es ihnen gelungen, zusätzliche Mittel von der Umdasch AG (Amstetten) sowie der VOEST Alpine Stahl AG (Linz) einzuwerben.

---

507 Vgl. Schreiben Fliedl und Perz an Innenminister Löschnak, 30.8.1989, ebd., GZ 6556_18-4_4_89.

508 Vgl. Entwurf Antwortschreiben BMI an Fliedl und Perz, September 1989, ebd.

509 Vgl. Schriftverkehr zur Ausstellungsfinanzierung und Werkvertragsgestaltung, MM, 1.6.1., Box 14, GZ 3.564_27-4_7_90 sowie 3.564_30-4_7_90.

510 Die erste Zahlung des Unterrichtsministeriums erfolgte erst im Mai 1991 und die zweite Hälfte der vom Land NÖ zugesagten Subvention von insgesamt 200.000 Schilling war im Juni 1991 noch nicht zur Auszahlung gelangt. Vgl. Schreiben des Bundesministeriums für Unterricht und Kunst, 5.6.1991 bzw. Schreiben des Amts der NÖ Landesregierung, 10.6.1991, ebd., GZ 3.564_41-4_7_91.

511 Vgl. Schreiben Perz/Fliedl an DDr. Fischer, 27.2.1991, ebd., GZ 3.564_37-4_7_90.

512 Vgl. Briefentwurf an Perz/Fliedl, 16.5.1991, ebd.

513 Schreiben Perz/Fliedl an Löschnak, 27.6.1991, ebd., GZ 3.564_43-4_7_91.

514 Vgl. ebd.

Im Vorfeld der Ausstellungseröffnung berichtete Ministerialrat Fischer in einem Informationsschreiben an den Innenminister von der *„Überprüfung"* der Ausstellungsinhalte durch die Abteilung IV/7 und äußerte sich kritisch zur *„inhaltliche[n] Stoßrichtung"*. Fischer verwies darauf, dass die Ausstellung *„auf die Darstellung der Verstrickung führender – heute z.T. noch bestehender – Unternehmen in das KZ-System"* eingehe. Seiner Meinung nach sei demgegenüber in der Darstellung das *„Unrechtssystem des NS-Staates als doch wesentlichster kausaler Faktor für die Konzentrationslager ungebührlich vernachlässigt"*[515] worden. In der Tat betrat die Dauerausstellung von Perz und Fliedl in der Gedenkstätte Melk zur damaligen Zeit inhaltliches Neuland. Indem sie die bis dahin meist geleugnete oder kleingeredete Mitverantwortung von (österreichischen) Wirtschaftsbetrieben, wie etwa der Steyr-Daimler-Puch AG, an den Massenverbrechen im Zuge der NS-Rüstungsindustrie kritisch beleuchtete, traf sie ein politisch sensibles Thema. Die damalige – in den 1970er-Jahren von Hans Maršálek gestaltete – Ausstellung in Mauthausen hatte hingegen hauptsächlich auf den NS-Unrechtsstaat verwiesen und thematisierte die Verstrickung diverser Wirtschaftsbetriebe in die NS-Zwangsarbeit kaum. Für SP-Politiker Franz Löschnak war diese inhaltliche Schwerpunktsetzung durchaus heikel, denn immerhin hatte Löschnaks Parteifreund Rudolf Streicher 1986 kurzzeitig als Generaldirektor der Steyr-Daimler-Puch AG amtiert[516] und befand sich zum Zeitpunkt der Ausstellungsfertigstellung im Frühjahr 1992 gerade im Bundespräsidentschaftswahlkampf gegen den ÖVP-Kandidaten Thomas Klestil.

Streicher sollte unmittelbar nach seiner erfolglosen Präsidentschaftskandidatur, die am 24. Mai 1992 mit seiner Niederlage in der Stichwahl gegen Klestil endete, neuerlich zum Generaldirektor der Steyr-Daimler-Puch AG berufen werden. Zwei Jahre später wurde Streicher 1994 im Rahmen eines ORF-Interviews zum (mangelhaften) Umgang der Steyr-Daimler-Puch AG mit der eigenen Unternehmensgeschichte befragt, woraufhin Streicher das Interview kurzerhand abbrach.[517] Später verwies Streicher auf Nachfrage zu diesem Thema auf Perz Forschungsarbeit zum Projekt „Quarz", für die dieser auch wesentliches Aktenmaterial der Steyr-Daimler-Puch AG nutzen hatte können.[518]

---

515 Information für den Herrn Bundesminister, Bearb. DDr. Fischer, o.D., ebd., GZ 3.564_53-4_7_92.

516 Mit Ausnahme seiner Tätigkeit als Wirtschafts- und Verkehrsminister ab 1986 im Kabinett Vranitzky I. Vgl. Sozialdemokratische Partei Österreichs, Landesorganisation Wien: dasrotewien.at – Weblexikon der Wiener Sozialdemokratie: Streicher, Rudolf, http://www.dasrotewien.at/seite/streicher-rudolf (abgerufen am 15.1.2025).

517 Information von Alexander Hauer, seit 1994 Obmann des Vereins MERK*würdig*, 24.1.2022.

518 Laut Bertrand Perz lagen die Akten im Zeitraum 1982/83 im „Firmenarchiv" der SDPAG, das auf einem Dachboden gelagert wurde. Informationen von Bertrand Perz, 26.1.2022. Heute existiert dieses Archiv als solches nicht mehr.

Abb. 55: Innenminister Franz Löschnak (Mitte) mit dem Überlebenden des KZ Melk Pierre Saint Macary (l.) sowie Historiker und Kurator der Ausstellung Bertrand Perz (r.) anlässlich der Ausstellungseröffnung 1992.
Foto: Peter Rabl, Quelle: Sammlung Peter Rabl, Pöchlarn.

Die Eröffnung der Dauerausstellung

Letztlich blieben die Inhalte trotz der Einwände Fischers unverändert und die Eröffnung der Ausstellung, unter anderem in Anwesenheit des Überlebenden des KZ Melk Pierre Saint Macary,[519] konnte wie geplant am 8. Mai 1992 durch Innenminister Franz Löschnak erfolgen.[520] In seiner Eröffnungsrede betonte Löschnak, dass die Realisierung dieser Ausstellung eine Zäsur darstelle. Obgleich die Gedenkstätte bereits 1963 eröffnet worden sei, seien die Informationen vor Ort bislang unzulänglich gewesen.

---

519 Der Melker KZ-Überlebende und spätere französische General Pierre Saint Macary war als Vizepräsident, Präsident und Ehrenpräsident lange Jahre in der Amicale de Mauthausen aktiv gewesen. Anlässlich seines Todes im Juli 2006 wurde ihm im Oktober 2006 eine Ausgabe der Zeitschrift der Amicale gewidmet. Vgl. Hommage à Pierre Saint Macary. In: Bulletin de l'Amicale des Déportés et Amis de Mauthausen (2006), Heft 306, S. 3–10 (online unter: https://campmauthausen.org/wp-content/uploads/2011/11/MAUTHAUSEN-306.pdf).

520 Begleitend zur Dauerausstellung entstand auch eine Broschüre: Perz: Konzentrationslager Melk. Später wurde die Broschüre auf Initiative von Italo Tibaldi (ANED) ins Italienische übersetzt und publiziert: Bertrand Perz: Il campo di concentramento di Melk. „Commando" di MAUTHAUSEN – Impianto sotterraneo „Quarz". Burolo 1993 (Übersetzung: Eralda Caseria); eine bereits 1992 von dem Melker KZ-Überlebenden Max Garcia fertiggestellte Übersetzung ins Englische ist letztlich nie erschienen.

Löschnak betonte zudem, dass den Ausstellungsmachern *„keine Einschränkungen auferlegt"* worden seien und die formelle und inhaltliche Gestaltung in ihrer alleinigen Verantwortung liege. Der Innenminister stellte tagesaktuelle innenpolitische Bezüge her und mahnte, die dort und da wieder verstärkt auftretenden neonazistischen Tendenzen nicht zu bagatellisieren, rechtsextreme Gruppierungen im Auge zu behalten und für Aufklärungsarbeit und demokratische Erziehung zu sorgen. Die Ausstellung in Melk sei besonders dazu geeignet, die Phänomene Zwangsarbeit und Kriegswirtschaft zu vermitteln.[521] Mehrere Medien interpretierten später,[522] Löschnak habe damit in seiner Rede – ohne freilich dessen Namen zu nennen – auf den skandalösen Ausspruch Jörg Haiders von der *„ordentlichen Beschäftigungspolitik im Dritten Reich"*[523] Bezug genommen. Die *Salzburger Nachrichten* etwa betitelten einen Beitrag mit *Illustration zu Haiders Zitat, „Ordentliche Beschäftigungspolitik" am Beispiel KZ Melk.*[524]

14.5. Die Frage der gedenkstättenpädagogischen Vermittlung

Die von Löschnak angesprochene Notwendigkeit einer Aufklärungsarbeit und demokratischen Erziehung war bereits im Vorfeld der Ausstellung ab Ende der 1980er-Jahre andiskutiert worden. Nach der Eröffnung schrieb Unterrichtsminister Rudolf Scholten, dessen Ressort die Ausstellung mitfinanziert hatte, an sämtliche Landesschulräte sowie den Wiener Stadtschulrat, die Direktionen der pädagogischen Institute und Akademien und empfahl explizit einen Besuch der KZ-Gedenkstätte Melk.[525] Es fehlte jedoch zu diesem Zeitpunkt ein pädagogisches Konzept für die Betreuung von Schüler*innengruppen vor Ort bzw. für die Vor- und Nachbereitung. In einem Schreiben an das BMI wies das Unterrichtsministerium im Dezember 1992 darauf hin, dass dies in seine eigene Kompetenz falle und betonte die Notwendigkeit der *„Erstellung von pädagogischen Konzepten für die Betreuung von Schülergruppen in allen österreichischen Gedenkstätten."*[526]

Letztlich dauerte es aber noch fast 20 Jahre, ehe tatsächlich ein Konzept für die gedenkstättenpädagogische Vermittlung in Melk erarbeitet wurde. Wie so oft in der österreichischen Gedenkkultur bedurfte es dafür der Initiative einer engagierten Einzelperson: Der aus Melk stammende Gunter Wolfsberger, Pädagoge in der Landesberufsschule Pöchlarn, absolvierte im Jahr

---

521 Vgl. Entwurf der Eröffnungsrede Innenminister Franz Löschnak, 8.5.1992, MM, 1.6.1., Box 14, GZ 3.564_56-4_7_92.

522 Vgl. beispielsweise Rechtsradikale Szene nicht verharmlosen. In: Der neue Mahnruf, Jahrgang 45 (1992), Heft 5, S. 1–2.

523 Der damalige FPÖ-Chef Haider hatte rund ein Jahr vor der Eröffnung der Melker Ausstellung als damaliger Kärntner Landeshauptmann am 13. Juni 1991 im Kärntner Landtag von der *„ordentlichen Beschäftigungspolitik im Dritten Reich"* gesprochen und damit eine Welle der Empörung ausgelöst. Vgl. „Ordentliche Beschäftigungspolitik". In: news.orf.at, 2006, https://newsv1.orf.at/060916-3953/?href=https%3A%2F%2Fnewsv1.orf.at%2F060916-3953%2F3964txt_story.html (abgerufen am 15.1.2025).

524 Vgl. Zeitungsausschnitt „Illustration zu Haiders Zitat". In: Salzburger Nachrichten, 9.5.1992, MM, 1.6.1., Box 14, GZ 3.564_56-4_7_92.

525 Vgl. Schreiben Bundesminister Scholten, 26.8.1992, ebd., GZ 3.564_65-4_7_92.

526 Vgl. Schreiben BM f. Unterricht und Kunst an BMI, 17.12.1992, ebd., GZ 3.564_73-4_7_93.

2011 die vom Mauthausen Komitee Österreich (MKÖ) angebotene Ausbildung zum „Außenlager-Guide“. Teil dieser Ausbildung war – neben theoretischem Input zu Gedenkstättenpädagogik und Lagergeschichte – auch die Entwicklung eines Konzepts für einen Gedenkstättenrundgang. Wolfsberger widmete sich dem Außenlager-Standort Melk und begann nach Abschluss der Guide-Ausbildung im Herbst 2011 mit der Durchführung erster Rundgänge. In den Folgejahren begleitete er jedes Jahr zahlreiche Gruppen vor Ort, darunter jeweils die dritten Klassen der Landesberufsschule Pöchlarn mit Schüler*innen im Alter von meist 17 bis 18 Jahren.[527]

Ein weiterer Schritt in Richtung einer systematischen und fundierten gedenkstättenpädagogischen Vermittlungsarbeit erfolgte im Jahr 2017 mit der Erweiterung der Aktivitäten des Vereins MERK*würdig* zu einem „Zeithistorischen Zentrum“. Mit finanzieller Unterstützung der Kulturabteilung des Landes NÖ wurde eine ganzjährige Halbtagsstelle geschaffen, wodurch die wissenschaftliche Forschungsarbeit sowie die Vermittlungsarbeit vor Ort vorangetrieben werden konnten.

Allmählich etablierte sich ab 2018 ein kleines Team an – zunächst freiberuflichen – Vermittler*innen, die ebenfalls als „Mauthausen-Außenlager-Guides“ unter dem Dach des MKÖ Rundgänge für Jugendliche und Erwachsene durchführten.

Erstmals waren nun ausreichend personelle Ressourcen vorhanden, um eine Absichtserklärung des Bundesministeriums für Landesverteidigung (BMLV) aus dem Jahr 1989 zu erfüllen: Oberstleutnant Ellersdorfer hatte damals namens des BMLV die Absicht geäußert, den Besuch der Gedenkstätte durch Grundwehrdiener forcieren zu wollen, die in der Pionierkaserne Melk ihre Wehrpflicht ableisteten.[528] Im Sommer 2018 initiierte der Verein MERK*würdig* schließlich gemeinsam mit dem damaligen Bataillonskommandanten, Reinhard Koller, ganztägige gedenkstättenpädagogische Formate, nämlich Rundgänge und vertiefende Workshops.[529] Diese erfolgreiche Kooperation auf lokaler Ebene mündete einige Jahre später in einer intensiveren Zusammenarbeit zwischen der KZ-Gedenkstätte Mauthausen und dem BMLV, welche für regelmäßige Gedenkstättenbesuche auch die Entwicklung spezieller Vermittlungsprogramme für Bundesheerangehörige sämtlicher Ausbildungsebenen vorsieht.[530]

Der bislang letzte Professionalisierungsschritt an der KZ-Gedenkstätte Melk erfolgte im Jahr 2023 durch die formelle Übernahme der Melker Gedenkstätten-Guides in das Vermittlungsteam der KZ-Gedenkstätte Mauthausen.[531]

---

527 Wolfsberger absolvierte in den Folgejahren den Lehrgang Pädagogik an Gedächtnisorten mit Seminar in Israel (angeboten von der PH Linz in Kooperation mit Erinnern.at) sowie ein einschlägiges Masterstudium an der Donau-Universität Krems. Im Zuge dieser Ausbildungen entwickelte er das erste Vermittlungsprogramm weiter. Informationen von Gunter Wolfsberger, 5.12.2024.

528 Vgl. Gesprächsprotokoll, 4.4.1989, MM, 1.6.1., Box 13, GZ 6556_11-4_4_89.

529 Vgl. Miriam Steiner: KZ-Geschichte als Teil des Grundwehrdienstes. In: noe.orf.at, 12.8.2018, https://noe.orf.at/v2/news/stories/2928721/ (abgerufen am 15.1.2025).

530 Vgl. Markus Glück: Meilenstein in der Gedenkarbeit. In: Niederösterreichische Nachrichten Online, 13.12.2022, https://www.noen.at/melk/redaktion-346948065 (abgerufen am 15.1.2025) sowie KZ-Gedenkstätte Mauthausen | Mauthausen Memorial (Hg.): Jahresbericht 2022. Wien 2023, S. 21.

531 Vgl. KZ-Gedenkstätte Mauthausen | Mauthausen Memorial (Hg.): Jahresbericht 2023. Wien 2024, S. 37.

14.6. Künstlerisch-kulturelle Zugänge zur Melker Lagergeschichte

Wie bereits erwähnt trat im Jahr 1994 mit dem Verein „MERK*würdig* – Eine Veranstaltungsreihe wider Gewalt und Vergessen" in Melk eine neue Initiative in Erscheinung. 50 Jahre, nachdem die ersten KZ-Häftlinge Melk erreicht hatten, am 21. April 1994, starteten die Initiatoren Alexander Hauer und Michael Garschall eine mehrwöchige Veranstaltungsreihe, die neben einer religionsübergreifenden Gedenkfeier unter anderem ein Konzert der Gruppe Gojim, einen Kabarettabend mit Josef Hader, Theateraufführungen der Stücke *Lysistrata* und *Maikäfer, flieg!* sowie verschiedene Vortragsabende und Lesungen beinhaltete.[532] Dafür wurde ein prominent besetztes Personenkomitee zur Unterstützung zusammengestellt und eine Vielzahl von Sponsoren konnte gewonnen werden.[533]

Die Bombenanschläge im burgenländischen Oberwart und Rechnitz im Jahr 1995 waren Anlass für eine Fortsetzung des Projekts, das inzwischen seit mehr als 25 Jahren regelmäßig gedenkkulturelle Akzente setzt. Darüber hinaus zeichnet der Verein seit 1994 für die Organisation und Gestaltung der alljährlichen Gedenkfeier an der KZ-Gedenkstätte Melk verantwortlich. Von 2016 bis 2022 oblag dem Verein zudem auch die Betreuung des Gebäudes im Auftrag und in Abstimmung mit der KZ-Gedenkstätte Mauthausen, welche ab 2023 selbst die Verwaltung übernommen hat.

Eine vollständige Nennung der beachtlichen Zahl und Vielfalt der seit 1994 verwirklichten Projekte, die der Verein MERK*würdig* – immer wieder auch in Kooperation mit anderen Vereinen oder Bildungseinrichtungen – umgesetzt hat, würde hier den Rahmen sprengen. Neben den schon erwähnten Initiativen zur Sichtbarmachung der Opfernamen sollen jedoch exemplarisch zwei besonders markante Projekte vorgestellt werden.

---

532 Vgl. Veranstaltungsfolder MERK*würdig*, 1994, Sammlung ZHZ Melk.

533 Dem Personenkomitee gehörten zahlreiche Politiker*innen an, darunter etwa die ÖVP-Bundesminister Erhard Busek, Alois Mock, Maria Rauch-Kallat und SPÖ-Bundesminister Rudolf Scholten, der SPÖ-Nationalratspräsident Heinz Fischer, der SPÖ-Nationalratsabgeordnete Alfred Gusenbauer, der NÖ ÖVP-Landeshauptmann Erwin Pröll sowie seine beiden Stellvertreter*innen Liese Prokop (ÖVP) und Ernst Höger (SPÖ). Seitens verschiedener Glaubensgemeinschaften waren Oberrabbiner Paul Chaim Eisenberg (israelitische Kultusgemeinde), der Melker Abt Burkhard Ellegast, der evangelische Pfarrer von Melk, Günter Battenberg, und der katholische Stadtpfarrer Leo Fürst mit dabei. Auch wissenschaftliche Institutionen waren vertreten, so etwa die Universität Wien durch Bertrand Perz und Reinhold Gärtner, das DÖW durch Vorstand Wolfgang Neugebauer und das Institut für jüdische Geschichte Österreichs durch Gründungsdirektor Klaus Lohrmann. Hinzu kamen prominente Persönlichkeiten des öffentlichen Lebens, wie etwa Josef Hader. Vgl. Personenkomitee, abgedruckt im Folder zu „MERK*würdig*. Eine Veranstaltungsreihe wider Gewalt und Vergessen". Melk 1994, Sammlung ZHZ Melk.

Abb. 56: Die umgebaute Telefonzelle, die im Jahr 2008 am Melker Rathausplatz stand, ging auf eine Idee von Gregor Kremser und Robert Streibel zurück.
Foto: Gregor Kremser, Quelle: Sammlung Gregor Kremser.

„Geschichte(n) aus Melk" 2008

Im Herbst 2008 wurde auf dem Rathausplatz der Stadt Melk eine temporäre Installation aufgebaut, die *„als Bindeglied zwischen Gegenwart und Vergangenheit"* fungieren sollte. Das Projekt des Historikers Robert Streibel und des Künstlers Gregor Kremser machte Erinnerungen von Zeitzeug*innen, die der Historiker Bertrand Perz zur Verfügung gestellt hatte, in einer Telefonzelle,[534] die über mehrere Wochen in Melk stand, für Interessierte hörbar: *„Durch das Anwählen von Nummern kann man Sequenzen ihrer Erzählungen und Interviews mit weiteren Zeitzeugen und Historikern über die Lage in Melk während der letzten Tage der Hitlerherrschaft hören."*[535]

---

534 Vgl. Robert Streibel: Verbunden mit der Vergangenheit. Eine Telefonzelle für die Erinnerungen an das Konzentrationslager in Melk. In: Bundesministerium für Inneres (Hg.): Jahrbuch der KZ-Gedenkstätte Mauthausen | Mauthausen Memorial 2008. Forschung, Dokumentation, Information. Wien 2009, S. 144 f. (online unter: https://www.mauthausen-memorial.org/assets/uploads/mauthausen-memorial-jahrbuch2008.pdf).

535 Vgl. Pressetext des Vereins MERK*würdig* zum Projekt „Geschichte(n) aus Melk", September 2008, Sammlung ZHZ Melk.

Das 12h-Konzert wider Gewalt und Vergessen *2019*

Zum 25. Vereinsjubiläum fand am 22. September 2019 erstmals das *12h-Konzert wider Gewalt und Vergessen* statt.[536] Grundidee des Konzerts ist es, jedem der rund 14.400 namentlich bekannten früheren Häftlinge des KZ Melk drei Sekunden Musik zu widmen – in Summe umgerechnet 12 Stunden. Neben zwei Bühnen auf dem Melker Hauptplatz fungierten die Melker Stiftskirche, die Pfarrkirche, die KZ-Gedenkstätte Melk sowie das ehemalige Häftlingsquartier Objekt 10 in der Birago-Kaserne als Spielorte.

Abb. 57: Im September 2019 war der Überlebende des KZ Melk Andrew Sternberg als Ehrengast bei der Premiere des *12h-Konzerts wider Gewalt und Vergessen* anwesend.
Foto: Christian Rabl, Quelle: Sammlung ZHZ Melk.

Das musikalische Programm der bislang drei Konzert-Auflagen umfasste jeweils unterschiedliche Genres und wurde jeweils von mehreren hundert Musiker*innen mitgestaltet. Neben österreichweit bekannten Künstler*innen wie den Strottern, klezmer reloaded extended, Trio Lepschi, Otto Lechner, EsRap, Maria Bill, Michael Schade, Christina Zurbrügg, Rubey & Votava oder Dagmar Bernhard trugen auch zahlreiche Künstler*innen aus dem Großraum Melk sowie die Melker Schulen und die Stadtkapelle zum Konzert bei. Nicht zuletzt diese Mischung aus überregional bekannten Musiker*innen und in der Region etablierten musikalischen Gruppierungen trug wohl zum breiten Interesse der umliegenden Bevölkerung bei.

536 Der Konzertpremiere im September 2019 folgten bisher zwei weitere 12h-Konzerte in den Jahren 2020 und 2022.

15. Zur Nachnutzung des ehemaligen KZ-Areals

Die Fokussierung des Gedenkens an die Opfer des KZ Melk auf das ehemalige Krematorium hat einerseits mit dessen besonderer symbolischer Bedeutung als Friedhofsort zu tun, hat andererseits aber ganz pragmatische Gründe. Denn das Gelände wurde ab Mai 1945 von der sowjetischen Roten Armee als Garnison verwendet, ab 1946 als „Sammellager" für Umsiedler*innen, später auch als ziviler Wohnort und ab 1956 erneut als Standort des Bundesheeres. In all diesen Phasen war die Zugänglichkeit für Besucher*innen zum ehemaligen KZ-Areal limitiert, weshalb es als Ort für Gedenkakte oder Gedenkzeichen der Häftlingsverbände kaum infrage kam. Wie Fotos aus den ersten Nachkriegsjahren belegen, betraten internationale Abordnungen zwangsläufig das ehemalige KZ-Areal, da das ehemalige Krematorium zu dieser Zeit nur auf dem Weg über Kasernengelände erreichbar war. Auf den Wunsch der sowjetischen Besatzer wurde das ehemalige Krematorium im Juni 1950 vom Rest des ehemaligen KZ-Areals abgetrennt.[537] In den Nachkriegsjahrzehnten gab es keinerlei Bemühungen, die Bausubstanz aus der Zeit des KZ-Bestehens – etwa Häftlingsbaracken oder Häftlingsrevier – oder lagerzeitliche Spuren an oder in den bestehenden Gebäuden dauerhaft zu erhalten. Dementsprechend veränderte sich das ehemalige KZ-Areal durch die kontinuierliche Nachnutzung zusehends, was zur Folge hatte, dass am heutigen Kasernenareal einerseits nur noch vereinzelt Spuren der KZ-Geschichte zu finden sind und andererseits keinerlei Gedenkzeichen entstehen konnten.

Die Kaserne als KZ, Garnison, Sammellager und ziviler Wohnort

Das Areal der Birago-Kaserne wurde im Mai 1945 von sowjetischen Truppen übernommen und fungierte zunächst einige Zeit als Garnison,[538] die von Gardemajor Artemenko kommandiert wurde.[539] Das Areal war für Zivilist*innen nicht zugänglich[540] und die am Gelände erhaltenen Gebäude aus der NS-Zeit fielen der USIA (Uprawlenje Sowjetskim Imuschestwom w Awstrij) zu, also jener sowjetischen Institution, welcher die Verwaltung sowjetischen Vermögens, das zuvor im

537 Vgl. Kapitel 9.2 in diesem Band.

538 Vgl. Wilfried Kowarik: Die Zeit der 2. Republik. In: Gerhard Floßmann/Anton Harrer/Wilfried Kowarik/Harald Ofner (Hg.): Stadtbuch Melk, hg. vom Kultur- und Museumsverein Melk. Melk 1998, S. 509–638, hier S. 514 f.

539 Die Namensschreibweise variiert sowohl im Stadtbuch Melk (Artemenko bzw. Artjemenko) als auch in den Quellen.

540 Vgl. Schreiben BH Melk Abt. Vermögenssicherung an NÖ Landesregierung, 19.10.1949, NÖLA, Kriegsgräberfürsorge, Abt. IV-W2-K – KZ-Nebenlager, Band 1.

Eigentum des Deutschen Reichs gewesen war, in Österreich oblag.[541] Bis zum Sommer 1950 wurde das ehemalige KZ-Areal (Häftlingslagerbereich und Verwaltungsbereich) in drei Teile aufgeteilt. Das Areal im südwestlichen Bereich samt des ehemaligen Krematoriums wurde im Juli 1950 der Stadt Melk zur Betreuung überlassen.

Auf dem Teil des ehemaligen KZ-Areals östlich des Kaserneneingangs befanden sich zwei ehemalige SS-Mannschaftsbaracken (Block Nr. XVI, XVII)[542] sowie eine langgezogene Kraftfahrzeughalle mit Flugdach, die von der Heeresstandortverwaltung Melk Ende der 1930er-Jahre errichtet worden war.[543] Diese Gebäude wurden von den Sowjets nicht benötigt, weshalb der Melker Gemeinderat 1947 deren Pachtung und Umbau (nach einem Adaptierungsvorschlag von Baumeister Sdraule) in 24 Kleinwohnungen anstrebte. Die Wohnungen sollten Melker*innen in Wohnungsnot zugewiesen werden, damals eines der vordringlichsten Probleme der Stadtverwaltung.[544] Zunächst wurden die konkreten Bedingungen des Pachtvertrags mit den Besatzungsbehörden geklärt und Unklarheiten mit dem Stift Melk ausgeräumt.[545] Die Wohnungen konnten Ende der 1940er-Jahre bezogen werden und die Stadt Melk bemühte sich auch um den Ankauf der Grundstücke, die dem Stift Melk gehörten. Die minderwertige Bauausführung der beiden Baracken wurde jedoch wiederholt beanstandet und sorgte im Gemeinderat für Kontroversen.[546] Noch heute befindet sich auf dem Areal eine Wohnhausanlage.

Der dritte Teil des ehemaligen KZ Melk entsprach der Fläche und Gebäudesubstanz der 1912 errichteten Birago-Kaserne.[547] Dieser Bereich war im Zuge der Umfunktionierung zum KZ ab April 1944 um eine Reihe von Gebäuden erweitert worden, die zwischen 1945 und 1955 teilweise (nach)genutzt und dann sukzessive verkauft wurden. Einige der Gebäude dienten als Garnison für die Einheiten der Roten Armee, ein weiterer Teil wurde ab dem Jahr 1946 bis circa Mitte 1948 auf Anweisung der sowjetischen Besatzungsbehörde zu einem Sammellager umfunktioniert. Ab Herbst 1948 erfolgte auch hier eine zeitweise Umfunktionierung einiger Blocks zu Wohnungen.[548]

Das Sammellager, das unter der Aufsicht des Innenministeriums (Abteilung 12 U) stand, beherbergte zwischen 1946 und 1948 in Summe rund 70.000 Personen (überwiegend nur kurze Zeit bis zu ihrer Ausreise nach Deutschland), darunter hauptsächlich Angehörige der deutschen

---

541 Zur Geschichte der USIA-Betriebe vgl. Helmuth Feigl/Andreas Kusternig (Hg.): Die USIA-Betriebe in Niederösterreich. Geschichte, Organisation, Dokumentation (Studien und Forschungen aus dem niederösterreichischen Institut für Landeskunde, Band 5). Wien 1983.

542 Vgl. Verhandlungsschrift 29.4.1950, NÖLA, Kriegsgräberfürsorge, Abt. IV-W2-K – KZ-Nebenlager, Band 1.

543 Vgl. Bauvorhaben der Pionierkaserne, NÖLA, Landrat Melk, Gruppe X, 1940, Bauakten, Schachtel 110, X-141.

544 Vgl. Verhandlungsschrift 29.12.1947, Stadtarchiv Melk, Gemeinderats-Sitzungsprotokolle 1945, 1946 und 1947 bzw. sowie Kowarik: Die Zeit der 2. Republik, S. 512.

545 Vgl. Verhandlungsschrift 27.10.1947, Stadtarchiv Melk, Gemeinderats-Sitzungsprotokolle 1945, 1946 und 1947.

546 Vgl. exemplarisch die Gemeinderatsprotokoll des ersten Halbjahres 1950, ebd.

547 Zur Baugeschichte der Birago-Kaserne vgl. Sidonius Kysely: Die Baugeschichte der Freiherr Birago-Kaserne in Melk und der Einzug der Pioniere. In: Heimatkundliche Beilage zum Amtsblatt der Bezirkshauptmannschaft Melk, Jahrgang 16 (1990), Heft 8–10, jeweils S. 1–2, sowie Heft 11, S. 1, sowie Höbarth: 100 Jahre Melker Pioniere.

548 Vgl. Lagemeldung Sammellager Melk, 27.10.1948, ÖStA/AdR, BMI, GZ 61.649-12U/48, Zahl 100.171-12U/48.

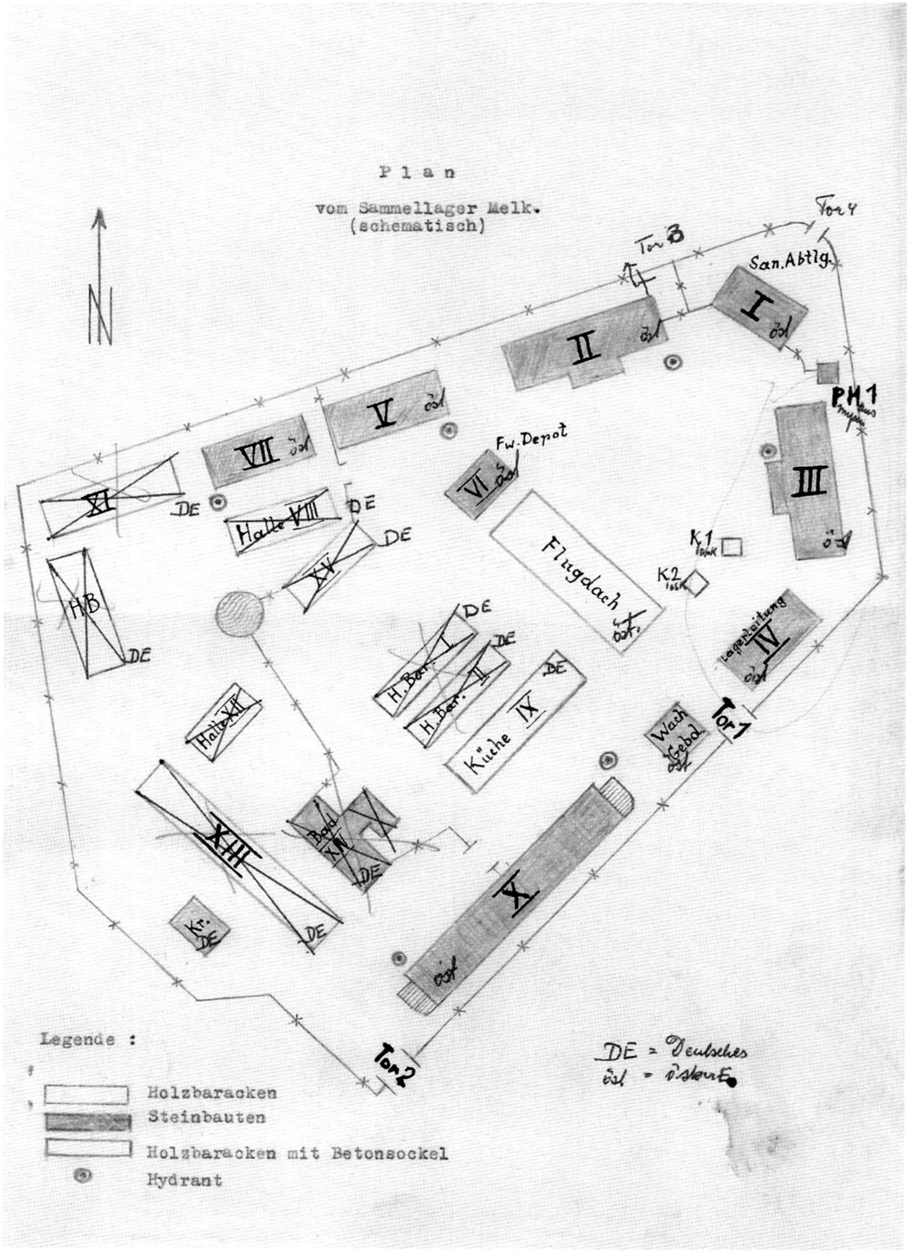

Abb. 58: Der Plan zeigt die Gebäudesituation des Sammellagers Melk, 25. November 1947.
Quelle: ÖStA.

Abb. 59: Das Foto zeigt Volksschulkinder des Umsiedler*innenlagers Melk um 1947 – im Hintergrund ist der ehemalige Appellplatz des KZ Melk zu sehen.
Foto: Margit Prankl, Quelle: Sammlung ZHZ Melk.

Minderheiten Südost- und Osteuropas (sog. „Volksdeutsche") sowie „Sudetendeutsche".[549] Nachdem die Umsiedlungstransporte zusehends spärlicher in Melk ankamen und schließlich ganz eingestellt wurden,[550] bemühte sich die USIA um die Verpachtung der nun nicht mehr benötigten Gebäude. Ab Herbst 1948 wurden auch zwei Blocks innerhalb des Kasernenkomplexes als zivile Wohnungen für Melker*innen verfügbar gemacht.[551] Im Lauf der Zeit erhielten hier über 30 Familien eine Unterkunft,[552] womit insgesamt zeitweise bis zu 50 Familien in den verschiedenen

549 Vgl. dazu weiterführend Cornelia Znoy: Die Vertreibung der Sudetendeutschen nach Österreich 1945/46. Unter besonderer Berücksichtigung der Bundesländer Wien und Niederösterreich. Diplomarbeit, Universität Wien 1995 sowie Niklas Perzi: Aufnahme und Abschub. Die Sudetendeutschen in Niederösterreich 1945/46. In: Jahrbuch für Landeskunde von Niederösterreich, Band 82 (2016), S. 135–233.

550 Der Leiter des Sammellagers Melk, Amtsrat Johann Kubasta, bemühte sich ab Mai 1948 um die Stilllegung des Lagers, die schließlich per Jahresende auch umgesetzt wurde. Per 1. Jänner 1949 befanden sich in der Monatsstatistik der Lagerleitung zwar noch 58 Personen, die sich jedoch allesamt nicht im Lager aufhielten, sondern *„vom Lager in landwirtschaftliche Betriebe abgegeben"* worden waren. Standesmeldung Sammellager Melk, 1.1.1949, ÖStA/AdR, Bestand Umsiedlerlager Melk, Karton 114, GZ 20.013-12U/49, Zahl 41.023-12U/49.

551 Vgl. Stilllegung des Lagers Melk, Wochenmeldung Sammellager Melk, 6.12.1948, ÖStA/AdR, BMI, GZ 61.649-12U/48, Zahl 149.790-12U/48.

552 Vgl. Wochenmeldung Sammellager Melk an das BMI, 20.12.1948, ebd., Bestand Umsiedlerlager Melk, Karton 114, GZ 20.013-12U/49, Zahl 41.023-12U/49.

Objekten auf dem Kasernenareal bzw. auf der gegenüberliegenden Straßenseite lebten. Daher befanden sich in Block 3 auch vier Schulklassenzimmer.[553]

Zum Verkauf von KZ-Baracken und -Inventar

Neben der Zuweisung einzelner Gebäudeteile für die Nutzung als ziviler Wohnraum begann die USIA, sämtliche ungenutzten Gebäude, die während der NS-Zeit errichtet worden waren, darunter die hölzernen Baracken auf dem Kasernenareal, sowie nicht benötigtes Inventar zu verkaufen.[554] Der Verkauf der Baracken gestaltete sich jedoch wegen deren schlechten Zustand schwierig. So berichtete der damalige Melker Bürgermeister Josef Adlmannseder 1949, dass jene Holzbaracken, die westlich des Flugdachgebäudes zur Häftlingsunterbringung errichtet worden waren, sowie die beiden Revierbaracken an der Nordwestecke des Lagergeländes, gänzlich zu verfallen drohten.[555] Schließlich erwarb die Stadt St. Pölten die Baracken des ehemaligen KZ Melk, sodass im Mai 1950 nur noch die Betonfundamente am Gelände vorhanden waren.[556] Die sowjetische Kommandantur St. Pölten hatte zudem bereits 1949 Teile des ehemaligen KZ-Inventars abholen lassen, insbesondere *„240 Stück Doppelbetten aus Holz (ehem. KZ-Betten)"*[557] sowie vier transportable Kochkessel. Eine namentlich nicht genannte Baufirma hatte überdies Mitte 1948 jenes große Gebäude mit WC- und Waschräumen angekauft und abgetragen,[558] das im August 1944 von KZ-Häftlingen errichtet worden war.[559]

Sichtbare Spuren in der Birago-Kaserne: Das Objekt 10

In den historischen Gebäuden der Birago-Kaserne sind – nicht zuletzt aufgrund der mehrfachen Nachnutzung – keine offensichtlichen lagerzeitlichen Spuren bekannt.[560] Eine Ausnahme bilden

---

553 Vgl. Verhandlungsschrift 5.11.1951, Stadtarchiv Melk, Gemeinderats-Sitzungsprotokolle 1950 und 1951.

554 Dies bezog sich ausschließlich auf jene Gebäude, die während der NS-Zeit errichtet worden waren und somit als „Deutsches Eigentum" galten. Das historisch aus 1912/1913 datierende Kasernenareal samt des vor 1938 errichteten Gebäudebestands befand sich im Besitz der Stadt Melk. Zwischen 1946 und 1948 entrichtete das BMI für die Nutzung des Areals als Sammellager einen vierteljährlichen Mietzins in der Höhe von 8.400 Schilling an die Stadt. Vgl. Entwurf eines Berichts zur Stilllegung des Sammellagers, 15.10.1948, ÖStA/AdR, Bestand Umsiedlerlager Melk, Karton 114, GZ 61.649-12U/48, Zahl 122.184-12U/48.

555 Vgl. Schreiben Stadt Melk an BH Melk, 29.1.1949, NÖLA, Kriegsgräberfürsorge, Abt. IV-W2-K – KZ-Nebenlager, Band 1.

556 Vgl. Aktenvermerk, 30.5.1950, BH Melk, Gruppe IV-112/51. Über die weitere Nutzung der KZ-Baracken durch die Stadt St. Pölten konnte das St. Pöltner Stadtarchiv bislang keine Informationen finden.

557 Wochenmeldung Sammellager Melk, 21.3.1949, ÖStA/AdR, BMI, GZ 20.689-12U/49, Zahl 65.629-12U/49.

558 Vgl. Stilllegung des Lagers Melk, 13.12.1948, ebd., GZ 61.649-12U/48, Zahl 149.790-12U/48.

559 Vgl. Varnoux: Clartés dans la nuit, S. 98.

560 Es ist nicht auszuschließen, dass durch eine bauhistorische Untersuchung noch verdeckte Spuren zu finden wären.

Abb. 60: Einer der hölzernen Deckenbalken im historischen Objekt 10 trägt die Aufschrift *„Arbeit macht frei"*, die im Sommer 1944 angebracht wurde, Zustand 2021.
Foto: Christian Rabl, Quelle: Sammlung ZHZ Melk.

mehrere Inschriften an hölzernen Deckenbalken (sogenannte Nagelbinder) im 1. Stock des Objekts 10, das ab 21. April 1944 als erster Unterbringungsort für die aus Mauthausen kommenden KZ-Häftlinge gedient hatte.[561] Das im Juli 1944 bei einem Luftangriff schwer zerstörte Gebäude[562] wurde noch im Sommer 1944 von KZ-Häftlingen wiederhergestellt und seither baulich kaum verändert. Vermutlich im Zuge dieses Wiederaufbaus waren jene heute noch lesbaren Inschriften an den hölzernen Deckenbalken angebracht worden.[563]

Einer der Balken trägt die Aufschrift *„Arbeit macht frei"*,[564] die unter anderem auch aus den Eingangsbereichen der Konzentrationslager Auschwitz, Groß Rosen und Dachau bekannt ist, weiters sind hier die Parolen *„Jede Arbeit adelt"*[565] sowie *„Recht oder Unrecht, Mein Vaterland"* zu

---

561 Vgl. Kapitel 7.1 in diesem Band.

562 Vgl. Kapitel 7.5 in diesem Band.

563 Der Zustand der Inschriften, die von weißer Farbe gesäumt bzw. teilweise bedeckt sind, lässt den Schluss zu, dass zu einem nicht bekannten Zeitpunkt der halbherzige Versuch unternommen worden war, die Inschriften zu übermalen, was jedoch offensichtlich misslang. Vgl. Paul Mitchell: Bauhistorische Untersuchung zum Objekt 10. Unveröffentlichtes Manuskript, Melk 2025, MM.

564 Zu Genese und Interpretation des Schriftzugs „Arbeit macht frei" sowie weiterer NS-Leitsprüche im KZ-Zusammenhang vgl. Nikolas Lelle: „Arbeit macht frei". Annäherungen an eine NS-Devise. Berlin 2024; bzw. Dirk Riedel: „Arbeit macht frei". Leitsprüche und Metaphern aus der Welt des Konzentrationslagers. In: Dachauer Hefte (2006), Heft 22, S. 11–29. Auch Jura Soyfer verweist in seinem berühmt gewordenen „Dachaulied", zu dem Herbert Zipper die Musik komponierte, im Refrain auf das zynische Motto „Arbeit macht frei".

565 Im KZ Dachau sah man letztlich davon ab, den Spruch „Arbeit adelt" im Häftlingsbereich zu affichieren, da es Zweifel gab, diesen beim Reichsarbeitsdienst in ähnlicher Form („Arbeit für dein Volk adelt dich selbst") eingesetzten Leitspruch auch im KZ-Zusammenhang zu verwenden. Offenbar wollte man den Eindruck vermeiden, dass die Arbeit im RAD mit KZ-Zwangsarbeit gleichzusetzen sei. Vgl. Riedel: Arbeit, S. 24, sowie Wolf Oschlies: Der Reichsarbeitsdienst (RAD). In: Zukunft braucht Erinnerung. Das Online-Portal zu den historischen Themen unserer Zeit, 15.10.2004, https://www.zukunft-braucht-erinnerung.de/der-reichsarbeitsdienst-rad/ (abgerufen am 15.1.2025).

lesen.[566] Überdies finden sich auf zwei weitere Deckenbalken verteilt die Worte *„Gehorsam"*, *„Fleiss"*, *„Ehrlichkeit"*, *„Ordnung"*, *„Sauberkeit"*, *„Wahrhaftigkeit"*. Die Beschriftungen nehmen mit hoher Wahrscheinlichkeit auf die sogenannte „Himmler-Parole" Bezug, die sich unter anderem auch an verschiedenen Gebäudeteilen, Wänden bzw. auf Dächern der Konzentrationslager Dachau, Neuengamme[567] und Sachsenhausen wiederfinden. Diese „Himmler-Parole" lautete: *„Es gibt einen Weg zur Freiheit. Seine Meilensteine heißen: Gehorsam, Fleiß, Ehrlichkeit, Ordnung, Sauberkeit, Nüchternheit, Wahrhaftigkeit, Opfersinn und Liebe zum Vaterland!"*[568]

Nach der Räumung des Lagers im April 1945 stand das Gebäude zunächst leer, sowohl die Stockbetten im 1. Stock als auch die Häftlingsküche im Erdgeschoß dürften aber ab Jänner 1946 im bestehenden Sammellager neuerlich Verwendung gefunden haben. Darauf deutet zumindest eine Auflistung des vorhandenen Inventars bei der Stilllegung des Sammellagers im Herbst 1948 für das Objekt 10 hin, in der unter anderem angeführt ist:

„Großküche betriebsfähig eingerichtet
Brennmaterialdepot 8000 kg Braunkohle, 3000 kg Holz
Unterkunft für 1000 Personen (Notbeleg)
Betten für 600 Pers. aufgestellt."[569]

Ähnlich wie für das ehemalige Krematorium gab es auch für das Objekt 10 sowie weitere Gebäude aus „deutschem Eigentum" die Überlegung, diese abzureißen, was beispielsweise bei dem an das Krematorium angrenzenden Flugdachgebäude im nordöstlichen Kasernengelände tatsächlich geschah. Der 1. Stock des Objekts 10 hingegen blieb teilweise im Originalzustand erhalten. In der früheren Häftlingsküche im Erdgeschoß sind nach Umbauten heute Kfz-Werkstätten des Pionierbataillons untergebracht. Anfang der 2000er-Jahre wurde an der nordöstlichen Seite des Objekts 10 rund ein Drittel des Gebäudes abgetrennt und renoviert. Zwischen dem alten und dem renovierten neuen Gebäudeteil entstand eine Lücke. Hier ist heute nur noch die straßenseitige Hauswand erhalten geblieben. Der südwestliche Gebäudeteil blieb im 1. Stock weitgehend unverändert und wurde über mehrere Jahrzehnte von den Kompanien der ab 1956 wieder vor Ort stationierten Pioniere als Lagerfläche verwendet. Erst im Jahr 2020 wurde das

566 Die beiden Schriftzüge „Recht oder Unrecht" sowie „Mein Vaterland" fanden sich lt. Eugen Kogon auch im Eingangsbereich des KZ Buchenwald. Vgl. Wolfgang Brückner: „Arbeit macht frei". Herkunft und Hintergrund der KZ-Devise. Eichstätt 1998, S. 17 sowie Riedel: Arbeit, S. 19.

567 Der Spruch fand sich unter anderem auf dem Dach der Häftlingsküche des KZ Neuengamme. Vgl. KZ-Gedenkstätte Neuengamme: Bauliche Entwicklung des KZ Neuengamme 1938 bis 1945: Ansicht der Häftlingsküche, http://neuengamme-ausstellungen.info/content/lagermodell/bild909.html (abgerufen am 15.1.2025).

568 Der Schriftzug war auch auf dem Dach des Wirtschaftsgebäudes am Appellplatz des KZ Dachau zu lesen. Vgl. KZ-Gedenkstätte Dachau: Virtueller Rundgang: Wirtschaftsgebäude, https://www.kz-gedenkstaette-dachau.de/historischer-ort/virtueller-rundgang/wirtschaftsgebaeude/ (abgerufen am 15.1.2025).

569 Weisungen für die Stilllegung des Lagers Melk, 30.10.1948, ÖStA/AdR, BMI, GZ 61.649-12U/48, Zahl 129.751-12U/48.

Gebäude aufgrund seines zeithistorischen Werts unter Denkmalschutz gestellt. Das BDA wies vor allem auf die historische Bedeutung der Deckenbalken hin. Seither wird das Obergeschoß regelmäßig im Rahmen gedenkstättenpädagogischer Vermittlungsrundgänge besucht und dient als Veranstaltungs- und Ausstellungsort.[570]

570 Vgl. KZ-Gedenkstätte Mauthausen | Mauthausen Memorial (Hg.): Jahresbericht 2022. Wien 2023, S. 21.

16. Die Stollenanlage Roggendorf nach 1945

Unmittelbar nach Kriegsende wurde die Stollenanlage in Roggendorf als „deutsches Eigentum" unter öffentliche Verwaltung gestellt. Sämtliche Maschinen der SDPAG waren bereits Anfang April 1945 abgebaut und abtransportiert worden. Alles, was noch an brauchbaren Materialien übrig blieb, wurde in den folgenden Monaten aus den Stollen entfernt – zu einem nicht unwesentlichen Teil von der lokalen Bevölkerung und Unternehmen der Region. Die sowjetischen Behörden versuchten – entsprechend dem von den alliierten Mächten formulierten Ziel der Demilitarisierung Österreichs[571] –, die Stollenanlage unter dem Wachberg durch Sprengladungen an den Eingängen sowie an den Stollenkreuzungspunkten zu zerstören bzw. unbenutzbar zu machen.[572] Der sowjetische Hochkommissar Wladimir Wassiljewitsch Kurassow kritisierte bei einer Sitzung des Alliierten Kontrollrats, dass die USA und Großbritannien in ihren Zonen zu wenig Nachdruck bei der Zerstörung von Rüstungsbetrieben zeigten, etwa bei den Linzer Eisen- und Stahlwerken oder in Ebensee. Kurassow betonte, dass im sowjetischen Einflussgebiet bereits mehr als 20 Rüstungsanlagen und militärische Objekte aus der NS-Zeit im Sinne der Entmilitarisierung vollkommen zerstört worden seien, darunter auch die Stollenanlage in Roggendorf.[573]

Tatsächlich blieb die Stollenanlage jedoch weitgehend intakt und war auf lokaler Ebene weiterhin Gegenstand von Diskussionen. So berichtete etwa die *St. Pöltner Zeitung*, dass wiederholt Menschen mit Werkzeugen *„in leichtsinniger Weise"*[574] in die Stollen kletterten, um nach etwaigen verbliebenen Wertsachen zu graben. Dieses Vorgehen berge die Gefahr, auf nicht explodierte Sprengsätze zu stoßen, mahnte das Lokalblatt. Im März 1973 teilte Heinz Novosad, Beitzer der St. Pöltner Firma Champignonkulturen H. u. G. Novosad, dem Amt der NÖ Landesregierung mit, die Stollenanlage in Roggendorf pachten zu wollen, um dort eine Champignonzucht einzurichten. Er beklagte aber, dass *„die Stollen von der Besatzungsmacht teilweise vor allen beim Haupteingang gesprengt"* worden seien, und erkundigte sich, ob sich die Behörde eventuell an der Übernahme der Kosten für die Beseitigung des losen Sands und der Betonteile beteiligen würde. Im Gegenzug sicherte er zu, die Stollenanlage *„im Falle einer atomaren Bedrohung [...] Land bzw. Bund zu überlassen."*[575]

---

571 Vgl. Abkommen zwischen den Regierungen des Vereinigten Königreiches, der Vereinigten Staaten von Amerika, der Union der Sozialistischen Sowjetrepubliken und der Französischen Republik über den Kontrollapparat in Österreich vom 28. Juni 1946, https://www.verfassungen.at/at45-/kontrollabkommen46.htm (abgerufen am 14.2.2025).

572 Vgl. Perz: Projekt „Quarz", S. 553.

573 Vgl. Kurassow klagt an. In: Wiener Zeitung, 17.1.1948, S. 1, sowie Russischer Vorstoß gegen Minister Migsch. In: Salzburger Nachrichten, 18.1.1948, S. 2.

574 Melker Neuigkeiten – Kurzmeldung. In: St. Pöltner Zeitung, 31.3.1949, S. 8.

575 Kopie eines handschriftlichen Briefes von Heinz Novosad an das Amt der NÖ Landesregierung, Abt. VI/9, BH Melk, Gr. IV/35, 1973.

Abb. 61: Das Foto zeigt zwei der Eingänge zur Stollenanlage unmittelbar nach dem Kriegsende. Alles Verwertbare wurde sukzessive entfernt.
Fotograf*in: unbekannt, Quelle: DÖW.

Freilich hatten weder die Republik Österreich noch das Land Niederösterreich seit dem Kriegsende Interesse daran gezeigt, die Stollenanlage zu übernehmen, da deren Erhaltung mit hohen Kosten[576] und der Übernahme der Haftung bei etwaigen Unfällen verbunden gewesen wäre.[577] Bei der Stollenanlage hatte es sich während der NS-Zeit um einen bergmännischen Betrieb gehandelt, der unter das Bergrecht und somit die Zuständigkeit des Oberbergamtes Wien fiel. Als ehemals „deutsches Eigentum" hätte sie eigentlich nach Kriegsende in den Besitz der im Wirtschaftsministerium angesiedelten Bundesimmobiliengesellschaft (BIG) gehen müssen, was zunächst aber nicht geschah.[578] Der Wachberg samt des Baumbestands sowie die darunter befindliche Stollenanlage gingen zunächst in den Besitz einer örtlichen Agrargenossenschaft und

576 Dies zeigt sich etwa exemplarisch an der Stollenanlage „Bergkristall" in St. Georgen an der Gusen, deren Befundung und Sicherung seitens der BIG im Zeitraum von 2001 bis 2015 mit rund 40 Millionen Euro zu Buche stand. Vgl. Martin Scheiber: Luftschutzstollen – Problembeurteilung und -behandlung; ein Großprojekt der Bundesimmobiliengesellschaft (BIG). In: Berichte der Geologischen Bundesanstalt (2018), Heft 127, S. 60–66, hier S. 65 (online unter: https://www.zobodat.at/pdf/BerichteGeolBundesanstalt_127_0060-0066.pdf).

577 Vgl. Clara Akinyosoye: NS-Stollen: Ungeliebt und sehr teuer. In: DiePresse.com, 31.8.2009, https://www.diepresse.com/505181 (abgerufen am 11.12.2024).

578 Erst in Folge einer Entscheidung des Obersten Gerichtshofs im Jahr 1997 betreffend „Grillstollen" Hallein, die von der Stadt Innsbruck initiiert worden war, wurden der BIG insgesamt 280 unterirdische Anlagen übertragen, um deren Erkundung und Sicherung sie sich in weiterer Folge bemühte. Vgl. Scheiber: Luftschutzstollen, S. 60.

befinden sich bis heute in Privatbesitz. So ist es wohl auch zu erklären, dass die ehemalige *„Stollenanlage Anlage Quarz samt Trafogebäude"*[579] erst im Jahr 2021 unter Denkmalschutz gestellt wurde. Jedoch bleibt das Denkmal für die Öffentlichkeit unsichtbar, da keine Zugangsmöglichkeit vorhanden ist. Aufgrund des weiterhin bestehenden Privatbesitzes bleibt die Stollenanlage Roggendorf weiterhin ein Superädifikat,[580] ein Zugang wäre nur über fremden Grund und Boden möglich.

16.1. Mutprobe, „Dark Tourism" und neonazistische Umtriebe

Ungeachtet der Haftung durch die privaten Besitzer*innen im Falle von Unfällen war der Zugang zur Stollenanlage in den ersten Nachkriegsjahrzehnten relativ ungehindert möglich gewesen. Für die regionale Jugend bildete das Tunnelsystem einen beliebten Abenteuerspielplatz, das Betreten der Anlage galt als Mutprobe. Ab den 1980er-Jahren gewann der Ort im Kontext einer lebendiger werdenden Gedenkkultur an Bedeutung, etwa im Rahmen zeithistorischer Rundgänge. Diese konnten auf der inzwischen erfolgten wissenschaftlichen Forschung zur KZ- und Stollengeschichte aufbauen.[581] Die wissenschaftlichen Erkenntnisse in Kombination mit der medialen Verbreitung der Informationen erhöhten auch das Interesse breiterer Bevölkerungsschichten an der KZ- und Zwangsarbeitsgeschichte des Ortes.

In den frühen 1990er-Jahren wurde bekannt, dass Neonazi-Gruppen in der Stollenanlage Schießübungen durchführten und einschlägige Parolen an die Stollenwände schmierten.[582] Die zuständige Gemeinde Schollach veranlasste in Reaktion darauf die Schließung der Stolleneingänge und verhängte ein Betretungsverbot. Eine vollständige Abdichtung aller Zugänge war jedoch kaum zu bewerkstelligen und einige Anhänger*innen des „Dark tourism" erwiesen sich als erfinderisch, wenn es darum ging, sich aller Warnungen und Verbote zum Trotz Zutritt zu verschaffen. Der Höhlenforscher Jeremia Eisenbauer stellte im Jahr 2008 bei einem Lokalaugenschein fest, *„dass offensichtlich mit Unterstützung von Maschinen im Deckenbereich des A-Stollens eine ungefähr 50 mal 60 Zentimeter große Öffnung durch den Beton gestemmt [worden] war."*[583] Eisenbauer selbst hatte daraufhin eine Begehung des Stollens unternommen und entdeckte dabei neue Hakenkreuzschmierereien.

---

579 Vgl. Bundesdenkmalamt: Denkmalliste, https://www.bda.gv.at/service/unterschutzstellung/denkmalverzeichnis/denkmalliste-gemaess-3-dmsg.html (abgerufen am 27.1.2025).

580 Vgl. Scheiber: Luftschutzstollen, S. 60.

581 Vgl. Kapitel 14.2 in diesem Band.

582 Vgl. Neonazi-Schießübungen. In: Der neue Mahnruf, Jahrgang 45 (1992), Heft 2, S. 7.

583 Pater Jeremia fordert Schließung des Stollens. In: Niederösterreichische Nachrichten, Melker Zeitung, 23.9.2008, S. 23.

Abb. 62: Das Foto einer der Stollenwände in Roggendorf datiert aus dem Herbst des Jahres 1995. Foto: Hans Bruckner, Quelle: Sammlung Hans Bruckner.

16.2. Die Frage von Denkmalschutz und künftiger Nutzung

In den 2020er-Jahren tauchten online, insbesondere auf der Videoplattform Youtube, wiederholt Videos und Fotos des Inneren der Stollenanlage auf. Dies warf für den Besitzer des Wachbergs verstärkt Haftungsfragen auf und er ergriff erneut Maßnahmen, um ein Eindringen in die Stollen zu verunmöglichen. Ein weiterer Aspekt, der zusehends in den Fokus rückt, ist der Abbau von Quarzsand durch die Melker Quarzwerke, der sich sukzessive dem Stollenbereich annähert. Früher oder später könnte so der Zeitpunkt erreicht sein, an dem die Maschinen zur Gewinnung des wertvollen Quarzsandes an die Mauern der Stollenanlage stoßen werden. Abgesehen von der direkten Unfallgefahr für das Personal der Quarzwerke würde ein möglicher Einsturz der Stollen die Zerstörung eines zentralen österreichischen Mahnmals an die nationalsozialistische Gewalt- und Vernichtungspolitik und die Ausbeutung tausender KZ-Zwangsarbeiter bedeuten. Im Jahr 2010 bildete sich in Roggendorf der Verein „ARGE Quarz B9 Roggendorf". Dieser setzte sich – neben der Sammlung von Quellen zur Geschichte der Stollenanlage – deren Unterschutzstellung zum Ziel. Dem Verein rund um Michael und Anita Urmann, Rudolf Mautner und Peter Pammer gelang es, mit Vorträgen und geführten Rundgängen zu Bauresten auf dem

Wachberg die öffentliche Aufmerksamkeit auf diese Problematik zu lenken.[584] Zudem führte die Gruppe auch wiederholt Begehungen der Stollen durch, sammelte dabei zahlreiche Artefakte[585] und dokumentierte den Erhaltungszustand. Im Jahr 2018 begleiteten Mitglieder der ARGE auch ein ORF-Team im Rahmen von Recherchen für eine *Report*-Dokumentation zum *Umgang mit Gedenkorten* ins Innere der Anlage.[586] Obgleich die Unterschutzstellung inzwischen erfolgte, ist der weitere Umgang ungeklärt.

Aus wissenschaftlicher Perspektive wäre es wichtig, in enger Zusammenarbeit mit dem Grundbesitzer sowie den beteiligten Stakeholdern, wie etwa der KZ-Gedenkstätte Mauthausen, dem Bundesdenkmalamt und dem Verein MERK*würdig*, einen zumindest temporären Zugang zu ermöglichen. Neben einer umfassenden Bestandsaufnahme des Erhaltungszustands sowie einer bauhistorischen und archäologischen Untersuchung wäre auch die Bergung noch im Stollen verbliebener Artefakte dringend geboten.[587]

---

584 Im Rahmen dieser Rundgänge besuchten die Gruppen auch die KZ-Gedenkstätte Melk, wobei die Führungen von Regionalhistoriker Gerhard Floßmann durchgeführt wurden. Vgl. Facebook: Quarz-Roggendorf.at, https://www.facebook.com/Quarz.B9.Roggendorf (abgerufen am 11.12.2024) bzw. Christian Rabl: Roggendorf: Das Sterben im Stollen. In: MeinBezirk.at, 3.6.2015, https://www.meinbezirk.at/melk/c-lokales/roggendorf-das-sterben-im-stollen_a1360164 (abgerufen am 11.12.2024).

585 Objekte aus der Stollenanlage in Roggendorf sind beispielsweise im Haus der Geschichte Niederösterreichs, in der KZ-Gedenkstätte Melk sowie im Museum Arbeitswelt Steyr zu sehen.

586 Vgl. Erinnern.at: Sind NS-Stollensysteme Erinnerungsorte?, https://www.erinnern.at/themen/neukonzeption-von-gedenkstaetten/sind-ns-stollensysteme-erinnerungsorte-1 (abgerufen am 15.1.2025).

587 Abgesehen von der historischen Relevanz des Stollensystems besteht auch von naturwissenschaftlicher Seite Interesse an der Erforschung der Anlage, etwa aus geologischer Perspektive, zur Entnahme von Grundwasserproben oder einer Untersuchung des Fledermausbestands.

Bertrand Perz | Christian Rabl

Zusammenfassung und Ausblick

Bertrand Perz: Die Geschichte des KZ Melk und des Projekts „Quarz" 1944–1945

Zwischen dem 21. April 1944 und dem 15. April 1945 bestand in der Pionierkaserne der Stadt Melk an der Donau das viertgrößte Konzentrationslager auf österreichischem Gebiet. Zweck des Lagers war die Bereitstellung von über 14.000 männlichen KZ-Häftlingen als Zwangsarbeiter für den Bau einer unterirdischen Fabrik für die Steyr-Daimler-Puch AG (SDPAG) und die Flugmotorenwerke Ostmark (FO) – ein Projekt, das aus Geheimhaltungsgründen unter dem Decknamen „Quarz" firmierte.

Die SDPAG, die während des Krieges zu einem Großunternehmen der deutschen Rüstungsindustrie mit über 50.000 Beschäftigten expandierte, war in der Produktion von militärischen Kraftfahrzeugen, Motorrädern, Fahrrädern, Gewehren, Panzern, Flugmotoren und Kugellagern tätig. Als eines der ersten Rüstungsunternehmen im Deutschen Reich setzte die SDPAG in Steyr-Münichholz ab 1941/42 KZ-Häftlinge in der Produktion ein. Insgesamt mussten während des Krieges Häftlinge aus sieben Außenlagern des KZ Mauthausen und den Ghettos Warschau und Radom für die Interessen der SDPAG Zwangsarbeit leisten. Die Ernennung des SDPAG-Generaldirektors Georg Meindl zum kommissarischen Verwalter der ab 1942 errichteten Flugmotorenwerke Ostmark in Wiener Neudorf und Brünn (Brno), die wegen der Schwierigkeiten bei der Produktionsaufnahme dieses als größtes und modernstes Flugmotorenwerkes des Deutschen Reiches geplanten Unternehmens erfolgt war, führte dort ebenfalls zum Einsatz von tausenden KZ-Häftlingen.

Die SDPAG wie die FO waren als Produzenten besonders kriegswichtiger Rüstungsgüter wie Kugellager und Flugmotoren für die alliierte Luftkriegsstrategie ab 1943 Angriffsziele mit hoher Priorität. Die ab Herbst 1943 im gesamten Deutschen Reich erwogene unterirdische Verlagerung der Rüstungsindustrie zum Schutz vor alliierten Luftangriffen führte bei der SDPAG wie der FO zu einer hektischen Suche nach Möglichkeiten, diese besonders gefährdeten Produktionssparten in unterirdische Räume zu verlagern.

Ab Anfang 1944 stand im Zentrum dieser Bemühungen die Errichtung einer großen unterirdischen Fabrik im Wachberg, einem Sandsteinhügel zwischen Melk und Loosdorf. Dieser streng geheime Neubau einer Stollenanlage bei der Ortschaft Roggendorf unter dem Tarnnamen „Quarz" wurde vor allem durch die Unterstützung des mit der Sicherung der deutschen

Kugellagerproduktion beauftragten Generalkommissars Phillip Keßler rasch genehmigt. Das Bauwerk sollte der SDPAG wie auch der FO mit einer geplanten Produktionsfläche von 65.000 Quadratmetern als zentrales Verlagerungsobjekt dienen. Generaldirektor Meindl verfolgte dieses Großprojekt besonders vehement, da dieses auch unter den Bedingungen der Verlagerung durch seinen Umfang eine rationelle Betriebsgröße wie auch den dauerhaften Schutz wertvoller Produktionsmaschinen vor Luftangriffen garantierte.

Um das Problem der Bereitstellung von Bauarbeitskräften zu beheben, schlug Generaldirektor Meindl schon in der Frühphase der Projektplanung den Einsatz von KZ-Häftlingen vor. Die bis dahin bei den FO in Wiener Neudorf eingesetzten KZ-Häftlinge sollten samt den Baracken nach Melk verlegt werden.

Diese Initiative von Meindl sollte sich durch die Einrichtung des sogenannten Jägerstabs, einem aus Vertretern von Reichsluftfahrtministerium und Rüstungsministerium geschaffenen interministeriellen Krisenstabes zur Sicherung der Flugzeugproduktion, im März 1944 erübrigen. Der Jägerstab übertrug das Bauvorhaben „Quarz" unter der Projektnummer B9 – wie etwa 20 weitere derartige Bauvorhaben – in einer seiner ersten Sitzungen an den „SS-Sonderstab Kammler", benannt nach Hans Kammler, dem Chef der für Bauten der SS zuständigen Amtsgruppe C (Bauwesen) des SS-Wirtschafts-Verwaltungshauptamtes. Zweck dieser Beauftragung Kammlers war die Zusage der SS zur Bereitstellung von tausenden KZ-Häftlingen für den Bau der unterirdischen Fabrik.

Dieses Vorhaben stand trotz der Oberbauleitung des SS-Sonderstabes Kammlers, der vor Ort einen kleinen Führungsstab etablierte, de facto unter der Kontrolle einer eigens gegründeten Tochterfirma der SDPAG, der Quarz GmbH. Zur Durchführung wurden zwischen dem April 1944 und dem Frühjahr 1945 circa 14.300 Häftlinge aus dem KZ Mauthausen in das Außenlager Melk verbracht.

Die Häftlinge stammten aus über 30 Ländern, die größten nationalen Gruppen kamen aus Polen, aus Ungarn, der Sowjetunion, aus Frankreich, dem Deutschen Reich (darunter auch viele Österreicher), aus Italien, Griechenland und Jugoslawien. Fast 40 Prozent aller nach Melk deportierten Personen waren als Juden kategorisiert, so fast alle ungarischen wie auch viele polnische Häftlinge.

Lagerführer in der ersten Aufbauphase des Lagers war SS-Untersturmführer Anton Streitwieser, der jedoch nach einigen Wochen zum Lagerführer des Außenlagers Schwechat bei Wien bestellt wurde. Sein Nachfolger war der aus Hamburg stammende SS-Obersturmführer Julius Ludolph, von Beruf Taxichauffeur. Die Aussagen über Ludolph charakterisieren ihn als gefürchteten Schläger und Alkoholiker. Als Wachmannschaften waren circa 500 Soldaten der Luftwaffe eingesetzt, die im Herbst 1944 zur SS überstellt wurden.

Mehrere hundert Häftlinge mussten bis zum Sommer 1944 das Lager weiter ausbauen. Insbesondere wurden die Kasernengebäude um zusätzliche Baracken erweitert. Die Mehrzahl der Häftlinge war von Anfang an in zwei, später in drei Schichten beim Stollenbau eingesetzt, Ende Juni 1944 waren es bereits 4.200 Häftlinge.

Zu diesem Zweck brachte man die Häftlinge mit dem Zug vom Bahnhof Melk zu der mehrere Kilometer entfernten Baustelle in Roggendorf, wo sie von den Baufirmen übernommen wurden, die die Häftlinge gegen Entgelt „mieteten". Unter den Baufirmen finden sich viele bekannte Unternehmen wie die Philipp Holzmann AG, Lang & Menhofer oder Wayss & Freytag. AEG, Siemens und Brown-Boveri lieferten Elektro-, Fernmelde- und Telefoninstallationen. Die Arbeit im Stollenbau war wenig mechanisiert und äußerst beschwerlich. Der Mangel an ordentlichem Baugerät, technische Schwierigkeiten bei Vortriebsmaschinen und das Versagen der Betonpumpen führten dazu, dass fast alle Vortriebs- wie Betonierungsarbeiten händisch durchgeführt werden mussten. Wegen des hohen Grundwasserspiegels standen die Häftlinge dabei oft knöcheltief im Wasser. Mangelnde Sicherheitsvorkehrungen führten immer wieder zu Unfällen. Häufig wurden Häftlinge durch herabbrechenden Sandstein verschüttet.

Durch einen US-amerikanischen Luftangriff auf das Lager am 8. Juli 1944, bei dem über 200 Häftlinge getötet und weitere 200 schwer verwundet wurden, verringerte sich die Zahl der für die Baustelle zur Verfügung stehenden Häftlinge so stark, dass sich die Firma Quarz umgehend zu Forderungen an die SS nach weiteren Häftlingen veranlasst sah. Mitte September 1944 erreichte der Lagerstand die vorgesehene Zahl von 7.000 Häftlingen. Wegen des hohen Krankenstandes und der steigenden Todeszahlen wurden auch danach laufend Häftlinge nach Melk eingewiesen, sodass ihre Zahl trotz ansteigender Todesrate bis Ende Jänner 1945 auf über 10.000 anstieg. Der letzte große Transport mit 2.000 Häftlingen aus dem evakuierten KZ Auschwitz traf in Melk am 29. Jänner 1945 ein. In diesem Transport befanden sich 119 Kinder im Alter zwischen 9 und 15 Jahren.

Völlig unzureichende Ernährung, überfüllte Unterkünfte und mangelnde Bekleidung, die Umstände des Arbeitseinsatzes, die ständige Hetze und Misshandlungen führten zu einem raschen körperlichen Verfall bei den Häftlingen und einem rapiden Ansteigen der Sterblichkeit ab Herbst 1944. Das im Lager eingerichtete Krankenrevier war rasch überfüllt. Durch die andauernden Misshandlungen des SS-Sanitäters Gottlieb Muzikant galt die Krankenabteilung für die Häftlinge als ein besonderer Ort des Schreckens. Daran änderte auch die Anwesenheit des Luftwaffenstabsarztes Josef Sora, der Häftlingen immer wieder Hilfe zukommen ließ, wenig. Um das Krankenrevier von Sterbenden zu entlasten, erfolgten regelmäßig Selektionen, die meist zu einer Abschiebung der Schwerkranken ins KZ Mauthausen führten. Über 1.440 Rücküberstellungen von Häftlingen nach Mauthausen sind dokumentiert, vorwiegend war der Grund der Austausch erschöpfter gegen neue Häftlinge.

Insgesamt kamen im Lager Melk circa 4.900 Personen ums Leben, über 1.000 Todesfälle davon sind für den Jänner 1945 dokumentiert. Bis zur Einrichtung eines eigenen Krematoriums im Lager Melk, das im Dezember 1944 erstmals genutzt wurde, hatte man alle Toten zur Verbrennung nach Mauthausen gebracht.

Offensichtlich vorhandene Pläne, bei Herannahen der Front die Häftlinge in die bis Kriegsende nicht fertiggestellte Stollenanlage „Quarz" zu treiben und durch Sprengung der Anlage zu ermorden, gelangten nicht zur Ausführung. Zwischen dem 11. und dem 15. April 1945 wurden die noch im Lager befindlichen über 7.400 Häftlinge mittels Bahn, Schiff und in Fußmärschen in das Stammlager Mauthausen und in das Außenlager Ebensee überstellt. Mindestens 30 schwerkranke Häftlinge wurden kurz vor der Auflösung des Lagers durch die SS ermordet. 36 Häftlinge kamen nach den Aufzeichnungen der SS auf den Evakuierungstransporten ums Leben. Bei der Besetzung Melks durch die Rote Armee im Mai 1945 stand das Konzentrationslager leer. In den letzten Wochen vor der Befreiung kamen noch hunderte Häftlinge des KZ Melk in den Lagern Ebensee und Mauthausen ums Leben, eine exakte Zahl der befreiten Melker Häftlinge ist nicht bekannt.

Christian Rabl: Die Nachgeschichte des KZ Melk und des Projekts „Quarz" 1945 bis heute

Wie die KZ-Gedenkstätte Mauthausen vereint die KZ-Gedenkstätte Melk im ehemaligen Krematorium heute eine Reihe von Funktionen: Sie ist Friedhof, Ort des Gedenkens und Mahnens, Vermittlungsort, Ort nationaler und internationaler Repräsentation sowie steinernes Zeugnis der NS-Verbrechen. 80 Jahre nach Ende des Zweiten Weltkrieges und der Befreiung des letzten Konzentrationslagers zählt die KZ-Gedenkstätte Melk neben Mauthausen[588], Gusen, Ebensee[589] und Hartheim zu den meistfrequentierten österreichischen Orten des Gedenkens an die Verbrechen des NS-Regimes. Jedes Jahr besuchen rund 4.000 bis 5.000 Menschen den vergleichsweise kleinen Gedenkort. Fast 14.400 KZ-Häftlinge aus ganz Europa und darüber hinaus waren im größten Mauthausen-Außenlager auf niederösterreichischem Boden eingesperrt und hauptsächlich zur Zwangsarbeit im Stollenbau eingesetzt worden. Die Geschichte des KZ Melk ist somit eine europäische Geschichte und als Folge der massiven Umwälzungen und Migrationsbewegungen der Nachkriegsjahre, in der KZ-Überlebende mitunter auf anderen Kontinenten eine neue Heimat fanden, wird die KZ-Gedenkstätte Melk heute – wie sich auch in den Gästebüchern eindrucksvoll zeigt – von Menschen aus aller Welt besucht. Viele dieser Besucher*innen haben direkte familiäre Bezüge zu Häftlingen des KZ Melk.

Die ersten Jahre nach Kriegsende waren vom Kampf verschiedener Akteur*innengruppen um den Erhalt des ehemaligen Krematoriums geprägt. Schon früh kamen Jahr für Jahr ausländische

588 Zur Entwicklung und Rolle der KZ-Gedenkstätte Mauthausen vgl. Perz: KZ-Gedenkstätte.

589 Zur Geschichte der KZ-Gedenkstätte Ebensee vgl. Wolfgang Quatember: Die Geschichte der KZ-Gedenkstätte Ebensee. In: Ulrike Felber/Wolfgang Quatember (Hg.): Zeitgeschichte Museum Ebensee. Republik, Ständestaat, Nationalsozialismus, Widerstand, Verfolgung. Katalog zur Dauerausstellung. Ebensee 2005, S. 198–204 (online unter: https://memorial-ebensee.at/index.php/de/forschung-wissen/wissen-geschichte/20-regional-schwerpunkte/20-geschichte-kzgedenkstaette); ders.: Die Entstehung der KZ-Gedenkstätte Ebensee. In: Betrifft Widerstand (2018), Heft 129, S. 28–31 (online unter: https://memorial-ebensee.at/content/stories/Medien/Zeitschriftenarchiv/pdf_bw129.pdf), sowie Florian Freund: Das Konzentrationslager Ebensee – Raketenrüstung im SS-Arbeitslager „Zement". Innsbruck 2006, insbes. S. 133–137.

Besucher*innen nach Melk, um hier der Opfer zu gedenken. Dem Gebäude kam in dieser Phase primär die Funktion eines Friedhofs zu.[590] Für die fast 5.000 Todesopfer des KZ Melk existieren keine Gräber, weshalb Krematorium bzw. Verbrennungsofen den letzten Ort symbolisieren, an dem sich die Ermordeten noch körperlich verorten lassen. Dieser Friedhofscharakter fand bereits früh Ausdruck in der Praxis des Anbringens individueller Zeichen des Gedenkens, etwa in Form von Fotos, Sterbebildern und Gedenktafeln, die in ihrer Textierung und Gestaltung oft jener von Grabsteinen nachempfunden sind. Für die Überlebenden, die in Melk als KZ-Häftlinge gelitten hatten und den Tod vieler ihrer Kameraden miterleben mussten, aber auch für deren Nachkommen steht das ehemalige Krematorium stellvertretend für die NS-Gewalt- und Vernichtungsmaschinerie. Es ist somit ein Ort der Mahnung für nachkommende Generationen und ein Ort der Erinnerung an die erlittene Gewalt. Nach dem Tod der letzten KZ-Überlebenden wird dieses Mahnen von den Nachkommen und Häftlingsorganisationen aktiv weitergetragen werden und diese Funktion ist somit auch in Zukunft für sie noch von ganz elementarer Bedeutung. Gleichzeitig ist die Praxis der jährlichen Gedenkfeiern seit jeher stark nach innen gerichtet und dient den Opferverbänden zur *„Stiftung und Bewahrung der Gruppenidentität"*.[591]

Ganz vereinzelt bemühten sich Überlebende des KZ Melk auch um finanzielle Wiedergutmachung für die 1944/45 vor Ort geleistete Zwangsarbeit, jedoch durchwegs ohne Erfolg. Jean Varnoux schrieb Ende der 1940er-Jahre seinem früheren Melker Arbeitgeber, Baumeister Franz Sdraule, mit dem Ersuchen, dieser möge ihn und seine Kameraden für die monatelange Zwangsarbeit bei verschiedenen Baustellen finanziell entschädigen. Sdraule, so schrieb Varnoux später,[592] habe zwar die Forderung grundsätzlich als begründet anerkannt, habe sich jedoch auf den Standpunkt gestellt, dass er erst zahlen könne, nachdem der deutsche Staat ihm seine eigenen Rechnungen beglichen habe.[593] Auch der norwegische KZ-Überlebende Erling Bauck, der im KZ Melk für die Wiener Baufirma Wayss & Freytag Zwangsarbeit verrichten musste, wandte sich im Jänner 1966 mit einem Schreiben direkt an die Firma, um eine Entschädigung zu fordern. Rund zwei Jahrzehnte später startete Bauck einen weiteren Versuch und richtete sich im Jänner 1987 im Namen von sechs ehemaligen norwegischen KZ-Häftlingen direkt an den damaligen Bundespräsidenten Kurt Waldheim.[594] Das Schreiben kam der Präsidentschaftskanzlei aber angeblich abhanden, weshalb Bauck sich zunächst an norwegische Medien richtete, die seine Geschichte

590 Zu den internationalen Organisationen, die Melk über die Jahrzehnte am regelmäßigsten und in größter Zahl frequentiert haben, zählen die Amicale de Mauthausen (teils unter Beteiligung belgischer und luxemburgischer Opfervertreter*innen), lokale Gruppen der italienischen ANED sowie – insbesondere seit der Ostöffnung Europas in den frühen 1990er-Jahren – Gruppen tschechischer, slowakischer und polnischer Herkunft.

591 Vgl. Perz: KZ-Gedenkstätte, S. 57.

592 Vgl. Varnoux: Clartés dans la nuit, S. 295.

593 Sdraule war einer von mehr als 100 Unternehmern, die nach Kriegsende beim Handelsgericht Wien offene Forderungen im Zuge des Konkursverfahrens gegen die Quarz GmbH angemeldet hatten. Seine offene Forderung betrug in Summe fast 40.000 Schilling. Vgl. Anmeldungsverzeichnis zum Konkurse [sic!] der Quarz GesmbH, Geschäftszahl S 8/46, Handelsgericht Riemergasse, Wien.

594 Schreiben Erling Bauck an Kurt Waldheim, 16.1.1987, Sammlung Perz.

WAYSS-FREYTAG
‚SIMPLEXBAU'
GESELLSCHAFT M. B. H.
ZENTRALE: WIEN IX, WÄHRINGERSTRASSE 15
NIEDERLASSUNGEN: INNSBRUCK - LINZ - GRAZ - KAPFENBERG

Herrn
Veterinär Erling B a u k
Øvre Heggesasen 7
S t e i n k j e r
Norwegen

WIEN, am 8.Feb.1966

Ihre Zeichen: Unsere Zeichen: Dr.M/Ur

Betreff:

Unsere Niederlassung Linz erhielt Ihr Schreiben vom 7.v.Mts. Wir teilen Ihnen hiezu höflich mit, dass Sie und Ihre Kameraden nicht bei uns angestellt waren, sondern dass das Lager uns offenbar Arbeitskräfte aus dem Aussenlager Melk zur Verfügung gestellt habe. Für die Arbeitsleistung, die Sie und Ihre Kameraden geleistet haben, mussten wir an das Lager den Lohn auszahlen. Ob Sie von der Lagerleitung den Lohn voll oder zum Teil erhielten, entzieht sich unserer Kenntnis. Wir haben hierüber keine Aufschreibungen mehr, da diese durch Bombardierung vernichtet wurden.

Wir würden Ihnen sehr wünschen, dass Sie eine Entschädigung erhalten.

Mit vorzüglicher Hochachtung
Wayss-Freytag
‚Simplexbau'
Gesellschaft m. b. H.

Abb. 63: In ihrem Antwortschreiben vom 8. Februar 1966 an Bauck wies die Baufirma Wayss & Freytag die Entschädigungsforderung zurück und schob die gesamte Verantwortung auf die Lagerleitung ab.
Quelle: Sammlung Perz.

aufgriffen. Zwischenzeitlich hatte Bertrand Perz, der schon längere Zeit mit Erling Bauck brieflich in Kontakt stand, dessen Geschichte auch medial im Rahmen eines *Profil*-Artikels bekannt gemacht.[595] Endlich – mehr als zwei Jahre später – antwortete das österreichische Staatsoberhaupt doch noch auf Baucks Brief.[596] Waldheim bedauerte die Verzögerung, sehe sich aber außer Stande, etwas zu unternehmen, da er in diesen Belangen keine verfassungsmäßige Kompetenz habe. Es gebe zudem, so Waldheim weiter, ganz generell keine rechtliche Möglichkeit, in Baucks Fall eine finanzielle Entschädigung zu erwirken.[597]

Für die zuständigen österreichischen Behörden bedeutete die Existenz des Krematoriums von Beginn an eine Last, weshalb sie jahrelang dessen Abriss forderten. Begründet wurde das – neben finanziellen Argumenten – mit „ethischen Erwägungen" bzw. auch mit der Befürchtung, ausländische Gäste könnten den Eindruck gewinnen, Österreich trage eine Mitverantwortung an den Verbrechen des NS-Regimes. In Österreich wurde die Abwehr jeglicher Schuld an den Verbrechen der NS-Zeit zur Staatsdoktrin erhoben und die Behauptung aufgestellt, Österreich sei das erste Opfer Nazideutschlands gewesen. Damit verbunden war eine Abwehr jeglicher Verantwortung für den Erhalt lagerzeitlicher Bausubstanz, für das Gedenken an das Geschehene und seine Opfer sowie für die Aufarbeitung der Verbrechen. In Anbetracht solcher politischen Rahmenbedingungen verwundert es nicht, dass Orte wie die KZ-Gedenkstätte Melk erst sehr spät und in kleinen Schritten zu Orten der Mahnung geworden sind. Die jährlichen Gedenkfeiern wurden in den ersten Nachkriegsjahrzehnten hauptsächlich vom kommunistisch geprägten NÖ KZ-Verband bzw. später von Vertreter*innen der Lagergemeinschaft Mauthausen organisiert und überwiegend von Menschen frequentiert, die einen persönlichen Bezug zur KZ-Geschichte aufwiesen, sei es als KZ-Überlebende oder als Nachkommen ehemaliger Häftlinge. Für große Teile der österreichischen Gesellschaft war es hingegen schwer, einen persönlichen Bezug zu den KZ-Opfern herzustellen:

„Die Anteilnahme der österreichischen Gesellschaft an diesen jährlichen Ereignissen [den Gedenkfeiern, Anm. d. Verf.] *blieb bis in die 1970er Jahre gering. Die Präsentation des ehemaligen KZ Mauthausen gerade bei Befreiungsfeierlichkeiten als Ort österreichischen Opferwillens stand im Widerspruch zur Geschichtserfahrung großer Teile der österreichischen Gesellschaft mit ihrer aktiven Partizipation am Nationalsozialismus."*[598]

Erst ab Ende der 1980er-Jahre hat das KZ-Gedenken in Melk allmählich ein breiteres Interesse in der österreichischen Gesellschaft gefunden,[599] nicht zuletzt durch die beginnende wissenschaftliche Aufarbeitung sowie die verstärkte Einbindung von Schüler*innen in die Gedenkfeierlichkeiten

595 Vgl. Bertrand Perz: Lohn des Grauens. In: Profil, Jahrgang 66 (1987), Heft 49, S. 76–78.
596 Vgl. Schreiben von Erling Bauck an Bertrand Perz, 18.1.1988, Sammlung Perz.
597 Vgl. Schreiben Kurt Waldheim an Erling Bauck, 3.3.1989, ebd.
598 Perz: KZ-Gedenkstätte, S. 57
599 Bertrand Perz stellt fest, dass unter anderem auch die Gründung der überparteilichen Lagergemeinschaft Mauthausen entscheidend dazu beigetragen hat, dass *„Mauthausen in Österreich nicht mehr ausschließlich als ‚kommunistischer Wallfahrtsort' wahrgenommen wurde"*. Perz: KZ-Gedenkstätte, S. 219.

bzw. im Rahmen des Geschichteunterrichts. In Melk förderte der Verein MERK*würdig* mit einer aktiven Erinnerungspolitik eine breitere Akzeptanz des Gedenkens. Analog zur Situation an Standorten ehemaliger KZ-Außenlager hat diese zivilgesellschaftliche Initiative über Jahrzehnte jene gesellschaftliche Aufarbeitung und Bewusstseinsbildung vorangetrieben, die von staatlicher Seite erst sehr spät (und auch nur teilweise) wahrgenommen wurde. Mit der Gründung des Vereins ist die Melker Lagergeschichte zudem in Form verschiedener künstlerisch-kultureller Veranstaltungen und Interventionen über die engen Grenzen der Gedenkstätte hinausgewachsen. Die verschiedenen Initiativen des Vereins versuchten gezielt auch immer wieder Bereiche außerhalb des ehemaligen Lagerareals miteinzubinden. Sie trugen die Auseinandersetzung mit der KZ-Geschichte in die Melker Innenstadt hinein und in das regionale Umfeld hinaus. Ehrenamtliche Initiativen, wie etwa die Widmung des Dr.-Josef-Sora-Platzes, die Verwirklichung eines Mahnmals am ehemaligen „KZ-Haltepunkt" in Roggendorf oder die Erarbeitung einer vielbeachteten Ausstellung zum Thema *Melk im Nationalsozialismus* durch den Melker Kultur- und Museumsverein trugen ebenfalls zu einer breiteren Bewusstseinsbildung in der Region bei.

Mit der Widmung des ehemaligen Krematoriums als „öffentliches Denkmal" im Jahr 1962 ging für das Bundesministerium für Inneres die Verpflichtung einher, das Gebäude samt Garten dauerhaft zu erhalten und in würdiger Weise zu betreuen. Tatsächlich wurden aber in Melk jahrzehntelang nur spärliche Erhaltungs- und Sanierungsmaßnahmen gesetzt – und selbst dies oft nur widerwillig aufgrund der Befürchtung, das internationale Ansehen Österreichs könnte unter einem schlechten Erhaltungszustand des Gebäudes und unter einer „zu wenig würdevollen" Betreuung Schaden nehmen. Die Erhaltung und Pflege des ehemaligen Krematoriums wurden von den zuständigen Behörden bürokratisch abgehandelt, jedoch weder auf regionaler noch nationaler Ebene als aktives Wahrnehmen gesellschaftlicher (Mit-)verantwortung an den NS-Verbrechen angesehen.

Dennoch wurde und wird der Gedenkort Melk in gesellschaftspolitischer Hinsicht auch als Schauplatz für die Vermittlung bestimmter gedenk- und staatspolitischer Themensetzungen genutzt, wobei der Gedenkstätte Mauthausen in diesem Kontext eine ungleich größere Bedeutung zukam. In Melk zeigt sich das etwa durch Anbringung von Gedenktafeln oder Denkmälern zu ganz bestimmten Zeitpunkten, wie etwa Frankreich 1949, Tschechoslowakei 1968 oder Russland 2014; aber auch im Sinne gezielt gesetzter programmatischer Schwerpunktsetzungen in (politischen) Gedenkreden, wie etwa von Leopold Figl im März 1963. Insbesondere im letzten Jahrzehnt zeigt sich vermehrt die Tendenz, dass führende Vertreter*innen der Bundes- und Landespolitik versuchen, den Gedenkort Melk politisch zu nutzen, etwa indem sie an offiziellen Gedenktagen, wie dem 27. Jänner (Holocaustgedenktag), oder bei Gedenkfeiern in Erscheinung treten. Seit einigen Jahren nutzen aber auch die zivilgesellschaftlichen Gedenkinitiativen ihre Veranstaltungen verstärkt für konkrete thematische oder programmatische Schwerpunktsetzungen und versuchen, ihre Tätigkeit mit aktuellen gesellschaftspolitischen Anliegen zu verknüpfen.

Ab den 1960er-Jahren hat sich das ehemalige Krematorium auch zu einem Ort der – mehr oder weniger gezielten – (Wissens-)Vermittlung entwickelt. Dies umfasste etwa die Anbringung erster Informationstafeln und Kommentierungen im und um das Gebäude sowie das Erstellen und Anbieten von Foldern bzw. Infobroschüren für Besucher*innen-Gruppen. Bereits ab Ende der 1960er-Jahre unternahmen zudem vereinzelt engagierte (Lehr-)Personen erste Gedenkstättenbesuche mit Schulklassen und Erwachsenengruppen. Sie gewährten damit interessierten Einheimischen einen Einblick in die – damals noch kaum wissenschaftlich erforschte – Geschichte des KZ-Außenlagers. Erst sehr viel später, vor rund 15 Jahren, begannen zivilgesellschaftlich getragene Initiativen, wie etwa das Mauthausen Komitee Österreich, gezielt damit, an verschiedenen ehemaligen Außenlager-Standorten regelmäßige gedenkstättenpädagogische Vermittlungsprogramme für Schüler*innen und Erwachsene zu etablieren.[600] Während in der Frühphase der Vermittlungsaktivitäten auch die Stollenanlage noch regelmäßig in Rundgänge einbezogen wurde, ist dies seit deren Schließung Mitte der 1990er-Jahre nicht mehr möglich.

Eine wichtige Zäsur für die Auseinandersetzung mit der Melker KZ-Geschichte war die grundlegende wissenschaftliche Forschungsarbeit von Bertrand Perz über das KZ Melk und das Projekt „Quarz", der auch eine Überblicksausstellung folgte, die im Mai 1992 eröffnet wurde. Die Umsetzung dieser ersten Ausstellung an einem Standort eines ehemaligen Mauthausen-Außenlagers überhaupt war – wie schon die Widmung der Gedenkstätte – von vielen Widerständen begleitet. Abgesehen von dem wiederkehrenden Argument der angeblich zu hohen Kosten zeigen sich in der anfänglichen Ablehnung der Ausstellung durch das Innenministerium noch zwei andere Aspekte, die Beachtung verdienen: Erstens lief die Errichtung einer Ausstellung zur Melker Lagergeschichte der jahrzehntelangen Praxis des „offiziellen" österreichischen Gedenkens zuwider. Dieses war fast ausschließlich auf das Stammlager Mauthausen fokussiert, während andere Gewaltorte des Lagersystems Mauthausen-Gusen praktisch vollständig ignoriert wurden. Zweitens warf die inhaltliche Schwerpunktsetzung der Ausstellung von Perz und Gottfried Fliedl am Beispiel Steyr-Daimler-Puch AG unangenehme Fragen zum Ausmaß der Mitverantwortung großer österreichischer Industriebetriebe an den NS-Verbrechen auf.

Obgleich seit den späten 1980er-Jahren in Melk viele Initiativen gesetzt wurden, zeigt sich in der täglichen Arbeit vor Ort, dass die KZ-Gedenkstätte Melk in breiten Teilen der österreichischen Bevölkerung bis heute kaum bekannt ist und selbst von Menschen aus der Region nach wie vor wenig frequentiert wird. Ein Aspekt, der diese Entwicklung begünstigt haben mag, war die Fokussierung des (offiziellen) österreichischen Gedenkens auf die KZ-Gedenkstätte Mauthausen. Noch heute ist daher im kollektiven Bewusstsein der österreichischen Bevölkerung nicht

600 Die gedenkstättenpädagogische Arbeit an der KZ-Gedenkstätte Mauthausen wurde in den letzten zwei Jahrzehnten erheblich ausgebaut und professionalisiert. Seit 2023 sind die Vermittler*innen der KZ-Gedenkstätte Melk ebenfalls ein Teil des pädagogischen Teams der Bundesanstalt KZ-Gedenkstätte Mauthausen. Vgl. KZ-Gedenkstätte Mauthausen | Mauthausen Memorial (Hg.): Jahresbericht 2023.Wien 2024, S. 37.

Abb. 64: Die erste Außenlager-Stele wurde im Mai 2023 in Melk enthüllt.
Foto: Stephan Matyus, Quelle: MM.

verankert, dass das KZ-System kein auf Mauthausen beschränktes Phänomen war, sondern vielerorts in Österreich Spuren hinterlassen hat. An diesem Punkt setzt auch das 2023 entwickelte und in Melk erstmals umgesetzte Kunstprojekt der „Außenlager-Stele" an, dessen Ziel es ist, an den über 40 ehemaligen Außenlager-Standorten auf die Verbreitung des Systems Mauthausen hinzuweisen.[601]

Dennoch liegt in der Stadt Melk die Sache etwas komplizierter: Denn aufgrund der vielfältigen (wirtschaftlichen) Verflechtungen und Berührungspunkte zwischen lokaler Bevölkerung, regionalen Unternehmen und KZ-Standort (inklusive Stollenbaustelle) waren die Existenz des Konzentrationslagers mit dem Krematorium in der Birago-Kaserne Melk sowie die Errichtung der Stollenanlage in Roggendorf zu keiner Zeit ein Geheimnis. Die Melker Stadtbevölkerung wusste über die Dimension des Außenlagers sowie über viele der dort verübten Verbrechen Bescheid, ja hatte diese Verbrechen zum Teil mit eigenen Augen beobachtet. Für die Melker*innen waren die Gewalttaten ein Teil der Normalität des Kriegs gewesen. Das zeigt exemplarisch die Erinnerung eines Melker Stiftsschülers an den Winter 1944/45:

„Vom Internat [im Stift Melk, Anm. d. Verf.] *gegenüber auf der anderen Seite von Melk haben wir eine Skiwiese gehabt und die war genau oberhalb von der jetzigen Kaserne, damaligen KZ. Da haben wir eben beobachtet, wenn Tote ins Krematorium getragen wurden. Dann hat unser damaliger Skilehrer oder HJ-Führer oder was immer das war, gesagt: ‚Passt's auf jetzt wird's gleich herausrauchen oben.' Und das hat dann auch stattgefunden."*[602]

Das Areal – die sogenannte „Ofenschüssel" – befand sich direkt westlich angrenzend an das ehemalige Krematorium und war über viele Jahrzehnte – bis das Areal ab Mitte der 1960er-Jahre

601 Die Idee der Außenlager-Stelen wurde vom Gedenkbüro der KZ-Gedenkstätte Mauthausen entwickelt. Im Mai 2023 wurde in Melk die erste Außenlager-Stele enthüllt, weitere Stelen sind inzwischen in Gunskirchen, Hirtenberg und St. Aegyd am Neuwalde entstanden. Vgl. KZ-Gedenkstätte Mauthausen | Mauthausen Memorial: Die Mauthausen-Außenlager-Stele, https://www.mauthausen-memorial.org/de/Besuchen/Gedenkstaetten-bei-Aussenlagern/Die-Mauthausen-Aussenlager-Stele (abgerufen am 11.12.2024).

602 Vgl. Interview mit Christian Ruckensteiner, Interviewerin: Christina Kandler, Melk, 29.11.2023, Österreichische Mediathek, Sammlung MenschenLeben, e13-10493-e13-10494.

Abb. 65: Dietmar Pfarr wuchs unmittelbar neben der Kaserne auf. Das Foto zeigt den circa dreijährigen Pfarr um 1965. Im Bildhintergrund ist das ehemalige Krematorium zu sehen. Fotograf*in: unbekannt, Quelle: Sammlung Dietmar Pfarr.

Zug um Zug verbaut wurde – ein beliebter Treffpunkt für die Melker Jugend, um dort Ski zu fahren oder zu rodeln.

Auch der ehemalige Melker Kultur- und Museumsverein sah auf Basis zahlreicher Zeitzeug*innengespräche in Hinblick auf die beobachteten Gewalttaten der SS eine Mischung aus Hilf- und Teilnahmslosigkeit bei der Melker Ortsbevölkerung:

„Viele der Zeitzeugen legen dar, dass die Bevölkerung von Melk nichts über diese Menschen erfahren konnte, dass man nicht helfen konnte oder dass man gleichgültig gegenüber den Gesehenen war, weggeschaut hat, weil bei einer Hilfeleistung von den Capos mit einer Einlieferung in das KZ gedroht wurde."[603]

Ein weiterer Aspekt, weshalb die Melker Bevölkerung dazu tendierte, die Gewaltbeobachtungen am KZ-Standort Melk dem Kriegsgeschehen zuzuordnen, ist das Fehlen eines Befreiungsereignisses. Denn im Gegensatz zu Mauthausen, Gusen oder Ebensee[604] endete die KZ-Geschichte in Melk mit der Räumung des Lagers bereits in der ersten Aprilhälfte 1945.[605] Zum Zeitpunkt des

603 Harrer/Schmid: Melk 1938–1945, S. 79.

604 Die genannten Lager wurden von US-Truppen am 5. und 6. Mai 1945 befreit. Vor Ort wurden Teile der Zivilbevölkerung – insbesondere Anhänger*innen und Funktionär*innen des NS-Regimes – zu Aufräumarbeiten herangezogen und mussten beispielsweise beim Beerdigen von Leichen mithelfen. Vgl. Perz: KZ-Gedenkstätte, S. 33–37.

605 Vgl. Perz: Projekt „Quarz", S. 18.

Kriegsendes bzw. der Ankunft der Roten Armee am 8. Mai 1945[606] in Melk gab es weder kranke noch (nicht beerdigte) tote KZ-Häftlinge, mit deren Leid die Ortsbevölkerung hätte konfrontiert werden können. Zudem trug möglicherweise auch das Fehlen von Massengräbern mit sterblichen Überresten von in Melk ermordeten KZ-Häftlingen dazu bei, dass die dauerhafte Sicherung eines würdigen Gedenkortes in Melk erst vergleichsweise spät erfolgte. Andernorts – man denke etwa an das ehemalige KZ-Außenlager Ebensee[607] oder auch das KZ-Außenlager St. Aegyd[608] – entwickelten sich an den Standorten der KZ-Massengräber frühzeitig dauerhafte Gedenkorte[609] oder es wurden – basierend auf den Bestimmungen des Kriegsgräbergesetzes[610] – entstandene Gräber dauerhaft gepflegt.[611]

Die Gewalt und das Leid der Häftlinge, deren Augenzeug*innen viele Melker*innen zwischen April 1944 und April 1945 geworden waren, wurden zudem durch die verschiedenen Flüchtlingsbewegungen der ersten Nachkriegsmonate überlagert. Unmittelbar nach Kriegsende wurden beim Stift Melk in einem Auffanglager 500 „reichsdeutsche" Flüchtlinge unter schlechten sanitären Bedingungen untergebracht, hinzu kamen noch rund 1.000 junge ukrainische Frauen, die in den Schulräumen des Stiftsgymnasium einquartiert wurden.[612] Die Anwesenheit dieser tausenden heimatlos gewordenen Menschen war für die Ortsbevölkerung ein Ärgernis und es wirkten offenbar jene rassistischen Kategorisierungen nahtlos weiter, die von der NS-Propaganda jahrelang verbreitet worden waren. Das zeigt sich besonders drastisch am Beispiel eines Aktenvermerks der Melker Bezirkshauptmannschaft vom Juli 1945: Darin wird auf zivile Zwangsarbeiter*innen aus der Sowjetunion Bezug genommen, die in den ehemaligen Zivilarbeiter*innen-Baracken des Projekts „Quarz" in Anzendorf („Sammellager Schollach") sowie im nahegelegenen Schloss Sooß einquartiert worden waren, wo sich ein sowjetisches Lazarett befand: *„Tausende von Ostarbeitern*

---

606 Vgl. Kowarik: Die Zeit der 2. Republik, S. 510.

607 Vgl. Quatember: KZ-Gedenkstätte Ebensee, sowie Andreas Schmoller: Geschichte des KZ-Friedhofs Ebensee. Bericht einer Recherche. In: Betrifft Widerstand (2006), Heft 77, S. 15–19 (online unter: https://www.memorial-ebensee.at/content/stories/Medien/Zeitschriftenarchiv/pdf_bw77.pdf).

608 Vgl. Christian Rabl: Das KZ-Außenlager St. Aegyd am Neuwalde (Mauthausen-Studien, Band 6). Wien 2008, S. 124.

609 Vgl. Andreas Baumgartner/Rudolf Kropf: „Man hat halt mit dem leben müssen". Nebenlager des KZ-Mauthausen in der Wahrnehmung der Lokalbevölkerung (Endbericht eines Forschungsprojekts des Mauthausen Komitee Österreich). Wien/Linz 2002, S. 74.

610 Vgl. Rechtsinformationssystem des Bundes, Fürsorge und Schutz der Kriegsgräber und Kriegsdenkmäler aus dem zweiten Weltkrieg für Angehörige der Alliierten, Vereinten Nationen und für Opfer des Kampfes für ein freies, demokratisches Österreich und Opfer politischer Verfolgung § 2, Fassung vom 11.4.2024, https://www.ris.bka.gv.at/Dokumente/Bundesnormen/NOR12058296/NOR12058296.html (abgerufen am 18.2.2025).

611 Dies gilt auch für viele Gemeinden im Alpenvorland, durch welche die – meist aus den Wiener Außenlagern kommenden – Todesmärsche getrieben wurden. Vielerorts finden sich auf den Ortsfriedhöfen bis heute Erinnerungszeichen oder Gräber mit den sterblichen Überresten der auf den jeweiligen Gemeindegebieten verstorbenen oder ermordeten KZ-Häftlinge. Exemplarisch zu nennen sind hier Frankenfels, Mank, Oberndorf/Melk oder St. Anton/Jessnitz.

612 Vgl. Schreiben BH Melk an Sicherheitsdirektion NÖ, 28.7.1945, NÖLA, Sicherheitsdirektion Land NÖ, XI/158, Auffanglager v. Flüchtlingen.

befinden sich in den Lagern Anzendorf-Roggendorf und Sooss. Diese Menschen bedeuten für uns eine ganz üble Landplage. Sie plündern sämtliches Gemüse in den Gärten[,] vernichten das noch grüne Obst und beschädigen die Bäume."[613] Im Zentrum der Beschwerde stand also der drohende (oder schon erfolgte) materielle Schaden für die regionale Bevölkerung, während die dramatischen Mangelverhältnisse unerwähnt bleiben, welche die genannten „Ostarbeiter" offenbar dazu nötigten, unreifes Gemüse von den regionalen Felder zu essen. Tatsächlich kam es in den ersten drei Nachkriegsmonaten aufgrund der miserablen Lebensbedingungen zum Ausbruch von Typhus, Scharlach und Diphterie, was ein regelrechtes Massensterben unter den ehemaligen sowjetischen Zwangsarbeiter*innen, darunter viele Kinder, zur Folge hatte: 54 von ihnen liegen in einem Massengrab auf dem Friedhof der Gemeinde Hürm begraben – an sie erinnert eine Gedenktafel.[614] Für die zahlreichen Todesopfer wurde zudem noch im Sommer 1945 in Sooß ein Massengrab angelegt, in dem *„etwa 100 Angehörige von Zivilisten aus den Oststaaten (Russen, Polen, Ukrainer etc.)"* beerdigt wurden, die *„kurz nach Beendigung der Kampfhandlungen von einer Seuche dahingerafft worden waren"*[615].

In der Stadt Melk spielte noch ein weiterer (ökonomischer) Aspekt eine Rolle, der dazu beigetragen hat, die Geschichte des ehemaligen Konzentrationslagers aus der öffentlichen Wahrnehmung zu verdrängen: Der Ort ist als „westliches Tor zur Wachau" mit dem Benediktinerstift Melk und der denkmalgeschützten Altstadt als Teil des UNESCO-Weltkulturerbes[616] seit jeher ein vielfrequentierter Anziehungspunkt für Besucher*innen aus aller Welt. Die Stadt wird mit der Kulturlandschaft Wachau assoziiert, deren Image von heiler Welt ab den späten 1940er-Jahren offensiv von Populärkultur[617] und Tourismus kultiviert wurde bzw. auch heute noch gerne zitiert wird.[618] Die Region um Melk hat damit auch das Bild Nachkriegsösterreichs wesentlich mitgeprägt. Die Geschichte der in Melk verübten NS-Verbrechen zu thematisieren bzw. diese gar aktiv bekannt oder sichtbar(er) zu machen, stand dem romantisch-verklärten Bild diametral gegenüber. Dementsprechend wurden die vielen Bemühungen der Opferverbände zur besseren Sichtbarmachung der Gedenkstätte seitens der zuständigen Stellen oft gezielt abgewehrt oder ignoriert. So waren zwar Jahr für Jahr neben den nationalen und internationalen Opferverbänden

613 Ebd.

614 Vgl. Arnberger/Kuretsidis-Haider: Gedenken und Mahnen, S. 330.

615 Bericht der BH Melk an die NÖ Landesregierung, 13.6.1951, NÖLA, Abt. Kriegsgräberanlage, Hürm.

616 Vgl. Österreichische UNESCO-Kommission: Wachau, https://www.unesco.at/kultur/welterbe/unesco-welterbe-in-oesterreich/wachau (abgerufen am 27.1.2025)

617 Vgl. etwa die Filme *Hofrat Geiger* oder *Mariandl*; Gerald Trimmel: „Der Hofrat Geiger" – Die Auferstehung des „Homo Austriacus" im Wachau-Film. In: Walter Grond (Hg.): Draußen in der Wachau. Der etwas andere Reisebegleiter, Band 3. Innsbruck/Wien 2013, S. 133–146 bzw. Hans J. Wulff: Vom Filmlied zum Regionenmarketing: Das „Mariandl-Lied" und die Wachau. In: Das Waldviertel, Jahrgang 68 (2019), Heft 2, S. 147–150.

618 Vgl. exemplarisch folgende Werbeseiten: Niederösterreich-Werbung GmbH: Nostalgietours MS Mariandl, https://www.niederoesterreich.at/ausflugsziele/a-nostalgietours-ms-mariandl (abgerufen am 15.1.2025) sowie Donau Niederösterreich Tourismus GmbH: Hotel-Restaurant Mariandl, https://www.donau.com/wachau/ukv/house/Spitz_Hotel-Restaurant-Mariandl_AUT00020100005544352 (abgerufen am 15.1.2025).

auch lokale, regionale (politische) Vertreter*innen bei Gedenkfeiern in Melk anwesend, verhinderten aber gleichzeitig alle Initiativen einer besseren Sichtbarmachung des Orts, beispielsweise durch zusätzliche Hinweisschilder oder die Einbeziehung des Gedenkorts in die städtischen Tourismusangebote (Flyer, Stadtkarten etc.).

Bis heute ist daher vielen Besucher*innen die große räumliche Ausdehnung des ehemaligen KZ-Standorts nicht bewusst und noch heute kommt es zu Beschwerden wegen der schlechten Auffindbarkeit der Gedenkstätte, auf die im Ort nur wenige Schilder hinweisen. Ebenso verhält es sich mit allen anderen noch vorhandenen Spuren des ehemaligen Konzentrationslagers bzw. den vielerorts vorhandenen Bauresten des Projekts „Quarz". Das ehemalige Krematorium, in dem sich heute die Gedenkstätte befindet, stellt nur einen Bruchteil des ursprünglichen KZ-Areals dar und selbst die Birago-Kaserne umfasst letztlich nur einen Bruchteil jener Fläche, die als U-Verlagerungsvorhaben von der SS kontrolliert wurde. Die früheren Barackenlager in Anzendorf und Merkendorf, die Luftwaffen-Siedlung in Loosdorf sowie zahlreiche bauliche Überreste aus der NS-Zeit sind heute nicht mehr vorhanden. Noch vorhandene historische Baureste, wie die Stollenanlage in Roggendorf oder auch die beiden Wasserhochbehälter in Pielachberg und Melk, sind entweder nicht zugänglich oder nicht kommentiert und somit nicht als solche erkennbar. Zur Verbesserung dieser Situation wurde im Herbst 2024 ein neues Modul des virtuellen Guides der KZ-Gedenkstätte Mauthausen zum Standort Melk realisiert. Dadurch wurden erstmals Teile des lagerzeitlichen Areals für Individualbesucher*innen digital erschlossen und besser sichtbar gemacht.[619]

Diesem Schritt der Weiterentwicklung des Gedenkorts Melk sollen in den kommenden Jahren noch weitere folgen. Der Bedarf dafür ist zweifelsohne gegeben, denn nicht nur in den Erinnerungen ehemaliger Häftlinge stellen das ehemalige Krematorium sowie der frühere Häftlingslagerbereich am Kasernenareal zentrale Bezugspunkte dar, ihnen wird auch von heutigen Gedenkstättenbesucher*innen eine gewisse Authentizität zugeschrieben. Angesichts des bevorstehenden Endes direkter Zeitzeug*innenschaft wird die Bedeutung baulicher Überreste im Bereich ehemaliger Konzentrationslager als *„topografisches Gedächtnis"* oder *„verräumlichte Erinnerung"*[620] noch weiter zunehmen:

„Gedenkstätten sind dann insofern auch Zeitzeugen, steinerne Zeugen, die die Massenverbrechen tatsächlich bekunden können oder davon künden können und auch beweisen können. Denn das darf man ja nicht vergessen, Gedenkstätten und die dortigen Relikte sind auch Beweise im forensischen Sinne."[621]

---

619 Vgl. KZ-Gedenkstätte Mauthausen | Mauthausen Memorial: Virtueller Guide – Modul Melk, https://mm-tours.org/de/74/ (abgerufen am 16.12.2024).

620 „KZ-Gedenkstätten sind auch Zeitzeugen", Axel Drecoll im Gespräch mit Maja Ellmenreich. In: deutschlandfunk.de, 18.5.2021, https://www.deutschlandfunk.de/holocaust-erinnerung-kz-gedenkstaetten-sind-auch-zeitzeugen-100.html (abgerufen am 27.1.2025).

621 Ebd.

Abb. 66: Das Foto aus dem Jahr 2022 zeigt den im Herbst 1944 von KZ-Häftlingen errichteten Wasserhochbehälter beim „Kupferschmiedkreuz" in Melk.
Foto: Christian Rabl, Quelle: Sammlung ZHZ Melk.

Die KZ-Gedenkstätte Melk im ehemaligen Krematorium, aber auch das ehemalige Häftlingsquartier Objekt 10 stellen ebensolche „steinerne Zeugen" dar und sind daher als Orte der Vermittlung und des Gedenkens stärker in den Fokus gerückt. Die steigende Bedeutung noch erhaltener Relikte der KZ-Geschichte fand auch Ausdruck in den ab 2020 durch das Bundesdenkmalamt erfolgten Unterschutzstellungen. Während der weitere Umgang mit der geschützten Stollenanlage in Roggendorf noch offen ist, wird vor allem die Weiterentwicklung des Objekts 10 hin zu einem Zentrum der Vermittlung der Melker KZ-Geschichte von zentraler Bedeutung sein. Damit einhergehend kann die derzeitige KZ-Gedenkstätte um das ehemalige Krematorium wieder verstärkt auf ihren ursprünglichen Widmungszweck des Friedhofs- und Gedenkorts zurückgeführt werden.

Bibliografie und Quellen

Archiv-Ressourcen

(weitere Archive und Quellen vgl. Perz: Projekt „Quarz“, S. 574–577)

Archiv Amicale de Mauthausen, Paris
- Fotosammlung

Archiv Architekturzentrum Wien
- Achleitner Archiv

Archiwum Państwowe Muzeum Auschwitz-Birkenau (APMA-B)
- Mauthausen-Unterlagen D-Mau/15.

Bezirkshauptmannschaft Melk (BH Melk)
- Vorfallenheitsberichte des Landrates des Kreises Melk, I/1945/11
- Gruppe IX – 1950 ff. – Gedenkstätte Melk

Bundesarchiv Berlin (BArch)
- Bestand All.Proz.7
- R3/1777 Chronik der Dienststellen des Amtsbereichs Speer, Band 7

Dokumentationsarchiv des österreichischen Widerstandes (DÖW)
- Fotosammlung

Handelsgericht Wien, Riemergasse
- Anmeldungsverzeichnis zum Konkurse der Quarz GesmbH, Geschäftszahl S 8/46

Imperial War Museum, London/Duxford (IWM)
- FD 787/46 Steyr-Daimler-Puch AG, Company organisation, meetings of board of directors and working committee and decisions, misc. correspondence
- FD 784/46 Steyr-Daimler-Puch AG, Vienna - Data on contracts with directors and senior personnel, financial reports and board meetings, 1937–1945

Instytut Pamięci Narodowej, Warszawa (IPN, Institut für Nationales Gedenken, Warschau)
- ehemaliges Archivum Główna Komisja Badania Zbrodni Niemieckich/Hitlerowskich w Polsce (AGKBZHwP, Hauptkommission zur Erforschung der deutschen bzw. „hitleristischen“ Verbrechen in Polen)

KZ-Gedenkstätte Mauthausen | Mauthausen Memorial (MM)
- Kopien von Häftlings-Listen (Veränderungsmeldungen, Transportlisten, Fluchtmeldungen, Todesmeldungen)
- Paul Mitchell: KZ-Gedenkstätte Melk. Bauhistorische Untersuchung des Krematoriumsgebäudes. Unveröffentlichtes Manuskript, Melk 2018
- Paul Mitchell: Bauhistorische Untersuchung zum Objekt 10. Unveröffentlichtes Manuskript, Melk 2025
- MM 1.6.1. Korrespondenzakten zur KZ-Gedenkstätte Melk
- MM 5.9.003: Interview mit Metty Dockendorf und Eugène Goerens, Interviewer: Florian Freund und Bertrand Perz, Bettembourg, Luxemburg, 4.10.1981
- MM 5.9.005: Interview mit Dr. Josef Sora, Interviewer: Bertrand Perz, Bad Ischl, 28.11.1981
- MM 5.9.006: Interview mit Franz Schikora, Interviewer: Bertrand Perz, Ebensee, 29.11.1981
- MM 5.9.009: Interview mit Mieczysław Karczewski, Interviewer: Florian Freund und Bertrand Perz, Warschau, 8.5.1983
- MM 5.9.023: Interview mit Raymond Hallery, Interviewer: Bertrand Perz, Linz, 5.5.1984

Landesgericht St. Pölten (vormals Kreisgericht St. Pölten)
- Verfahren 4 St 2231/64 (Verfahren gegen „Unbekannt" wegen Mord u. a. im K.Z. Lager Melk)

Landgericht (LG) Fulda
- Verfahren 3 Ks 1/60 (Prozess gegen Gottlieb Muzikant)

Mémorial de la Shoah, Paris:
- Collection David Olère

National Archives and Records Administration (NARA)
- Microfilm T 990/1 Totenbuch des Standortarztes KL Mauthausen
- RG 165 Entry 179, Box 376, Steyr-Daimler-Puch A.G., First Detailed Interrogation Report, USDIC/DE1, 28.12.1945
- RG 549, Box 345, Folder 2, Case 000-50-5, US vs. Hans Altfuldisch et al., Prosecution Exhibit
- RG 549, Box 425, Case 000-50-009, Totenbuch Melk

Niederösterreichisches Landesarchiv (NÖLA)
- Akten Kriegsgräberanlage
- Akten Landrat Melk bzw. BH Melk
- Akten NÖ Landesregierung
- Nachlass Leopold Figl
- Pressestelle, NLK

Österreichische Mediathek/Sammlung MenschenLeben
- Interview mit Christian Ruckensteiner, Interviewerin: Christina Kandler, Melk, 29.11.2023 (e13-10493-e13-10494)

Österreichisches Staatsarchiv/Archiv der Republik (ÖStA/AdR)
- BMI, Umsiedlerlager Melk

Staatsarchiv Nürnberg
- Nürnberger Dokument 1584 PS

Stadtarchiv Le Palais-sur-Vienne
- Sammlung Jean Varnoux

Stadtarchiv Melk
- Sitzungsprotokolle des Gemeinderats

United States Holocaust Memorial Museum (USHMM)
- RG-10.228*02, Museum Small Collection, Samuel and Irene Goudsmit Collection, Series 2: Jägerstab, Folder 5
- Fotosammlung

Zeitgeschichte Museum Ebensee
- Fotosammlung

Private Sammlungen

Sammlung Hans Bruckner, Radlberg

Sammlung Gregor Kremser, Krems

Sammlung Bernhard Mühleder, St. Georgen an der Gusen

Sammlung Bertrand Perz, Wien
- Erinnerungsbericht Yves Briand, Dinan, 12.9.1985, auf Tonbandkassette, mit Schreiben an Bertrand Perz, 13.9.1985
- Schriftlicher Erinnerungsbericht Józef Ciepły, Mysłowice, Polen, 25.8.1987
- Schriftlicher Erinnerungsbericht Jacques Darcq, Orleans, Frankreich, 24.3.1988
- Schreiben Jean Mansching, Saint Laurent de Mure, Frankreich, an Bertrand Perz, 16.8.1985
- Schriftverkehr mit Erling Bauck (Norwegen)

Kopien aus dem ehemaligen Archiv der Steyr-Daimler-Puch AG (ASDP)
- Ordner: Verlagerung Loosdorf (Quarz)
- Mappe: Unter Tag – Quarz

Sammlung Dietmar Pfarr, St. Pölten
Sammlung Christian Rabl, Melk
Sammlung Peter Rabl, Pöchlarn
Sammlung Andrew Sternberg, Cleveland, Ohio, USA
Sammlung Zeithistorisches Zentrum (ZHZ), Melk

Printmedien

Bulletin de l'Amicale de Mauthausen
Der neue Mahnruf
Der sozialistische Kämpfer
Heimatkundliche Beilage zum Amtsblatt der BH Melk
Melker Mitteilungen
Melker Rundschau
Neues Österreich
Niederösterreichische Nachrichten (Melker Zeitung)
Österreichische Zeitung
Profil
Rappel, Organe de la Ligue Luxembourgeoise des Prisonniers et Déportés Politiques
Salzburger Nachrichten
St. Pöltner Zeitung
Tips Melk
Wiener Kurier
Wiener Zeitung

Online-Ressourcen

Abkommen zwischen den Regierungen des Vereinigten Königreiches, der Vereinigten Staaten von Amerika, der Union der Sozialistischen Sowjetrepubliken und der Französischen Republik über den Kontrollapparat in Österreich vom 28. Juni 1946, https://www.verfassungen.at/at45-/kontrollabkommen46.htm (abgerufen am 14.2.2025).

Akinyosoye, Clara: NS-Stollen: Ungeliebt und sehr teuer. In: DiePresse.com, 31.8.2009, https://www.diepresse.com/505181 (abgerufen am 11.12.2024).

Amicale de Mauthausen – déportés, familles et amis de Mauthausen, https://campmauthausen.org/ (abgerufen am 27.1.2025).

Beit Lohamei Haghetaot/Ghetto Fighters' House Museum: About the Museum, https://www.gfh.org.il/eng/About_the_Museum (abgerufen am 14.12.2024).

Bundesdenkmalamt: Denkmalliste, https://www.bda.gv.at/service/unterschutzstellung/denkmalverzeichnis/denkmalliste-gemaess-3-dmsg.html (abgerufen am 27.1.2025).

Bundeszentrale für politische Bildung: 18. März 2014: Russlands Annexion der Krim, https://www.bpb.de/kurz-knapp/hintergrund-aktuell/287565/18-maerz-2014-russlands-annexion-der-krim/ (abgerufen am 12.2.2025).

Büro Medienpreise der KEBÖ – Konferenz der Erwachsenenbildung Österreichs: Preisträger*innen Fernsehpreis 1983. Kurt Langbein, Elizabeth T. Spira, https://www.medienpreise.at/awardees/kurt-langbein-elizabeth-t-spira/ (abgerufen am 5.12.2024).

Dokumentationsarchiv des österreichischen Widerstandes: Der erste Dachau-Transport aus Wien, 1. April 1938. Dokumente und biographische Angaben zu den Häftlingen: REITHER Josef, https://www.doew.at/erinnern/fotos-und-dokumente/1938-1945/der-erste-dachau-transport-aus-wien-1-april-1938/reither-josef (abgerufen am 27.1.2025).

Dokumentationsarchiv des österreichischen Widerstandes: Stellungnahme zur Novellierung des Opferfürsorgegesetzes, https://www.doew.at/neues/stellungnahme-zur-novellierung-des-opferfuersorgegesetzes (abgerufen am 12.2.2025).

Donau Niederösterreich Tourismus GmbH: Hotel-Restaurant Mariandl, https://www.donau.com/wachau/ukv/house/Spitz_Hotel-Restaurant-Mariandl_AUT00020100005544352 (abgerufen am 15.1.2025).

Ellmenreich, Maja: „KZ-Gedenkstätten sind auch Zeitzeugen", Axel Drecoll im Gespräch mit Maja Ellmenreich. In: deutschlandfunk.de, 18.5.2021,https://www.deutschlandfunk.de/holocaust-erinnerung-kz-gedenkstaetten-sind-auch-zeitzeugen-100.html (abgerufen am 27.1.2025).

Erinnern.at: Sind NS-Stollensysteme Erinnerungsorte?, https://www.erinnern.at/themen/neukonzeption-von-gedenkstaetten/sind-ns-stollensysteme-erinnerungsorte-1 (abgerufen am 15.1.2025).

Facebook: Quarz-Roggendorf.at, https://www.facebook.com/Quarz.B9.Roggendorf (abgerufen am 11.12.2024).

Glück, Markus: Meilenstein in der Gedenkarbeit. In: Niederösterreichische Nachrichten Online, 13.12.2022, https://www.noen.at/melk/redaktion-346948065 (abgerufen am 15.1.2025).

Haus der Geschichte Österreich: Digitales Museum, Lexikon, 1938-1945: Verfolgung von Menschen für homosexuelle Handlungen, https://hdgoe.at/verfolgung-homosexuelle (abgerufen am 12.2.2025).

KZ-Gedenkstätte Dachau: Virtueller Rundgang: Wirtschaftsgebäude, https://www.kz-gedenkstaette-dachau.de/historischer-ort/virtueller-rundgang/wirtschaftsgebaeude/ (abgerufen am 15.1.2025).

KZ-Gedenkstätte Mauthausen | Mauthausen Memorial: Die Mauthausen-Außenlager-Stele, https://www.mauthausen-memorial.org/de/Besuchen/Gedenkstaetten-bei-Aussenlagern/Die-Mauthausen-Aussenlager-Stele (abgerufen am 11.12.2024).

KZ-Gedenkstätte Mauthausen | Mauthausen Memorial: Raum der Namen. Digitales Gedenkbuch für die Toten des KZ Mauthausen und seiner Außenlager 1938–1945, https://raumdernamen.mauthausen-memorial.org/ (abgerufen am 27.1.2025).

KZ-Gedenkstätte Mauthausen | Mauthausen Memorial: Virtueller Guide – Modul Melk, https://mm-tours.org/de/74/ (abgerufen am 16.12.2024).

KZ-Gedenkstätte Mauthausen | Mauthausen Memorial: Virtueller Guide – Modul Mauthausen, https://mm-tours.org/en/1/59 (abgerufen am 17.2.2025).

KZ-Gedenkstätte Neuengamme: Bauliche Entwicklung des KZ Neuengamme 1938 bis 1945: Ansicht der Häftlingsküche, http://neuengamme-ausstellungen.info/content/lagermodell/bild909.html (abgerufen am 15.1.2025).

Landtag des Landes Niederösterreich: Robert Dubovsky, https://noe-landtag.gv.at/personen/robert_dubovsky (abgerufen am 27.1.2025).

Marktgemeinde Erlauf: Zwischenräume: Roggendorf, Häftlings-Zwangsarbeit unter dem Wachberg, http://www.erlauferinnert.at/zwischenraeume/h.php?il=12 (abgerufen am 15.1.2025).

Mauthausen Komitee Österreich: Österreichische Lagergemeinschaft Mauthausen, https://www.mkoe.at/ueber-uns/oesterreichische-lagergemeinschaft-mauthausen (abgerufen am 12.2.2025).

Mayr, Peter: Ex-Justizminister Tschadek war ein „Blutrichter". In: derstandard.at, 3.9.2010, https://www.derstandard.at/story/1282978899417/ex-justizminister-tschadek-war-ein-blutrichter (abgerufen am 15.1.2025).

Moscow Conference, October 1943, Joint Four-Nation Declaration, https://www.ibiblio.org/pha/policy/1943/431000a.html (abgerufen am 12.2.2025).

Niederösterreich-Werbung GmbH: Nostalgietours MS Mariandl, https://www.niederoesterreich.at/ausflugsziele/a-nostalgietours-ms-mariandl (abgerufen am 15.1.2025).
Oschlies, Wolf: Der Reichsarbeitsdienst (RAD). In: Zukunft braucht Erinnerung. Das Online-Portal zu den historischen Themen unserer Zeit, 15.10.2004, https://www.zukunft-braucht-erinnerung.de/der-reichsarbeitsdienst-rad/ (abgerufen am 15.1.2025).
Österreichisches Bundesheer: Pioniertruppe, https://www.bundesheer.at/unser-heer/waffengattungen/pioniertruppe (abgerufen am 13.2.2025).
Österreichische UNESCO-Kommission: Wachau, https://www.unesco.at/kultur/welterbe/unesco-welterbe-in-oesterreich/wachau (abgerufen am 27.1.2025).
Rabl, Christian: Roggendorf: Das Sterben im Stollen. In: MeinBezirk.at, 3.6.2015, https://www.meinbezirk.at/melk/c-lokales/roggendorf-das-sterben-im-stollen_a1360164 (abgerufen am 11.12.2024).
Rechtsinformationssystem des Bundes: Fürsorge und Schutz der Kriegsgräber und Kriegsdenkmäler aus dem zweiten Weltkrieg für Angehörige der Alliierten, Vereinten Nationen und für Opfer des Kampfes für ein freies, demokratisches Österreich und Opfer politischer Verfolgung § 2, Fassung vom 11.4.2024, https://www.ris.bka.gv.at/Dokumente/Bundesnormen/NOR12058296/NOR12058296.html (abgerufen am 18.2.2025).
Rousseau-Rambaud, Michelle: Émile Valley (1910–1999). In: Amicale de Mauthausen – déportés, familles et amis de Mauthausen, https://campmauthausen.org/histoire/des-hommes-et-des-femmes/portraits/portraits-valley/ (abgerufen am 27.1.2025).
Rüter, C. F./D. W. de Mildt: Justiz und NS-Verbrechen. Die ost- und westdeutschen Gerichtsentscheidungen wegen nationalsozialistischer Tötungsverbrechen seit 1945, https://junsv.nl/westdeutsche-gerichtsentscheidungen (abgerufen am 15.2.2025).
Schneibergová, Martina: Früherer Auschwitz-Häftling Oldřich Stránský gestorben. In: Radio Prague International, 21.7.2014, https://deutsch.radio.cz/frueherer-auschwitz-haeftling-oldrich-stransky-gestorben-8289598 (abgerufen am 14.2.2025).
Seidl, Conrad: Leopold Figl soll seliggesprochen werden. In: derstandard.at, 23.12.2020, https://www.derstandard.at/story/2000122733544 (abgerufen am 15.1.2025).
Sozialdemokratische Partei Österreichs, Landesorganisation Wien: dasrotewien.at – Weblexikon der Wiener Sozialdemokratie: Streicher, Rudolf, http://www.dasrotewien.at/seite/streicher-rudolf (abgerufen am 15.1.2025).
Steiner, Miriam: KZ-Geschichte als Teil des Grundwehrdienstes. In: noe.orf.at, 12.8.2018, https://noe.orf.at/v2/news/stories/2928721/ (abgerufen am 15.1.2025).
United States Holocaust Memorial Museum (USHMM): Search our Collections [Einträge zu Fotos Nr. pa1034742, pa14000, pa15028, pa5282, pa5285, pa1034550 sowie pa1034805], https://collections.ushmm.org/search/ (abgerufen am 15.1.2025).
Verein MERK*würdig*. Zeithistorisches Zentrum Melk: B. H. W. Kinderhäftlinge im KZ Melk, https://www.zhzmelk.at/de/projekte/b-h-w-kinderhaeftlinge-im-kz-melk (abgerufen am 18.2.2025).
Verein MERK*würdig*. Zeithistorisches Zentrum Melk: Dr.-Josef-Sora-Platz, https://www.zhzmelk.at/de/gedenkstaette/geschichte/gedenkorte-in-der-region (abgerufen am 2.12.2024).
Verein MERK*würdig*. Zeithistorisches Zentrum Melk: Mahnmal KZ-Haltepunkt Roggendorf, https://www.zhzmelk.at/de/gedenkstaette/geschichte/mahnmal-kz-haltepunkt-roggendorf (abgerufen am 15.1.2025).
Verein MERK*würdig*. Zeithistorisches Zentrum Melk: Neue Gedenktafel für als homosexuell verfolgte Melker KZ-Häftlinge, https://www.zhzmelk.at/de/aktuelles/aktuell-bhw-queere-haeftlinge-im-kz-melk (abgerufen am 2.12.2024).
Verein MERK*würdig*. Zeithistorisches Zentrum Melk: Wand der Namen, https://www.zhzmelk.at/de/gedenkstaette/geschichte/wand-der-namen (abgerufen am 15.1.2025).
Wachau Info-Center Melk: Melk Memorial, https://www.visitmelk.com/melk-entdecken/ueber-melk/melk-memorial-/-kz-gedenkstaette (abgerufen am 15.1.2025).

Wachau Info-Center Melk: Themenwege, https://www.visitmelk.com/melk-entdecken/wandern-radfahren/themenwege (abgerufen am 15.1.2025).

Yad Vashem: Zentrale Datenbank der Namen der Holocaustopfer: Elizabet Marton, https://collections.yadvashem.org/de/names/14020588 (abgerufen am 14.12.2024).

„Ordentliche Beschäftigungspolitik". In: news.orf.at, 2006, https://newsv1.orf.at/060916-3953/?href=https%3A%2F%2Fnewsv1.orf.at%2F060916-3953%2F3964txt_story.html (abgerufen am 15.1.2025).

Audiovisuelle Medien

Zeitabschnitte des Werner Bab. Dokumentation über den Holocaustüberlebenden Werner Bab, DVD, Imdialog! e.V., 37 Min., Regie: Christian Ender, Deutschland 2005.

Erinnerungsliteratur

Bab, Werner: Gestorben bin ich an Auschwitz. In: Katrin Rohnstock (Hg.): Es wird gestorben, wo immer auch gelebt wird. 16 Protokolle über den Abschied vom Leben. Berlin 2007, S. 125–140.

Baumann, René/Audrey Guilloteau: Voué à disparaitre. Bernardswiller 2017.

Baumzecer, Moniek: Ich versprach der Mutter heimzukehren. Mein Leben zwischen Radom und Paris. Ostbevern 2013.

Branko, Pavel: Gegen den Strom (Mauthausen-Erinnerungen, Band 2). Wien 2018.

Dockendorf, Metty: Melk. In: Amicale de Mauthausen (Hg.): Letzeburger zu Mauthausen. Luxemburg ²1970, S. 177–182.

Eisen, Max: By Chance Alone. A Remarkable True Story of Courage and Survival at Auschwitz. Ontario 2016.

Gottlieb, Ioan: Euch werde ich's noch zeigen. Vom Ghetto Baia Mare durch Auschwitz, Mauthausen, Melk und zurück 1929–1945. Konstanz 2006.

Ha-Elion, Moshe: The Straits of Hell. The Chronicle of a Salonikan Jew in the Nazi Extermination Camps Auschwitz, Mauthausen, Melk, Ebensee (Studien zur Archäologie und Geschichte Griechenlands und Zyperns, Band 30). Mannheim/Möhnsee 2005.

Hofstädt, Hermann: Aus dem KZ.-Lager Melk. In: Nazi-Opfer, Jahrgang 2 (1946), Heft 2, S. 6.

Kraus, Michael: Tagebuch 1942–1945. Aufzeichnungen eines Fünfzehnjährigen aus dem Holocaust. Berlin 2015.

Lemordant, Guy: H-Arzt. Pathologie Concentrationnaire. K.L. Mauthausen, A.K. Melk. Straßburg 1946.

Olère, David: The Eyes of a Witness. A Painter in the Sonderkommando at Auschwitz/L'oeil du Témoin. Un Peintre au Sonderkommando a Auschwitz. New York 1989.

Pihan, Jean: Un petit gars parmi tant d'autres … Pierre Barbier dirigeant „Coeurs Vaillants" mort à Mauthausen. 1923–1945. Paris 1951.

Piquée-Audrain, Daniel: Plus jamais ça. Craon 1973.

Saint Marcary, Pierre: Mauthausen: Percer l'oubli. Mauthausen, Ebensee, Melk. Paris 2004.

Schmid, Elisabeth: „Was hier vorgeht, darf ich Dir nicht schreiben …". Karl Schmid – Briefe von der Front 1943–1945 (Beiträge zur Bezirkskunde Melk, Band 2). Melk 2003.

Szücs, Ladislaus: Salz der Tränen. Zeichnungen von Ladislaus Szücs, Arzt im Konzentrationslager. Düsseldorf 1999.

Szücs, Ladislaus: Zählappell. Als Arzt im Konzentrationslager. Frankfurt am Main 1995.

Umlauf, Eva/Stefanie Oswalt: Die Nummer auf deinem Unterarm ist blau wie deine Augen. Hamburg 2016.

Varnoux, Abbé Jean: Clartés dans la nuit. La Résistance de l'Esprit. Journal d'un prêtre déporté. Neuvic-Entier 1995.

Varnoux, Jean: Monographie du kommando de travail de Melk (Basse-Autriche). Camp de concentration de Mauthausen. Limoges 1991 [Sonderschrift über das Arbeitslager Melk (Niederösterreich). Konzentrationslager von Mauthausen. Limoges 1991 (Übersetzung: Daisy Pfeffer-Richard/Helmut Schmied/Alfred Rudolf)].

Venezia, Shlomo: Meine Arbeit im Sonderkommando Auschwitz. Das erste umfassende Zeugnis eines Überlebenden. München 2008.

Vinurel, Ernest: Rive de cendre. Transylvanie, Auschwitz, Mauthausen. Paris 2003.

Literatur

Amicale de Mauthausen (Hg.): Melk. Kommando de Mauthausen, Supplément au „Bulletin de L'Amicale de Mauthausen" (1981), Heft 204.

Arnberger, Heinz/Claudia Kuretsidis-Haider (Hg.): Gedenken und Mahnen in Niederösterreich. Erinnerungszeichen zu Widerstand, Verfolgung, Exil und Befreiung. Wien 2011.

Awtuszewska, Angelina: Płaszów – Stammlager. In: Wolfgang Benz/Barbara Distel (Hg.): Der Ort des Terrors. Geschichte der nationalsozialistischen Konzentrationslager, Band 8: Riga, Warschau, Vaivara, Kaunas, Płaszów, Kulmhof/Chełmno, Bełzec, Sobibór, Treblinka. München 2008, S. 233–288.

Bernadac, Christian: Le neuvième cercle – Mauthausen II. Paris 1975.

Bohr, Felix: Die Kriegsverbrecherlobby. Bundesdeutsche Hilfe für im Ausland inhaftierte NS-Täter. Berlin 2018.

Botz, Gerhard: Geschichte und kollektives Gedächtnis in der Zweiten Republik. „Opferthese", „Lebenslüge" und „Geschichtstabu" in der Zeitgeschichtsschreibung. In: Wolfgang Kos/Georg Rigele (Hg.): Inventur 45/55. Österreich im ersten Jahrzehnt der Zweiten Republik. Wien 1996, S. 51–85.

Brückner, Wolfgang: „Arbeit macht frei". Herkunft und Hintergrund der KZ-Devise. Eichstätt 1998.

Budraß, Lutz: Flugzeugindustrie und Luftrüstung in Deutschland 1918–1945. Düsseldorf 1998.

Buggeln, Marc: Das System der KZ-Außenlager: Krieg, Sklavenarbeit und Massengewalt (Friedrich Ebert Stiftung. Gesprächskreis Geschichte, Heft 95). Bonn 2012.

Dürr, Christian/Gregor Holzinger/Stephanie Kaiser/Ralf Lechner (Hg.): Konzentrationslager Gusen 1939–1945. Eine Dokumentation. Wien 2024.

Eisenbauer, Jeremia: Die vergessenen Toten von Melk. In: Heimatkundliche Beilage zum Amtsblatt der BH Melk, Jahrgang 11 (1985), Heft 2, S. 1–2, sowie Heft 3, S. 1–2.

Eisenbauer, Jeremia: Die vergessenen Toten von Melk. Das Melker Konzentrationslager und die Roggendorfer Stollenanlage. In: Melker Mitteilungen (1984), Heft 146, S. 33–50.

Erichsen, Johannes/Bernhard M. Hoppe (Hg.): Peenemünde. Mythos und Geschichte der Rakete 1923–1989. Berlin 2004.

Feigl, Helmuth/Andreas Kusternig (Hg.): Die USIA-Betriebe in Niederösterreich. Geschichte, Organisation, Dokumentation (Studien und Forschungen aus dem niederösterreichischen Institut für Landeskunde, Band 5). Wien 1983.

Floßmann, Gerhard/Anton Harrer/Wilfried Kowarik/Harald Ofner (Hg.): Stadtbuch Melk, hg. vom Kultur- und Museumsverein Melk. Melk 1998.

Freund, Florian/Bertrand Perz: Das KZ in der Serbenhalle. Zur Kriegsindustrie in Wiener Neustadt. Wien 1988.

Freund, Florian: Arbeitslager Zement. Das Konzentrationslager Ebensee und die Raketenrüstung. Wien 1989.

Freund, Florian: Das Konzentrationslager Ebensee – Raketenrüstung im SS-Arbeitslager „Zement". Innsbruck 2006.

Freund, Florian: Die Toten von Ebensee. Analyse und Dokumentation der im KZ Ebensee umgekommenen Häftlinge 1943–1945. Wien 2010.

Fritsch, E.: KZ-Stollen zeitgeschichtliches Denkmal. In: Mitteilungen des Landesvereins für Höhlenkunde in Oberösterreich, Jahrgang 34 (1988), Heft 1, S. 31–46 (online unter: https://www.zobodat.at/pdf/MittVerHoehlenkOOe_090_1988_0001-0059.pdf), und Heft 2, S. 19–24 (online unter: https://www.zobodat.at/pdf/MittVerHoehlenkOOe_091_1989_0001-0062.pdf).

Fröbe, Rainer: Hans Kammler – Technokrat der Vernichtung. In: Ronald Smelser/Enrico Syring (Hg.): Die SS. Elite unter dem Totenkopf. 30 Lebensläufe. Paderborn/München/Wien u.a. 2000, S. 305–319.

Fuchshuber, Jutta: „Auf der Flucht erschossen"? Tötungen im KZ-Komplex Mauthausen. In: Studienvertretung/Institutsgruppe Geschichte (Hg.): Innenansichten, Jahrgang 1 (2012), Heft 1, S. 9–26.

Garscha, Winfried R.: Ein „strammer und schneidiger Gefolgsmann". Anton Streitwieser und der Kölner Mauthausen-Prozess. In: Gregor Holzinger (Hg.): Die zweite Reihe. Täterbiografien aus dem Konzentrationslager Mauthausen (Mauthausen-Studien, Band 10). Wien 2016, S. 276–294.

Geldmacher, Thomas: Der gute Mensch von Kiel? Marinerichter Otto Tschadek (1904–1969). In: Thomas Geldmacher/Hannes Metzler/Magnus Koch/Peter Pirker/Lisa Rettl (Hg.): „Da machen wir nicht mehr mit ..." Österreichische Soldaten und Zivilisten vor Gerichten der Wehrmacht. Wien 2010, S. 215–227.

Goldschmidt, Michael/Suzanne Tenand-Ulmann: André Ulmann ou le juste combat. Champs-Elysées 1982.

Golücke, Friedhelm: Schweinfurt und der strategische Luftkrieg 1943. Der Angriff der US Air Force vom 14. Oktober 1943 gegen die Schweinfurter Kugellagerindustrie. Paderborn 1980.

Grubner, Melanie: Queere Häftlinge im KZ Melk, hg. vom Verein MERKwürdig. Zeithistorisches Zentrum Melk. Melk 2024 (online unter: https://www.zhzmelk.at/de/projekte/bhw_queerimkzmelk.pdf).

Haenen, Marcel: De Bokser. Het Leven van Max Moszkowicz. Amsterdam 2018.

Hamburger Institut für Sozialforschung (Hg.): Die Auschwitzhefte. Texte der polnischen Zeitschrift „Przeglad Lekarski" über historische, psychische und medizinische Aspekte des Lebens und Sterbens in Auschwitz, Band 1. Weinheim/Basel 1987.

Hanausch, Reinhard/Bernhard Lübbers/Roman Smolorz/Mark Spoerer (Hg.): Überleben durch Kunst. Zwangsarbeit im Konzentrationslager Gusen für das Messerschmittwerk Regensburg. Regensburg 2012.

Harrer, Anton/Elisabeth Schmid: Melk 1938–1945. Nationalsozialismus in einer Kleinstadt. Katalog zur Ausstellung. Melk 2002.

Harrer, Anton: Unternehmen „Quarz" – Konzentrationslager in Melk. In: Melker Kulturbeiträge (1983), Heft 5, S. 22.

Hemicker, Lorenz: Mein Großvater, der Täter. Eine Spurensuche. Berlin 2025.

Höbarth, Felix: 100 Jahre Melker Pioniere 1913–2013. Geschichte und Geschichten. Melk 2014.

Holland, James: Big Week. The Biggest Air Battle of World War II. London 2018.

Holpfer, Stephan: Das Stift Melk 1938–1945. Diplomarbeit, Universität Salzburg 1993.

Holzinger, Gregor (Hg.): Die zweite Reihe. Täterbiografien aus dem Konzentrationslager Mauthausen (Mauthausen-Studien, Band 10). Wien 2016.

Holzinger, Gregor: „... da mordqualifizierende Umstände nicht hinreichend sicher nachgewiesen werden können...". Die juristische Verfolgung von Angehörigen der SS-Wachmannschaft des Konzentrationslagers Mauthausen wegen „Erschießungen auf der Flucht". In: Dokumentationsarchiv des österreichischen Widerstandes (Hg.): Täter. Österreichische Akteure im Nationalsozialismus. Jahrbuch 2014. Wien 2014, S. 135–163.

Hommage à Pierre Saint Macary. In: Bulletin de l'Amicale des Déportés et Amis de Mauthausen (2006), Heft 306, S. 3–10 (online unter https://campmauthausen.org/wp-content/uploads/2011/11/MAUTHAUSEN-306.pdf).

Hördler, Stefan: Ordnung und Inferno. Das KZ-System im letzten Kriegsjahr. Göttingen 2015.

Kaienburg, Hermann: Die Wirtschaft der SS. Berlin 2003.

Kandler, Christina: Kinderhäftlinge im KZ Melk, hg. vom Verein MERKwürdig. Zeithistorisches Zentrum Melk. Melk 2024 (online unter: https://www.zhzmelk.at/de/dateien/folder_kinderimkzmelk-zhz-melk.pdf).

Kandler, Christina: Überlebenschancen. Eine Analyse der Häftlingsgesellschaft des Konzentrationslagers Melk anhand personenbezogener Daten aus SS-Dokumenten. Masterarbeit, Universität Wien 2021.

Karner, Stefan/Natalja G. Tomilina/Alexander Tschubarjan/Johanna Wolf (Hg.): Prager Frühling. Das internationale Krisenjahr 1968, 2 Bände. Köln/Weimar/Wien 2008.

Kowarik, Wilfried: Die Zeit der 2. Republik. In: Gerhard Floßmann/Anton Harrer/Wilfried Kowarik/Harald Ofner (Hg.): Stadtbuch Melk, hg. vom Kultur- und Museumsverein Melk. Melk 1998, S. 509–638.

Kowarik, Wilfried: Melk im Dritten Reich. In: Gerhard Floßmann/Anton Harrer/Wilfried Kowarik/Harald Ofner (Hg.): Stadtbuch Melk, hg. vom Kultur- und Museumsverein Melk. Melk 1998, S. 479–508.

Kowarik, Wilfried: Melk in der 1. Republik. 1918–1938. In: Gerhard Floßmann/Anton Harrer/Wilfried Kowarik/Harald Ofner (Hg.): Stadtbuch Melk, hg. vom Kultur- und Museumsverein Melk. Melk 1998, S. 403–477.

Kranebitter, Andreas: Die Konstruktion von Kriminellen. Die Inhaftierung von „Berufsverbrechern" im KZ Mauthausen (Mauthausen-Studien, Band 17). Wien 2024.

Kranebitter, Andreas: Zahlen als Zeugen. Soziologische Analysen zur Häftlingsgesellschaft des KZ Mauthausen (Mauthausen-Studien, Band 9). Wien 2015.

Kropf, Rudolf/Andreas Baumgartner: „Man hat halt mit dem leben müssen". Nebenlager des KZ-Mauthausen in der Wahrnehmung der Lokalbevölkerung (Endbericht eines Forschungsprojekts des Mauthausen Komitee Österreich). Wien/Linz 2002 (online unter: https://www.mkoe.at/sites/default/files/files/angebote-projekte/Forschung-Zeitzeugen-Endbericht.pdf).

Kutter Bubnová, Václava: Die NS-Opferverbände und die Opferdiskurse seit 1993 in der Tschechischen Republik und in der Slowakei. Dissertation, Ludwig-Maximilian-Universität München 2014.

Kysely, Sidonius: Die Baugeschichte der Freiherr Birago-Kaserne in Melk und der Einzug der Pioniere. In: Heimatkundliche Beilage zum Amtsblatt der Bezirkshauptmannschaft Melk, Jahrgang 16 (1990), Heft 8–10, jeweils S. 1–2, sowie Heft 11, S. 1.

KZ-Gedenkstätte Mauthausen|Mauthausen Memorial (Hg.): Jahresbericht 2023. Wien 2024.

KZ-Gedenkstätte Mauthausen|Mauthausen Memorial (Hg.): Jahresbericht 2022. Wien 2023.

Lelle, Nikolas: „Arbeit macht frei". Annäherungen an eine NS-Devise. Berlin 2024.

Markova, Ina: Die NS-Zeit im Bildgedächtnis der Zweiten Republik (Der Nationalsozialismus und seine Folgen, Band 6). Innsbruck 2018.

Maršálek, Hans/Kurt Hacker: Kurzgeschichte der Konzentrationslager Mauthausen und seiner drei größten Nebenlager Gusen, Ebensee, Melk, hg. von der Österreichischen Lagergemeinschaft Mauthausen. o. O., o. J. [vermutlich um 1970].

Neufeld, Michael: Die Rakete und das Reich. Wernher von Braun, Peenemünde und der Beginn des Raketenzeitalters. Berlin 1997.

Neugebauer, Wolfgang/Peter Schwarz: Der Wille zum aufrechten Gang. Offenlegung der Rolle des BSA bei der gesellschaftlichen Reintegration ehemaliger Nationalsozialisten. Wien 2005.

Perz, Bertrand/Christian Dürr/Ralf Lechner/Robert Vorberg: Die Krematorien von Mauthausen. In: Bundesministerium für Inneres (Hg.): Jahrbuch der KZ-Gedenkstätte Mauthausen | Mauthausen Memorial 2008. Forschung, Dokumentation, Information. Wien 2009, S. 12–23 (online unter: https://www.mauthausen-memorial.org/assets/uploads/mauthausen-memorial-jahrbuch2008.pdf).

Perz, Bertrand: Das Außenlager Graz-Leibnitz des KZ Mauthausen in Aflenz an der Sulm für die Steyr-Daimler-Puch AG. In: Helmut Kandl/Johanna Kandl: Wächterhaus. In Erinnerung an die Ermordeten und Toten in Aflenz bei Leibnitz, einem KZ-Außenlager von Mauthausen. Graz 2009 [ohne Seitenangabe].

Perz, Bertrand: Das Projekt „Quarz". Der Bau einer unterirdischen Fabrik durch Häftlinge des KZ Melk für die Steyr-Daimler-Puch AG 1944–1945. Überarb. Ausgabe, Innsbruck 2014.

Perz, Bertrand: Die KZ-Gedenkstätte Mauthausen 1945 bis zur Gegenwart. Innsbruck/Wien/Bozen 2006.

Perz, Bertrand: Die „Neue Österreichische Tunnelbaumethode" und ihre weniger bekannten Bezüge zum Nationalsozialismus. In: Wolfgang L. Reiter/Juliane Mikoletzky/Herbert Matis/Mitchell G. Ash (Hg.): Wissenschaft, Technologie und industrielle Entwicklung in Zentraleuropa im Kalten Krieg. Wien 2017, S. 245–264.

Perz, Bertrand: Die SS im KZ Mauthausen. Eine Skizze. In: Gregor Holzinger (Hg.): Die zweite Reihe. Täterbiografien aus dem Konzentrationslager Mauthausen (Mauthausen-Studien, Band 10). Wien 2016, S. 15–44.

Perz, Bertrand: Il campo di concentramento di Melk. „Commando" di MAUTHAUSEN – Impianto sotterraneo „Quarz". Burolo 1993 (Übersetzung: Eralda Caseria).

Perz, Bertrand (mit einem Beitrag von Gottfried Fliedl): Konzentrationslager Melk. Begleitbroschüre zur ständigen Ausstellung in der Gedenkstätte des ehemaligen Konzentrationslagers Melk. Wien 1992.

Perz, Bertrand: KZ-Zwangsarbeit für eine rationelle Rüstungsproduktion im Luftkrieg. Neue Dokumente zur Genese der unterirdischen Flugzeugfabrik „Esche II" („Bergkristall") der Messerschmitt GmbH Regensburg in St. Georgen an der Gusen. In: coMMents, Jahrgang 1 (2022), Heft 1, S. 20–54, DOI: https://www.doi.org/10.57820/mm.comments.2022.02.

Perz, Bertrand: Politisches Management im Wirtschaftskonzern. Georg Meindl und die Rolle des Staatskonzerns Steyr-Daimler-Puch bei der Verwirklichung der NS-Wirtschaftsziele in Österreich. In: Hermann Kaienburg (Hg.): Konzentrationslager und deutsche Wirtschaft 1939–1945. Opladen 1996, S. 95–112.

Perz, Bertrand: Spurensuche und Rekonstruktion der Geschichte. Am Beispiel der Konzentrationslager in Österreich. In: Bundesministerium für Unterricht und Kunst, Abteilung für Politische Bildung (Hg.): Denkmal und Erinnerung, Spurensuche im 20. Jahrhundert. Anregungen für Schülerinnen- und Schülerprojekte. Wien 1993, S. 50–55.

Perz, Bertrand: Steyr-Münichholz, ein Konzentrationslager der Steyr-Daimler-Puch A.G. Zur Genese der Zwangsarbeit in der Rüstungsindustrie. In: Dokumentationsarchiv des österreichischen Widerstandes (Hg.): Jahrbuch 1989. Wien 1989, S. 52–61.

Perz, Bertrand: Unsichtbare NS-Architektur. Unterirdische Rüstungsfabriken auf österreichischem Gebiet. In: Österreichische Zeitschrift für Kunst und Denkmalpflege, 61. Jahrgang (2007), Heft 1 (Erbe verweigert. Österreich und NS-Architektur. Tagungsband), S. 58–67.

Perz, Bertrand: Verwaltete Gewalt. Der Tätigkeitsbericht des Verwaltungsführers im Konzentrationslager Mauthausen 1941 bis 1944 (Mauthausen-Studien, Band 8). Wien 2013.

Perz, Bertrand: Wehrmachtsangehörige als KZ-Bewacher. In: Walter Manoschek (Hg.): Die Wehrmacht im Rassenkrieg. Der Vernichtungskrieg hinter der Front. Wien 1996, S. 168–181.

Perz, Bertrand: Wiener Neudorf. In: Wolfgang Benz/Barbara Distel (Hg.): Der Ort des Terrors. Geschichte der nationalsozialistischen Konzentrationslager, Band 4: Flossenbürg, Mauthausen, Ravensbrück. München 2006, S. 461–465.

Perzi, Niklas: Aufnahme und Abschub. Die Sudetendeutschen in Niederösterreich 1945/46. In: Jahrbuch für Landeskunde von Niederösterreich, Band 82 (2016), S. 135–233.

Pingel, Falk: Häftlinge unter SS-Herrschaft. Widerstand, Selbstbehauptung und Vernichtung im Konzentrationslager. Hamburg 1978.

Pollack, Martin: Kontaminierte Landschaften. St. Pölten 2014.

Prenninger, Alexander: Das letzte Lager. Evakuierungstransporte und Todesmärsche in der Endphase des KZ-Komplexes Mauthausen (Mauthausen Studien, Band 16). Wien 2022.

Prenninger, Alexander: KZ-Gedenkstätten in Niederösterreich. Eine Reise durch die niederösterreichische Gedenklandschaft. In: Heinz Arnberger/Claudia Kuretsidis-Haider (Hg.): Gedenken und Mahnen in Niederösterreich. Erinnerungszeichen zu Widerstand, Verfolgung, Exil und Befreiung. Wien 2011, S. 181–194.

Quatember, Wolfgang: Die Entstehung der KZ-Gedenkstätte Ebensee. In: Betrifft Widerstand (2018), Heft 129, S. 28–31 (online unter: https://memorial-ebensee.at/content/stories/Medien/Zeitschriftenarchiv/pdf_bw129.pdf).

Quatember, Wolfgang: Die Geschichte der KZ-Gedenkstätte Ebensee. In: Ulrike Felber/Wolfgang Quatember (Hg.): Zeitgeschichte Museum Ebensee. Republik, Ständestaat, Nationalsozialismus, Widerstand, Verfolgung. Katalog zur Dauerausstellung. Ebensee 2005, S. 198–204 (online unter: https://memorial-ebensee.at/index.php/de/forschung-wissen/wissen-geschichte/20-regional-schwerpunkte/20-geschichte-kzgedenkstaette).

Quatember, Wolfgang: Karl Fiebinger (1913–2014) – Bauingenieur im Auftrag der SS. In: Betrifft Widerstand (2019), Heft 133, S. 14–19 (online unter: https://memorial-ebensee.at/content/stories/Medien/Zeitschriftenarchiv/pdf_bw133.pdf).

Rabl, Christian: Am Strang. Die österreichischen Angeklagten in den Dachauer Mauthausen-Prozessen. Wien 2017.

Rabl, Christian: Das KZ-Außenlager St. Aegyd am Neuwalde (Mauthausen-Studien, Band 6). Wien 2008.

Rabl, Christian: Mauthausen vor Gericht. Nachkriegsprozesse im internationalen Vergleich (Mauthausen-Studien, Band 13). Wien 2018.

Rafetseder, Hermann: NS-Zwangsarbeits-Schicksale. Erkenntnisse zu Erscheinungsformen der Oppression und zum NS-Lagersystem aus der Arbeit des Österreichischen Versöhnungsfonds: eine Dokumentation. Bremen 2014.

Rathkolb, Oliver: Die paradoxe Republik. Österreich 1945 bis 2015. Wien 2015.

Riedel, Dirk: „Arbeit macht frei". Leitsprüche und Metaphern aus der Welt des Konzentrationslagers. In: Dachauer Hefte (2006), Heft 22, S. 11–29.

Scheiber, Martin: Luftschutzstollen – Problembeurteilung und -behandlung; ein Großprojekt der Bundesimmobiliengesellschaft (BIG). In: Berichte der Geologischen Bundesanstalt (2018), Heft 127, S. 60–66 (online unter: https://www.zobodat.at/pdf/BerichteGeolBundesanstalt_127_0060-0066.pdf).

Schmoller, Andreas: Geschichte des KZ-Friedhofs Ebensee. Bericht einer Recherche. In: Betrifft Widerstand (2006), Heft 77, S. 15–19 (online unter: https://www.memorial-ebensee.at/content/stories/Medien/Zeitschriftenarchiv/pdf_bw77.pdf).

Schüle, Annegret (Hg.): Die H. Kori GmbH. Eine Berliner Ofenbaufirma und der nationalsozialistische Massenmord. Berlin/Leipzig 2022.

Streibel, Robert: Verbunden mit der Vergangenheit. Eine Telefonzelle für die Erinnerungen an das Konzentrationslager in Melk. In: Bundesministerium für Inneres (Hg.): Jahrbuch der KZ-Gedenkstätte Mauthausen | Mauthausen Memorial 2008. Forschung, Dokumentation, Information. Wien 2009, S. 144 f. (online unter: https://www.mauthausen-memorial.org/assets/uploads/mauthausen-memorial-jahrbuch2008.pdf).

Tooze, Adam: Ökonomie der Zerstörung. Die Geschichte der Wirtschaft im Nationalsozialismus. München 2008.

Trimmel, Gerald: „Der Hofrat Geiger" – Die Auferstehung des „Homo Austriacus" im Wachau-Film. In: Walter Grond (Hg.): Draußen in der Wachau. Der etwas andere Reisebegleiter, Band 3. Innsbruck/Wien 2013, S. 133–146.

Uhl, Heidemarie: Das „erste Opfer". Der österreichische Opfermythos und seine Transformationen in der Zweiten Republik. In: Österreichische Zeitschrift für Politikwissenschaft, Jahrgang 30 (2001), Heft 1, S. 19–34.

Vass, Andreas: Zwischen Dekor und Gedenken. Zur politischen Rhetorik der Architektur von Wilhelm Schütte. In: Ute Waditschatka (Hg.): Wilhelm Schütte. Architekt: Frankfurt – Moskau – Istanbul – Wien, hg. von der Österreichischen Gesellschaft für Architektur. Zürich 2019, S. 110–129.

Wachsmann, Nikolaus: KL. Die Geschichte der nationalsozialistischen Konzentrationslager. München 2016.

Wagner, Jens-Christian: Produktion des Todes. Das KZ Mittelbau-Dora. Göttingen 2015.

Wrochem, Oliver: Skandinavien im Zweiten Weltkrieg und die Rettungsaktion Weiße Busse. Ereignisse und Erinnerung. Berlin 2012.

Wulff, Hans J.: Vom Filmlied zum Regionenmarketing: Das „Mariandl-Lied" und die Wachau. In: Das Waldviertel, Jahrgang 68 (2019), Heft 2, S. 147–150.

Wurm, Stephan: Meine Oma im Stollen. Bachelorarbeit, Institut für Zeitgeschichte der Universität Wien, Wintersemester 2012/2013 (online unter: https://stephanturmalin.wordpress.com/).

Ziskovsky, Gerhard: Der Nationalsozialismus in Bezirk und Stadt Amstetten, Teil 2, Band 5. St. Pölten 2021, S. 340–343, DOI: https://www.doi.org/10.52035/noil.2021.gz.amstetten.09.

Znoy, Cornelia: Die Vertreibung der Sudetendeutschen nach Österreich 1945/46. Unter besonderer Berücksichtigung der Bundesländer Wien und Niederösterreich. Diplomarbeit, Universität Wien 1995.

Register

Abbildungsverzeichnis

Abb. 1: Lageplan: Areal des KZ Melk, Stand circa April 1945. Grafik: Markus Hechenberger, Quelle: KZ-Gedenkstätte Mauthausen | Mauthausen Memorial.

Abb. 2: Cover der Werkszeitung der SDPAG *Werkruf*, Februar/März 1939. Quelle: SDPAG Werkszeitung Werkruf, Österreichische Nationalbibliothek.

Abb. 3: Werbeanzeige für Steyr-Lkw Typ 1500 A, Version „Mannschaftswagen". Quelle: Compass, Industrie und Handel; Deutsches Reich: Ostmark 76/1943.

Abb. 4: Generaldirektor Meindl als kommissarischer Leiter der Flugmotorenwerke Ostmark in Wiener Neudorf, circa 1943. Fotograf*in: unbekannt, Quelle: Sammlung Perz (aus Besitz von Dr. Hans Tichy, Wien).

Abb. 5: Lageplan Projekt „Quarz". Planzeichnung: Ingenieurbüro Karl Fiebinger, Quelle: USHMM, RG 10, Museum Small Collection, Samuel and Irene Goudsmit Collection.

Abb. 6, 7: Teil der Niederschrift der Baubesprechung bei der Firma Quarz vom 6. Mai 1944. Quelle: Sammlung Perz/ehemaliges Archiv der Steyr-Daimler-Puch AG (ASDP), Ordner Verlagerungen Loosdorf (Quarz).

Abb. 8: Ausschnitt aus einem originalen Lageplan der Stollenanlage „Quarz" vom 20. April 1944. Planzeichnung: Ingenieurbüro Karl Fiebinger, Quelle: Sammlung Perz/ASDP.

Abb. 9: Verbunkerte Transformatorstation der Firma AEG für die Stollenanlage „Quarz", Nachkriegsaufnahme. Fotograf*in: unbekannt, Quelle: Dokumentationsarchiv des österreichischen Widerstandes, Fotosammlung, 10.684, Foto 003.

Abb. 10: Hauptstollen A auf Höhe Querstollen 11, Zustand 1988. Foto: Michael Wrobel, Quelle: Sammlung Perz.

Abb. 11: Birago-Kaserne, 1947. Foto: Hilda Lepetit, Quelle: Zeitgeschichte Museum Ebensee.

Abb. 12: Objekt 10, 1947. Foto: Hilda Lepetit, Quelle: Zeitgeschichte Museum Ebensee.

Abb. 13: Luftaufnahme vom KZ Melk, 26. Dezember 1944. Foto: US-Army Air Force, Quelle: Luftbilddatenbank Dr. Carls GmbH, Wien.

Abb. 14: Deckblatt der Namensliste des ersten Häftlingstransports nach Melk, 21. April 1944. Quelle: KZ Mauthausen, Schutzhaftlager, 22.4.1944, Veränderungsmeldung für den 21.4.1944, KZ-Gedenkstätte Mauthausen | Mauthausen Memorial, Y/45a/145.

Abb. 15: *La Soupe dans les galeries* (Die Suppe in den Stollen). Zeichnung des französischen Überlebenden Daniel Piquée-Audrain. Quelle: Daniel Piquée-Audrain: Plus jamais ça. Craon 1973.

Abb. 16: Innenansicht einer Häftlingsunterkunft, vermutlich Objekt 10, Nachkriegsaufnahme. Fotograf*in: unbekannt, Quelle: Instytut Pamięci Narodowej, Warszawa (ehemals Archivum Główna Komisja Badania Zbrodni Niemieckich/Hitlerowskich w Polsce).

Abb. 17: Das Lager in den Tagen nach dem Luftangriff; rechts das schwer getroffene Objekt 10, Juli 1944. Fotograf*in: unbekannt, Quelle: Stadtarchiv Melk.

Abb. 18: *Travaux d'avancement* (Arbeit im Stollenvortrieb). Zeichnung des französischen Überlebenden Daniel Piquée-Audrain. Quelle: Daniel Piquée-Audrain: Plus jamais ça. Craon 1973.

Abb. 19: *Déportés poussant un chariot* (Deportierte, die einen Wagen schieben). Zeichnung des französisch-polnischen Überlebenden David Olère. Quelle: Mémorial de la Shoah, Paris/Collection David Olère, DS-O.1691.

Abb. 20: Hauptstollen E im Ausbaustadium mit ausgebrochenem Führungsstollen, Zustand 1988. Foto: Michael Wrobel, Quelle: Sammlung Perz.

Abb. 21: Hauptstollen B, Zustand 2016. Foto: Bernhard Mühleder, Quelle: Sammlung Bernhard Mühleder.
Abb. 22: Stacheldrahtumzäunter Weg zum Transformator, Nachkriegsaufnahme. Fotograf*in: unbekannt, Quelle: Dokumentationsarchiv des österreichischen Widerstandes, Fotosammlung, 10.684, Foto 001.
Abb. 23: Häftlinge vor dem Krankenrevier, April 1945. Foto: Kurt Zalud, Quelle: National Archives and Records Administration, RG 549, Box 345, Folder 2, Case 000-50-5, US vs. Hans Altfuldisch et al., Prosecution Exhibit.
Abb. 24: *Retour du Travail* (Rückkehr von der Arbeit). Zeichnung des französischen Überlebenden Daniel Piquée-Audrain. Quelle: Daniel Piquée-Audrain: Plus jamais ça. Craon 1973.
Abb. 25: Totenbuch des Lagers Melk, Erste Seite. Quelle: National Archives and Records Administration, RG 549, Box 425, Folder 2, Case 000-50-009 (Buchenwald trial 1947).
Abb. 26: Plan: Zustandserhebung der Stollenanlage „Quarz", 1983/84. Planzeichnung: Jeremia Eisenbauer. Quelle: Jeremia Eisenbauer: Die vergessenen Toten von Melk. Das Melker Konzentrationslager und die Roggendorfer Stollenanlage. In: Melker Mitteilungen (1984), Heft 146, S. 33–50, hier 33.
Abb. 27: Stollenportal Hauptstollen A, Nachkriegsaufnahme. Fotograf*in: unbekannt, Quelle: Dokumentationsarchiv des österreichischen Widerstandes, Fotosammlung, 10.684, Foto 007.
Abb. 28: SS-Aufstellung über die Evakuierungstransporte aus dem KZ Melk, April 1945. Quelle: Archiwum Państwowe Muzeum Auschwitz-Birkenau, D-Mau/15, fol. 4658.
Abb. 29: Häftlingskolonne auf dem Appellplatz, mit hoher Wahrscheinlichkeit unmittelbar vor der Evakuierung, April 1945. Foto: Kurt Zalud. Quelle: National Archives and Records Administration, RG 549, Box 345, Folder 2, Case 000-50-5, US vs. Hans Altfuldisch et al., Prosecution Exhibit.
Abb. 30: Das ehemalige Krematorium im März 1947. Foto: Hilda Lepetit, Quelle: Archiv Memorial Ebensee.
Abb. 31: Französische Pilger*innen in Melk im Jahr 1948. Foto: Jean Barbier, Quelle: Archiv Amicale de Mauthausen.
Abb. 32: Skizze des Gedenksteins für die Amicale de Mauthausen vom 3. Juli 1949. Zeichnung: Wilhelm Schütte, Quelle: Archiv Architekturzentrum Wien, Achleitner Archiv.
Abb. 33: Foto der Einweihungsfeier für die französische Gedenktafel im September 1949. Fotograf*in: unbekannt, Quelle: Stadtarchiv Le Palais-sur-Vienne, Sammlung Jean Varnoux.
Abb. 34: Mahnmalentwurf für Melk, verfasst von Hans Hrastnigg am 13. April 1950. Quelle: Niederösterreichisches Landesarchiv St. Pölten, Kriegsgräberfürsorge, Abt. IV-W2-K – KZ-Nebenlager, Band 1.
Abb. 35: Schaukasten im großen Gedenkraum des ehemaligen Krematoriums, Jänner 2025. Foto: Christian Rabl, Quelle: Sammlung C. Rabl.
Abb. 36: Vorschlag zur Gestaltung des Gedenkstättengartens vom 25. November 1957. Quelle: Niederösterreichisches Landesarchiv St. Pölten, Kriegsgräberfürsorge, Abt. IV-W2-K – KZ-Nebenlager, Band 2.
Abb. 37: Leopold Figl bei der Einweihung der KZ-Gedenkstätte Melk am 13. März 1963. Quelle: Niederösterreichisches Landesarchiv St. Pölten, NÖ Landesregierung, Pressestelle, NLK.
Abb. 38: Gruppenfoto zur Einweihung der KZ-Gedenkstätte Melk am 13. März 1963. Quelle: Niederösterreichisches Landesarchiv St. Pölten, NÖ Landesregierung, Pressestelle, NLK.
Abb. 39: Der geschmückte Gedenkraum des ehemaligen Krematoriums Melk am 13. März 1963. Quelle: Niederösterreichisches Landesarchiv St. Pölten, NÖ Landesregierung, Pressestelle, NLK.
Abb. 40: Undatiertes Bild im Gedenken an den in Melk ermordeten Nino Donati, Zustand 2020. Foto: Christian Rabl, Quelle: Sammlung ZHZ Melk.
Abb. 41: Undatiertes Bild im Gedenken an den in Melk ermordeten Jean Joudiou, Zustand 2020. Foto: Christian Rabl, Quelle: Sammlung ZHZ Melk.
Abb. 42: Gedenktafel für Adalbert (Bela) und Andrea (Endre) Marton in Melk, Zustand 2025. Foto: Christian Rabl, Quelle: Sammlung C. Rabl.
Abb. 43: Die Gedenktafel für die in Auschwitz ermordete Elizabeth Bözi-Marton, Zustand 2025. Foto: Christian Rabl, Quelle: Sammlung C. Rabl.

Abb. 44: Italienische Besucher*innen neben dem Objekt 10 in Melk im Jahr 1960. Foto: Hilda Lepetit, Quelle: Archiv Memorial Ebensee.
Abb. 45: Gedenkstein für nicht näher definierte „politische Gefangene", Zustand 2022. Foto: Christian Rabl, Quelle: Sammlung ZHZ Melk.
Abb. 46: Foto des Projekts *Einen Namen geben* im Jahr 2005. Foto: Andrew Sternberg, Quelle: Sammlung ZHZ Melk.
Abb. 47: Andrew Sternberg und René Baumann bei der *Wand der Namen* in Melk im Jahr 2018. Foto: Christian Rabl, Quelle: Sammlung ZHZ Melk.
Abb. 48: Das Denkmal am Karlsplatz im Jahr 2000. Foto: Andrew Sternberg, Quelle: Sammlung ZHZ Melk.
Abb. 49: Das Mahnmal „KZ-Haltepunkt" Roggendorf im Jahr 2021. Foto: Christian Rabl, Quelle: Sammlung ZHZ Melk.
Abb. 50: Entwurf zur Gestaltung des Gedenkstättengartens in Melk vom 15. Juni 1963. Quelle: Niederösterreichisches Landesarchiv St. Pölten, Kriegsgräberfürsorge, Abt. IV-W2-K – KZ-Nebenlager, Band 3.
Abb. 51: Berta Blak bei der Gedenkfeier in Melk im Mai 2016. Foto: Christian Rabl, Quelle: Sammlung C. Rabl.
Abb. 52: Bericht der Arbeiter-Zeitung am 24. Dezember 1960 über das Urteil gegen Gottlieb Muzikant. Quelle: Arbeiter-Zeitung, 24.12.1960, S. 3.
Abb. 53: Marmortafeln aus dem ehemaligen Krematoriums Melk, Zustand 2022. Foto: Christian Rabl, Quelle: Sammlung ZHZ Melk.
Abb. 54: Veranstaltungsflyer zur Exkursion *„Beschäftigungspolitik" im Dritten Reich* aus dem Jahr 1995. Quelle: Sammlung Hans Bruckner.
Abb. 55: Ehrengäste der Eröffnung der Dauerausstellung in Melk im Jahr 1992. Foto: Peter Rabl, Quelle: Sammlung Peter Rabl.
Abb. 56: Umgebaute Telefonzelle, die im Jahr 2008 am Melker Rathausplatz stand. Foto: Gregor Kremser, Quelle: Sammlung Gregor Kremser.
Abb. 57: Andrew Sternberg als Ehrengast beim *12h-Konzerts wider Gewalt und Vergessen,* 2019. Foto: Christian Rabl, Quelle: Sammlung ZHZ Melk.
Abb. 58: Plan der Gebäudesituation des Sammellagers Melk, 25. November 1947. Quelle: Österreichisches Staatsarchiv/Archiv der Republik, 137.722-12U/437.
Abb. 59: Volksschulkinder des Umsiedler*innenlagers Melk um 1947. Foto: Margit Prankl, Quelle: Sammlung ZHZ Melk.
Abb. 60: Hölzerner Deckenbalken im historischen Objekt 10, Zustand 2021. Foto: Christian Rabl, Quelle: Sammlung ZHZ Melk.
Abb. 61: Zwei der Eingänge zur Stollenanlage unmittelbar nach Kriegsende. Fotograf*in: unbekannt, Quelle: Dokumentationsarchiv des österreichischen Widerstandes.
Abb. 62: Foto einer der Stollenwände in Roggendorf im Jahr 1995. Foto: Hans Bruckner, Quelle: Sammlung Hans Bruckner.
Abb. 63: Antwortschreiben der Firma Wayss & Freytag vom 8. Februar 1966. Quelle: Sammlung Perz.
Abb. 64: Die erste Außenlager-Stele in Melk, Mai 2023. Foto: Stephan Matyus. Quelle: KZ-Gedenkstätte Mauthausen | Mauthausen Memorial.
Abb. 65: Dietmar Pfarr im Alter von circa drei Jahren bei der „Ofenschüssel". Fotograf*in: unbekannt, Quelle: Sammlung Dietmar Pfarr.
Abb. 66: Der von KZ-Häftlingen errichtete Wasserhochbehälter beim „Kupferschmiedkreuz", Zustand 2022. Foto: Christian Rabl, Quelle: Sammlung ZHZ Melk.
Abb. 67: Lageplan: Verortung der Überreste des ehemaligen KZ Melk und des Projekts „Quarz" sowie Gedenkorte in der Region um Melk. Grafik: Markus Hechenberger, Quelle: KZ-Gedenkstätte Mauthausen | Mauthausen Memorial.

Tabellenverzeichnis

Tabelle 1: Nach Melk überstellte männliche KZ-Häftlinge nach nationaler Herkunft (Angaben nach SS-Aufzeichnungen).
Tabelle 2: Häftlingstransporte ins KZ Melk, 21. April 1944 bis 5. April 1945.
Tabelle 3: Die Häftlinge des KZ Melk nach der Kategorisierung der SS.
Tabelle 4: Anzahl der namentlich bekannten Toten des KZ Melk nach den Aufzeichnungen der SS.

Verzeichnis der Grafiken

Grafik 1: Zahl der Häftlinge im Lager am Monatsanfang und Einweisungen von Häftlingen, akkumuliert von April 1944 bis April 1945.
Grafik 2: Anzahl der verstorbenen Häftlinge des KZ Melk nach Sterbemonat.

Abkürzungsverzeichnis

§ 175	Verurteilte nach § 175 Strafgesetzbuch (= Homosexuelle)
Abt.	Abteilung
a. D.	außer Dienst
AdR	Archiv der Republik
AG	Aktiengesellschaft
AGKBZHwP	Archivum Główna Komisja Badania Zbrodni Niemieckich/Hitlerowskich w Polsce (Hauptkommission zur Erforschung der deutschen bzw. „hitleristischen" Verbrechen in Polen), heute IPN Warszawa
ANED	Associazione Nazionale Ex Deportati Nei Campi Nazisti (Nationale Vereinigung der ehemaligen Deportierten in nazideutsche Vernichtungslager)
Anm. d. Verf.	Anmerkung des Verfassers
APMA-B	Archiwum Państwowe Muzeum Auschwitz-Birkenau
ARGE	Arbeitsgemeinschaft
ASDP	Archiv der Steyr-Daimler-Puch AG
AZR	Arbeitszwang Reich
BArch	Bundesarchiv Berlin
BDA	Bundesdenkmalamt
BH	Bezirkshauptmannschaft
Bifo	Bibelforscher (= Zeugen Jehovas)
BIG	Bundesimmobiliengesellschaft
BM	Bundesministerium
BMI	Bundesministerium für Inneres
BMLV	Bundesministerium für Landesverteidigung
BSA	Bund sozialistischer Akademiker (heute: Bund sozialdemokratischer AkademikerInnen, Intellektueller und KünstlerInnen)
BV	Berufsverbrecher
cbm	Kubikmeter
CIM	Comité International de Mauthausen
DESt	Deutsche Erd- und Steinwerke GmbH
DÖW	Dokumentationsarchiv des Österreichischen Widerstands
EVN	Energie-Versorgung Niederösterreich
FAG	Fischer's Automatische Gussstahlkugelfabrik
FIAPP	Fédération Internationale des Anciens Prisonniers Politiques (Internationaler Verband ehemaliger politischer Gefangener)
FO	Flugmotorenwerke Ostmark
FPÖ	Freiheitliche Partei Österreichs
GZ	Grundzahl
IfZ	Institut für Zeitgeschichte
IPN	Instytut Pamięci Narodowej, Warszawa (Institut für Nationales Gedenken, Warschau)
IWM	Imperial War Museum
Kgf	Kriegsgefangene
KLM	Konzentrationslager Mauthausen
KPÖ	Kommunistische Partei Österreichs
KZ	Konzentrationslager
LG	Landgericht

MKÖ	Mauthausen Komitee Österreich
MM	KZ-Gedenkstätte Mauthausen | Mauthausen Memorial
NARA	National Archives and Records Administration
NLK	Niederösterreichische Landeskorrespondenz
NÖ, nö., n.ö.	Niederösterreich, niederösterreichisch
NÖLA	Niederösterreichisches Landesarchiv
ÖBB	Österreichische Bundesbahnen
ÖLM	Österreichische Lagergemeinschaft
ÖNB	Österreichische Nationalbibliothek
ORF	Österreichischer Rundfunk
ÖStA	Österreichisches Staatsarchiv
Ostuf.	Obersturmführer
OT	Organisation Todt
ÖVP	Österreichische Volkspartei
PH	Pädagogische Hochschule
Pol.H.	Polizeihäftlinge
RAD	Reichsarbeitsdienst
RFSS	Reichsführer SS
RLM	Reichtsluftfahrtministerium
RM	Reichsmark
RMfRuK	Reichsministerium für Rüstung und Kriegsproduktion
RZA	Russische Zivilarbeiter
Sch	Schutzhäftlinge
SDG	Sanitätsdienstgrad
SDion	Sicherheitsdirektion
SDP/SDPAG	Steyr-Daimler-Puch (AG)
SPB	Svaz protifašistických bojovníků (slowakischer Verband antifaschistischer Kämpfer)
SPÖ	Sozialdemokratische Partei Österreichs
SS	Schutzstaffel
SS-WVHA	SS-Wirtschafts- und Verwaltungshauptamt
SU	Sowjetunion
SV	Sicherheitsverwahrungshäftlinge
UNESCO	United Nations Educational, Scientific and Cultural Organization (Organisation der Vereinten Nationen für Bildung, Wissenschaft und Kultur)
USHMM	United States Holocaust Memorial Museum
USIA	Uprawlenje Sowjetskim Imuschestwom w Awstrij (Verwaltung des Sowjetischen Vermögens in Österreich)
VOEST	Vereinigte Österreichische Eisen- und Stahlwerke
WA	Wehrmachtsangehörige
ZA	Zivilarbeiter
ZHZ	Zeithistorisches Zentrum

Personenverzeichnis

A

Adlmannseder, Josef 109, 190
Afritsch, Josef 128, 136
Artemenko (Artjemenko) (Gardemajor, Kommandant der Birago-Kaserne) 186
Atzlhuber, Beda 170
Augeneder, Sigrid 178

B

Battenberg, Günter 183
Bauck, Erling 162, 203, 204, 205
Baumann, René 153
Benesch, Alfred 156
Bernhard, Dagmar 185
Béthouart, Marie Émile Antoine 112, 117
Bill, Maria 185
Birago, Karl Freiherr von 47
Blak (Glasner), Berta 149, 159, 162, 163, 164, 170, 172, 176
Blak, Helmut 159, 162, 163
Blecha, Karl 176
Böck, Josef 175, 176
Bossi, Charles 121
B., Otto 86, 95
Bözi-Marton, Elizabeth 141, 142, 143
Brandt, Rudolf 34
Branko, Pavel 138
Braun, Wernher von 14, 24
Briand, Yves 51, 52, 63, 74, 75, 77, 80, 82, 83
Bruckner, Hans 174
Busek, Erhard 183

C

Carette (Häftling) 64
Černocký, Karol 146
Chwalin, Fadej 83
Ciepły, Józef 65, 66, 69,
Convall, Leopold 72, 101, 102, 138

D

Darcq, Jacques 66
Demus, Otto 127, 128
Dockendorf, Guy 150, 151
Dockendorf, Metty 73, 150, 169
Donati, Nino 142
Dubček, Alexander 145
Dubček, Štefan 145
Dubovsky, Robert 116
Dürmayer, Heinrich 106, 107, 126

E

Ehrenberg, Gerhard 150
Eisenbauer, Jeremia 98, 172, 175, 196
Eisenberg, Paul Chaim 183
Ellegast, Burkhard 183
Ellersdorfer (Oberstleutnant) 182
Emmelkamp, Pieter 143
Etz, Herbert 40, 56, 84

F

Felkl, Otto 122
Ferrero-Waldner, Benita 138, 139
Fiebinger, Karl 30, 35, 37, 40, 41, 42, 45, 49
Figl, Leopold 107, 109, 112, 128, 129, 130, 131, 132, 133, 134, 135, 133, 206
Fischer, Heinz 183
Fischer, Peter 137, 138, 166, 171, 176, 178, 179, 180
Fliedl, Gottfried 176, 177, 178, 179, 207
Floßmann, Gerhard 155, 174, 198
Freund, Florian 173
Fürst, Leo 154, 183

G

Garcia, Max 180
Garschall, Michael 151, 183
Gärtner, Reinhold 183
Gazan, Adolf Iwan 143
Gilbert-Dreyfus, Jean 123
Gille, René 81
G., Leo 90
Goebbels, Joseph 17
Goerens, Eugène 73
Göring, Hermann 13, 16, 17, 20, 33, 45, 46
Grosch, Volkmar 36
Gsenger (Zimmermann) 169
Gusenbauer, Alfred 183

H

Hacker, Kurt 172
Hacker, Oskar 40, 97
Hader, Josef 183
Haider, Jörg 174, 181
Hallery, Raymond 52, 63, 88, 89
Hauer, Alexander 151, 179, 183
Hecht, Imrich 164
Hefner, Anton 51
Hemicker, Ernst 36
H., Ernst 88
Himmler, Heinrich 21, 24, 33, 100, 192

Hirsch, Rudolf 130
Hitler, Adolf 17, 34, 35, 57
Hitzinger, Walter 40
Hofbauer, Clemens 129, 133
Höfenmayr, Maurus 121
Hofstädt, Hermann 50, 62, 101, 168
Höger, Ernst 183
Horalek, Josef 159, 161, 162, 164, 170
Hrastnigg, Hans 114
Hrušovský, Miloš 147

I

I., Max 91

J

Jaksch, Hans 47
Jansen, Curt 51
Jarosik, August 119
Joudiou, Jean 142
Juliana (Königin der Niederlande) 151
Jury, Hugo 102, 138
Jüttner, Hans 16

K

Kaltenbrunner, Ernst 18
Kammler, Hans 14, 24, 32, 33, 34, 36, 37, 42, 52, 200
Kandler, Christina 55, 60, 94, 102, 104
Karczewski, Mieczysław 62
Keck, Alois 117, 128, 150, 151, 164, 169, 170
Keßler, Philip 25, 26, 27, 28, 29, 30, 31, 200
Klein, Ernest 146
Klestil, Thomas 179
Kohl, Hans 128
Koller, Reinhard 182
Konopitzky, Heinrich 124, 127, 128, 164, 169
Korkischkow (Landeskommandant) 113, 115
Kos, Felix 162
Kremser, Franz 154
Kremser, Gregor 184
Kriaris, Theodoros 158
Kubasta, Johann 189
Kuhn, Leo 175
Kuntner, Emil 130
Kurassow, Wladimir Wassiljewitsch 194
Kusold, Oskar 119
Kysely, Sidonius 133

L

Langbein, Kurt 173
Lechner, Otto 185
Lečko, Ladislav 146
Lemordant, Guy 82, 84, 85, 88, 92, 93
Lepetit, Hilda 48, 106, 144
Lohrmann, Klaus 183
Löschnak, Franz 169, 171, 176, 177, 178, 179, 180, 181
Ludolph, Julius 50, 84, 85, 101, 102, 138, 200

M

Mansching, Jean 63
Markuš, Alexander 146, 147
Maršálek, Hans 148, 172, 175, 179
Maršálek, Hilda 175
Marton, Adalbert (Bela) 141, 143
Marton, Aleksander (Sándor) 141, 142, 143
Marton, Andrea (Endre) 141, 143
Maurer, Andreas 161, 162
Mautner, Rudolf 197
Meindl, Georg 16, 17, 18, 20, 21, 22, 27, 28, 29, 30, 31, 34, 36, 37, 38, 40, 45, 199, 200
Meißner, N. 37, 56, 83
M., Herbert 137
Milch, Erhard 17, 29
Mistlbacher, Franz 118, 121, 138
Mock, Alois 183
Monin, Robert 51
Müllner, Franz 130
Muzikant, Gottlieb 50, 84, 85, 86, 88, 90, 91, 92, 95, 102, 154, 167, 146, 168, 201

N

Neugebauer, Wolfgang 176, 183
Neu, Josef 171
Novosad, Heinz 194
Novotny, Pavel 147

O

Olère, David 74
Osoha, Ján 146, 147
Ostrikow, Alexej 82

P

Pammer, Peter 197
Perz, Bertrand 138, 153, 172, 173, 176, 177, 178, 179, 180, 183, 184, 205, 207
Pfaller, Josef 119
Pfarr, Dietmar 209
Picornot, Gabriel 79, 80
Pleino, Richard 121
Pradalès, Pierre 64
Pramberger, Peter 139
Pribil, Werner 124
Prokop, Liese 183
Pröll, Erwin 183

R

Raab, Julius 126
Rabczewicz, Ladislaus 42

Radlowski (polnischer Botschaftsrat) 148
Rauch-Kallat, Maria 183
Redlinger, Leopold 146
Reither, Josef 108, 110
Rivet, Charles 112
R., Karl Heinz 92
Roehnert, Hellmuth 45
Rohrhofer, Theresia 127, 128, 159, 161, 170
Rossmann, Zdeněk 146
Rossner, Karl 27, 28, 97
Roth, Lucien 62
Rubey, Manuel 185
Runkel, Gustav 31
Rupp, Josef 119
Ryznar, Richard 40

S

Saint Macary, Pierre 180
S., Alois 50
Salomon, Claus 168
Sárá, Ladislav 146
Schade, Michael 185
Schärf, Adolf 129
Schieber, Walter 29
Schikora, Franz 78
Schindler, Ernst 51
Schmid, Karl 123, 124, 125, 126, 129, 130
Schmidt, Franz 133
Schödl, Edmund 167
Scholten, Rudolf 181, 183
Schultze, Hermann 36
Schütte, Wilhelm 110
Schwarz, Alois 135
Sdraule, Franz 46, 117, 118, 121, 133, 134, 187, 203
Seifert, Albert 110, 116, 119
Sommer, Helmut 137, 176
Sora, Josef 50, 51, 73, 84, 86, 90, 93, 101, 102, 154, 155, 155, 201, 206
Soswinski, Ludwig 137
Soyfer, Jura 191
Speer, Albert 21, 24, 25, 30, 31, 32
Spielmann, Shaul 164
Spira, Elisabeth T. 173
Steiner, Wilhelm 119, 128, 129
Steinkellner, Ferdinand 116, 119, 122, 150, 151
Sterf, Alois 150
Sternberg, Andrew 152, 153, 185
Stöckl, Gabriel 124
Stránský, Oldřich 145
Streibel, Robert 184
Streicher, Rudolf 179
Streitwieser, Anton 49, 50, 200
Striegel, Otto 51, 167
Svoboda, Ludvík 145
Svobodová, Irena 145
Szabó, Štefan 146, 147
Szauer (Architekt) 37

T

Tatto, Klaus 178
Tengbergen, Ebbenhorst 143
Theiss, Siegfried 47
Tibaldi, Italo 180
Tichy, Hans 31
Tschadek, Otto 130, 133, 134

U

Uiberreither, Sigfried 26
Ulmann, André: (Pseudonym: Antonin Pichon) 61, 62
Umlauf, Eva 164
Urmann, Anita 197
Urmann, Michael 197

V

Valley, Émile 107, 108, 112, 123, 150
Varnoux, (Abbé) Jean 88
Varnoux, Jean 117, 150, 169, 170, 203
Vieghofer, Anton 175
Votava, Gerald 185
Vranitzky, Franz 176, 179

W

Waldheim, Kurt 203, 205
Waltner, Johann 130
Walugin (Major, Kommandant der Birago-Kaserne) 115
Wegscheider, Ernst 175
Wenger, Emerich 130
Wiesenhuber, Margret 175
Wolfsberger, Gunter 181, 182
Wondrak, Josef 130

Z

Zalewski, Stanisław 164
Zalud, Kurt 87, 103, 167
Zeyringer, Walter 148, 149
Ziereis, Franz 47, 56, 58, 84
Zipper, Herbert 191
Zurbrügg, Christina 185

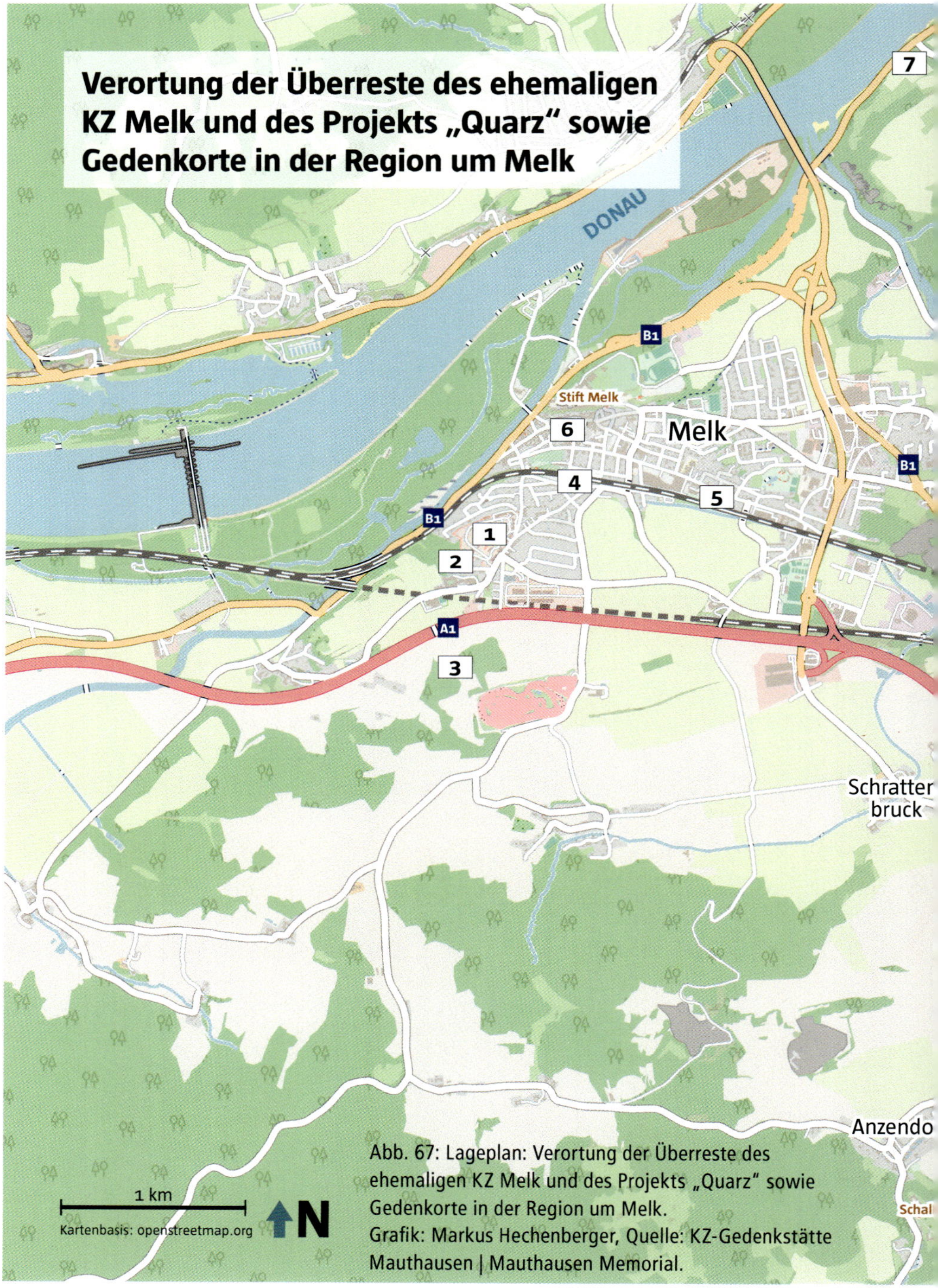

Abb. 67: Lageplan: Verortung der Überreste des ehemaligen KZ Melk und des Projekts „Quarz" sowie Gedenkorte in der Region um Melk.
Grafik: Markus Hechenberger, Quelle: KZ-Gedenkstätte Mauthausen | Mauthausen Memorial.

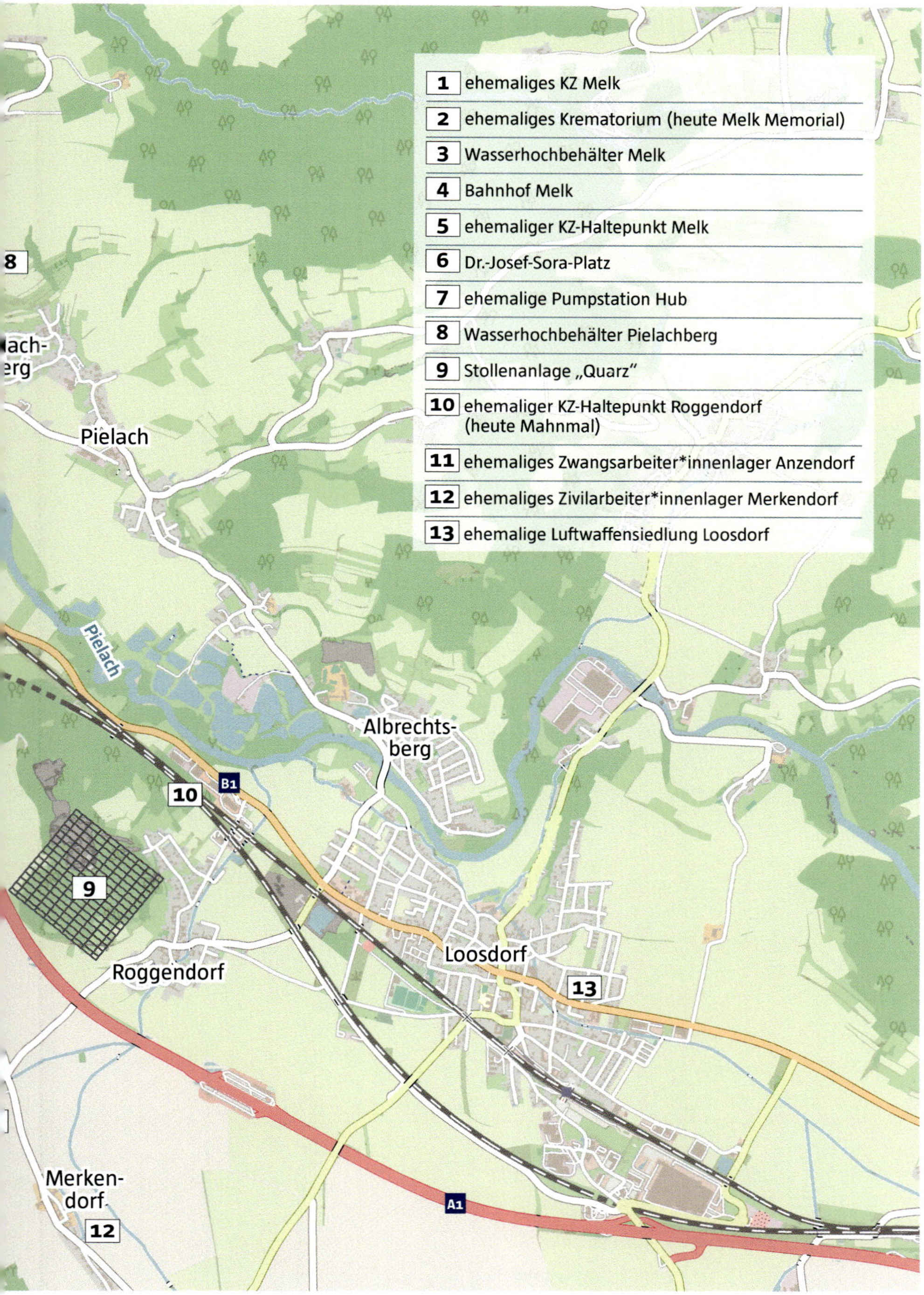
1 ehemaliges KZ Melk
2 ehemaliges Krematorium (heute Melk Memorial)
3 Wasserhochbehälter Melk
4 Bahnhof Melk
5 ehemaliger KZ-Haltepunkt Melk
6 Dr.-Josef-Sora-Platz
7 ehemalige Pumpstation Hub
8 Wasserhochbehälter Pielachberg
9 Stollenanlage „Quarz"
10 ehemaliger KZ-Haltepunkt Roggendorf (heute Mahnmal)
11 ehemaliges Zwangsarbeiter*innenlager Anzendorf
12 ehemaliges Zivilarbeiter*innenlager Merkendorf
13 ehemalige Luftwaffensiedlung Loosdorf
8
Pielach
Pielach
Albrechts-
berg
10
B1
9
Roggendorf
Loosdorf
13
A1
Merken-
dorf
12